AF497385

Die
evangelischen deutschen Messen
bis zu Luthers Deutscher Messe

von

D. Julius Smend,
Prof. d. Theologie in Straßburg i/E.

„Gott loben, das ist unser Amt".

Göttingen
Vandenhoeck & Ruprecht
1896.

Der hochwürdigen theologischen Fakultät zu Gießen

als Zeichen des Dankes für die ihm verliehene Doktorwürde.

Der Verfasser.

Vorbemerkungen.

Die Arbeit, von der dies Buch Zeugnis giebt, hat in ungewöhn=
lichem Maße für den Verfasser ihren Lohn in sich selbst getragen.
Führte sie ihn doch mitten hinein in den Frühling der Reformation,
in die Tage eines hoffnungsreichen, triebkräftigen Lebens, — sie er=
reicht auf liturgischem Gebiet ihr Ende mit Luthers Deutscher Messe —,
in eine Zeit, deren Erinnerung immer noch mehr Freude und Mut
als Trauer und Wehmut erweckt. Ich weiß, daß das Ergebnis meiner
Sammlungen und Vergleiche kein Buch ist, das man flott hinter=
einander durchliest, sondern ein solches, dessen Inhalt, zumal von dem
Nichtfachmanne, nur in Bruchstücken genossen und selbst von vielen der
Mitarbeiter nur um der dargebotenen Materialien willen wird will=
kommen geheißen werden. Das, was ich bewußt und unbewußt zu
den Urkunden hinzugefügt habe, wird ja der urteilsfähige Leser um so
selbständiger zu beurteilen imstande sein, als ich um eine möglichst
vollständige und getreue Wiedergabe jener mich gebührend bemüht habe.

Im Interesse der Vollständigkeit war es unerläßlich, neben
solchen Schöpfungen, wie denen von Nördlingen und Straßburg, über
welche man bisher in ausreichendem Maße nirgend Aufschluß erhielt,
auch so bekannte Formulare wie das von Zwingli abermals zum Ab=
druck zu bringen. Für dieses Kapitel und ähnliche Abschnitte wird
also der etwaige Wert des Buches wohl oder übel in den Zuthaten
des Kommentators gesucht werden müssen. Was lückenhaft und un=
geklärt geblieben ist, wird vielleicht schon bald von berufener Seite
ergänzt und erhellt werden. Die übersichtlichen bibliographischen An=
gaben werden in dieser Hinsicht die Kritik erleichtern und der Weiter=
forschung zur Grundlage dienen können.

Was die Genauigkeit der Quellendrucke angeht, so wird Manchen
das hier beobachtete Verfahren, das ich sogleich näher angeben und be=
gründen will, zu Einwendungen Anlaß geben. Es ist mir fast überall,
wo man von vorstehender Arbeit bisher Kenntnis erhielt, die Frage
nahe getreten, ob und welche praktische Bedeutung der Mitteilung und

Beurteilung dieser Aktenstücke zukomme. Auf die Möglichkeit einer unmittelbaren Verwendung der letzteren im evangelischen Gottesdienste der Gegenwart war offenbar das Interesse der Fragenden hingewandt. Daß sich nun das meine zunächst in anderer Richtung bewegen mußte, versteht sich von selbst, und es erschien mir als eine bezeichnende Eigentümlichkeit, auch der Kirche und Theologie unserer Zeit, als Stärke und Schwäche zugleich, daß man beinahe nur noch für das so=fort Verwendbare Blick und Verständnis hat. Unter solchen Um=ständen haben Treue und Zuverlässigkeit in der Überlieferung geschicht=licher Denkmale unter uns wenig Aussicht auf vielseitigen freudigen Willkomm. Zudem ist ja in den meisten Landeskirchen Deutschlands der Bedarf an Formularen durch neue Agenden vorläufig gedeckt. Dennoch darf man hoffen, daß die Bekanntschaft mit den Erzeugnissen der fruchtbarsten Tage evangelischer Frömmigkeit und volkstümlichen Kirchentums noch heute auch für das praktische Bedürfnis segenbringend sein werde. Nicht als ob es mir richtig oder nur möglich dünkte, irgend eins der mitgeteilten Gebete, geschweige ein ganzes Formular, in seiner Ursprungsgestalt herüberzunehmen. Aber zweierlei Nutzen wird am Ende die Beschäftigung mit diesen Urkunden mit Sicherheit zu Wege bringen können. Einmal sind viele der liturgischen Pro=dukte dieser ersten Zeit, was ihren Gedankengehalt wie auch was ihre Sprache betrifft, von mustergültigem Wert. Man vergleiche z. B. mit den Liturgieen Altstraßburgs oder Nördlingens die Gebete des Württem=berger Kirchenbuchs oder auch der neuen Preußischen Agende. Zum andern ist ja nicht ausgeschlossen, daß der Anblick so mannigfacher Versuche, eine evangelische Abendmahlsfeier herzustellen, uns den Mut gebe, gegenüber dem Zuge der Zeit zur kirchlichen Zentralisierung die evangelische Freiheit zu wahren, wie sie auch in Form lokaler und provinzieller Eigentümlichkeiten auf Geltung und Respekt Anspruch hat. Vor allem wäre es ein großer Gewinn, wenn auch diese Eröff=nungen dazu beitragen würden, den Glauben an das allein selig machende Meßschema erschüttern und die Überzeugung verbreiten zu helfen, daß ein wahrhaft evangelischer Gottesdienst auf anderem Wege zu stande kommen wird, als auf dem des mehr oder weniger engen Anschlusses an vorreformatorische Muster. Ist unser Christentum von dem der römischen Kirche durch Wesensunterschiede getrennt, von deren tiefgreifender Bedeutung das Zeitalter der Reformation, bei aller Un=billigkeit des polemischen Urteils, viel richtigere Vorstellungen gehegt hat, als unser Staatskirchentum von heute irgend nachzuempfinden ver=mag, so ist eine harmlose Übernahme oder vielmehr pietätvolle Er=haltung, ja Neueinführung jener entgeisteten Gestaltungen der Vorzeit durch nichts gerechtfertigt. Was unter uns nicht wieder lebendig werden will, kann dem lebenden Geschlechte nicht dienen oder es gar an seinem Teil zum Leben führen. Trotz aller gedruckten und gehaltenen Predigten über die „Herrlichkeit des evangelischen Gottesdienstes", — den Meß=Erläuterungen in der römischen Kirche zum Verzweifeln ähnlich, — wird die Sprache des alten Schemas für unser Volk eine tote Sprache bleiben. Und was für ein Geschick, wenn die Brunnen des Lebens, für die Mehrheit unserer Kirchgänger die einzig zugänglichen, nicht wahre Lebensbrunnen sind, wenn ihrem Wasser regelmäßig wenigstens ein Aufguß aus dem alten Reservoir beigemischt wird. Man gewöhnt sich ja an solchen Trank, aber damit ist seine Gesundheit nicht erwiesen; unser Volk äußert keinen Wunsch nach Änderung, aber selbst die da und dort bemerkbare, eifersüchtige Abwehr jeder „Liturgie" und Kunst ist eher ein Lebenszeichen zu nennen als die Lethargie der im Besitze beider innerlich Verarmten. Das Heil ruht in dem Mute zu evangelischer That, zum Neubau auf dem Grunde evangelischer Heilsgewißheit, wie sie das Motto auf dem Titelblatt, zusammenklingend mit jenen Worten Zwinglis am Ende meiner Ausführungen, zum Ausdruck bringt. Und dieser Mut erwächst uns heute am sichersten auf dem Wege, den der Verfasser seine Leser führen möchte. Über meine Auffassung von der hiermit verbundenen Aufgabe muß ich mich kurz verantworten.

Die von mir veröffentlichten liturgischen Erzeugnisse sind fast ausnahmslos auch für den Sprachforscher kennenswert. Ein solcher wird vielleicht bedauern, daß ·ich mir die Freiheit genommen habe, diese Urkunden der Vergangenheit ein wenig zu modernisieren. Ich fürchte aber, eher zu wenig als zu viel darin gethan zu haben.

Was zunächst die Orthographie betrifft, so habe ich selbstverständlich die Titel der angeführten Schriften mit diplomatischer Treue gegeben. Ja auch bei Wiedergabe von Handschriften bin ich behutsamer in Erhaltung der vorgefundenen Eigentümlichkeiten verfahren. Es wird z. B. auffallen, daß sich inmitten der Zürcher Abendmahlsordnung (S. 201) ein Absatz findet, dessen Schreibweise von der der voraufgehenden und nachfolgenden Stücke abweicht. Aber es handelt sich dort um einen eigenhändigen Zusatz Zwinglis, der als solcher auch in der Orthographie gekennzeichnet werden sollte. Noch lieber hätte ich das betreffende Blatt für die Leser photographisch aufgenommen.

Der gewöhnliche Textdruck meiner Vorlagen, dessen Seltsamkeiten gutenteils dem Setzer zuzuschreiben sein werden, ist in mannigfacher Weise umgearbeitet worden. So wurden alle überflüssigen Verdoppelungen der Konsonanten wie der Vokale, soweit sie für den Dialekt nicht in Betracht zu kommen schienen, getilgt, alle abgekürzten Worte dagegen durch Ausschreibung vervollständigt. Wo die Schreibweise des Quellendrucks einfacher als die heutige erschien, ist sie beibehalten, wo sie umständlicher war, reduziert worden. Die Inkonsequenz der Vorlagen habe ich nur dort glätten zu sollen gemeint, wo sie den Leser unbedingt zu stören geeignet gewesen wäre, wo z. B. in einer Zeile oder dicht nebeneinander **got** und **gott** zu lesen war. Dagegen eine durchgängige Änderung der Unregelmäßigkeit hätte nach meinem Empfinden die geschichtliche Physiognomie der Denkmale zu stark beeinträchtigt. So lange noch kein allgemein gültiger Kanon aufgestellt ist, — auch die Resolutionen des letzten deutschen Historikertages in Frankfurt a. M. scheinen nicht so viel vermocht zu haben — wird es dem einzelnen Arbeiter auf diesem Felde schwer fallen, die rechte Grenze, auch nur nach seinem eigenen Bedürfnis, zu finden. Ich habe u. a. das anlautende **v** (= u) überall in **u** verwandelt, dagegen dem **w** (= u) in den Diphtongen **aw**, **ew**, **ow** das Leben gelassen, ohne dafür eine andere Rechtfertigung bieten zu können als die, daß mich diese Schreibweise nicht stört. Die historischen Gesichtszüge der Vorlagen zu retten, war mir Bedürfnis, bloßer Luxus sowie jeder hindernde Anstoß sollte beseitigt werden.

Die Interpunktion wurde ebenfalls mit Bewußtsein modernisiert. Nicht in den Titeln. Hier habe ich die bekannten vertikalen Teilstriche beibehalten, dagegen auf Wiedergabe der Zeilenabsätze verzichtet. Im Text der gedruckten Formulare und Gebete wurden thunlichst überlange Sätze verkürzt, gewaltsam zertrennte vereinigt. Zwar ist jede neue Interpunktion eine Art von Exegese; doch wird die vorgenommene Einsetzung der Trennungszeichen dem aufmerksamen Leser die eigene Meinung nicht verwehren, wie denn oft das Recht der Maßnahme strittig heißen muß.

Zur Erreichung größerer Übersichtlichkeit habe ich, in der Herstellung der Absätze möglichst bei den Originalen verbleibend, durch Sperrdruck die Stichworte herausgehoben. So wird man die einzelnen Bestandteile der Messen schnell überschauen.

Zu den Litteratur-Übersichten, wie sie jedem Kapitel mit Ausnahme des zweiten vorgesetzt wurden, wird man nicht die Angabe jeder dem litterarischen Nachweis dienenden Schrift suchen wollen. Insbesondere da, wo nur eine Einzelheit im Zusammenhange beglaubigt werden sollte, habe ich in der Regel die litterarische Notiz ganz der Fußnote überwiesen. Das Titelblatt jeder bedeutsameren Quellenschrift, für welche ich mich nicht auf bekannte Repertorien beziehen konnte, hat eine genaue Beschreibung erfahren. Bei Angabe des Umfanges solcher Drucke bedeutet „7 Bl. 8°" einen Bogen, dessen letztes Blatt unbedruckt ist.

Das mit Sorgfalt hergestellte Register wird über den vielfach eng zusammen gedrängten Stoff schnell und vollständig orientieren.

Die kurzen Angaben „Weller" und „Panzer" wollen als Hinweise auf die bekannten Werke verstanden sein, deren Titel ich hier folgen lasse:

Emil Weller, Repertorium typographicum. Die deutsche Litteratur im ersten Viertel des 16. Jahrhunderts. Nördlingen 1864. — Der Supplement-Band hat denselben Titel. Nördlingen 1874. — M. G. W. Panzers Annalen der älteren deutschen Litteratur. Nürnberg 1788. — D. G. W. Panzers ꝛc. II. Nürnberg 1805.

Den verschiedenen verehrlichen Verwaltungen deutscher Bibliotheken in Augsburg, Basel, Berlin, Celle, Colmar, Dresden, Freiburg, St. Gallen, Hamburg, Königsberg, Leipzig, Maihingen, Marburg, Mülhausen, München, Nördlingen, Nürnberg, Straßburg, Tübingen, Weimar, Wolfenbüttel, Zürich, Zwickau — sage ich für ihre vielseitige und liebenswürdige Unterstützung den besten Dank. Besondere Erkenntlichkeit schulde ich für die bibliographischen Notizen in Sachen Zwinglis Herrn Pfarrer Georg Finsler zu Basel, für die Mülhausen betreffenden archivalischen Urkunden Herrn Stadtarchivar Eduard Benner daselbst, für regelmäßige und mannigfaltige Beihülfe dem verehrten Vorsteher der theologischen Abteilung in unserer Universitäts- und Landesbibliothek, Herrn Dr. Karl Schorbach in Straßburg.

Norderney, den 16. August 1896.

J. Smend.

Berichtigungen und Zusätze.

S. 1, Zeile 10 von oben (dsgl. S. 3, Anm. 4; S. 5, Anm. 4; S. 6, Anm. 2) ist die „I" zu löschen, und S. 1, Zeile 10 außerdem statt „1688": 1692 zu lesen.

S. 1, Zeile 17 von oben ist hinter „Basel": V zu ergänzen.

S. 13, Zeile 9 von unten lies statt „1503": 1502.

S. 26, Zeile 3 von unten lies statt „Eberbach": Ebersbach.

S. 64, Zeile 1 und 2 von oben lies: communicetis, quamvis.

S. 76, Zeile 3 von unten ergänze hinter „speys": nere und beware euch.

S. 84, Anm. 4 ergänze folgenden Druck: Das der eynig Christus vnser mitler vn fürsprech sy by dem vatter | nitt sin muter | noch die heyligen. Darumb nun Christo | vnd nit siner muter | das in dem gsang so Salve Regina anfacht | gesungen soll werden | Schirmred durch Sebaldum Heiden inn latin beschriben | vnd yetzt nüwlich vertütscht. Zů dem leser. Das wort gots soltu nemen an | Vrteil des fleischs lasz hindē stan | Got wort bringt dir dz ewig lebē Fleischs vrteil wirt verdānis gebē. Am Ende: Getruckt im jar M.D.xxv. o. O. u. D. (Johann Knoblouch, Straßburg.) 5 B. 8º. Titelblatt: oben zwei einander zugekehrte Masken an geschwungenen Stengeln; dazwischen unter Arabesken eine Traube. Seitlich symmetrische Verzierungen. Unten in der Mitte eine Base; an ihr die Buchstaben ⊿ R O H S. — Baseler Kirchenbibliothek.

S. 123 ist zur Litteratur=Angabe nachzutragen: Gödeke 2². S. 162 f.

S. 124. Zu A²: Das gleiche Titelblatt hat der Waldenser=Katechismus Ein Christlich vnderweysung etc. und Ein kleyne Auszlegung über das XX. Cap. Exodi etc. Phil. Melanchthons — beide in Band 87 der Bibliothek des Thomasstifts in Straßburg.

S. 124. Zu B: Das Titelblatt zeigt vier verschiedene Leisten. Oben in der Mitte zwei Engel mit ananasähnlichen Früchten; rechts und links davon kleinere sitzende Gestalten. An den Seiten verschiedene Arabesken; dazwischen je eine sitzende Figur. Unten zwischen Arabesken zwei Masken, und zwischen diesen der obere Teil einer Engelgestalt.

S. 145 f. In Beziehung auf die Örtlichkeit der ersten Straßburger deutschen Messe scheint zwischen den Berichterstattern ein Widerspruch obzuwalten, sofern als solche einerseits die Johanneskapelle im Münster, andererseits die dortige Gruftkapelle bezeichnet wird. Erstere Angabe verdient schon als die ältere unbedingten Vorzug.

S. 155. Anm. 3 sollte auch Renovatio ecclesiae Nordlingiacensis 1525 genannt sein. Vgl. Richter I. S. 19 und unten S. 253 (Anm. 1).

S. 159, Zeile 23 von oben lies statt „originellen": traditionellen.

S. 168, Zeile 22 von oben lies statt „ins": in.

S. 246, Zeile 6 von unten lies statt „laisse": laisses.

Übersicht.

Erstes Kapitel.

Chronologische Übersicht. 1521—1526.

Litteratur.

(In der Reihenfolge ihrer Verwendung.)

G. Rietschel, Abendmahlsfeier in den Kirchen der Reformation, Realencyklopädie von A. Hauck. 1896. 1. S. 68 ff. — E. Chr. Achelis, Prakt. Theologie. II. 1891. — Th. Kliefoth, Liturgische Abhandlungen. VII. 1861. — A. L. Richter, Die evang. Kirchenordnungen. I u. II. 1846. — N. L. de Seckendorf, Comment. histor. et apolog. de Lutheranismo. I. 1688. — G. Th. Strobel, Miscell. V. 1781. — K. Jäger, Andrea-Bodenstein von Karlstadt. 1856. — Derselbe, Beiträge zur Geschichte Karlstadts. Deutsche Ztschr. 1856. 30. 31. — J. K. Seidemann, Thomas Münzer. 1842. — Th. Kolde, Martin Luther. II. 1893. — J. G. Terne, Gabriel Zwilling. 1737. — Thesaur. Baum. I (Univ.-Bibl., Straßburg). — K. R. Hagenbach, Kirchl. Denkwürdigkeiten zur Geschichte Basels. I. 1827. — B. Riggenbach, Das Chronikon des Konrad Pellican. 1877. — P. Ochs, Geschichte der Stadt und Landschaft Basel. 1821. — H. Bullinger, Reform.-Geschichte, nach dem Autographon herausg. von J. J. Hottinger und H. H. Vögeli. II. 1838. — G. E. v. Haller, Schweizerbibliothek. III. 1786. — C. E. Förstemann, Neues Urkundenbuch zur Geschichte der evang. Kirchen-Reformation. 1842. — Luthers Werke, Ausg. von Walch. XV. XVI. 1745. — J. E. Kapp, Kleine Nachlese. I. 1727. — Matth. Dresser, Sächsisch Chronicon. 1596. — Strobel, Beiträge. I. 1781. — H. von der Hardt, Autogr. Lutheri etc. III. 1693. — P. Tschackert, Urkundenbuch zur Reformations-Geschichte des Herzogtums Preußen. II. 1890. — J. B. Riederer, Nachrichten. II. IV. 1765. 1767. — F. Baumgarten, Wie Wertheim evangelisch wurde. (Schriften des Vereins f. Ref.-Gesch.) 1890. — L. Eißenlöffel, Franz Kolb (Dissertation). 1893. — H. Alt, Das Kirchenjahr. 1860. — F. Hartmann und K. Jäger, Joh. Brenz. I. 1840. — H. A. Köstlin, Geschichte des christl. Gottesdienstes. 1887. — H. Hering, Hilfsbuch zur Einführung in das liturg. Studium. 1888.

———

Auf den folgenden Blättern wird der Versuch gewagt, eine chronologische Übersicht über die ersten deutschen Messen zu geben, soweit diese für den evangelischen Gottesdienst bestimmt gewesen sind. Es liegt in der Natur der Sache, daß noch die letzte mir zu Gesicht ge-

kommene Aufzählung der bekannteren Ordnungen[1]) lückenhaft ist, und
meine Ergänzungen erheben nicht den Anspruch der Vollständigkeit.
Ehe ich die von mir gesammelten Notizen in Jahreskolumnen darbiete,
will ich die Aufgabe, die mir obliegt, genauer bestimmen.

Es handelt sich um deutsche Messen. Doch müssen auch die
kultischen Gebilde berücksichtigt werden, die sich nur teilweise im Ge=
wande deutscher Sprache darstellen. Ja, es soll auch derjenigen gottes=
dienstlichen Maßnahmen gedacht werden, über welche sich in dieser
Hinsicht nichts Bestimmtes mehr feststellen läßt. Überhaupt habe ich
nicht nur geschlossene, im Wortlaut vorliegende oder doch genau be=
schriebene Ordnungen aufführen wollen, sondern auch die verstreuten
Notizen über frühzeitige Änderungen der Messe, sofern sie die Ver=
mutung nahe legen, daß es sich um Verdeutschung der überkommenen
Gestalt des Gottesdienstes gehandelt hat. Gerade für diese Bestand=
teile der nachfolgenden Übersicht muß ich um besondere Nachsicht bitten;
was mir nicht zuverlässig scheint oder nur undeutliche Vorstellungen
erweckt, habe ich dementsprechend eingeführt. Die Prüfung, Sichtung,
Vervollständigung der Daten stelle ich künftiger Forschung anheim.

Berücksichtigt wurden ferner nur deutsche Messen. Ausgeschlossen
blieben die Gottesdienstformen unserer Zunge, die evangelischen Geistes
sind, aber nicht die Abendmahlsfeier zu ihrem Mittelpunkte haben.
Evangelische Taufakte und =Ordnungen, Trauformulare, auch wo diese
eine Traumesse vorsehen, sind beiseite gelassen, ob auch ihr Auftreten
für die Geschichte des reformatorischen Gottesdienstes bahnbrechend ge=
wesen ist. Dabei versteht es sich von selbst, daß die starke Abweichung
vom Schema der römischen Messe, wie sie namentlich an den schweizerischen
Ordnungen hervortritt, kein Grund zur Ausschließung sein konnte. Be=
reits allgemein bekannte Gottesdienstformen und solche, welche lediglich
die Bedeutung von Entwürfen haben, werde ich gleich hier durch kurze
Beschreibung erledigen, für die großen, ausführlich zu erörternden
Liturgien aber auf die entsprechenden späteren Kapitel verweisen.

<h2 style="text-align:center">1521.</h2>

Wenn Kliefoths Behauptungen zu trauen wäre, so müßte in der
Geschichte des Gottesdienstes der Reformationszeit eine der vornehmsten
Stellen für Karlstadt eingeräumt werden. Denn dieser soll und
muß der eigentliche Vater der nichtlutherischen Gottesdienstordnungen,
vorab derjenigen von Straßburg und Basel, heißen.[2]) Mit welchem
Recht, das konnte der Urheber der den genannten Städten zugedachten
Beschuldigung auf Grund des ihm zu Gebote stehenden Materials offenbar
selbst nicht beurteilen. Daß er im übrigen zu einer billigen Kritik
der Bestrebungen Karlstadts nicht berufen gewesen, ist von vornherein
wahrscheinlich.

---

[1]) G. Rietschel a. a. O. — Vgl. z. B. Achelis, a. a. O. S. 180 ff. —
[2]) Vgl. Kliefoth, a. a. O., S. 11 und 41.

Schon 1520[1]) verlangte Karlstadt bibelgemäße Neuordnung des Gottesdienstes, insbesondere der Messe. In Kopenhagen stellte er im Frühjahr des nächsten Jahres in dem Reformationsplane u. a. die Forderung auf, daß die Perikopen dem Volke regelmäßig auszulegen seien. Dagegen findet sich in der Schrift „Von beyden gestalten"[2]) kein Hinweis auf deutsche Messen. Auch seine von Richter[3]) mitgeteilte Ordnung aus dem folgenden Jahre (1522) nimmt keinen Bezug auf Abendmahlsfeiern in der Landessprache. Nach Seckendorf[4]) ist aber Neujahr 1522 von ihm in Wittenberg deutsche Messe gehalten worden. Dabei wurde folgende Ordnung beobachtet: Predigt, Konfiteor am Altar, alles weitere nach Gewohnheit bis zum Evangelium; dann aber kein Kreuzschlagen, Opfern und Elevieren, der Rest mit Weglassung des kleinen Kanon und unter deutschen Spendeformeln. Zum Kelch sprach er die Worte: „Das ist der kelch des newen und ewigen testaments, gayst und gehaym des glaubens, das für euch und vil vergossen in vergebung der sünden." Strobel[5]), der die Angaben einem zeitgenössischen Chronisten dankt, läßt diesen weiter berichten:

„Dergleichen hab ich zu Mayn im dorflein auch bey einem halb hundert menschen gespeist, auf den Christtag, kaum fünf in gehaym peicht gehört, die andern allzugleich auf ein haufen absolbirt, keyn ander buß geben dan nymer thun, das ist: nach vermögen dem alten leben und sünd feind werden rc."

An der überkommenen Ordnung wurde offenbar nicht allzu stürmisch geändert. Der Gebrauch der deutschen Sprache scheint sich auf die Einsetzungsworte und die Spendeformeln beschränkt zu haben. Als die bedeutsamste Neuerung hat Luther den Umstand betrachtet, daß Karlstadt die Kommunikanten Brot und Kelch in die Hand nehmen ließ. Dies „Sacrament angreifen" erregt denn auch, als wohlberechneter Akt roher Antastung der priesterlichen Würde, die besondere Entrüstung Kliefoths.[6]) Daß der seit Ende Dezember 1521 in Wittenberg weilende Thomas Münzer an Karlstadts Neuerungen regen Anteil genommen, wäre als selbstverständlich anzunehmen, wenn es nicht bezeugt wäre.[7]) Münzer scheint schon damals in Zwickau ähnliche Versuche angestellt zu haben. Daß er in Sachen der von ihm beibehaltenen Elevation die Mißbilligung Karlstadts erfahren, ist besonders merkwürdig.[8])

Auch Gabriel Zwilling, der Augustiner, wird hier genannt werden müssen.[9]) Über seine streng stiftungsmäßige Abendmahlsfeier

---

[1]) Libellus de canonicis scripturis. Vgl. Jäger, a. a. O. S. 112. 175. — [2]) Das Vorwort trägt das Datum „Wittenberg, Martini 1521". Ein Exemplar der 6 Bogen und ein Bl. 4° starken Schrift z. B. in Wolfenbüttel. — [3]) II, S. 484 f. — [4]) I, p. 214 ff. Es ist schon Weihnachten geschehen. Vgl. Kliefoth, a. a. O. S. 20 f. — [5]) Miscell. V. S. 119 ff. Vgl. Jäger, S. 261 ff. — [6]) a. a. O. S. 22. 24. 109. — [7]) Seidemann, S. 29. — [8]) Vgl. den Brief Karlstadts an Münzer vom 21. Dez. 1522 bei Seidemann, S. 127. — [9]) Kolbe, II. S. 19. 34 f. 37 f. 568.

steht, was die Sprache betrifft, nichts fest; doch ist die Beseitigung des Lateinischen¹ wahrscheinlich. Auch Zwillings Auftreten in Eilenburg (Weihnachten 1521) bleibt in dieser Beziehung in Dunkel gehüllt.[1])

1522.

Eine der ältesten mir zugänglichen Angaben über die Feier deutsch=evangelischer Messen bezieht sich auf Basel. Daß Wolfgang Wissen=burg (Wyssenburger) einer der ersten gewesen, die den wichtigen Schritt gewagt, darf als feststehend angenommen werden. Merkwürdig, daß sich weder über den entscheidenden Tag, noch über die Art seines Vor=gehens bestimmte Kunde erhalten läßt. Die ältere schweizerische und insbesondere die Kirchengeschichte Basels — z. B. H. Bullingers Auto=graphon und Haller — erwähnt im allgemeinen der bedeutsamen Be=gebenheit nicht; auch das von B. Riggenbach herausgegebene Chronikon des Konrad Pellican weiß nichts von ihr. Dagegen meldet K. R. Hagenbach in den Baseler kirchlichen Denkwürdigkeiten[2]): „Zwar hatten schon vor ihm (dem Ökolampad) Kapito, Hedio, Wilhelm Röblin, Wolfgang Weißenburg die reinere Lehre verkündet, den Überschwall der Zeremonien vermindert und deutsche Messe gehalten." Diese Nach=richt erweckt aus vielen Gründen Bedenken, geht aber, was Wissenburg betrifft, wohl auf die von P. Ochs zitierten Urkunden zurück[3]); diese stammen teils von einem Anonymus, teils von Fridolin Ryff. Sie sagen aber von Röblin, dem Vorgänger Wissenburgs am Reformations=werk, nicht das, was Hagenbach behauptet. Wäre des letztern Aussage richtig, so würde Röblin vor 1522 deutsche Messe gehalten haben; denn nach den erwähnten Urkunden hatte jener bereits das Feld räumen müssen, als Wissenburg seine Reform begann.

Über diesen lauten nach Ochs die Angaben des ungenannten Chronisten: „Also stand auf Meister Wyssenburger, Pfarrherr im Spital, und unterstand sich der evangelischen Lehre. Dem hing auch gleich das gemeine Volk an. Er verwarf ihre[4]) Dinge erst gar.[5]) Der ver=warf ihnen die lateinische Messe und hielt sie in deutsch, damit das gemeine Volk desto besser vernehmen möchte, was für Grund sie hätte. Da wurde die Geistlichkeit noch reger als zuvor. Aber meine Herren mußten diesen bleiben lassen; denn die Pfrunde konnten sie ihm nicht nehmen. So konnten sie ihn nicht vertreiben; denn sein Vater war selber des Raths. Also nahm seine Lehre zu, von Tag zu Tage und je länger je besser."

Kliefoth, VII. S. 16. 19. — [1]) Vgl. außer den litt. Nachweisen bei Kolbe: die handschriftliche Schilderung Capitos, Thes. Baum. I. 257. Dort wird der fahrende Augustiner Gabriel Lonicerus genannt. — [2]) a. a. O. I. S. 4. Vgl. R. Thommen, Geschichte der Univ. Basel 1532—1632. 1889. Hier=nach wäre Wissenburg 1522 Priester, 1524 Pfarrer am Spital geworden. — [3]) a. a. O. S. 434 ff. — [4]) Der übrigen Priester. — [5]) Im Gegensatz zu Röblin, der offenbar um geringerer Vorstöße willen vertrieben war.

Fridolin Ryff berichtet ähnlich. Nachdem die Ausweisung Röblins erzählt worden, fährt er fort: „Also vermeinten die Pfaffen, sie hätten es gewonnen, da sie den Predicanten hinweg gebracht hatten. Aber Gott wollte sein Wort lassen aufgehn. Sie mochten es nicht wehren. Da nun dieser hinweg kam, da war ein Predicant im Spital allhier. Derselbe war eines Bürgers Sohn von hier, hieß von Wissenburg. Sein Vater war des Raths. Dieser junge gelehrte Mensch fieng auch an, die Wahrheit des göttlichen evangelischen Wortes zu verkünden. Der überkam den Anhang der Gemeinde viel fester als der vorige. Er fieng an, die lateinische Messe auf deutsch zu halten, damit man hören möchte, worauf sie gesetzt wäre. Damit waren aber die Pfaffen nicht wohl zufrieden. Doch wollte es ihnen da nicht gelingen, so wie vorher. Denn dieweil er ein Bürger war und sein Vater des Raths, ein frommer, redlicher Mann, der auch große Gunst hatte, mußten sie ihn bleiben lassen. Allein sie ließen heftig wider ihn predigen durch ihre falschen Predicanten und schalten ihn und alle, die ihm anhingen, Ketzer und was sie übels erdenken konnten. Aber die Lehre nahm von Tag zu Tage zu, daß sie solche nicht mehr unterdrücken konnten, sondern ihn mit seinen Predigten bleiben lassen mußten.“

Über Wissenburgs Person scheint sonst wenig bekannt zu sein. Eine späte Schrift von ihm, die den Abendmahlsstreit behandelt und zum Frieden mahnt, sowie eine „Vertheidigung“ von 1534 sind alles, was ich über ihn sonst erfahren habe.[1])

Im Bistum Merseburg wurde während des Jahres 1522 an mehreren Orten die Messe abgeändert. Aus den Angaben bei Förste= mann[2]) ersieht man, daß die Gemeinden Schönbach, Machern, Grimma bereits im April dieserhalb verklagt worden. Unbestimmt, bezw. un= zuverlässig sind die Augsburg, Nürnberg, Zerbst, Stettin, Danzig und Preußen betreffenden Angaben bei Walch[3]); die anscheinend mit 1522 datierten Notizen bei Seckendorf[4]) über deutsche Messe in Frankfurt a. M. beziehen sich in Wirklichkeit auf den 21. März des Jahres 1529.

Im Jahre 1522 hat Ökolampad deutsche Lektionen, Johann Schwebel deutsche Messe gehalten.[5]) — Im übrigen gehört diesem Jahre die älteste uns erhaltene deutsche evangelische Meßordnung von Nördlingen an. Ihr Verfasser ist Kaspar Kantz.[6])

---

[1]) Auszzug etlicher sprüchen der alten Lehrern etc. 19 Bogen 4° ist 1561 und (Heidelberg) 1562 erschienen. Die „Vertheidigung“ Wissenburgs vom 15. Ott. 1534, Kopie vom Antistes Falkeisen, auf der Kirchenbibliothek in Basel. — [2]) a. a. O. S. 85 f. 87 f. — [3]) a. a. O. XVI. S. 13 f. des Vor= berichts. Danzig betreffend, vgl. Kapp, I. S. 678. — [4]) 1, p. 243. — [5]) Näheres unten Kap. III. — [6]) Näheres unten Kap. IV.

1523.

Frankfurt a. M.[1]) und Magdeburg[2]) haben hier überhaupt kein, Born und Schönbach[3]) nur ein anfechtbares Recht, aufgeführt zu werden. Dagegen sei sogleich das Ökolampad zugeschriebene „Testament Jesu Christi" genannt, das im nämlichen Jahre zum erstenmal in hollän= discher Übersetzung erschienen ist.[4]) Ostern 1523 ist auch Münzers „Ordnung" in Gebrauch gekommen.[5]) Die Ordnung von Ellbogen[6]) kennt nur deutsche Taufhandlung.

Als Vorschläge von hervorragender Bedeutung begegnen uns hier die Entwürfe, welche Zwingli im August und dann im Oktober dieses Jahres veröffentlicht hat.[7])

Luthers „Von Ordnung Gottesdiensts in der Gemeine" (nach Ostern 1523)[8]) bietet bekanntlich für die täglichen Messen Ersatz und gehört im übrigen nicht hierher. Luthers Formula Missae dagegen soll, weil sofort und mannigfach — im Sinne der Bitte N. Haus= manns: pro laicis — ins Deutsche übertragen[9]) und bald bei Her= stellung deutscher Messen mitbenutzt[10]), hier nicht übergangen werden. Das Schema ist dies: Predigt vor der Meß oder nach dem Credo. Introitus mit Gloria Patri, Kyrie, Gloria, Kollekte, Epistel, Graduale mit Alleluja und Veni, sancte spiritus (et emitte), Evangelium, Nizänum. — Präfation, Einsetzungsworte, Sanctus, Vaterunser, Pax, Agnus, Kommuniongebet „O Jesu Christe", Kommunion des Priesters und des Volks unter der alten Spendeformel, Danksagung, Salutation, Benedicamus mit Alleluja, Aaronitischer Segen.

1524.

Als ungewisse Daten schicke ich voraus, was über das Bistum Merseburg[11]), Heidelberg[12]), Breslau (Heß)[13]), Gnandstein[14]) zu lesen ist. Die utraquistische (Behemische) Gottesdienstordnung, welche Richter[15]) nach einer Kasseler Handschrift mitteilt, ist als Messe in der Landessprache[16]) gemeint. Genannt sind als unanstößig diese Stücke: Introitus (mit Einschränkung), Kyrie und Gloria, Epistel, Graduale und Alleluja, Evangelium, Glaube, Präfation, Sanctus und Benedic=

---

1) Walch, a. a. O. — 2) Außer Walch auch Seckendorf, I, p. 246. Dresser, Chron. Sax., fol. 515. — 3) Förstemann, S. 92. — Kapp, I. S. 566 ff. Vgl. die Sätze eines Anonymus über die Messe bei Kapp, I. S. 596. — 4) Näheres unten Kap. III. — 5) S. Kap. V. — 6) Richter, I. S. 15 ff. Strobel, Beiträge I. 1. S. 463 ff. — Ein Exemplar 4 Bl. 4° besitzt die Tübinger Univ.=Bibl. — 7) S. Kap. VIII. — 8) W. A., Bd. 12, S. 31 ff. — 9) Ebenda S. 199 ff. 202 ff. — Vgl. Kliefoth, VII. S. 27 ff. — Tschackert, Urkundenbuch II. Urk. 174. — 10) Vgl. Kap. IV. VI. VII. — 11) Förstemann, a. a. O., S. 105. — 12) Kapp, I. S. 616. — 13) Ebenda, S. 605. Vgl. v. d. Hardt, III. S. 76, wo irrigerweise die Jahreszahl 1522. — 14) Kapp, I. S. 258 ff., vgl. auch S. 631 ff. — 15) II. S. 485 ff. H. Alt, Das Kirchenjahr. S. 451 f. Luthers Meinung über sie in der Deutschen Messe: Richter, I. S. 36. — 16) „alles am meinsten, wo es kan sein, in der zungen, das mans wol mug versteen, gelessen und gesungen." a. a. O., S. 486.

tus, Kommunion, Agnus Dei „und ander gesang dabey, die sich mit der heiligen Gottlichen geschrift vergleichen, auch der Collekten, die sich mit dem wort Gottes vergleichen."

Eine von Luther anscheinend gebilligte, gereinigte Meßordnung finden wir in diesem Jahre im Augustiner=Kloster in Wittenberg.[1] Es muß eine deutsche Form gewesen sein ohne Elevation und ohne Meßgewand, „auf das allereinfältigst". Daneben besteht die alte Ordnung in der Pfarrkirche weiter.

Die angeblich in Wittenberg erschienene und Bugenhagen zu=geschriebene deutsche Messe wird später ausführlich gewürdigt werden.[2]

In Straßburg wurde am 16. Febr. durch Theobald Schwarz eine deutsche Ordnung eingeführt, aus der noch im selben Jahre eine reiche Litteratur erwuchs.[3]

In Nördlingen stoßen wir auf eine etwas abgeänderte, auch lateinische Stücke enthaltende Meßordnung neben der älteren Gestalt von 1522.

In Nürnberg kommt während dieses Jahres eine lateinisch=deutsche Gestalt der Messe in Aufnahme, desgleichen gegen Ostern 1524 auch rein deutscher Abendmahlsgottesdienst.[4]

„Anno 1524 hat man angefangen, die teutsche Meß zu singen in der Altenstadt, Sontag vor Michaelis (den 25. Sept.) durch M. Amandum. Aber den Sontag hernach hat man sie auch im Thum gesungen, auch die Vesper, des Sontages alleine und nicht die werkel=tage." So berichtet die Chronik des Urban Sommer über die Kultus=reform in Königsberg.[5]

In Wertheim war die Neuordnung schon etwas früher ein=getreten. Hier ist es Franz Kolb, der unterm 27. August Luther von seinen Maßnahmen in Kenntnis setzt.[6] Seine Messe ist ganz deutsch und in ihrer Anlage originell, aber recht kahl. Der Gang ist dieser: Concio cum adhortatione (diese geht jener vorauf), nach Zu=rüstung von Brot und Wein kurzes Confiteor mit gebogenen Knieen, Pater noster, Credo (Gemeinde erhebt sich), Consecratio nudis Christi verbis, Communio capellani[7] et fratrum ac sororum, brevissima adhortatio ad gratiarum actionem et nuntiationem redemptionis. Das alles, wie gesagt, deutsch und ohne Priestergewand, auch ganz ohne Kollekten und Gesänge.[8] Es ist dennoch nicht die radikalste Gestalt des Abendmahlsgottesdienstes, die unsre Übersicht aufzuführen hat.

---

[1] Walch, XX. S. 251. — Vgl. auch unten Kap. V. — [2] S. unten Kap. IV. — [3] S. unten Kap. VI. — [4] Vgl. Kap. VII. — [5] Nach Georg Colbes Episcopo-Presbyterologia Pruss.-Regiomontona 1657, mitgeteilt von P. Tschackert, Urkundenbuch ꝛc. II. Urk. 141; vgl. Urk. 183. Deutsche Taufen waren auch in Königsberg schon voraufgegangen. Urk. 176. Nach Urk. 190 sogar schon im Febr. 1524 Messe gemäß der Stiftung. Vgl. aber Urk. 221. 229. 270. 300. — [6] Kapp, I. S. 615 ff.; Riederer, Nachrichten IV, S. 102 ff. — [7] Kolbs Kaplan (Diakonus) hieß Leonhard. — [8] Vgl. F. Baumgarten, Wie Wertheim ꝛc. S. 20. — L. Eißenlöffel, Franz Kolb, S. 24 ff.

Endlich ist zu nennen der Heimatort des Cochläus, Wendelstein bei Schwabach. Die dortige Gemeinde richtet am Mittwoch nach Galli (16. Oktober) 1524 an ihren neuen Pfarrer eine vortreffliche Adresse und fordert von ihm u. a. als selbstverständlich die deutsche Messe.[1])

1525.

Noch immer bleiben die das Merseburger Bistum betreffenden Angaben unbestimmt.[2]) Die Müntzersche Messe begegnet uns als Er=furter Kirchenamt.[3]) In Nürnberg treten verschiedene deutsche Formulare auf[4]); in Straßburg zwei oder drei neue Gestaltungen.[5]) In Nördlingen erscheint die Renovatio ecclesiae Nordlingiacensis; die Messe von Kantz wird in niederdeutscher Sprache, mit allerlei Änderungen, in Bremen gedruckt.[6]) In Wittenberg wird am 20. p. Trin. (29. Okt.) zum erstenmal die Messe völlig deutsch gehalten.[7]) Inzwischen gelangen auch die führenden Städte der deutschen Schweiz zu selbständigen Ordnungen. Zürich am Gründonnerstag (13. April)[8]), Basel Allerheiligen (1. Nov.)[9])

In Schwäbisch=Hall hat Johann Brenz[10]) zu Weihnachten 1525 eine sehr einfache Abendmahlsfeier gehalten. Vorauf ging ohne Zweifel die Predigt. Die Feier selbst wurde eingeleitet durch eine vom Altar aus gehaltene Ermahnung. Diese wies hin auf das Gebot des Herrn, seinen Tod zu verkündigen, und feierte den Tod Christi als das Leben der Seinigen, Sündenerkenntnis weckend und die Erlösung verkündigend. Während die Gemeinde kniete, wurden die Einsetzungsworte deutsch verlesen. Sodann geschah die Austeilung unter beiderlei Gestalt, und nur eine Schlußermahnung folgte noch. Sie lautete: „Dieweil wir alle von einem Brod gegessen und von einem Kelch getrunken haben, seyn wir ein Leib geworden. Deshalb, wie in einem Leib ein Glied vom andern beholfen und je eins durch das andere (!) Hilf erhalten wird: also auch wir, wie die Glieder, sollen je eins des andern Bürde tragen. Und diese Güte, so wir jetzund von dem Herrn empfangen haben, sollen wir ein jeglicher an seinem Nächsten beweisen; denn dies ist das neu Gebot, spricht Christus, daß ihr einander liebet: in diesem Wort wird jedermann erkennen, daß ihr meine Jünger seyd, so ihr einander liebet. Hierin in der Kirche bey dem Tisch des Herrn er=kennt man, welche Christen seyn. Aber ein Christ soll sich erkennen lassen nit allein in der Kirche, sondern auch auf dem Markt, daheim im Haus und auf dem Feld: welches geschieht durch Werke der Liebe, die aus dem Glauben fließen. Die Gnade des Herrn sey mit euch. Gehet hin im Frieden. Amen.“

---

[1]) Rieberer, II. S. 333 ff. — [2]) Förstemann, S. 110 f. — [3]) Vgl. unten Kap. V. — [4]) Vgl. unten Kap. VII. — [5]) S. Kap. VI. — [6]) S. Kap. IV. — [7]) Walch, XXI. Anh. 37; vgl. Kliefoth, S. 28. — [8]) Vgl. Kap. VIII. — [9]) Vgl. Kap. IX. — [10]) Hartmann und Jäger, I. S. 97 ff. Vgl. Klie=foth, S. 44 f.

War diese sehr schlichte Form nicht von langer Dauer, so ist die jetzt zu nennende umfangreiche Preußische Gottesdienstordnung, durch das Reformationsmandat des Herzogs Albrecht vom 6. Juli 1525[1]) eingeführt, lange in offizieller Geltung gewesen. Sie folgt im wesentlichen Luthers Formula Missae, ist ein „gesungenes Amt" und hat folgenden Verlauf: a) lateinischer Introitus, wo bisher üblich, de tempore. Sonst deutscher Psalm, aber mit Anbahnung künftigen lateinischen Schüler=Gesangs; b) Kyrie, griechisch, lateinisch und deutsch; c) Gloria, deutsch oder lateinisch; d) Kollekte de tempore, deutsch, gesungen; e) Epistel, d. h. ein ganzes oder halbes Kapitel aus dem Apostel Paulus, den Acta oder den übrigen Briefen. Sonntags geschieht diese Vorlesung von der Kanzel durch den Helfer, Werktags vom Altar, deutsch; f) Halleluja und deutscher Psalm; g) Evangelium, d. h. ein ganzes oder halbes Kapitel aus den Evangelisten; h) Credo oder Symbolum, deutsch, von Chor und Volk gesungen; i) Präfation, deutsch, vom Priester gesungen; k) desgl. die Konsekration. Unter Schellenzeichen wird die doppelte Elevation vorgenommen; l) während dessen bereits: Sanctus, deutsch oder lateinisch, vom Chor gesungen; m) Vorrede zum Vaterunser. Dieses deutsch vom Priester gesungen; n) das Libera deutsch vom Chor; o) Agnus, deutsch oder lateinisch, vom Chor, aber nur zweimal, damit der Volksgesang nicht zu sehr in den Schatten trete; p) Pax oder Absolution vom Priester, das Volk respondiert; q) der Priester spricht eine kurze Ermahnung. Die Kommunikanten haben sich zuvor angezeigt; r) bei der Kommunion wird jedem einzeln die Spendeformel gesagt: Nym hyn und yß; das ist der leyb, der für dich gegeben ist. Nym hyn und trink; das ist das blut, das für dich vergossen ist; s) Volk und Chor gemeinsam: Jesus Christus, unser Heiland, und Gott sey gelobet; t) Priester beschließt mit deutscher Kollekte und Segen. — Gefallen sind, wie man sieht, Offertorium, Sekreta, Canon major und minor. In welchem Verhältnis diese Ordnung zu der im Herbst 1524 benutzten Form gestanden, ist nicht mehr klarzustellen. Im übrigen ist folgendes von Wichtigkeit: Regelmäßige Meßfeier bestimmt diese Ordnung nur noch für Sonn= und Feiertag. Am Werktag soll nur, wenn Kommunikanten vorhanden, Messe gehalten werden. Sonst fällt alles zwischen Symbolum und Vaterunser, diesem und der Absolution, dieser und dem Segen aus. Da das Sakrament heiliger ist als das Wort, soll es nicht wie dieses unter das Volk geworfen werden, sondern den Christenmenschen vorbehalten bleiben. Die Kommunikanten stehen bei der Feier abseits, so daß die ganze Gemeinde sie sehen und beurteilen kann; dies der gebotene Rückweg zur Exkommunikation, die doch stets nur vom Geistlichen und der Gemeinde verhängt werden darf und erst nach stattgehabter Warnung. Der

---

[1]) Tschackert, a. a. O. Urk. 371. Vgl. Richter, I. S. 28 und bei Tschackert, Urk. 418 nebst Anm.

lateinische Gesang muß bleiben, solange kein deutscher Text da ist, der zu den Noten paßt. Auch sind in Königsberg viel „Undeutsche", die auch das Deutsche nicht verstehen; zudem hat Paulus das Zungenreden nicht verboten.

1526.

Die liturgische Bewegung kommt in Straßburg durch das erste der Psalmenbücher zu vorläufigem Abschluß.[1] In Basel wird die so lange Zeit in Geltung gebliebene Agende veröffentlicht.[2] Für Preußen wird die soeben beschriebene Ordnung zum Gesetz.[3] Erwähnt wird eine bisher nicht bekannt gewordene Liturgie von Weißenburg.[4] Im Bistum Würzburg wird eine Umfrage angestellt der deutschen Messen wegen.[5] Diese werden auch als in der Markgrafschaft Brandenburg-Ansbach bräuchlich vorausgesetzt, zugleich aber für die letztere bestimmt, daß die lateinische Ordnung wieder hergestellt werde. Erlaubt bleiben deutsche Lektionen, welche im gesungenen Amt dem Vortrage der lateinischen Texte folgen, sonst für diese einzutreten haben.[6]

Ganz neu ist ein Entwurf gebliebener Schwäbisch-Haller Vorschlag von Brenz aus der Karwoche dieses Jahres.[7] Die Ordnung ist diese: a) Predigt, den Tod Christi feiernd; b) lateinischer Psalm, vom Schulmeister und den Schülern, sowie andern Mithelfern gesungen; c) Kyrie (Gemeinde kniet) und d) Gloria. „Mit der Zeit soll das Volk das Teutsche mit singen lernen"; e) Gemein Gebet durch den Diener des Worts. Für die ganze Christenheit und gemeine Kirche, die Diener der Kirche, den Kaiser, die Obrigkeit, die jungen Christen, die Kranken, Gefangenen, Schwangeren; gegen Teurung und Sterben; für gemeinen Frieden und fruchtbares Gewächs; für die Ketzer, Irrenden, Juden, Heiden und Feinde. „Dies der fürnehmsten Stücke eins."[8] f) Evangelium, lateinisch und dann deutsch; g) Credo, von Chor und Diener gesungen. Dann, wenn noch Zeit vorhanden, vom Volk deutsch gesprochener Glaube.[9] h) Ansprache über den „Nutzen" des Abendmahls; i) „innerliches, andächtiges Gebet"; k) Diakon oder Pfarrer segnet laut in Deutscher Sprache Brod und Wein („wie Weihnachten des vorigen Jahres"); l) Lateinisch-deutscher Wechselgesang zwischen Chor und Gemeinde; während dessen Austeilung beider Gestalten; m) Chor: Gratias; n) Biblischer Segen über das Volk; o) Diakon und Knaben ermahnen die Gemeinde in Gesangsweise zur Danksagung. —

---

[1] Vgl. Kap. VI. — [2] Vgl. Kap. VIII. — [3] Richter, I. S. 28 ff. — [4] Butzer „über Kirchengesang". Wenkeriana. I, 130 (Thomas-Archiv). — [5] Vgl. Kapp, I. S. 700. — [6] Richter, I. S. 51. — [7] Hartmann und Jäger, I. S. 99 ff. — Vgl. Richter, I. S. 40 ff. — Kliefoth, S. 45. — [8] Brenz betont den hohen Wert freien Herzensergusses im Gebet und lehnt den Gebrauch der Kollekten ab. — [9] Die ganze Ordnung wird bis hierher als unverbindlich bezeichnet.

Der Chormantel ist beibehalten, das Meßgewand abgethan. Statt der Frühmesse ein Predigtgottesdienst. Als Feiertage werden inne gehalten: alle Aposteltage, Christtag und Stephanstag (aber an diesem ist auch Johannistag zu feiern), Neujahr, heil. Dreikönige, Mariä Reinigung und Verkündigung, Ostern und Ostermontag, Himmelfahrt[1]), Pfingsten und Montag darnach, Johannes d. T., Mariä Heimsuchung und Himmelfahrt, Maria Magdalena, St. Michael und Allerheiligen. — Zu Kliefoths nicht geringer Genugthuung ist diese Gottesdienstordnung infolge Widerspruchs von seiten Luthers nicht zur Annahme gelangt.

Die Erfurter „Kirchenämter" erscheinen in vermehrter Auflage.[2])

Luthers Deutsche Messe wird hier als allbekannt betrachtet und ihr Schema nur kurz angedeutet: Deutscher Psalm, Kyrie, Kollekte, Epistel, deutsches Lied, Evangelium, Wir glauben all, Predigt, Paraphrase des Vaterunsers, Vermahnung, Einsetzungsworte, Kommunion unter den beiden Teilen der biblischen Spendeworte, Danksagung, Segen.[3])

Die sehr bedeutsame Reformatio ecclesiarum Hassiae von Franz Lambert v. Avignon nimmt ausdrücklich Bezug auf Luthers deutsche Messe und ist nicht in Aufnahme gekommen. Ihre Würdigung gehört nicht mehr in den Rahmen dieser Unternehmung hinein.[4]) Daß die seit 1526 entstandenen lutherischen Agenden und Kirchenordnungen durchgängig Luthers Bahnen folgen, ist bekannt.

Nunmehr will ich versuchen, die Entstehung der ältesten evangelischen deutschen Messen verständlich zu machen.

---

[1]) Hier ist bei Hartmann und Jäger versehentlich ausgefallen: Pfingsten. — [2]) Vgl. Kap. V. — [3]) Erl. Ausg. 22. 151. — Hering, Hilfsbuch, S. 130 ff. 284 f. — H. A. Köstlin, Gesch. d. christl. Gottesdienstes, S. 171 ff. — Richter, I. S. 35 ff. — [4]) Richter, I. S. 56 ff.

Zweites Kapitel.

Evangelische Meß=Betrachtungen und Gebete ohne feste Ordnung.
1520—1525.

„Waren solche Hülfsmittel zahlreich und durch einen immer ver=
vollkommneten Inhalt anregend und ansprechend, so wird man bekennen
müssen, daß in der oben angegebenen Zeit der Entstehung und des
immer wiederholten Druckes der Plenarien (Ausgang des 15. Jahr=
hunderts) für die religiöse Volksbildung besser als zu
irgend einer früheren oder späteren Zeit gesorgt war.“
In diesem Satze gipfelt die Studie J. Alzogs über die Ple=
narien.[1] Wahr ist an dieser starken Übertreibung, daß schon die
alte Kirche sich in die Notwendigkeit versetzt gesehen hat, dem der
lateinischen Sprache unkundigen Volke das Verständnis der Meß=
handlung zu erleichtern und überhaupt durch eine reiche Litteratur
von Erbauungsbüchern für die Pflege persönlicher Frömmigkeit Sorge
zu tragen. Man konnte zwar auch auf dem Wege gedächtnis=
mäßiger Einprägung Jungen und Alten eine selbständigere Teilnahme
am Gottesdienst verschaffen. Doch beschränkte sich naturgemäß eine
nachhaltige und tiefgreifende Einwirkung auf die des Lesens kun=
digen Kreise.

Für uns kommen hier vor allem drei Gruppen von Schriftwerken
in Betracht, deren Inhalt den Meßgottesdienst zu erläutern und frucht=
bar zu machen bestimmt war. In erster Linie stehen die deutschen

---

[1] Die deutschen Plenarien (Handpostillen) im 15. und zu Anfang
des 16. Jahrhunderts. Freiburg i. Br. 1874. — Spätere kath. Darstel=
lungen z. B. bei H. Beck, Die relig. Volkslitteratur. 1891. S. 9 ff. —
Derselbe, Die Erbauungslitteratur der evg. Kirche Deutschlands. I. 1883.
S. 19 ff. Erstere Schrift werde ich fortan mit Beck, letztere mit Beck I
zitieren.

Plenarien, von denen Alzog[1]) 38 verschiedene Ausgaben namhaft macht. Diese ansehnlichen, nicht selten künstlerisch ausgestatteten Folianten dienten zwar auch allgemein-christlicher Belehrung und Erbauung, vornehmlich durch die an die Stelle der Predigt tretende Glosse. Aber in der Hauptsache waren sie zur Vorbereitung auf die Messe bestimmt, deren einzelne Bestandteile sie mit größerer oder geringerer Vollständigkeit in der Landessprache[2]) wiedergaben. Unter diesen Plenarien ist das berühmteste 1514 in Basel gedruckt.[3]) In der Vorrede giebt der Herausgeber über den Zweck des Buches folgendes an: „Darumb das vil menschen seind, die das latein nit verstanden grüntlich, und doch lesen können teutsch, so ist das gegenwertig buch der ewangeli mit jrem zugehör zu teutsch gesetzt und verordnet, Gott den herren zu lob und zu eren, welche doch jre selen also mögen speysen geistlich aus diesem buch." Zum Teil tragen die Plenarien den Titel „Teutsch Evangeli und Epistel".[4])

Eine zweite Gruppe dieser Hilfsmittel stellen die Meß-Erläuterungen dar, weniger zahlreich und wohl ebenfalls meist in Folio gedruckt.[5]) Eine dritte, die sich übrigens von jener nicht reinlich scheiden läßt, tritt uns in den mancherlei Gebetbüchern entgegen, die wiederum gutenteils auf die Messe Bezug nehmen. Nur diese können, wie schon ihr handliches Format zeigt, zum Gebrauch während des Gottesdienstes bestimmt gewesen sein. Alzog nennt eins der wertvollsten unter diesen Betbüchern nicht. Was er aus dem Hortulus anime[6]) von 1508[7]) mitteilt, — ein „Die Seele Christi heilige mich" und drei Abendmahlsgebete an Vater, Sohn und Geist — steht wört-

---

[1]) a. a. O. S. 4 ff. — [2]) Es gab nicht nur deutsche Plenarien. Alzog, S. 2 f. — [3]) Das Plenarium | oder Ewangely buoch: Summer vnd Winter teyl etc. 1514. (Univ.-Bibl. Freiburg, Stadtbibl. Colmar.) Vgl. Wackernagel, Bibliographie des deutschen Kirchenliedes, S. 26 f.; derselbe, Das deutsche Kirchenlied, S. 720; Hofmann v. Fallersleben, Gesch. d. d. KLs., S. 200; Herzog, Joh. Ökolampadius, S. 40; Alzog, a. a. O., S. 14 ff. — [4]) Z. B. ... Mitsamt viel heilsamer Leer und Underweisunge. New getruckt. Den Laien gantz nütz und auch verdienlich. Straßburg. M. Flach. 1522. (Straßb. Univ.-Bibl.) Ältere Ausgaben von 1516 und 1519 (letztere bei Alzog nicht aufgeführt). Ein 1523 in Bamberg erschienenes Buch ähnlicher Art „Register der Episteln und Evangelien, der Sontag und Feyertag durch das ganze Jar etc." erwähnt Strobel, Miscell. I. S. 96. Der Drucker Georg Erlinger mußte seiner evangelischen Gesinnung wegen fliehen und begab sich zum Grafen von Wertheim. — [5]) Die ausslegung des ambts der heyligen Messe (o. O. u. J.) Panzer, Nr. 17. Vielleicht in Eßlingen gedruckt. — In diesem Zusammenhang sei auch auf Joh. Ulr. Surgants Manuale Curatorum 1503 verwiesen, das wenigstens mittelbar zur Volksunterweisung Anregung giebt. Eine Ausgabe von 1516 (Straßburg, J. Schott) auf der Stadtbibl. in Straßburg. Bedeutsam ist in diesem Buch vor allem auch die Beschreibung des deutschen Gottesdienstes zu St. Peter in Groß-Basel (lib. II, consid. 16). Vgl. Ch. Schmidt, Histoire littéraire de l'Alsace. II. p. 54 ff. — [6]) Im Anschluß an J. B. Weislinger, Armament. cath. (Argent. 1749) p. 763 ss. — [7]) Vgl. Panzer, Nr. 580. — Eine Ausgabe ist 1507 in Straßburg erschienen. — Beck. I. S. 25 ff.

lich so bereits in dem Buche Salus anime 1503.[1]) Dies zur Zeit fast
unbekannte Denkmal katholischer Frömmigkeit am Ausgange des Mittelalters ist nicht nur für die Sprachforschung und die Kunstgeschichte,
sondern auch für unsern Zweck so wichtig, daß ich einen Augenblick
bei ihm verweile. Eine brünstige Mystik atmen die Gebete, ein tiefer,
vielfach erschütternder Sehnsuchtslaut spricht aus den Betrachtungen.
Daneben ist allerdings nicht selten ein Spiel mit Worten und Vorstellungen bemerkbar, das den im Besitz reichlicher Muße befindlichen
Beter kennzeichnet und übrigens nicht mehr den Eindruck der Naivetät
aufkommen läßt. Die allerinbrünstigsten Gebete sind an Maria, die
„Kaiserin der Engel" und „Königin der Welt" u. s. w. gerichtet. Gleichwol
heißen Hannas und Kaiphas in den Passionsbetrachtungen stets unbefangen „Bischöfe". Und Jesus wird als „Papst" angeredet. Nüch-
tern, schlicht, aber auch im ganzen ungleich volkstümlicher, wahrer und
ernster nimmt sich dem gegenüber das Gebet der Reformationszeit aus.
Ein ganzer Abschnitt des Buches[2]) behandelt den Meßgottesdienst.
Aber vom Credo und Sanctus abgesehen, ist kein Stück des Ordo
übersetzt, vielmehr jedes, bis auf die Salutation, umschrieben. Während
des Confiteor soll der Leser die „offene schuld" sprechen.[3]) Erst an
einer anderen Stelle sind Gebete für den Kommunikanten vor und
nach dem Empfang des Sakraments vorgesehen.[4]) Nachdem der Priester
kommuniziert hat, betet der Leser: „Dank sag ich dir, o almechtiger,
ewiger Gott, das du mir, der ich nit wirdig bin zu zegeen zu deinem
heilgen tisch, soliche genad und andacht verliehen hast, das den heiligen
fronleichnam und das blut deines suns, unsers herren jesu christi, das
diser priester leiplich hat entpfangen, ich schuldiger und dürftiger sünder
geistlich genomen und entpfangen hab u. s. w." Vor der eigenen

---

¹) Bl. XXV b. — CXL ff. — Das defekte Exemplar, dessen Riederer,
Nachrichten. II. S. 159 ff.; Panzer, Nr. 536; Wackernagel, Bibliographie,
S. 12; Kirchenlied I (1864) S 372 erwähnen, besaß die Weimarer Bibliothek, der
es abhanden gekommen ist. J. G. Th. Graesse, Trésor de livres rares. VI.
p. 251 f. nennt ein komplettes Exemplar auf Pergament, der Klosterbibliothek
in Marienborn zugehörig. Dies befindet sich jetzt auf der Kgl. Bibliothek in
Berlin und ist vermutlich ein Unikum (8°). Unter dem Titel (rot) der vor
dem Kreuz knieende hl. Hieronymus. Es folgt der Kalender (Bl. 2—12) und
das Register (Bl. 14—16). Sobann beginnen neue Blattzahlen (1—CCLXXI);
das letzte Blatt ist leer. Dem Register schließt sich der umständlichere Titel
an: In dem namen des almechtigen gottes hebt sich an das Büchlein | in
der ordnung oben in dem Register angezaygt | das den nit unbequem-
lich zu Latein Salus anime | das ist der selen hayl wirt genāt etc. Am
Schluß steht: Gedruckt vnd geendet jn der Kayserlichen Stat Nüremberg
Durch Hieronymum Hœltzel. Am mitwoch nach Galli. Nach Christi
geburt funffzehenhundert vnd Im dritten Jar. Got Sey Lob. Der Druck
ist rot und schwarz. Am Anfang des Kalenders schöner Initial. Die (ursprünglich) 64 Holzschnitte von Dürer (?), ohne Monogramm, sind geschickt
koloriert. Auch dem Berliner Exemplar fehlen vier Blätter (XL. XLII. CLXVII.
CXCIV) und ebensoviele Illustrationen. — ²) Bl. XI bis XXVII. — ³) Bl. VII b
bis X! — ⁴) Bl. CXL bis CXLVIII.

Kommunion soll er sprechen („sant Bernhard Curs")[1]): „Herre Gott, heyliger, hymlischer vatter, der du deynen eingebornen sun, unsern herren jesum christum in dise welt gesant hast umb des willen, das er uns mit seinem heiligen fronleichnam speiset und uns mit seynem bittern tobe von dem ewigen tobe erlöset. Erbarme dich gnedigklich uber mich armen sunder und durch die liebe desselben deines lieben suns und des heiligen geistes las mich nit unerlich geen noch unwirdigklich empfahen das leben meiner sele und den trost der ewigen seligkeyt. Amen." Ferner spricht er: „Eya du lebendige frucht, du süße gymme[2]), du wunnigklicher paradisapfel des geblumten vätterlichen herzen, du süßer traub von Kyper in dem weingarten Engadi u. s. w." Während des Empfanges aber werden dem Kommunikanten diese Worte empfohlen: „Der fronleichnam meines lieben herren Jhesu Christi, der frumm und nutze mir zu ablas und vergebung aller meiner sünde und für meyn sele in das ewig leben. Amen."[3])

Diese ganze Litteratur ist in ihrer Art vorbildlich geworden für die Erzeugnisse der neuen Zeit. Aber wie Luthers Abneigung gegen die überwiegende Mehrzahl der bezeichneten Bücher[4]) bekannt ist, so begegnet uns in den sogleich mitzuteilenden Schriften evangelischen Geistes mehr als einmal ein kritischer Hinweis auf die „bettbüchlein on herz und gedanken", die man bis dahin „obenhien uberlaufen hat", statt „Gott um Glauben herzlich und vertraulich zu bitten, das er durch sein gegenwertig gnaden den Glauben erheben wolle." Immerhin werden wir die drei Arten von Schriftwerken bald aus neuem Geist geboren wiederfinden: Betrachtungen über die Messe, Meßgebete deutsche Messen; und die ersteren Gruppen meist vermischt.

Allein es ist nicht die offizielle Kirche allein, die hier der Reformation vorgearbeitet hat. Mit Recht weist Alzog[5]) darauf hin, daß die Plenarien von den „Gottesfreunden" stark beeinflußt erscheinen. Neben diesen haben wir das Verlangen nach Nahrung für eine individuelle und selbständige Frömmigkeit in den mancherlei Gemeinschaften zu suchen, die in der herrschenden Kirche und deren Apparat die volle

---

[1]) Vgl. Rieberer, Nachrichten II. 412 ff. — [2]) Das Vorkommen dieses Wortes bestreitet mit Unrecht Panzer (a. a. O.) wider Rieberer. — [3]) Im übrigen sei für das 8. bis 12. Jahrhundert auf K. Müllenhoff und W. Scherer, Denkmäler deutscher Poesie und Prosa, 3. Aufl., 1892. I. S. 236 ff. 287 ff. II. S. 376 ff. 430 ff. verwiesen. Für die spätere Zeit auf die reichen Angaben über handschriftliche und gedruckte Gebetbücher vorreformatorischer Herkunft, gutenteils für den kirchlichen Gebrauch bestimmt, bei Rieberer, Nachrichten I. S. 1 ff. II. 157 ff. 389 ff. 412 ff. Eine der reichsten Sammlungen von Gebetbüchern des ausgehenden Mittelalters im National-Museum zu Nürnberg. — [4]) Eyn betpuchlein Der zehen gepot. Des glaubens. Des Vater vnsers. Des Aue Maria. Vnd etzliche verteütsche psalmen (o. O. u. J.). 5 Bogen 8⁰ (Nürnberger Stadtbibl.) Die erste Vorrede verwirft in Sonderheit den Hortulus anime, Paradysus anime, Passional und Legendenbücher, Brigittische Gebete und alle, die mit Ablaß oder anderer Zusagung ausgemalet sind. Vgl. E. A. 22. S. 3; 65. S. 266. — [5]) a. a. O. S. 22.

Befriedigung ihrer geiftlichen Bedürfniffe nicht fanden. Es fei vor allen an Weffel[1] erinnert, den feine Theologie in befonderem Maße dahin treiben mußte, feinen Anhängern eine auf durchaus perfönlichem, innerlichen Erlebnis beruhende Teilnahme am kirchlichen Leben zu gewähren. Weffel hat bekanntlich den äußern Vollzug der Sakramentsfeier und die Beteiligung an ihr nicht hoch gefchätzt, die communio pietatis der communio ordinis übergeordnet und für die Streitfragen, welche fpäter auf diefem Boden fo brennend werden follten, wenig Verftändnis befeffen. Hier wird der offiziell-katholifche Gedanke, daß der andächtige Chrift dem Thun des Priefters mit ftiller Anteilnahme folgen und deffen fakramentliches Erleben mit feinem geiftlichen Genuffe begleiten foll, durch die ketzerifche Vorftellung erfetzt, daß das, was dem Laien hiebei zu Gebote fteht, das unzweifelhaft höhere Gut fei. Auch auf diefe Geiftesrichtung, von deren volkserbaulichen Erzeugniffen uns wenig erhalten zu fein fcheint, werden wir bald ftoßen und fehen, wie fich die Intereffengemeinfchaft der neuen Kirche mit den geiftesverwandten vorreformatorifchen Bewegungen auch hier litterarifch zu erkennen giebt.

Die nunmehr darzubietenden Proben werden uns die evangelifche Reform des Meßgottesdienftes in ihrem erften Stadium einigermaßen deutlich machen. Aus dem, was bisher mitgeteilt worden, ergiebt fich von felbft, daß wir nichts abfolut Neues zu erwarten haben. Der Gedanke einer deutfchen Meffe war ja eigentlich längft verwirklicht; nur mußte, was in den Händen der Laien lag, feinen Platz auf dem Altar erobern, das Plenarium mußte zum Miffale, zur Agende werden. Die Vorftellung, daß man, ohne zum Tifche Chrifti zu gehen, fich durch Verfenkung in feine bis zum Tode getreue Liebe mit ihm vereinigen könne, ift alt. Aber das auguftinifche Crede et manducasti, von den konfolidierten Kirchen niemals verleugnet[2]), wurde jetzt in neuer Art praktifch bedeutfam. Es ward zur Waffe wider die Priefterfchaft und fchuf, zunächft für die Übergangszeit, Beruhigung der ängftlichen Gemüter, indem es fie frei machte von der Vormundfchaft der offiziellen Kirche. Es ermöglichte den evangelifch Gefinnten, in Ermangelung eigener Gottesdienfte, die Gegenwart bei der als widergöttlich erkannten Meffe, indem es fie lehrte, fich auf ihren Glauben und gutes Gewiffen zurückzuziehen. Und fo wurde nicht nur Zeit gewonnen für die Entftehung und Einführung gereinigter Formen der Anbetung Gottes, fondern auch — wenigftens für viele — eine geiftige Auffaffung von Sakrament und Sakramentsgenuß angebahnt, die nicht fobald wieder preisgegeben ward. Wir werden finden, daß mancher fpätere Streiter für Ubiquität, für „in, mit und unter", in diefen erften

---

[1]) Vgl. Ritfchl, Rechtfertigung und Verföhnung. I. 1.Aufl., S. 116 ff.; H. Schmidt, Joh. Weffel. Herzogs Real-Enc. XVI.² S. 806 f. — [2]) Trident. XXII. 6. — Form. conc. II. 7. 61. — Vgl. auch z.B. Schmalzings Gebetspfalter von 1541 (1527); Rieberer, Nachrichten. IV. S. 309 ff.

Zeiten das Abendmahl des Herrn durchaus nach Maßgabe von Joh. 6, 63 angeschaut und beurteilt hat. Manche hielten auch Stand.

Die durchgängige Seltenheit der in Betracht kommenden Drucke wird die Aufnahme zahlreicher Zeugnisse über die in Rede stehende Entwickelung rechtfertigen. Sie sollen nicht in chronologischer Ordnung, sondern nach inneren Zusammenhängen dargeboten werden. Zunächst mögen Luthers grundlegende Gedanken, sowie auch ein paar Beiträge von ihm und einem seiner Freunde Platz finden. Sodann werden Gebete und Betrachtungen folgen, die den Fortbestand der römischen Messe unbefangen hinnehmen. Weiter solche Äußerungen evangelischer Gesinnung, welche sich zur Messe wie zur alten Kirche in Gegensatz stellen. Hieran werden sich dann die ersten Versuche einer Gruppenbildung gottesdienstlicher Bestandteile in evangelischem Geiste schließen. Eine Betrachtung aus der Zeit des beginnenden Abendmahlsstreits wird anhangsweise beigefügt. Selbstverständlich macht die Übersicht auf Vollständigkeit keinen Anspruch. So habe ich alle Paraphrasen zum Vaterunser[1]), wiewohl sie meist zur vierten Bitte einen oder mehrere auf das Abendmahl bezügliche Passus enthalten, darum beiseite gelassen, weil die Bestimmung, von diesen Formeln im Gottesdienst Gebrauch zu machen, mir nirgends begegnet ist.

1. Luther und seine Freunde.

Den Vortritt hat von Rechts wegen Luther. Zwar eine reiche Zufuhr danken wir ihm auf diesem beschränkten Gebiete nicht. Aber sämtliche Schriftsteller, deren die folgenden Blätter gedenken werden, stehen unter dem Einfluß seines Geistes und wohl ausnahmslos auch unter demjenigen der Schrift De captivitate Babylonica. Aus dieser will ich ein paar bedeutsame Sätze als Motto über die folgenden Betrachtungen und Gebete stellen. Zunächst solche, in denen der Reformator die deutsche Messe fordert; und dann Worte des Inhalts, daß der Christ nicht angewiesen ist auf äußerlichen Genuß des Sakraments, sondern geistlich, so oft und viel er will, der Gemeinschaft Christi genießen kann.

Fidem enim in nobis sacerdos excitare debet ipso elevandi ritu. Atque utinam ut in oculis nostris manifeste elevat signum seu sacramentum, ita simul auribus nostris aperta altaque voce pronunciaret et verbum seu testamentum, idque in qualibet populorum lingua, quo fides excitaretur efficacius. Cur enim liceat graece et

---

[1]) Als weniger bekannt nenne ich neben der des Erasmus (Das Vatter unser etc. 1524): Ain Christlich vnderricht etc. von Dietrych von Talberg. (Sickingens Freunde) 1524. Weller 3188. 3661 f. Vgl. Kolde, a. a. O. I. S. 116. Die Titelbordüre genau die gleiche wie in einer der Ausgaben des „Testaments" von Ökolompad. Münchener Hof= und Staatsbibl.

latine et hebraice Missam perficere, et non etiam alemanice aut alia quacunque lingua?[1])

In missa verbum Christi est testamentum, panis et vinum sunt sacramentum. Atque ut major vis sita est in verbo quam signo, ita major in testamento quam sacramento, Quia potest homo verbum seu testamentum habere et eo uti absque signo seu sacramento. Crede, inquit Augustinus, et manducasti. Sed cui creditur, nisi verbo promittentis? Ita possum quotidie, immo omni hora Missam habere, dum quoties volvero possum verba Christi mihi proponere, et fidem meam in illis alere et roborare; hoc est revera spiritualiter manducare et bibere.

. . . . . . In missa ante omnia verbi promissionis oportet tanquam opulentissimi convivii, omnimodae pascuae et sanctae refectionis tuae, ut hoc prae omnibus maximi facias, plurimum in id confidas et firmissime in eo haereas, etiam per mortem et omnia peccata. Quod si feceris, non solum stillas istas et minutias fructuum missae, quas quidam etiam superstitiose finxerunt, sed ipsum fontem principalem vitae obtinebis, fidem scilicet verbi, ex qua omne bonum fluit, sicut Johan. iiii (VIII) dicit: Qui in me credit . . . . . Item: Qui biberit ex aqua, quam ego dabo etc. . . .[2])

Spalatin[3]) hat uns ein paar Abendmahlsgebete Luthers aus älterer Zeit aufgehoben. Sie werden folgendermaßen eingeführt.

„Wenn wir das hochwirdig Sacrament nemen wöllen, so sollen wir gedenken und sprechen":

Ewiger, barmherziger Gott. Ich armer sünder kumm zu dir, von dir zu holen gnad, heyl, gesundheit und seligkeit; dann ich waiß mich der bey keyner creatur weder im hymel noch uf erden zu erholen. Darumb bitt ich dich durch dein göttlich zusagen, du wöllest mich, das werk deyner hande, gnedigklich annemen. Amen.

O Gott, verleyhe uns, was du heyßest, und gib uns, was du gebeütest. O herr, füre uns aus den werken in den glauben, aus unserm vermügen in deyn vermügen, und aus dem freyen willen in deyn göttlich gnade. O allmechtiger Got, mach uns selig durch deyn grundlose barmherzigkeit und gib uns und allen Christglaubigen, lebendigen und toten, deyn gnad und lieb deyner gebott, und endlich die ewig seligkeit. Amen.

---

[1]) W. Ausg. VI. S. 524. 29 ff. — Vgl. Sermon vom Neuen Testament: „Aber wolt gott, das wir Deutschen mess zu Deutsch lesen und die heymlichsten wort aufs aller hohist sungen! ' Warumb solten wir Deutschen nit mess lesen auf unser sprach, so die Latinischen, Kriechen und vil andere auf yhre sprach mess halten? etc." W. Ausg. VI. S. 362. 28 ff. — [2]) W. Ausg VI. S. 518. 15 ff. 40. 519. 1 ff. — [3]) Etliche Christliche gebett vnd vnderweysung | die Magister Georgius Spalatinus seynem Brůder angezeygt vnnd überschickt hat. Kurtzer ausszug ausz D. Martini Luthers bücher. 1524 (1522). 1½ Bogen 8⁰. — Weller 2272. 3171. (Thom.-Stift.)

Wie es scheint, sind diese beiden Gebete gemeint als beim Empfang des Brotes und des Kelches zu sprechen. Die Erwähnung der Toten läßt auf frühe Zeit schließen[1]), wobei man das nachfolgende Gebet Matthäus Zells in Betracht ziehen wolle.

Auch Luthers Freund Wenzeslaus Link, seit Anfang 1523 evangelischer Prediger in Altenburg[2]), hat zu der Erbauungslitteratur, die uns hier zu würdigen obliegt, beigetragen. Daß es von einer noch so unbefangenen Auffassung aus geschieht, darf uns nicht wunder nehmen. Er wie der hernach zu nennende Jakob Strauß und Kaspar Güttel von Eisleben[3]) bleiben vorläufig in Sachen des Sakraments frei von dogmatistischem Eifer. Links auf den Abendmahlsgenuß bezüglicher Sermon[4]) giebt dem Leser zu evangelischem Gebrauch des Sakraments Anweisung:

„Wenn du messe wilt hören, so gedenk, das du aufs wenigeste geystlich gespeyset werdest. Denke nit, das der meßhalter für dich opfere Christum . . . . . Gedenk auch nit, das er mit der meß ein gut werk für dich thete . . . . . . Sunder gedenk allaine, was dein Gott und herre Jesus Christus für dich gethan hat, und dasselbig alles mit einander dir bescheyden und zu aygen gegeben hat unter disem sigill, warzaychen und sacrament. Daraus wirstu gesterket im glauben, getröstet in nöten, erwecket Gott zu danken und dich jme zu ergeben. Darumb (wiewol es nit böse were, die messen, so man als opfer und gute werk thut, gar zu meyden): wann du meß hörest, schau, das du mit essest und trinkest, das ist, aus den worten Christi dich sterkest, tröstest, berewest und besserest.“

Von den Worten der Einsetzung heißt es:

„In disen worten allaine steet die messe; das ander alles ist von menschen hynzu gesatzt. Darumb nym diser wort sunderlich war . . . . . . Betrachte, wie du es brauchen, entpfahen und handeln sollest. Nemlich hin nemen, essen und trinken, das ist, mit warem verstand und emsiger begirde das leyden Christi beherzigen und annemen, welchs allain durch den glauben beschicht; dann also lobt mans, wo man solich löbelich erkantnus und liebe fület. Es wil nit geredt, sunder gelobt sein von herzen. Wer also im glauben dise wort und zaychen annimbt, der wirt wider alle anfechtung kreftiglich gespeyset . . . . . . Endlich sihestu, wie in der meß drey ding sein. Zum ersten die wort

---

[1]) Vgl. „Vom Mißbrauch der Messe“ (1522), wo Luther die Handlung als nur den Lebenden geltend hinstellt. — [2]) Kolde, M. Luther, II. S. 55. — [3]) Vgl. Kolde, a. a. O., II. S. 86. Güttels bei v. d. Hardt, I. S. 221 f. aufgeführtes Beichtbüchlein, dem Jahre 1525 zugeschrieben, habe ich nicht erhalten können. Vgl. Beck, S. 29. — [4]) Eyn Sermon Doctor Wentzeslai Linck von anruffunge der heyligen. Darneben auch vom gebet | mesz hören vnd fürpit Geprediget am Suntag der Creutz wochen | auff das Ewägelion Johannis am. xvj. cap. Aldenburg in Meyssen. M. D. xxiij. 2 Bogen 4°. Titelblatt mit roh aneinander gesetzten Leisten. Unten zwei Engel mit leerem Wappenschilde. (Wolfenbüttel.)

der verhaissunge und das testament, in welchem dir Christi tod zu=
geaygnet und als dein erbe versprochen wirt. Darzu bedarfstu be=
stendiges glaubens auf seine wort. Zum andern das sigill und war=
zaychen, unter welchen dir solche zusage geschicht. Darburch du auch
gewisen wirdest auf die wort zu glauben, gleich wie durch ein kranz
einer gewisen wirt, wo er wein feyl findt, und ein schere zeygt jm
an, wo ein schneyder wonet. Zum dritten die brauchung und appli=
cirung oder zusamenreymunge des zaychens auf die wort mit sleyßiger
übunge des glaubens, sunderlich in nots zeyten. Das ist das werk,
darinnen difes testament gebrauchet wirt. Also helt das ganz evan=
gelium in sich: die wort, zu glauben, die sacrament oder zaychen, den
glauben zu bekreftigen, die werk oder früchte, den glauben zu beweysen.
Dis verleyhe uns Christus Jesus, unser seligmacher. Amen."

2. Klaus Krumbach. Anonyme Passionsharmonie. Hans Jakob Veler. Matthäus Zell.

Die kath. Messe ist noch in Geltung und wird unbefangen hingenommen.

In der später abermals anzuführenden Schrift des Klaus Krum=
bach, der hl. Schrift Lizentiaten, Pfarrers zu Querfurt, der sich als
ein innig frommer Mann und geisterfüllter Veter zu erkennen giebt,
steht am Schluß ein Abendmahlsgebet[1]), das seiner eigentümlichen
Schönheit und Kindlichkeit wegen mitgeteilt zu werden verdient. Wie
die ganze Schrift, so läßt auch dies Gebet bei klarer evangelischer
Erkenntnis, zumal gegen das Ende hin, einen rührenden Nachklang
katholischer Frömmigkeit vernehmen. Die Annahme genauer Bekannt=
schaft mit Augustin drängt sich unwillkürlich auf.

Herr Jesu Christe. Ich glaube von ganzem herzen und waiß
es wol in der warhait, das du warer Gott und warer mensch hie
gegenwirdig bist also volkummlich, als du auf erden giengest und
sitzest zu der rechten des vaters, mit alle deinem gewalte, mit aller
deiner kraft, mit allen deinen genaden. So bin ich armer auch hie
mit meinen gebrechen und allem meinem armut. Nun man ich dich

---

[1]) Eyn schön andechtig gebeet vor der entpfahung des Sacraments
oder auch sunst zu sprechen, darinne ein mensch manigfältig wirt
erinnert, sich zu demietigen und Gott seine not fürzutragen etc. Vorauf
geht folgendes: Nycolaus Krumpach zum Leser. Habe es nicht darfür,
du tugentsamer leser, das ich dis lange gebet darumb an tag gebe, das
(ich) es besser oder nutzlicher achte wenn das gebet, das Christus ge=
macht, oder die, wölche in Psalm und hayliger gschrift gemeldt sein,
ader das ich wolte, das du dardurch etwas eusserlich und leiplichs
erlangen mügest, auch nicht, das du es yn seyner lenge alle tag sprechen
soltest. Sonder das du daraus lernen mügst, in allen dein nöten zu
Gott als zu deinem aller liebsten vatter zuflucht zu haben und mit kurzen
worten, nach dem dich der gaist leeret, deine gebrechen fürzutragen
und umb gnedige hülf zu bitten. Lebe wol und bitte Gott für mich.

heute, als ich armer mensche dich hoche majestät herab gezogen hab
und dich des bezwungen, das du heute wilt sein mein getrewer ver-
sōner gegen deinem himelischen vater. Seynd du ewiges wort nun
kommen byst in dem vollen horte deiner genaden und die apoteken
deiner milten güten gegen mir heute ſauf schließen wilt (und gegen
allen, die deiner barmherzigkayt begeren), so bitte ich dich, das du
heute deinem himelischen vater oberst[1]) dein hailige marter, deynen
hayligen, bittern tod zu ainer ganzen buße, zu volkommener tugente
wider alle meine gebrechen, zu einem fleyßigen zunemen deiner göttlichen erkentnis. Seynd sich deine trewe und liebe her zu mir ge-
naigt hat, so kere dein antlütz zu mir und sich mich an nach deiner
güte. Thu mir auf dein getrewes herze und trōste mich nach deinen
trawen und genaden. Gedenke, herre, das du gesprochen haſt mit
deinem munde Luce XI: Wer da bittet, der wirt geweret; wer da
suchet, der findet; wer da klopfet, dem wirt aufgethon. Herr, lere
mich in solcher liebe bitten, das du mich müſſeſt geweren; lere mich
in solcher andacht suchen, das du mich laſſeſt finden; lere mich in
solcher begyrunge klopfen, das du mir müſſeſt aufthon. Gedenk,
herre, das du selber haſt gesprochen Math. XI: Kumpt her zu mir
alle, die mit arbait seind überladen, die will ich euch ringern und
will euch erquicken; recht als du sprecheſt: Alle, die arbaiten tag und
nacht in meinem dienſt und überladen sind mit armut und mit
triebſal, kommet frōlich und on alle forchte zu mir; wenn an mir
findet jr sicher zuflucht vor allen ewern feynden, waren troſt in allem
triebſal, süße rawe in aller arbait, ganze volle in allem armut. Nun
komme ich armer und überladener mit vilen, manigfeltigen sünden
und mit allem armut und gebrechen, und bitte dich, das du von mir
nemeſt alle ding, die dir mißfallen an mir. Sich an, herr, meyne
plinthait, wie gar mich alle meyne feynde umbgeben haben, und
bis meine zuflucht, wenn sye auf mich one unterlaß imweg lagen:
davor bis mein beschirmer; sich an, wie oft sy mich verwundet haben,
und bis mein hayler; sich an, wie alles mein leben ein widerwertig-
kait, ein arbait, ein bitterkait iſt, und bis mein troſt, mein helfer
und mein erlöser; sich an, wie gar ich in unstetigkait, in unbekant-
nis, in unsicherhait lebe, und bis meine sterke, meine hoffnung und
mein behalter. Gedenk, das du herre spracheſt Esa. 55: Alle, die da
dürstet, kommet zu den waſſern, und die da nicht lones haben, kommet
und trinkt mit freuden. Und haſt auch gesprochen: Alle, die da
hungert und dürstet nach mir, wenn jr meine genaden mit kainem
dienſte müget verdienen, kumpt mit freuden zu mir vollgeborne aller
genaden, unt trinkt nach ewers herzen begyr; wenn der geborn
meiner güte iſt noch unberürt. Nun komme ich begyriger und
durstiger zu dir milten laber und bitte dich, das du mich heute speyseſt

---

[1]) opferſt.

und trenkeſt und mit deiner göttlichen liebe entzündeſt. Du vollgeborn, enthalte dich nicht lenger, geuſz dich heute aus gegen mir armen menſchen. Du waißt wol, das ich dich anriefe in allen ſachen; wenn ich zu nyemant troſt habe noch freude ſuche, dann bey dir alleine. Davon durchgeuſz heute meine dürre ſeele mit deinen göttlichen genaden. Sich an, herre, das du der vollgeborne byſt, aus dem deine mutter und alle hailigen jre hailigkait haben geſchöpft, und laß mir armen von dir fließen nur ein tröpflin deiner genaden. Wa gieng ye ain armer von dir unbegabt? wa gieng ye ein betriebter von dir ungetröſtet? wa gieng ye ein hungeriger von dir ungeſpeyſet, oder ein durſtiger ungetrenkt? Und ſoll ich dann der ergſte und verworfeneſte ſein under allen creaturen, vor dem du verſchließen wolteſt den ſchatz deyner güte, der himelreich und erdreich vol ſchwebet? Lieber herre, was trewe und liebe du mir erzaigt haſt, das du ſo vätterlich mit mir gewürkt haſt, mer wenn ich darf fordern oder bitten. Herre, ich beger heute aller menſchen tugent, wenn ich armer nichts nit hab, wenn als vil du mir gibeſt, und nichts vermag, wenn als vil du mir hilfeſt: ſo erzaige heute deine güte, verſchwende alle meine ſünd, gib mir ſolche begerung, die an mir töd alles, das du nicht biſt. Und gib mir ſoliche andacht, die an mir erfülle, was ich in meinem leben verſamet hab; und gib mir ſoliche tugent, damit ich dich ergötze aller der uneer, die dir von mir und von allen menſchen ye erboten iſt. Herre, das kanſt du alles und magſt in einem augenblick an mir verbringen; wenn was ich nichten hab, das haſt aber du, und was ich nicht vermag, das vermagſt aber du. Nun wolteſt du lieber, das ich in ſolchen tugenden were vor deinen augen, das ich dich möchte gezwingen und gebieten, was ich wolte. So müſſeſt du, lieber herr, mit ſolcher liebe bekeren alle ſünder, das ſy liebeten nach allem deinem willen alle betriebte und alle glaubige ſeelen erlöſen. Herre, das begere ich alles von dir und glaube von ganzem herzen, das du mir mer geben möchteſt, denn ich begeren künde; wenn du biſt vil beralter zugeben denn zunemen. Gedenk, herre, das du mein vater biſt, und das von rechtem erbe mein aygen iſt alles das, was du haſt. Sich an, herre, das du mein ayniges lieb biſt. Herre, wilt du, du magſt mir ſovil bekantnus und tugent geben, als ye einem hailigen, one deine liebe mutter allaine; wenn du kanſt und vermageſt allaine alle ding. So biſt du auch ſo gewaltig, alſo reich, alſo milte zugeben, als du ye wardeſt. Darumb ſo mache mich nach deinem allerliebſten willen. Amen.

Eine **Paſſionsharmonie zum Gebrauch während der Meſſe**[1]),

---

[1]) Ain Christenliche betrachtung | in der Mess | nach dem | vnd wie Christus der herr in seynem letsten nachtmal auffgesetzt | aynem yeden Christen | gaystlich zu nemen | fast nutzlich. — 2 Bogen 4⁰. — Mit vier, rechts und links unſymmetriſchen Zierleiſten. Nach Weller 2787 dem Jahre 1524 zugehörig. Hof- und Staatsbibl., München; Univ.-

unbekannter Herkunft, deren Bibelübersetzung an die den Baseler Ord=
nungen zu Grunde liegende gemahnt, bietet zwei ganz kurze Gebete.
Vorausgesetzt ist auch hier der unveränderte Bestand der alten Form
des Gottesdienstes.

„Also sollen wir alle mit girigem herzen sprechen (und es wer
fast gut, under der Meß, so der Priester das hailig Sacrament neuft
— und also)":

O herr, hymlischer vatter, allmächtiger Gott, speys und trenk
uns alle innerlich mit dem waren leyb und blut deines aingebornen
suns, unsers lieben herren Jhesu Christi, damit er gespeyst und ge=
trenkt hat seine lieben Junger an dem hindersten nachtmal seines
verhayßnen und ewigen Testaments.

„Und das soll dreymal gesprochen werden nach einander mit an=
dacht und darbey verhoffen, die frucht, das innerlich des hayligen Sacra=
ments flaysch und bluts zu entpfahen. Und bis danksagen und sprich":

Verleych uns, Gott, himlischer vatter, dein göttlich genad, das
wir nit undankbar seyen dem bittern leyden und tod und blutver=
gießens deines aingebornen suns, unseres lieben herren Jhesu Christ,
damit er uns so schmerzlich erkauft hat.

Hans Jakob Veler in Neuburg giebt in seinem Gebetbuch[1])
auch zu rechtem Gebrauch der Messe Anweisung. Es scheint noch die
alte Ordnung vorausgesetzt, von polemischer Tendenz ist nichts zu be=
merken. In der Gemeinschaft der Heiligen ruht das Heil. Hier die
bedeutsamsten Stellen:

Hilf mir, süßer Jhesu, das ich mit frölichem gewissen zu deinem
hayligen Sacrament des altares gee und lege mein leyden und ver=
zagt sündlichs gewissen in die gemain und suche also hilf beym ganzen
haufen des gaystlichen cörpers; dann uns ist in disem sacrament ge=
geben die unmeßig gottes genad und barmherzigkait, das wyr da
allen yamer und anfechten von uns legen auf die gemain und son=
ders auf dich, Christe; das ich mich auch frölich sterke, tröst und sag:
Bin ich ain sünder, hab ich gefalln, tryfft mich dis oder das unglück,
wolan so gee ich daher zu deynem zarten fronleychnam, Jhesu Christe,
und nimm ein zeychen von dir, das dein gerechtigkait, dein leben
und leyden für mich steet mit allen hayligen engeln und seligen im
hymel und frommen menschen auf erden. Soll ich sterben, so byn

---

Bibl., Berlin. — [1]) Sibenn Ermanung aines Christělichen gebets |
Ausz der hayligen götlichē geschrifft (des alten | vñ newē Testamēts)
gegrundt vnd gezogen | begryffen vnd getaylt in Sybē vnderschayd disz
Büchleins | nach yebung des gaystes nutzlich zůgebrauchen. Zůsamen
gestelt durch Hansen Jacob Veler zu Newburg 1524. — Am Ende: Ge=
truckt zu Augspurg durch Haynrich Stayner | in kosten vnnd exspens
Hansen Schenspergers 1524. — 6 Bogen 8°. Auf den Leisten des Titel=
blatts spielende Kinder; oben eins, das die Trommel rührt, rechts neben dem
sitzenden Kinde Uhu und Windspiel; unten ein schlafendes Kind. Münchener
Hof= u. Staatsbibl. Vgl. Weller 3666.

ich nit allayn im tod; leid ich, ſy leyden mit mir. Es iſt aller mein
unfall Chriſto und den hailigen gemayn worden. Darumb das ich
jr liebe gegen mir ain gewiß zaychen hab, das iſt alsdann die frucht
und brauch des ſacraments.

Gib mir, herr, deinen gunſt, das ich zu dir und deinem waren
fronleichnam gee zu ſeiner zeyt, auch am letzten deſſelben taylhaftig
werde, und darzu allezeyt on aufhören oder feyren in begerenden
und ſenlichen gedanken ſey, wie dir ſolchs angenem, lieb und geſellig
iſt; dann ſo ich ain mal alſo recht zůge, wirdets mich fürtan helfen.
Verleyhe mir auch diſen glauben und gyr in rechter lieb täglichs in
der Meß zu üben und ſterken. Iſt mir auch gnug, das ich wiſſe, das
das ſacrament ain göttlichs zaichen, da dein, Chriſtus, flaiſch und
blut innen iſt; aber wie und wo, laß ich dir befolhen ſein.

„Ain betrübte hungrige ſeel ſoll ſein, die liebe, hilf und beyſtand
der ganzen gemain Chriſti und aller Chriſtenhayt herzlichs begeren
und die zuerlangen nit zweyfel im glauben, auch in der lieb gemain
mach yederman: das haiſt recht das Sacrament empfangen und meß
gehört, ſo dann das war iſt, und das die liebe nach jrer rechten aygen=
ſchaft frey umbſonſt dienet.“

Ach allmechtiger Gott, ſo ich betrübt bin oder mich meyne ſünd
treyben, ſo übe den glauben in mir, ſo ich zum Sacrament gee oder
meß höre, das ich herzlich begere des Sacraments und ſeyner bedeutung und nit daran zweyfel, wie das Sacrament deutet, ſo geſchehe
mir, das iſt: das ich gewiß ſey, du, Chriſtus, und alle deyne hayligen
treten zu mir mit allen tugenden, leyden und gnaden, mit mir zu
leben, thun, lan, leyden und ſterben, wöllen ganz meyn ſein und
alle ding mit mir gemain haben. Das kann wol ain genugſame,
troſtliche liebe ſeyn.

In eine andere Sphäre führt uns Matthäus Zell. In der
umfangreichen Schrift „Chriſtliche Verantwortung“[1] verteidigt er ſich
u. a. auch gegen den Vorwurf, er ſei ein Verächter der Seelmeſſen.
Um die Anklage zu entkräften, bezieht er ſich auf eine Predigt, die
er im vergangenen Jahre (1522) am Allerſeelentage gehalten. Dort
habe er die Seelen der Abgeſchiedenen in drei Gruppen geteilt und
nacheinander derer gedacht, die ohne Glauben dahingefahren, dann derer,
die in vollkommenem Glauben geſtorben ſeien, endlich derer, deren
Glaube noch unvollkommen geweſen. Da das Geſchick der erſten beiden
Gruppen feſt ſtehe, habe er ſonderlich auf die letztgedachte blicken
müſſen, und für dieſe mit Auguſtin das Meßopfer empfohlen. Ob
Opfer oder nicht, entſcheide er jetzt nicht; jedenfalls ſei die Meſſe eine

---

[1] Christeliche verātwortůg M. Matthes Zell von Keysersberg Pfarrherrs vnd predigers im Münster zů Strassburg | vber Artickel
jm vom Bischöfflichem Fiscal daselbs entgegen gesetzt | vnnd im rechten
vbergeben. . . . . M. D. XXIII. 25 Bogen 4⁰. — Bibl. d. Thomas=
ſtifts, Straßburg.

Erinnerung an das einige Opfer Christi. Die heilige Schrift habe das Gebet für die Verstorbenen weder verboten noch geboten; aber da wir mit jenen noch verbunden seien, könne das Gebet für sie nicht Sünde sein.[1]

Zells Meßgebet, ein Stück Straßburgischer Reformationsgeschichte, scheint mir besonders geeignet, das erste Morgengrauen auf diesem Gebiete kultischer Umwälzungen darzustellen. Bei äußerlich korrekter Haltung ein unverkennbares Hervorbrechen evangelischer Gedanken mitten in der Hochfeier der alten Kirche. Die Fürbitte für die Verstorbenen ist gewiß eines der Momente gewesen, die auch für reformatorisch Gesinnte der überkommenen Messe ein gutes Stück Ansehen erhielten und ihr die Anhänglichkeit des Volkes sicherten. Aber Zell rechtfertigt sie mit dem Hinweis darauf, daß die heilige Schrift sie nicht verbiete, und die bekannte Makkabäerstelle genügt ihm zur Begründung nicht. Und ferner ist ihm alles gelegen an dem Glauben als dem einigen Wege zum Heil. Was er aber unter dem Glauben versteht, giebt er durch die stete Beifügung des erklärenden „und Vertrauen" deutlich zu erkennen.

Sprachlich angesehen, ist das Gebet weder geistreich noch gewandt. Es ist der wahre Ausdruck von Zells Persönlichkeit, deren Stärke bekanntlich nicht in bedeutender theologischer Bildung oder humanistischer Ausstattung zu suchen ist, sondern in praktischer Tüchtigkeit und Warmherzigkeit. Speziell für Straßburg hat das Gebet als, soviel mir bekannt, älteste gedruckte Formel aus der Übergangszeit besonderes Interesse.

„(Und) ich lernete dann zumal das volk treuwlich, wie sy sich in der meß solten halten. Nämlich also, das, so sy durch das sakrament des altars, des leibs und des bluts Christi Jhesu, seines todes vermanet würden, sich jm also vestigklich anhengig mächten durch den glauben. Solicher glaub, also ufgeopfert gott dem himmelischen vatter für uns und weliche in solichem glauben abschiden, möchte nit unfruchtbar sein. Lernet sy, das sy also ufopferen solten (durch dis sacrament vermant) jre gebet, im glauben geschehen, für alles, was jnen angelegen were; den herren vermanen jres und der abgestorbenen glaubens in sein blut und erlösung, in weliche er sye hat geheyßen vertrauwen, seitemal er es von unser und der abgestorbenen wegen vergossen hat. Wie er spricht: das ist der kelch des neüwen testaments in meinem blut, das für euch vergossen würt zu verzeyhung der sünd, als solten sy sprechen":

Ach himmelischer vatter. Das ist der leib und das blut Christi, deines eingeburnen suns, der sich einmal hat für unser und aller menschen sünd dir zu einer bezalung ufgeopfert, ein wolgefelligs opfer, und du es auch also angenommen für aller welt sünd, so wir vestigklich unsern glauben und vertrauwen in jn setzen und uns deiner

---

[1] Blatt H.

genaden, durch jn uns erworben, genzlich verfehen. Hye ftand ich
und vermane dich, durch den felbigen leib und blut hie zugegen in
einem fychtbarlichen zeychen, zu folichem glauben und vertrauwen
deiner gnaden. Bitt dich in rechtem, warem glauben, mir und meinem vatter, bruder (oder uf wen du dann dein gebet in funderheit
richteft; wiewol funft gemeynklich niemants usgefchloffen fein foll),
alfo noch deiner zufagung gnedig und barmherzig fein wölleft und
anfehen meinen glauben und der abgeftorbenen, die auch durch den
glauben in Chriftum feine glyder gewefen und noch feind, und fy
jrer begirden zu dir erfettigen, uf das fie zu rugen kummen, weliche
rug nit fein mag on dich, von jnen volkummenlich erkant, wie fy
dann dich hye uf ertrich durch mangel des glaubens nit genzlich und
volkummenlich erkant haben. Darumb wölleft foliche unvolkummene
erkentnüs jnen meren, in welicher (und nit anders) fye rugen und
leben mügen. Wie dann Johannes fpricht: Das ift das ewig leben,
das fy dich, das du allein warer gott bift, und den du gefandt haft,
Jefum Chriftum erkennen.

„Das nun alfo und dergleichen gebet fich das volk im ampt der
meß gebrauchen fol, hab ich treulich vermant, und das folichs auch
von gott nit unerhört fein mag, wo es in rechtem, warem glauben
gefchicht, das wir dann allermeyft durch das facrament der heyligen
meffen vermant werden; wann da ift leiplichen Chriftus, durch den
uns foliche gnad zuftat."

3. Jakob Strauß. Johann Diepolt. Urbanus Rhegius.
Im Kampf mit der Kirche.

Einen fehr großen Schritt weiter leitet uns Jakob Strauß.[1])
Diefer einft zu Hall im Innthal (nach Urb. Rhegius) thätig gewefene,
fehr begabte Mann giebt der ehemaligen Gemeinde Rat, wie fie bei
evangelifcher Erkenntnis fich frei machen könne vom Beichtftuhl. Über
deffen Gefahren und Nöte läßt er fich mit polemifcher Schärfe aus,
um dann am Schluß zu zeigen, wie man fich dem Priefter gegenüber
praktifch zu verhalten habe. Gegebenenfalls kann der Chrift auf das

---

[1]) Vgl. G. Boffert, Art. Jak. Strauß in Herzogs R.=E., XIV². S. 781 ff.
Dort auch die übrige Litteratur. L. Eißenlöffel, Franz Kolb. S. 22 und
Anm. 83. 84. 175. Daß Strauß in Bafel geboren, daß er in Wertheim Kolbs
Vorgänger gewefen, daß er in den fpäteren Abendmahlsftreitigkeiten heftig wider
Ökolampad und Zwingli aufgetreten, foll hier in Erinnerung gebracht fein. —
Andere Schriften von Strauß f. bei Strobel, Miscell., III. (1780.) S. 3 ff.
und v. d. Hardt, Autogr. II. p. 109 ss. — Zwei andere bedeutfame Schriften
über Beichte und Abfolution von Joh. Sylv. Egranus zu Joachimsthal (1522)
und Bruder Hans v. Thannefelt (1523) finden fich bei David Eberbach,
das Glaubensbekänntniß des Henrich von Sudphen. Hamburg 1713. S. 81 ff.
69 ff. abgedruckt. — Zu Strauß Beichtbüchlein vgl. Beck, I. S. 95.

Abendmahl verzichten und sich genügen lassen an dem geistlichen Genusse Christi, wie ihn dieser Joh. 6 uns dargestellt hat.

Gegen das Ende dieses ausgezeichneten Büchleins[1]) stößt man auf folgendes Beichtgebet, das die fünf voraufgegangenen Punkte der Gewissenserforschung zusammenfassen und bestätigen soll.

Almechtiger, barmherziger got, mein getrewer entlediger und seligmacher Jesu Christe. Jch armer, elender sunder erschein vor deiner almechtigkeyt, wye du mich erkennest von ursprung meynes lebens bis auf diesen augenplick: ein schalkhaftiger, boser, sundlicher mensch, der dein gepot und wolgefallen nach nye volnbracht hat, und hab mich selbs nach nie recht fur den verdampten sunder (wie ich bin) erkant, weyß auch mich nichts gutes in mir zuvertrosten. Jch befinde auch, als du fur aller menschen sunde so grausam, unausfprechlich angst und not in deinem leben und pittern sterben erlitten hast, und allein also fur die sunde genug mussen thun: das mein sunde und undankparkeit unentlich gros und beschwert seint in deinem rechten, gotlichen gericht. Es ist auch aus allem meinem vermugen nichts anders in mir, dann das ich ganz verzag und vertirbe. Aber so ich glaub, das deyn heiliges leiden unentlich und unaufhorlich fur meine sunde genugsam ist, und got, dein himmelischer vatter, auch du selbst, mir und allen sundern, die im glauben dich und jre sunde erkennen, volkomelichen geben hast: das dein leben unser leben ist, auch dein sterben und was du erlieden hast, unser eigen ist: Und darumb, so ich ganz in mir selbst vertorben und verzweyfelt bin, und hab auch keinen trost zu allen creaturen im himel nach auf erden, so setze ich deinem gotlichem wort und unbetriglicher zusagung mein glauben und vertrawen allein, und peicht und beken, auch verjech dir alle meine sunde und besunder die ich newlych gethan hab, wie du weist und erkenst an mir. Sie seint mir auch alle leid und rewen mich, dieweil ich glaub und erken, das dir mein sunde also leid und widerwirtig seint gewesen, das du tod und marter darumb erlitten hast. Bit dich, barmherziger got, aus ganzem herzen, wie ich vermag, und ungezweyfeltem glauben: vergib mir und nim hin von mir alle

---

[1]) Ein new wüderbarlich Beychtpuchlin in dem die warhafft gerecht beycht vnd pueszfertygkeit | christenlychen gelert vnd angetzeygt wirt | vnd kurtzlychenn all tyranney ertichter menschlycher beycht auff gehaben | tzu seliger rewe | frid vnnd freud der armen gefangen gewissenn. D. Jacobus Strauss Ecclesiastes tzw Eysennach in Düringen. 5 Bogen 4º. Das Vorwort ist datiert Eisenach, 9. Febr. 1523. Auf dem Titelblatt ein knieend beichtender Bürger, den ein Engel von hintenher segnet. über den Häupten des Beichtvaters die Jahreszahl 1523. Auf der Rückseite des letzten Blattes der unter dem Kreuz stehende Christus, vor dem ein vornehmer Mann kniet. Vgl. v. Dommer, Lutherdrucke. 1888. S. 232, Nr. 57; demnach von Wolfg. Stürmer in Erfurt gedruckt. — Diese und zwei andere Ausgaben in der Straßb. Univ.-Bibl. Eine in Wolfenbüttel, 4 B. 4º, zeigt auf dem Titelblatt wie S. 3 ein Bild: der Teufel treibt viel Volks in den Beichtstuhl. Andere Ausgaben: Weller 2703 f.

meine große, schwere sunde. Ich hab dir, mein got, nicht anderst zugeben, damit ich dich warlichen eren moge, dann das ich dir mein
sunde und elend mit glaubigem, vertrautem herzen uberantwort, das
dein almechtig barmherzikeit also in mir armen sunder erhocht und
geglaubt wirt. Ich hab auch kein zweyfel, du sprechest yetzt yn
meyner seelen (dieweil du mir den glauben geben hast) das sus, trostlich, begirig wort, wie du oft zu den armen sundern geredt hast: dir
werden dein sunde vergeben; und: gee hin im friden, dein glaub hat
dich selig gemacht. Also nyme ich dich yn deynem lebendygen, un-
gezweyfelten wort an und setz mein seel und leyb und furbas alle
mein leben in dich; dann du allein in mir wirkest und volnbringst
all dein wolgefallen. Und also hab ich nu aus deiner gnad und
barmherzikeyt mein peycht volnbracht, umb die ich dir lob und dank
sage, du erloser der werlt, Jesu Christe, deme alles lob, eer und benedeyung sey mit dem vatter und dem heyligen geist in ewigkeit. Amen.

Der Schluß des Beichtbüchleins bietet noch folgende wichtige
Partieen.

„Wie wil jm aber der arm einfaltig mensch thun, wen sie jme
gottes tisch nicht wollen vergonnen? Das hab einen solchen behelf,
das die schulgelarten, nemlich als Scotus und Thomas, 4. sen. 17. b.,
und al yr anhang sagen, das bepstlych gebot zwyng nyemands zu-
peichten, dann die wissentlich totlichen sunden, des sie noch du, wie sie
es leren, kein wyssen haben; denn was sie von unterscheidt der tob-
lichen und teglichen sunden schreyben, tanten und leren, hat alles kein
grund nach sues in der schrift. Wen du nu gott im glauben gepeichtet
und erkent hast dein sunde all, wie ers von dir weiß, in der sum
und form der waren peicht, wie dir itzt obangezeigt ist, so hab kein
zweifel, du seist erlediget von gott aus allen deinen sunden, und so
sage dich an deinem pfarnher und sprich:

Herr, aus der gnad gottes weiß ich mich yetzt keiner todsunde
schuldig. Darumb ist mir der peicht nicht not, und sage euch das in
christlicher liebe als maynem pfarnher vertrawlych an, und beger das
hochwirdig Sacrament mit andern christenleuten zuentpfaen. — Das ist
gnug dich dem priester erzeigt, nicht aus notdurft aber umb gezwang
der tyrannischen gefengnus, in der wir gepunden liegen. Und wil
dich der pfaff weiter fragen, so laß dich nicht weiter eyn, gib jm auch
kein antwort meer; dann er schuldig ist, dyr hierinne zuglauben, wie
jr eygen lerer anzeigen. Drewet er dir aber den Ban oder wil dir
das Sacrament vorhalten, so laß dir nicht grausen und furcht den
stroputzen nicht; es giltet sein vermaledeyen eben als viel als sein
gebenedeyen.

Und darumb mit freyden so wende dich zu Christo Jhesu, dem
waren, rechten priester und deinem innerlichen, warhaften beichtvatter.
Der wirt dich ane dye speys und den trank seynes leybs und bluets
nycht verlassen; dann so lang du jm vertrawest und mit begirigem

glauben sein begerest, so ist er in dir, und du in jme. Und das
heist eygentlich geessen sein fleisch und trinken sein blut, wie er das
zugesagt Joannis am VI., der gebenedeyt und geeret sey mit dem
vatter und dem heiligen geyst in ewigkeit. Amen."

Jakob Strauß hatte ein Jahr vor dem vorhin erwähnten
Beichtbüchlein eine Schrift erscheinen lassen, die für den Gebrauch des
Abendmahls, bezw. den Besuch der Messe Verhaltungsmaßregeln giebt.[1]
Sie ist in ihrer ersten größeren Hälfte eine Predigt; als Anhang folgt
ein besonderer „Unterricht"[2], der auch separatim erschienen ist.[3]

Das kleine Buch muß ungemein verbreitet gewesen sein, wie man
vorläufig aus der unten angegebenen Schrift von Martin Reinhart
entnehmen mag. Aber die Verhältnisse, welche letztere voraussetzt,
sind von denen sehr verschieden, auf welche Strauß Bezug nimmt.
Reinhart (1524), der die Autorschaft des von ihm bevorworteten Büch=
leins nicht beansprucht, giebt zu erkennen, daß in Jena keine päpstliche
Messe mehr besteht, daß aber seine Leute auswärts leicht mit ihr be=
helligt werden können. Strauß dagegen (1522) liegt im Kampfe.
Unter Umständen ist ihm die Teilnahme an der Messe ein Frevel.
Man soll absehen von all den ererbten Zeremonien und sich geistlich
in Christum versenken. Die geistliche Kommunion hat alles Gewicht.
Wir bemerken aufs neue, daß Strauß in hohem Maße das Charisma des

---

[1] Ain trostliche verstendige leer über das wort sancti Pauli. Der
mensch soll sich selbs probieren | vñ also von dem brot essen | vñ von
dem kelch trinken. Gepredigt zů Hall im Intal | durch Doctor Jacob
Strauss. M. D. XXII. Kauff vnd liss | es wirt dir gefallen. — 3 Bogen
und 2 Bl. 4°. Das Vorwort ist datiert: Kemburg in Sachsen (bei Witten=
berg), 4. Aug. 1522. Das Titelblatt zeigt in den vier Ecken die Symbole der
Evangelisten. Oben Petrus, unten Paulus, an den Seiten je zwei Kirchen=
fürsten; alle mit Heiligenschein. — Eine andere Ausgabe, 10 Bl. 4°, bietet
eine Illustration: Priester und Ministranten mit der Monstranz unter dem
Traghimmel. Beide Ausgaben auf der Straßb. Univ.=Bibl., eine in Tübingen. —
Strobel (Miscell., 3. Samml., 1780, S. 29) hat vier Ausgaben gekannt, von
denen eine in Wittenberg erschienen ist. Auch er rühmt die Schönheit und
den zweifellosen „Nutzen" des Strauß'schen Abendmahlsgebets. — v. d. Hardt,
I. S. 139. — Vgl. auch Ranke, Deutsche Geschichte im Zeitalter der Refor=
mation, 6. Aufl. II. S. 65, Anm. 1. — [2] Underricht, wie sich der fromm
Christ bey den Messen, so yetz gehalten werden (wenn er sich nit mit
gutem fug davon absündern kan) halten soll, das er sich nit ver=
sündige und die zeit nit unnützlich verlier. — [3] Ain schöne liepliche
Vnnderricht | zů bedencken vnnd enpfahenn | den kostbarlichen hayligesten
leib Christi | vnd sein roszenfarbesplůt zu nyessenn Durch Doctor Jacob
Straussē. 1524. — 15 Bl. gr. 8°. Straßb. Univ.=Bibl. — Wesentlich enthalten
ist es ferner in der Schrift Vnnderrichte wie sich ein fromer Christ | bey
den Papistischen Messen | so ytzt noch vil gehalten werden (weñ er sich
nit mit gůte fug absondern kan) halten sol das er sich nit vorsunde | vñ
die zeyt vnütz vorlier. Item ein Christliche betrachtung so du zů dem
heyligen Sacrament wilt gehn. Jhen. 1524. Das Vorwort ist unterzeichnet
Martinus Reinhart Ecclesiastes zu Jhen. 1 B. gr. 8°. Straßb. Univ.=Bibl. Eine
Ausgabe in 4°, Titelblatt ohne Schmuck, den Namen Reinharts mit enthaltend,
Nürnberger Druck — Wolfenbüttel. (R). — Vgl. Weller 3124 f. (Suppl.) 315.

Gebets besessen haben muß. Der Stil ist ein liturgisch großer; wahre, tiefe Empfindung drängt sich hervor in einer geradezu vorbildlichen Art. Dies gilt insbesondere von dem „Unterricht", der hier wort= getreu mitgeteilt wird. — Reinhart ist der Freund Karlstadts. Wir finden ihn z. B. in dessen Gefolgschaft bei dem Gespräch des Refor= mators mit jenem, das am 22. August 1524 stattfand. Im selben Jahre wurde er vertrieben und ging mit Karlstadt nach Nürnberg. Reinharts Schrift ist übrigens kein Nachdruck, sondern eine Überarbei= tung des Büchleins von Strauß, wie er denn schriftstellerisch sich z. B. auch an die Abresse W. Pirkheimers gewendet hat.[1]

„Aus dem oben angezaigten Sermon[2]) mag vernommen werden, das Christus, unser säligmacher, im Sacrament gegenwertig ist, allain, das man jn essen sol und sein blut trinken, und so das mit geübtem glauben ofter geschech, sovil mer auch der mensch im gaist erneuert würd. So aber durch den unersetigen geiz des Bapsts, bischoffe, pfaffen und der münchen ain hantwerk und täglicher kauf und handel aus der meß ist worden, ist auch aufgehebt die frucht und der war, Christen= lich brauch von dem hochwirdigsten Sacrament und das gemain Christenvolk gar ereussert vom tisch Gotes, das man nit mer dann ainmal im jar under ainer gestalt den Christen menschen zulaßt. Das alles widerwertig der natur und aigenschaft des Sacraments er= kent wirt. Hierumb müssen die frommen Christen, als die armen ge= fangen under den unmilten tyrannen, sich gedulden und des täglichen hymelischen brots also hungerig geraten.

Darumb auch ich in meinen Predigen oft angezaigt hab, dieweil die Meß ganz von der ordnung Christi gewendt und mer zu enteren Got an seinem aigen leib und blut dienet, es wär vil weger, ain yeder frommer Christ kem nymmer zu der meß, dann das er der großen irrung mit seiner gegenwertikait beystand thu. So wir aber laider die sach nit bessern mügen und der gebrauch am Sontag Meß zuhören das Christenvolk ängstiget, ist von nöten, den armen gefangen gewissen etwas luft und trost zuraichen, ordnung geben, wie sy doch etwas frucht bei der Meß erlangen möchten. Ist also zu merken, das der leib Christi und sein hayliges blut gaistlich und innerlich mag zu aller zeit und an allen stetten von dem Christenmenschen geessen und ge= trunken werden. Als der herr sagt Joan. VI: der da isset mein flaisch[3]) und trinket mein blut, der bleibt in mir, und ich in jm! Also, wenn du begerest im glauben gegenwertiger übung, das Christus mit vollem gwalt seiner gnaden in dir allain verharrlich bleib, und du mit deinem ganzen herzen und willen in seinem wolgefallen mügest besteen: yetzund hast du geessen den leib und getrunken das blut Christi; dann das er in dir, und du in jm also würdest bleiben, da=

<hr>

[1] Kolde, a. a. O., II. S. 143. 151. 154. 169. — v. d. Hardt, I. S. 180. —
[2] R: Aus diesen worten (vorauf gehen die Einsetzungsworte). — [3] R: (vor= stehe: geystlich, ym glauben).

rumb hat er sein leib in tod geben und sein blut vergossen. Wenn
du dann zu der Meß kommst, so ist dir not, das du auf den manig=
faltigen mißbrauch (der da gehalten wirt in singen, klingen, pfeifen,
orglen oder was da geschicht, anders dann Christus aufgesetzt hat) kain
aufmerken habest. Aber nym dir ain übung im glauben für, das du
von deinem got und herren Christo gaistlich erraichen mögest, das dir
von menschlicher unmiltigkait sacramentlichen entzogen ist.

Erstlich gedenk also:

Almechtiger, barmherziger got, hie bin ich bey deinem tisch, der
mir durch menschlich irrung gespert ist. Doch glaub ich, das in dem
brot und in dem wein dein hailiger leib und dein hailigs blut
gegenwertig ist. — Zum andern glaub ich auch vestigklich, das du
darumb den leib und das blut an dich genommen hast, Adam und
all seine nachkommen zuerlösen von dem ewigen tod. — zum dritten,
ich hab auch kein zweyfel, das der leib in tod für mich geben und
das blut für mich vergossen ist worden. — Zum vierden glaub ich
auch, das in diesem sacrament du gegenwertig bist, zu bekreftigen
und zu bestäten dein warhaft zusagen, dem sünder sein sünd zu ver=
geben. — Zum fünften, das du allain hie dich selbs zu essen und
trinken mittailest allen denen, die das sakrament in warem glauben
empfahen, jr sünd zu vergeben und dein gnad von newem an zu=
erheben. Das vermügen deine wort, die yetz in der meß werden ge=
sprochen, als du gesagt hast: Nembt hin und essent mein leib, der
für euch hingeben wirt; nembt hin, trinkt mein blut, das vergossen
wirt zu vergebung der sünd.

Und diese betrachtung muß der Christenmensch nit obenhin über=
laufen, wie man aus den betbüchlein[1]) on herz und gedanken[2]) ge=
lesen hat, sonder mit ernstlichem, höchsten fleiß jm selbs bey der Meß
einbilden und got im glauben herzlich und vertraulich bitten, das er
durch sein gegenwertig gnad den glauben also erheben wöll.[3]) Und
demnach, so magst du deine begird und betrachtung zu ainem solchen
beschluß bringen:

Allmächtiger got, ich armer sünder bekenn, das ich mit sünden
überladen bin, und beger von ganzem herzen meiner sünd ledigung
von dir allain. Und als ich waiß, das die speis deines leibs und
das trank deines bluts zu vergebung der sünd und mittailung der
gnaden in deinem hailigen testament mir und allen sündern (im
glauben zu niessen) verordnet ist, bin ich des von herzen begirig.
Aber so ich nit zulässig und von menschen behindert wird, bitt ich
dich, mein got und erlöser, du wöllest mich nit lär und hungerig
haim lassen geen, sonder mir yetzund nach deinem barmherzigen

---

¹) R: on geyst. — ²) R: gelesen bis anher gepflecht. Vgl. oben
S. 15. — ³) R: wie got dan den glauben von uns hoch und gross
schetzig haben wil. Alsdann so magst ....

zusagen mittailen, das mir kein mensch geben noch nemen mag, — das ich dich gaistlich empfach und mir vergeben werden all meine sünd, und warer glaub, hoffnung und liebe in mir aufgericht, gesterkt und bestät; das du allain in mir gewaltigklich regierest und ich unverruckt mit ganzem gemůt und herzen in dir bleib. Ich wil dir auch (mein got und herr) in deinen heiligen worten ganz ungezweifelt glauben. Und als du gegenwertig bist, die sünd zu vergeben, und ich vor dir erschein, nottürftig und begirig deiner barmherzigkeit; so du dann wilt geben und ich wils empfahen, so mags niemand wenden: die Frucht der Meß sol in mir volbracht sein. Darumb, allmächtiger got, sey dir lob und eer in ewigkeit. Amen.

— Hiermit will ich beschlossen haben, das, wer mit gutem Fug von den Messen ereußern mag, laß jm nit not darnach sein; dann wa das Sacrament anderst tractiert wird, dann wie es Christus hinder jm gelassen[1] hat[2], wirt Got in seinem aigen leib und blut geuneeret und gelestert.[3] Hierumb hut dich, frommer Christ, vor dem Requiem und Votiven[4], wilt du anderst an dem leib und blut Christi nit schuldig werden. — Ach got, erlös uns vom übel. Amen".[5]

In die Reihe dieser Büchlein gehört auch ein Sermon von Johannes Diepold, Prediger zu Ulm[6], der anscheinend viel gelesen

---

[1] R: und selbs geordent. — [2] R: so wird Gotis sone. — [3] R: Nu ist es ye gewisslich wider Gottis wort und ordnung Christi, das man die leut zur messen zesehen oder zehören zwingt, sintemal Christus nicht gesagt: Venite, videte; kumpt her und sehet. Er sagt auch nicht: Accipite, portate etc.; nempt hin und tragt es hin und wider spacieren, wie wir anher in den processionen alle Dornstag und sonst in walfarten gepfleget. Sondern er sagt: Nembt, esset und trinket mein leyb und mein blut. Derhalben ist die Mess unfruchtpar gesehen oder gehört one solche begirde der geystlichen speys. — [4] R: Dann sie den toten (dieweil sie nit essen das fleysch und blut Christi) auch aus gleycher ursach den andern, für welche die gelt saugen (!) gehalten, nicht nütze. Wo du aber anderst dich halten, wirdestu an dem leyb und blut Christi schuldig. Davor woll euch und uns alle Got durch sein gnad bewaren. Amen. — [5] Mit dem vorstehenden Stück ist das folgende Gebet bei Kantz nahe verwandt. — [6] Ain Nützliche Sermon zu allen Christē menschē | von der rechte Euangelische Mesz | vnd von der beraytung zů dem Tisch gottes | von dem trost der sterbenden menschen | vnnd dancksagung für dz blůt Jhesu Christi. Von Johanne Diepold. zů Vlm. Anno domini. M. D. xxij. 1¹/₂ Bogen 4°. Der Titel ist von vier verschiedenen Leisten mit Blätterschmuck umgeben. Straßb. Univ.-Bibl. Weller 2397f. (S.) 249. Zwei andere Ausgaben in Wolfenbüttel. — In verkürzter Gestalt Einn Nutzlicher Sermon zu allen Christen menschenn von Der rechte Euangelische mesz | vnd von d'bereittůg zu dem Tisch gottes | võ Joanne Diepold zu Ulm gepredigt. Gedruckt zu Erffurt durch Michael bůchfůrer Jm jar M. D. xxiij. Auf dem Titelblatt in den vier Ecken die Symbole der Evangelisten; oben in der Mitte Gott Vater mit der Weltkugel, nach rechts blickend; unten ein segnender Christus mit Dornenkrone; an den Seiten je zwei Kirchenfürsten. Beide sowie andere Sermone von Diepold in der Univ.-Bibl., Straßburg. Eine niederdeutsche Ausgabe, Wittenberger Druck von 1523: Ein Nutte Sermon tho allen Christen mynschen van der rechten Euangelischen Myssen: vñ van der beredynge

worden ist und den an Beichte und Kommunion Behinderten hat dienen
wollen. Auch hier der nämliche Gedanke: „Es mag auch der mensch
also alle tag das sacrament gaystlich empfahen durch den glauben;
wann die gaystlich empfahung mit dem glauben der zusagung Christi
ist nütz, und die leyblich empfahung des sacraments on den glauben
ist nit nütz . . . . . Darumb soll der mensch mit den Aposteln bitten
und begeren":

O herr, mer uns den glauben. — O herr, hilf meinem unglauben. O herr Jesu Christe, du hast mir dein barmherzigkayt
verhayßen; sich an mein dürftigkayt. Jch bin ain armer, ellender
sünder und kan nichts guts thon von mir selb, on deyn hilf und
gnad. Jch bitt dich, zind an in mir die begird deiner gnad und gib
mir den glauben deiner zusagung, das ich dich nit mer durch meine
sünd und unglauben erzern. Mach du mich wirdig und geschickt zu
empfahen dein sacrament. Wann ich bin krank, ich bin ain sünder;
so bistu mein arzet und seligmacher. Jch will deyn sacrament empfahen mit glauben und hoffnung, zu erlangen dein barmherzigkayt . . . O herr, gib mir den glauben, erkentnus, rew und layd
meiner sünd. Mach du mich wirdig und dir angenem; wann du bist
für uns worden die gerechtigkayt, die hayligmachung und erlösung.
Durch dich miessen wir gerecht, haylig und erlöset werden."

An einer andern Stelle: „Weyter sag ich: ain heblicher offen=
licher sünder, der sein sünd erkent und hat rew über sy und begeret
gnad, der empfacht das Sacrament gaystlich, als oft er will. Als
wenn ainer im bann ist oder sunst in offen sünden, in ainem offen=
lichen stand, wenn er hat rew und layd über sein sünd, der empfacht
das sacrament gaystlich und sol sich nit kümern lauffen, das er das
sacrament nit leyblich empfacht. Und wann er schon on das sacra=
ment müst sterben, soll er durch den glauben sicher sein der sälig=
kayt u. s. w."

Unter der Überschrift „Von danksagung für das blut Jesu Christi"
macht folgendes Gebet den Schluß: „Wann du bist in der kirchen
oder in deinem haus und gedenkest: wolan, das blut Jesu Christi ist
mir durch menschlich satzung entzogen worden, so lauß dich das nit
kümern und sprich also":

O herr Jesu Christe, du hast uns mit deinem kostbarlichen blut
von unsern sünden gerainiget und gewäschen; du hast uns deinem
himelischen vatter versönet, hast uns geadelt und gemacht das auser-
welt volk. Darumb sag ich dir lob und dank, und[1] sonderlich umb

---

to dem dische Gaddes van Johanne Deffholt to Vlm geprediget | ym
Jare M. D. xxij. Vuittemberch. M. D. xxiij. $1\frac{1}{2}$ Bogen 4⁰. Titelbordüre:
v. Dommer, S. 238 f. Am Ende Gedruckt to Wittemberch by Melchior
Lotther. (Wolfenbüttel.) — Jn dem Schlußteil Berührungen mit dem Buch
„Eynn trostliche Disputation etc." (s. S. 37). — [1] Unter der Überschrift
„Etlich schöne gebet, den kranken zu einem trost fur zu beten", lautet

das blut deiner fünf wunden. Für das blut deiner feyten fag ich dir
lob und dank und bit dich: gib mir den rechten glauben, ftarke hoffnung und vollkomne lieb. Für das blut der linken hand fag ich dir
des gleychen und beger, das du alle meine fünden hinnemeft; wann
du bift das unbefleckt lamlin, das hinnempt die fünd der welt. Für
das blut deiner rechten hand thon ich des gleychen und bit dich: gib
mir gnad, kraft und macht, gute werk zu thon in allem meinem
leben, das ich halt deine gebot (wann on dein hilf kan ich deine
gebot nit halten) und das ich leb nach deinem Evangelij. Für das
blut deines linken fuß fag ich dir lob und dank und beger, das du
von mir nemeft alle böfe, unzimliche, unraine und flayfchliche begirde.
Für das blut deines rechten fuß dank ich dir und bit dich: verleych
mir, nach deinem willen zu leben; gib mir ain guten willen und gute
mainung und mach dir meine gedänk, wort und werk angenem, das
ich entlich feligklich in dir fterb. Dir fey lob und eer mit dem vatter
und dem hayligen gayft in ewigkayt. Amen."

Auch Urbanus Rhegius in seinem hübschen Ratgeber für den
Bibellefer[1]) behandelt die Frage der Behinderung am Abendmahlsgenuß in ähnlicher Art wie Strauß. Auch seine Ausführungen setzen
Übergangs-Verhältniffe voraus, zu denen er nach seiner Eigenart ohne
polemische Schärfe Stellung nimmt. Einige bedeutsame Sätze mögen
hier ihre Stelle finden. Er schreibt unter der Überschrift „Meß":

„Meß ift ain Teftament Chrifti, darin allen Chriftglaubigen verhaißen ift ablaß der fünd, und laut alfo (folgen die Einfetzungsworte).
Dafelbft ift die Meß von Chrifto aufgefetzt: darumb was meer darbey
ift, feind zufätz von menfchen. Dife obgenannten wort foll yederman

die Fortfetzung: „bit dich, o herr Jesu Christ, gib mir den rechten glauben,
starke hoffnung und volkummene lieb. Gib mir kraft und macht, deyn
götlichen willen gedultigklich zu leyden; dann on deyn hilf vermag ich
nichts. Thu hylf und bestand, erledig mein seel und bys ingedechtig
deyner zusagung, das du gesagt hast: Kumbt her alle zu mir, dye yhr
beschwert seyd; ich wil euch erquicken. Dir sey etc." — ¹) Ain kurtze
erklärung etlicher leüffiger puncten | aim yeden Christen nutz vnd
not | zū rechtē verstand der hailigē geschrifft | zū dienst. Dem Ersamen
vn̄ weysen Lucas Gassner dē eltern | durch D. V. Regium. — Am Schluß:
Auguste, penultima Julij. Anno etc. M. D. xxIII. — 10 Bogen gr. 8°.
Auf dem Titelblatt unten zwei Kinder, zwischen denen ein Hund einen Hasen
faßt. Die übrigen drei Seiten: Blumengewinde. — Münchener Hof-Bibl. —
Von dieser Schrift ift abhängig und in allen wesentlichen Stücken mit ihr
identisch das erste Stück in dem sogleich (S. 39, Anm. 2; vgl. Kap. III) zu nennenden
„Wittenberger" Druck der Kantz'schen Meffe. Es trägt keine Auffchrift, wurde
aber bisher (vgl. Vogt, Bugenhagen, S. 66, Anm. 2) als aus dem, März 1524
in Bafel erschienenen Pfalmenkommentar Bugenhagens (Pf. 109, bzw. 110)
stammend angesehen. Aus diesem rührt aber nur das verhältnismäßig un-
wichtige Stück über Melchifedek her. — Über die Beichte hat U. Rhegius
einen „Kurzen Bericht" verfaßt, datiert: Hall, 20. März 1523. Er ift abgedruckt von D. Ebersbach, „Das Glaubensbekänntniss des H. v. Sudphen",
1713. S. 141 ff. — Über unfre Schrift vgl. auch Beck, I. S. 75 ff.

wol wiffen, in rechtem, beften glauben beherzigen; es ift unrecht, das man sie verbirgt und haimlich spricht. Wilt du recht meß hören, gedenk, das sie ain speyß und trank ist; darumb must du essen und trinken, oder dein meßhören ist nichts. Wie das? Nimm die wort der meß für dich und betracht sy im rechten glauben, das du nit zweyfelst, wie Christus dir verhaißt, also geschehe dir. Und im glauben der selbigen wort empfahe das hochwirdig Sacrament als ain gewiß hailig zaichen, under welchem dir solich zusagen geschihet. Darburch dein herz gewisen wirt auf die wort zuglauben; das haißt: gayftlich und leyplich zu Gottes tisch gangen.

Wann man dir das Sacrament nit gibt, du hörest allain meß, so nimm die wort des testaments zu herzen und gedenk allda, was dein got und herr Jesus Christus für dich gethon hat; wie er dich mit seinem tob erlöst und das ewig leben verdienet hat. Und hiezugegen haft du das recht, lebendig wortzaichen und figel, seinen leyb und sein blut. Gelaub den worten und dem zaichen, so erlangst du das verhaißen erbgut und geest zu gottes tisch gaiftlich. Du sterkest dich aus den worten Christi, tröst dich, bereuwest und befferst dich."

Undatiert ist eine Schrift des nämlichen Verfassers, die uns noch reichere Ausbeute bietet. Der „Unterricht" für Kommunikanten[1] handelt in seinem erften Teil von der Bedeutung der Messe und läßt die Wahl zwischen leiblichem und geistlichem Genuß, zwischen Kommunizieren und bloßem Meßhören. Hier findet sich die herrliche Stelle:

„Das du glaubeft, was dir zugesagt ist, das beschech gewißlich, wann Christus spricht: Nembt hin und essent; das ist mein leyb, — es ist so vil geredt, als sprech er zu dir: Armer, ellender, dürftiger sünder, ich verhaiß dir mit denen worten, ee du ichts begert oder verdient haft, ablaß der sünd und das ewig leben aus lauter unverdienter liebe, damit ich dich lieb hab. Also wils mein himmelischer vatter haben. Das du nun bergewisset syest, das die zusagung nimmer me widerrieft werd, so hab ich mein aygen leyb dargeben, mein blut darumb bergoffen. Ich hab die zusagung mit meinem aygen tob beftettet und hab dir die baide berordnet bis zum end der welt zu einem wortzaichen und zu einer gedächtnüs semlichs zusagens. Darumb so oft du das zaichen empfacheft, gedenk mein barbey, das ich umb deiner erlösung willen bin mensch worden und bitterlich gestorben, das ich deinen tob überwünde, deine sünd abtilget. Nun bis dankbar für semliche liebe und reiche gabe, dir erzaigt. Lob und preis und sag dank darumb.

Auf die wort der hayligen meß söltu dein hungerig herz buwen

<hr>

[1] Underricht wie sich ain Christen mensch halten sol das er frucht der Mesz erlang vnd Christlich zů gotz tisch ganng. D. V. R. — 1¹/₂ Bogen 4⁰. Die Ornamente des Titelblatts beftehen in allerlei phantaftischen Zierraten. Oben in der Mitte Ciboriumbecke mit Kreuz, unten ein Kelch. (Wolfenbüttel.) Weller 2252: Ausg. von 1522.

und auf sölich zusagung göttlicher warhait dich verlassen, in kraft und
bedenken deren wort das sacrament fröliche empfahen oder in der meß
sein begeren und gar kain zweyfel han, es geschech dir nach laut und
inhalt der selben wort Christi: das do gewißlich der leyb Christi für
dich armen sünder sey in tod geben worden und sein rosenfarbs plut
für dich vergossen, das du da ain mitglib werdest Christi und aller
hayligen durch empfachung und glauben."

Es folgen sodann folgende Gebete:

Mein aller liebster herr Jesu Christe, sich genädigklich an mein
armuet und großen bresten. Wie bin ich so arm, verlassen und krank.
Noch bin ich durch mein sünd so blind und verstopfet, das ich in mir
kain willen und begird empfind deiner erznei. Mich hungret nit
nach der reichtung deiner gnad. O herr, zünd in mir an begird
deiner gnad und stäten glauben in dein verhaißung, das ich mit
meinem verdampten unglauben nit erzurn dich, allergietigister vatter.

„Dann so gang hinzu oder hör meß mit vertrawen in die unent-
liche barmherzigkait gottes und in forcht deiner unwürdigkait. Nun
hör zwei gebett. Zum ersten, wann du wilt zum sacrament gon am
grünen Donnerstag oder sunst im jar, sprich vorhin":

Ach, parmherziger, aller liebster herr Jesu Christe. Ich erken
und waiß, das ich ganz unwirdig bin semlicher großer güter, die niemant gnug bedenken mag. Ich bin leyder ayn ellender sünder, gar
nit wirdig, das du künig aller gnad und glory zu mir under mein
tach kummest; ich bin sy aber notturftig und beger deiner hilf und
gnad, das ich auch mög frumm werden. So kumm ich auf kain
anders verlassen, dann das ich jetz süße wort gehört und betracht hab,
mit welchen du mich zu deinem tisch ladest und sagst mir unwirdigen
zu, ich sol vergebung aller sünd haben durch dein hayligen waren
leyb und durch dein plut, so ich iß und trink in disem sacrament.
Amen. Ach lieber herr, dein wort ist war; do zweyfel ich nit an.
Und darauf iß und trink ich mit dir. Mir geschech nach deinen
Worten. Amen.

„Wann du wilt Meß hören, so man das Sacrament aufhept, sprich
mit dankparem herzen zu deinem gott schöpfer und erlöser":

O almächtiger, ewiger, parmherziger herr, war gott und mensch.
Ich pit dich durch dein grundlose parmherzigkait, du wöllest mich
armen, ellenden sünder ansehen mit den väterlichen augen deiner
unergründten erbermd, wie du hast genädigklich angesehen maria
madalena in des gleißners haus, den offnen sünder hinden im tempel,
den schacher am creuz, das ich von herzen rew und ware beständliche
bußvertigkait hab.[1]) Gebenedygt sey dein allerhailigister nam, lob

---

[1]) Dieser Teil des Gebets ist jedenfalls alt. Vgl. das Dies irae (Qui
Mariam absolvisti). Schon früh wird dabei auch des weinenden Petrus gedacht. Riederer, Abhandlungen, S. 389 ff., bringt ein Gebet dieses Inhalts

und dank sey deiner unentlichen gütigkait immer und ewigklich, aus welcher du deinen ewigen, aller liebsten son, unsern herrn Jesum Christum, von dem tron deiner unbegreifenlichen mayestet herab gesant hast in tiefe dises jammerstals, menschlich natur an sich zu nemen, das er in armut, demütigkait und aller unschuld auf erden lebte umb unsers hayls willen, das er die ungeheüre bürde des mortlichen schadens unser sünd auf sich neme, mit seinem bittern tod uns von sünd, tod und hell erlöste. Welche unseglichen, allergrößten gutthät wir jetz im ampt der hayligen meß betrachten und durch den zarten fronleichnam und edlest blut Jesu Christi jetz solicher großen, unermeßenlichen liebe und zusagens herzlich erinrent werden. Ach, allmechtiger, ewiger Gott, des erpermbd alle seine werk ubertreffen. Ich bit dich heut und beger von grund meines herzen, du wöllest dein allerhayligsts leiden und sterben an mir unwirdigen, armen, betrübten sünder nimmer mer lassen verloren werden. Gib mir glauben, das ich dir dankpar sey. Laß in mir geschechen, was das hochwürdig sacrament bedeut, das ich in rechter, warer liebe veraint werd dir und allen deinen hayligen hier und dort ewigklich. Amen.

„. . . . . Wo der mensch disen worten (der Stiftung) glaubt, wie er schulbig ist, so bringt er alle frucht von der Meß, das ist frid und freud, und wirt also gaistlich dadurch herlich und wol gespeist. Wo er aber nit glaubt, da hilft kain gepett, kleppern, pater noster, ring umbkeren, vil messen hören. Darumb: der glaub thuts; alls außerhalb des glaubens ist kain werk guet, sonder alls sünd."[1]

Durch den Druck der Verhältnisse eingeschüchtert und darauf angewiesen, ihren Glauben und damit ihr gutes Recht vor sich selbst und vor anderen trutzig zu behaupten, — so haben wir uns die Leser der anonym erschienenen „tröstlichen Disputation" zu denken, deren Titel auf U. Rhegius zurückweist.[2] Hier nur ein paar Proben. Dem Kommunikanten wird der Rat gegeben:

„Du solst gedenken: Nun bin ich gewiß und sicher, das mir Christus gesagt hat: Meyn leyb ist für dich geben, und bin gewiß, das mir der tod nit schadt, sundern zu besserm und gewunstem leben füret. Yha, ich bin auch des zukunftigen lebens so gewyß und begirig,

---

aus einer Handschrift von ca. 1484. Auch im Hortulus anime (1516) steht es als oratio post s. comm. (Nürnberger Stadtbibliothek, 2827 und 2518.) —
[1] Wesentlich verändert ist die Stellung des U. Rhegius in seiner Schrift: Widder den newen yrsal Doctor Andreas Carlstad des Sacraments halbē | warnung. D. Vrbani Regij. 1525. 2½ Bogen 8⁰. (Wolfenbüttel.) —
[2] Eynn trostliche disputation | auff frag vnd antwurt gestellet | Von zweyen Handwercks mennern | den Glauben | vnd die lieb | auch andere Christenliche leer betreffend auch form wye eyner den andern Christenlich vnderweysen sol | gantz nützlich tzu den artickeln. Doctor. Vrbani Regij vnd Benedictus Grentzingers. M. D. xxiiij. — 7 Bogen 8⁰. — (Univ.-Bibl. Straßburg.) — Eine niederdeutsche Ausgabe dieser Schrift verzeichnet v. d. Hardt, I. S. 222, als 1525 in Wittenberg erschienen: to dem andernmahl avergesehen. Die Schrift von Gretzinger: Weller 2442f. 2895f. 3422. 3799.

das ich vor begirligkeyt den tod nit acht. Ich bin auch gewiß, das ich durch Christum den zorn, vermaledeyung des geseß entwichen.

— So man aber mich fragt, was mich verursach, das ich zu dysem tisch kum? — So antwort ich: Meyn sünd die treyben mich, meyn sünd die jagen mich und wöllen mich erwurgen. Ich kann mich yhr schlechts aus meynem eygnen gewalt nit erweren. Derhalben, meyn Pfarherr, kum ich zu disem tisch gottes und wyll das Sacrament zu eyner hylf empfahen.

So man mich fragt, was ich glaub? — So antwort (ich): Ich glaub, das mein Christus für mich gestorben ist und mich von tod, sünd, teufel, helle lebig gemacht hat und mir den hymel alleyn erworben. Das solches also war sey, so empfahe ich darauf zu eynem pfand und zeychen das heylig hochwirdig Sacrament zu eyner ewigen gedechtnus.

Was seyn nuß und frucht dis Sacraments pluts und fleysch? Es macht uns erstlich brüder und mit erben Christi, also das wir werden eyn kuchen mit Christo. Darnach macht es, das wir auch werden eyn kuchen mit eynander als mit dem nechsten. Dye zwo frucht beschreybt Paulus 1. Cor. am 11 (10): Wyr seyn all eyn prot, die wyr essen von eynem prot u. s. w."

4. Kaspar Kantz und der Übergang zu evang. Ordnung.

Die folgenden vier Stücke sind älter als die meisten bisher mit= geteilten. Sie finden sich u. a. in verschiedenen Ausgaben der Messe von Kaspar Kantz, der sie vorgeordnet stehen (I. a. u. b. II).[1] Man liest sie

[1] Von der Euangelischen Messz. Mit schönen Christlichen Ge= beten vor vnd nach der empfahung des Sacraments. Durch Caspar Kantz von Nördlingen. 1522. — 1 Bogen 8°. — Der Titel ist umgeben von zwei symmetrischen Säulen, über deren Kapitälen links Anno, rechts .M.Dxxi steht; hier fand eine Ziffer nicht mehr Plaß. Um die Säulen winden sich je zwei Bänder mit den Namen der Evangelisten. Diese selbst sißen samt ihren Symbolen paarweise im Giebelfeld und zwischen den Säulenbasen, an Pulten einander zugekehrt. (Münchener H.= u. St.bibl.) Weller 2108. — Fast genau stimmt mit dieser Ausgabe die folgende: Won (!) der euägelischen Messz. Mit schœnen christlichen gebeten vor vnd nach der entpfahung des Sacraments. Durch Caspar Kantz von Nördlingen. 1 Bogen 8°. (Ohne Jahr.) Auf dem Titel: ein Wappenschild mit zwei Löwen, J. Secers (Hagenau) Zeichen. Rechts und links ein Engel, von denen der linke dem Beschauer den Rücken zuwendet. Oben ein gehörnter Mann und eine Frau, beide mit Fisch= schwänzen und Flügeln, Posaunen blasend. Dazwischen Arabesken und Blatt= werk. — In der Messe steht das Kleingedruckte in Antiqua. Dies und der Text überhaupt wie 1522. (Nürnberg. Stadtbibl.) Weller 2926. — — Eine spätere, wesentlich übereinstimmende Ausgabe heißt: Von der Euanglyschenn Messz mit schöne Christlichen gebeten vor vnd nach der entpfahüg des Sacra- meēts. Durch Caspar Kantz vonn Nördlingen jm Jar 1.5.24. — 1 Bogen gr. 8°. — Auf dem Titelblatt rechts und links phantastische Säulen, oben je ein Männchen tragend. Unten eine Art Wappen, von sißenden Gestalten ge= hoben; darin ein A, zwei Sterne und ein Stiefmütterchen. Darüber an einer Perlenkette ein Schild mit dem Buchstaben 2. — (Straßb. Univ.=Bibl.)

außerdem, sämtlich oder mit Auswahl, in einer Straßburger Ausgabe der nämlichen Messe (F.)[1]; sodann in einem angeblich auf Bugenhagen zurückgehenden Sammelbande (B.)[2]; weiter in einer Schrift des genannten Jenenser Predigers Martin Reinhart (R)[3]; in dem „Auserwählten Büchlin" von Nikolaus Krumbach (K)[4]; endlich in einem niederdeutschen Druck (N).[5] Drei dieser vier Stücke stimmen wieder mit wichtigen Bestandteilen des oben gewürdigten Sermons von Jakob Strauß, bzw. dessen Anhang („Unterricht") überein.

Da unsre Stücke der Meßordnung des Kantz von 1522 voraufgehen und wohl sicherlich älter als diese sind, ist wahrscheinlich Kantz, und nicht Strauß, ihr Verfasser. Letzterer wird sie in seinem Sermon verarbeitet haben. Möglich bleibt auch beiderseitige Abhängigkeit von einer noch älteren Vorlage. In jedem Falle hat Kantz als der Urheber des zweiten der Stücke und als der zu gelten, der sie alle zu einem Ganzen zusammengefügt hat. Dieses Vierblatt bildet nun den Kern einer leiblich geordneten Abendmahlsfeier, und so haben wir eine deutsche Messe in primitivster Gestalt. Sie beschränkt sich auf eine die Feier einleitende Betrachtung, ein Sündenbekenntnis, ein Vorbereitungsgebet (vor oder während der Rezitation der Stiftungs-

---

[1] Von der Evangelischen Messz. Mit schönen | gebette, vor vū nach d' entpfahūg | des Sacraments. 1524. Martin Flach (Strassburg). — 1 Bogen kl. 8°. — Arabesken auf dem Titelblatt. Oben in der Mitte Phantasiemaske. Unten Knoblouchs Zeichen, in dessen „Expens" Flach öfter gedruckt hat. Das oblonge Titelschild ist nur zu einem Drittel bedruckt, als hätte man in letzter Stunde etwas unterdrücken wollen; vielleicht einen Hinweis auf das der Messe folgende Salve? — (Straßb. Univ.=Bibl.) — [2] Von der Evangelischen Mess, wie vnd durch wenn | vnd warumb sy auffgesetzt sey | auch wie man Mess sol hören | vū das hochwirdig sacrament empfahē | vū warumb man es empfecht. Wittenberg. 1524. — 2 Bogen, 2 Halbbogen und 3 Bl. gr. 8°. Die Titelbordüre zeigt rechts und links je eine Säule, auf denen Kinder sitzen. Diese stützen die Oberleiste; an dieser zwei geflügelte Männer mit gewundenen Fischschwänzen. Unten inmitten von durchbrochenen Füllhörnern ein geflügelter Mann mit Haube (dieselbe Titelbordüre auf der in Dresden befindl. 8°=Ausg. des „Testaments", s. S. 50. B.). — Straßb. Univ.=Bibl. Andere Exemplare in Wolfenbüttel (4 B. 4°. Die Teilüberschriften auf dem schmucklosen Titelblatt. Nürnberger Druck) und Hamburg. — Ein Abdruck der Messe bei W. Löhe, Sammlung liturg. Formulare, III. S. 37 ff. — [3] Underrichte wie sich ein fromer Christ | bey den Papistischen Messen etc., s. oben S. 29,3. — [4] Eyn auszerwœltt Byechlin wie ein Christemensche zūm ersten soll leernen erkennen vnd wyssen was er von natur sey | wz in im sey | wie er geschaffen sey etc. Mitt schœnen gebeten So eyn mensch dz Sacrament empfahen will | oder sunnst bey der Messz ist etc. Item von der Ewangelischenn Messz. Item wie man eyn sterbendten menschenn ermanenn vnnd tröstenn soll etc. 1524. C. K. 2 Bogen 8°. — Vier Zierleisten roh aneinander gefügt. Auf der untern links ein Engelkopf mit Flügeln. (München, Hof= u. St.bibl.) Weller 2801 f. — [5] Eyne Evangelysce Misse: myt etlyke schone gebede | vm eynen wech to wysen | denē die noch Kinder synt in Christo. Myt wodanen geloue vnde manire men eyne rechte Euangelische Misse behoert to holden. Bremen. Anno. MCCCCCXXV. 1 Bogen kl. 8° ohne Titelbordüre. (Wolfenb. Bibl.) — Eine 8. und 9. Ausg. der Messe s. u. Kap. IV (S. 72, III. IV).

worte) und ein Gebet vor der Kommunion. Offenbar ist hier nur
der eucharistische Teil der Messe und dieser nur mit Auswahl in Be=
tracht gezogen: Predigt, Offertorium, Konsekration, Kommuniongebet.
Als Ganzes angesehen, ist die Ordnung nicht frei von Wiederholungen,
woran man den freien Ursprung der Stücke erkennt. Aber alle,
vorab das unzweifelhaft von Kantz verfaßte Gebet, sind von unver=
gleichlicher Schönheit. Und wir verstehen, daß das Ganze, wie Kantz es
zusammengefügt, die weiteste Verbreitung finden konnte. Um die Eigen=
tümlichkeit dieser evangelischen Gebete recht zu würdigen, wolle man
sie z. B. mit den entsprechenden Stücken in Salus anime[1]) nach Über=
einstimmung und Abstand vergleichen.

Was wir bei Strauß gefunden, tritt uns, der Eigentümlichkeit
der Personen entsprechend, bei Kantz (I. II. F.) in einiger Änderung
und Milderung entgegen. Der Geist ist der nämliche. In dem ersten
Stück kommt der Gedanke der Glaubensgerechtigkeit zu schlichter und klarer
Aussprache. In den Gebeten ist eine, den Personen=Unterschied verkennende
Gleichstellung Jesu mit dem Vater bemerkbar, die ein aus der alten Kirche
überkommenes Erbe darstellt, ein Erbe, das im deutschen Süden bald
einer biblischeren Anschauung Platz gemacht hat. An die Gewohnheit
der mittelalterlichen Kirche erinnert auch die Wendung am Schluß des
ersten der Gebete, das keinesfalls von Strauß stammt, die Bitte um
Schutz und Kraft in der Todesstunde. Das zweite und das dritte
Gebet enthalten keine Anspielung auf Hinderung oder Widerstand von
seiten des geordneten Amtes. Aber die Anfechtung durch das letztere
klingt doch deutlich an in den Worten „das du mich nit lassest haym
gen lör und hungerig, sonder mych gaystlich speisest und trenkest". Die
eigentliche Hinderung, zum Tische Christi zu kommen, sieht der Beter
jedoch allein in seiner Unwürdigkeit.

Die Joh. Bugenhagen zugeschriebene Sammlung verschiedener
auf die Messe bezüglichen Stücke (B) enthält außer der bereits er=
wähnten, in der Hauptsache auf U. Rhegius zurückgehenden Betrach=
tung[2]): „Ein Ratschlag herren Johann Bugenhagen aus Pommern, wie
man das Sacrament nießen oder empfahen soll, zugeschrieben herrn
Georgen Spalatino." Diese Auseinandersetzung, aus dem Lateinischen
übertragen, hat Bugenhagen als sein Eigentum anerkannt.[3]) Es ist
eine durch Klarheit nicht ausgezeichnete Distinktion, was zum Teil auf
Rechnung des Übersetzers kommen mag. Im übrigen bietet diese
Sammlung die ersten drei von unsern Stücken fast unverändert.

In der Schrift von Klaus Krumbach (K) handelt es sich, wie
schon der Titel zeigt, um allerlei Stücke christlicher Erkenntnis und
Praxis. Nur das am Ende des Büchleins stehende, oben mitgeteilte
originelle Gebet zeichnet er mit seinem Namen. Die Kantzsche Messe

---

[1]) Vgl. oben S. 14 f. — Zur Sache: Beck, I. S. 168 ff. — [2]) Vgl.
S. 34, Anm. — [3]) Vogt, Briefwechsel Bugenhagens, S. 24.

giebt er in verkürzter Gestalt.[1]) Auch die hier in Betracht kommenden Partieen erscheinen bei Krumbach gutenteils verändert und eigenartig verarbeitet.

Auch deren niederdeutsche Gestalt (N) ist von eigentümlicher Abweichung. Das erste Stück fehlt. Ist das Büchlein für die Evangelischen in Bremen bestimmt gewesen, so liegt die Annahme nahe, daß dort, wo Heinrich von Zütphen und seine Nachfolger bereits seit drei Jahren das Evangelium verkündigten, im Jahre 1525 eine kurze Betrachtung über die Gerechtigkeit des Glaubens nicht hoch angeschlagen werden mochte. Von den drei Gebeten ist das erste wortgetreu übernommen worden. Am Anfang des zweiten findet sich eine sinnstörende Lücke, entstanden durch Überspringen von einem Wort zu einem gleichlautenden im folgenden Satz. Wichtiger ist, daß durch Wegfall des Wortes „gahstlich" im zweiten der Gebete ein charakteristischer Zug, an vergangene Not erinnernd, verloren gegangen ist. Auch tritt an die Stelle des „zarten Fronleichnams und rosenfarbenen Bluts" das „levendige woert, welker uns vercundiget vergevinge unser sunden dorch dyn licham unde bloet". In dem letzten Gebet ist sehr auffallend die Ersetzung von Joh. 6, 54 durch Joh. 3, 14. 15. Der Hinweis auf die Worte von der erhöhten Schlange nötigt fast zur Annahme einer fortbestehenden Elevation, und die nachfolgende Messe[2]) widerstreitet der Annahme nicht. Ferner ist der ausdrückliche Wunsch eines häufigen Kommunizierens (nu unde vaken) um so bemerkenswerter, als gleichzeitig die Überzeugung ausgesprochen wird, daß man dadurch nicht „salich werde". Die der Bremer Relation eigenen Schlußsätze sind von origineller Art und Kraft. Aus der Vorrede, die ich später mitteilen will, ersieht man, daß auch der Herausgeber dieser niederdeutschen Ausgabe die dargebotenen Formen nicht im Sinne des Gesetzes verstanden wissen will.

Schließlich sei noch ausdrücklich bemerkt, daß unsre vier Stücke, so wie sie uns bei Kantz entgegen treten, vermutlich zuerst selbständig in die Welt gegangen sind. Ihre Bedeutung mußte selbstverständlich sinken mit der Verbreitung jener geschlossenen Abendmahlsordnung, die in den vorliegenden Drucken überall jenen lose aneinander gefügten Stücken folgt. Dennoch ist die Verbindung erst nach Jahren gelöst worden.

Die Summa Christlicher gerechtigkeit vnd des glaubens volkommenßeit.[3])

Wir müssen Christum, unsern herren und säligmacher, zu aller zyt allein in uns lassen wirken die vergebung unser sünden. Denn also sagt Gott durch den propheten Ezechiel ca. XXXIII: Wenn der

---

[1]) Vgl. Kap. IV. — [2]) Kap. IV. — [3]) B: Durch Caspar Kantz. — Diese Betrachtung, in nachfolgender Gestalt aus I entnommen, findet sich fast genau so

fünder ein mißfallen tregt¹) über feine fünd und verbringt das gericht
und die gerechtigkeit ꝛc., fo will ich feiner fünden nit mer gedenken.
— Das gericht ift nichts anders, denn das der menfch fich felber in
allem feinem thun und laffen, worten und werken erkenne und ur-
teyle ein armen, verdampten fünder²), und aller plag und ftraf fich
wirdig achte, die felbigen, wo fye Gott über yn³) verhengt oder fchickt⁴),
umb feiner fünd willen und Gott zu eren willigklich leyd und trag
zu einer buß.⁵) — Die gerechtigkeit ift nichts anders, denn das der
menfch in folichem jamer und verdamnis fein felbs zu gott flyche in
rechtem glauben und trauwen, und⁶) hoffe, das jm got allein aus
gnaden, umb fein felbs willen und durch Chriftum, feinen liebften
fun, werd feine fünd vergeben. Wie er denn uns folichs verheyßen
hat durch den propheten Efajam cap. XLiiij. — Von der volkommen-
heit des glaubens ftat im CV. pfalmen alfo: Selig feind, die alzeit
üben das gericht und die gerechtigkeit. Das ift fo vil gefagt: Selig
feind die menfchen⁷), die fich allzeit erkennen, verklagen und⁸) richten
vor Gott als die armen fünder, und doch nit verzagen vor dem gericht Gottes, fonder⁹) zu Gottes gnaden zuflucht haben und jm

in II und F, weniger wörtlich bei K und B. Alle mahnen uns an Straußens
Sermon, bzw. eine gemeinfame Quelle. Strauss: Beschliesslich ist das
die ganz summa Christenlicher gerechtigkait und des waren glaubens
volkommenhait, das wir zu aller zeit Christum in uns lassen wirken die
erlösung von sünden. Dann hie ist der recht verstand, das got zugesagt
hat durch Ezechielem am XXXIII., da er spricht: So der sünder seiner
sünden missfal tregt, und das gericht, die gerechtigkait volbringt etc.,
wil ich seiner sünd nimmer eingedonk soin! Was ist das goricht und
die gerechtigkait, die also eilends beschicht? Nichts anderst, dann das
du dich selbs erkennest in allen deinen werken (wie du bist) ain armer
sünder, und besonderlich, so dein gewissen, mit angst der sünden geübt,
der sünden ledig wolt werden, und dich achtest aller straf und plag
von got gemasz. Das ist das hailig gericht, in dem du anhebst hail-
wertig zu werden. Und demnach volbringst du die gerechtigkait, wenn
du got die eer, die jm allein zugehört, in warem, rechten glauben und
ungezweyfelter hoffnung zustellest, so du jm allein getrawest, als dem,
der dir deine sünd allain umb sein selbs willen vergibt. Und also in
dem gericht und der gerechtigkait wirdest du und dein werk gerecht
und wolgefellig vor got dem almächtigen. — ¹) K: gewint ... und
wirkt. — ²) K: Wie wir dann alle von natur verflucht und ver-
dampt seyn mit all unserm wesen. — ³) II: was Gott über sich. —
⁴) K: kumm her von wyem es wölle, das er solchs annem von Gott
zu ainer busz seiner sünden und willigklich trag und auslayde. —
⁵) B: etc. — ⁶) K: und gnad begert durch Christum, in dem uns
Gott seyn güte und barmherzigkait erzaigt hat und uns verhayssen,
was wir bitten in dem namen seines lieben suns, das wöll er uns geben
on alle werk und verdyenst, allain aus gnaden umb sein selbs wyllen.
Ezechiel XXXVI. — ⁷) K: Das sind selige menschen. — ⁸) K: verdammen,
wie sy denn in der warhait sind, und doch in solcher verdammnis und
engstlichem leyden nit verzagen. — ⁹) K: verlassen und trösten sich
auf die gruntlose barmherzigkait Gottes und auf sein gnedige zusagung,
und begerent gnad durch Christum, der für uns gestorben ist und yre
sünd gepüszt hat. Das gericht und dise gerechtigkait macht dem

veſtigklich vertrawen, er werde jnen zu hilf kommen und ſye erlöſen von allen ſünden, des ſye denn von herzen begeren ꝛc. Von diſen menſchen ſagt David pſal. CXLVI: Gott der herr hat ein gefallen in denen, die jn fürchten, und doch hoffen in ſein barmherzigkeit. Das gericht macht forchtſam, aber die gerechtigkeit des glaubens, uns in Chriſto erzeigt, tröſt und macht frölich. Jn dem gericht und gerechtigkeit wirt der menſch und alle ſeine werk gerecht und Gott angenem.

Ein andechtigs gebet, darin ſich der menſch ſelbs erkennet und gnad begert von Gott.[1]

O barmherziger, ewiger Gott, ich bekenn und klag dir alle meine ſünd; denn ich hab dir allein geſündiget, und meine ſünd richten und verdammen mich[2]) an allen orten. Wo ich bin und[3]) hinflieh, ſo volgen ſye mir nach und ſtond[4]) vor meinen augen. O mein gütiger Gott, wievil ſünd hab ich vor dir verbracht, die ich us ſcham und forcht[5]) vor keinem menſchen verbracht het. Auch bin ich in ſünden entpfangen und geboren, und iſt all mein leben, thun und laſſen nichts denn ſünd. — Darzu hab ich dein volk mit meinen ſünden oft beleidiget und betrübt.[6]) Darumb ich dich billich fürchten und flyehen ſolt als ein geſtrengen[7]) richter aller bosheit. — Aber ich weiß, das du ein gütiger gott biſt, umb der ſünder willen menſch worden, biſt kommen in diſe welt zu berufen, nit die gerechten[8]), ſonder die armen ſünder zu der buß.[9]) Du haſt auch geſagt: kommend här zu mir alle, die jr arbeiten und beſchwärt ſeind; ich wil euch erquicken und helfen. Darumb fleußt[10]) mein ſeel in wankelmütigkeit zwiſchen der forcht und hoffnung. Yetz verzwyfel ich aus forcht der ſünd, die ich in mir erkenn[11]) und entpfind; dann wird ich wider getröſt und erhebt aus hoffnung deiner barmherzigkeit. Yedoch dieweil dein barmherzigkeit größer iſt denn mein dürftigkeit[12]), ſo wil ich allzeit hoffen in dich; denn du allein biſt mein Gott und herr, meyn ſäligmacher und tröſter, mein heyland und einige zuverſicht.

menschen auch alle seyne werk und leyden Gott angenem, wie David sagt Psalmo 146: Gott hat ein wolgefallen uber die, so jn fürchten und doch hoffen in sein barmherzigkait. Das gericht macht forchtsam und traurig. Die gerechtigkait, uns durch Christum erworben und im glauben mitgetailt, macht unverzagt und frölich. Wer wolt nit mit hochen freuden soliche gnad, hayl und fryd und alles guts, das uns Gott wyll geben, so wir glauben, im leben oder sterben herzlich annemen? — [1]) Dies Sündenbekenntnis aus I, ebenſo in II, F, B und N, fehlt bei K und hat bei Strauß keinen Anhalt, wird demnach wohl von Kantz ſtammen. — B: Die einfeltigen menschen, wiewol aus keinem gebot, mügen wie hernach volgt beten und sich darinnen selbs erkennen und gnad begern von got. Durch Caspar Kantz. — N: Eyn andachtig gebet, um de sunden to bekennen unde genade to begeren. — [2]) N nur: verdomen my. — [3]) N: ofte. — [4]) B: steen. — [5]) Dieſer Zuſatz fehlt bei N. — [6]) N nur: vaken geargert. — [7]) B: einen gestrengen. — [8]) N: de rechtverdigen. — [9]) N: to beteringe ares levendes. — [10]) N: steit. — [11]) N: bekenne unde bevinde. — [12]) N: nottruftickeit.

Darumb bitt ich dich demütigklich und herzlich durch deines leydens
willen und koſtbarlichen bluts umb vergebung aller meiner ſünden,
und das du ſeyeſt mein hoffnung und mein ſterk: yetzund[1]), auch in
der ſtund meines abſcheids.[2]) Amen.

Ein Betrachtung oder gebet bey der heiligen (Meſz.[3])

Allmechtiger[4]) Gott, mein herr Jeſu Chriſte. Ich glaub, das in
dem brot gegenwertig ſey dein heiliger fronleichnam[5]), und in dem
wein dein koſtbarlichs blut.[6]) Ich glaub auch, das du den leib und
das blut[7]) an dich genommen habeſt, Adam und alle ſeine nachkommen zu erlöſen von dem ewigen tod. Und haſts uns verlaſſen
in dem hochwirdigen Sacrament, zu beſtätigen deine[8]) warhaftige zuſagung, die ſünden zu vergeben. Das bezeugen deine wort, die yetzt
in der meß geſprochen werden: Nempt hyn und eſſent, das iſt mein
leib, der für euch geben wirt; Nement hyn und trinkent[9]), das iſt
mein blut, das für euch vergoſſen wirt zu vergebung der ſünden.
Uf ſolichs troſtlichs zuſagen beger ich von ganzem meinem herzen, in
rechter zuverſicht und gutem vertrawen, das du[10]) mich nit laſſeſt heym
geen lär und hungerig, ſonder mich geiſtlich[11]) ſpeiſeſt und trenkeſt[12])
mit deinem heiligen fronleichnam und roſenfarben blut zu vergebung
aller meiner ſünden, uf das ich in warer lieb gegen dir und brü-
dicher treuw gegen meinem nechſten[13]) beſtätiget[14]) werde. Amen.

Ein gebet vor der entpfahung des hochwirdigen Sacraments.[15])

O ewiger[16]), barmherziger Gott, ich armer, elender ſünder bin beruft und geladen von dir zu deinem[17]) hohen, koſtreichen abentmal[18]),

---

[1]) N: nu unde. — [2]) N: dodes unde afschedens. — [3]) Das Gebet
findet ſich in wörtlicher übereinſtimmung in I, II, F und B; ferner in N mit
den angezeigten Abweichungen, während es K mit dem folgenden Gebet ver=
miſcht. Daß es dem oben (S. 31) abgedruckten Stück faſt genau entſpricht, be=
darf des Nachweiſes nicht. — B: für die schlechten einfeltigen zu sprechen
nach der Wandlung. Durch Caspar Kantz. — N: Eyn betrachtinge by
der Misse. — [4]) II: ewiger. — [5]) N: ware licham. — [6]) [7]) N hat bei der
Überſetzung die zwiſchen ſtehenden Worte überſehen und den Satz dadurch un=
verſtändlich gemacht. — [8]) N: eyn seker wisseteken dyner. — [9]) N: dar
alle af. — [10]) fehlt in B. — [11]) Dies Wort fehlt in N. — [12]) N (ſtatt der
folgenden Worte): myt dyn levendige woert, welker uns vercundiget vergevinge unser sunden dorch dyn licham unde bloet. — [13]) Vgl. die betr.
Worte in Luthers Abendmahlsliede Gott ſei gelobet und gebenedeiet: „in
rechter Lieb und brüderlicher Treue, dass uns die Speis nicht gereue“. —
[14]) bevestiget. — [15]) Auch dies Gebet ſteht außer in I und II bei F, R, K
und N, während es bei B fehlt. Die Überſchrift lautet bei K: Eyn betrachtung und herzlich gebet, so der mensch das Sacrament will empfachen
oder sunst bey der Mesz ist. Bei R: So du zu Gottis tisch wilt gehen,
so soltu deyn herz mit starkem glauben befestigen und also gedenken.
Bei N: Item eyn ander gebet unde betrachtinge by der Missen. — Alle
dieſe Texte ſtehen mit dem Sermon von Strauß im Einklang, den ich diesmal
in den Anmerkungen bringe. — [16]) Strauß hat ſtatt deſſen: Allmächtiger. So
auch K. — [17]) N: to eynem. — [18]) Str.: nachtmal. K: reichen, hochen abentmal.

da du dein eigen leib[1] und[2] blut mir zu einer heilſamen ſpeys und
volkomnem[3] trank gnädigklich[4] haſt zubereit. Nun erkenn ich mich
warlich ein armen, unwirdigen ſünder, auch der wenigiſten gnad bey
dir ganz ungemäß.[5] Jch glaub aber on allen zweifel, das du[6] mir
dein heiliges ſacrament und reychlich[7] teſtament treulich werdeſt
geben zu einem ſtarken zeychen und ſichern pfand deiner warhaftigen
zuſagung, die du uns gethon haſt mit ſolichen worten[8]: Wer mein
fleiſch yſſet und mein blut trinkt, der bleibt in mir, und ich in jm,
und hat das ewig leben, und ich werd jn erwecken an dem jüngſten
tag. Uf ſolich dein tröſtlich zuſagen beger und will ich yetzt[9] entpfahen dein heiligen fronleichnam, der für mich dargeben iſt in tod[10],
und dein unſchuldigs blut, das für mich vergoſſen iſt zu vergebung
aller meiner ſünden[11], wiewol ich darzu ganz unbereit und des[12] nit
wirdig bin[13], vermag auch durch mein eigne[14] reuw, beicht, buß noch
andere werk nit rein, würdig und bereit werden. Darumb beger ich

---

[1]) N: vlesch. — [2]) Str.: hailigs. K: unschuldigs. — [3]) Bei Str.
fehlen die Attribute. So auch bei K. — [4]) N: gudelick. K: mittailest
und gibest. — [5]) N: unwerdich der aldermindsten genade by dy. Der
ganze Satz fehlt bei K, der nunmehr das vorige Gebet einflicht mit der be=
deutſamen Wendung: Das bezeugen deine kreftige wort, wölche der priester
darüber gesprochen hat in deinem namen. — [6]) Strauss: du allain
dein leib und blut zugegen mir mittailest als ein stark, vest zaychen
deiner warhaftigen zusagung, wie du versprochen hast, dem sünder, der
sich erkennet und sein vertruwen allain zu dir setzt, sein sünd ledigklich
zu vergeben. Wie ich dann im glauben verharrlich on irrung vorstee,
das der leib, den ich yetz empfahen wird, ist der leib, der für mich
hingeben ward in den tod, und das blut ist für meine sünd vergossen
worden. Ich weiss auch wol, das ich unberait etc. — [7]) K: rheylich. —
Dies Wort fehlt bei N. — [8]) N hat ſtatt des folgenden Spruches dieſen:
Gelyck de serpent verheven is, so moet de sonne des mynschen verheven
werden, dat alle, de an hem gelovet, nichten verga, sunder hebbe dat
ewige levent. — [9]) N: nu unde vaken (!). — [10]) N: verheven is in den
cruce. — [11]) N hat ſtatt alles Folgenden dieſen Schluß: Nicht um dat ick
des werdich sy ofte dardorch salich werde. Sonder wente du gesecht
hefst: dat doet in mynder gedechtenisse. Wente dan du, myn alder-
genedigeste Got, wult dat in dynder gedechtenisse gedaen hebben, so
wil ick dan nu dyn lichnam etc., unde dyn bloet drinken myt eynen
vasten gelove, dat dorch dyn lichnam unde bloet al myne sunden betalt
synt, up dat ick van den verloset scolde leven in der ewicheit. Darumme
twifele ick oek nicht, dyn wort werde vaste stan, wo harde my oek
myne sunden quellen unde myne consciencie beanxtet. Wente etende
dyn lichnam unde dyn werdige bloet drinkende, worden wy indechtich
der unutsprekeliker barmherticheit, de dy darto getagen heft, dat du
vor myne sunden woldest voldoen. Darumme bevele ick my dyne barmherticheit unde begere, dat du unsen vader vorsunende uns geven wilst
dynen geist, de in uns leve unde werke dynen gotliken willen. Amen. —
[12]) Str. ſtatt deſſen: dein. — [13]) Str.: aber so ich nit mag noch verhoff,
von meinen grossen sünden durch mein aygne reuw, beicht und busz,
auch in kainer creaturen hilf oder macht gerainigt und berait werden,
so glaub ich und beger von ganzem meinem herzen von dir gelediget
und gerainiget zuwerden. Und darumb . . . [14]) K: noch anderer creatur
werk oder hilf.

von dir, meinem einigen Gott und heyland, das du mich barmherzigk-
lich wölleſt bereiten und würdig machen. Denn darumb, das ich ein
armer[1]), unwürdiger ſünder bin, will ich[2]) zu dir, aller ſünder troſt[3]),
fliehen und dich entpfahen in warem glauben[4]), uf das ich allein bey
dir und von dir meinem engſtlichen gewiſſen[5]) mög ruw und troſt
finden, und das du in mir[6]) bleibeſt, mich dir bereiteſt nach deinem
göttlichen wolgefallen. Ich zweifel auch gar nichts, deine kreftige
wort werden an mir genzlich und warlich[7]) erfüllet, durch welche ich
ganz wol getröſt, frölich will hingeen zu dir, meinem gütigen Gott,
und glaub veſtigklich, das du den leib und das blut an dich genommen habeſt, mich zu erlöſen von dem ewigen tod. Darumb geſchech
mir nach deinem[8]) wort. Amen. Der frid ſey mit mir. Amen.

---

¹) Str.: elender. — ²) K: dich, mein trewen Gott und herren, empfahen in disem hochwirdigen Sacrament, auf das ich ... — ³) Dieſer
Zuſatz fehlt bei Str. — ⁴) Dsgl. — ⁵) Str.: meiner (!) armen, zerrissen gewissen rechtfertigkait, trost und ruw müg finden. — ⁶) Str. und R: zu-
bleiben mich beraytest nach deinem wolgefallen. Hab auch gar kain
sorg, das deine kreftige, lebendige wort warlich an mir armen sünder
erfüllt söllen werden. — Und also frölich, wol getröst und ganz gelassen
auf den barmherzigen, getrewen got, gee hinzu. Und ob dir der teufel
einwerfen würd die alt verzweyfelt irrung, als ob du nit nach notturft
berait seyest, so tritt jm trostlich auf seinen falschen, verlogen hals und
sprich: Got ist mein helfer, beschirmer und beraiter; in den hab ich
mein hoffnung gesetzt. Und darumb, das ich ganz ungeschickt bin und
aller unrainigkait in mir ain grewel befind, auch mich die schwör bürde
meiner sünden in meiner elenden gewissen truckt, will ich den leib
ossen und das blut trinken meines erlösers Christi, in dem mir warlich
zugesagt ist vergebung und ablassung aller meiner sünd, und das mein
glaub hie ernewert und gesterkt sol werden. Also wird ich beschaffen
ain newe creatur in meinem got und herren Christo. — R (fährt fort in
Umſchreibung voraufgehender Worte von Strauß): das wil der heylig Paulus
an dem ort, da er sagt, das der mensch sich selbst probieren und beweren sol und sich wol fulen, ab er diesen glauben, zuversicht und trost
in die wort Christi habe. Und darnach sol er erst essen und trinken
den leyb und das blut Christi. Deshalben steht die bewerung nit in
eusserlicher rew, busz oder beycht, sondern in der ubung des rechten
glaubens, also das der mensch dem sacrament sein werk lass und in yhm
zewirken vergönne, und die ehr der vergebung der sunden nicht seinen
werken, sondern allein Christo zuayg und gebe. Das ist auch die meynung, das Paulus sagt, wir sollen den leyb des herren unterscheidlich
essen; das ist: wir sollen bedenken, kreftig im glauben, warumb und
wozu uns Christus sein fleysch und blut zu essen und zu trinken gebe.
Das heyst dann auch: dies brot essen und den kilch trinken in seynem
gedechtnis; das ist gedenken, was guts uns Christus gebracht, da er von
hymel abstig und in seynem tod zur letze und testament gelassen habe.
Welcher sich nu in sölchem glauben fült, der esse und trink das fleisch
und blut Christi, so entpfeht ers nit zur vertümbnis, sondern zum ewigen
leben. Das vorleyh uns allen Got durch Christum. Amen. — ⁷) K:
verbracht und. — ⁸) K: göttlichen, ewigen.

5. Anhang und Schluß.

Endlich möchte ich noch aus dem Jahre 1525 eine Betrachtung nennen, deren Verfasser Matthäus Frey heißt.[1]) Der Wortlaut der Probe, die ich gebe, wird die Aufnahme erklären. Frey beklagt den angebrochenen Streit um das Nachtmahl des Herrn, das niemand mehr „Meß" nennen sollte. Das Brechen des Brotes und der Gebrauch der deutschen Sprache sind ihm unerläßlich. Die „gaystlich speyß der seel" aber ist ihm die Hauptsache. Und was er als Frucht des Nacht= mahls in sehr bedeutsamer Weise betont, ist die Bruderliebe, die in all dem Streit so argen Schaden leide.

„Beschlüßlich ervolgt aus disem allem, das das brod und der wein des Christmals, von Christo in herzlicher, großer liebe aufgesetzt, aus= wendige worzaychen seind ains inwendigen Christlichen lebens hie auf erden, in welchem sich ayn mensch gegen dem andern verpflicht in Christlicher lyebe, leyb und blut betreffende. Also: wie der leib und das blut Christi ist mein leib und blut am Creuz worden in ver= gebung der sünd zu der säligkeit, der gleichen soll auch meyn leib und blut meins nächsten leib und blut werden, und desselbigen herwiderumb in nötten meyn leib und blut werden zu notturftiger hilf in dysem jamertal; oder wir söllend uns Christen zu sein gar nichts berümen. Das ist der will Christi in seinem hayligen nachtmal.

Wie nun ain körnlein nit sein aigen mel behelt, besonder es gibt's dem andern, und ain weynbörlin dem andern seyn saft mittaylt: also söllen wir Christen gegen ainandern auch thun; oder wir essen und trinken unwürdigklich von dem tisch Christi. Das ist, das wir alle gleichsaz also essen, trinken, glauben, versteen und gegen ainandern würken söllen, und sich kainer zum erbtayl Gottes meer dann der ander vermuten oder berümen soll; dann Gott sycht nit in die person auswendig, besonder in's herz." — —

Alle vorstehend aufgeführten Urkunden, vielleicht die letzte aus= genommen, gewähren uns einen Einblick in den Werdegang des deutschen Abendmahlsgottesdienstes. — Zurückschauend wird der Leser, wie ich hoffe, den Eindruck empfangen, daß in allen diesen, den verschiedensten Gegenden Deutschlands entstammenden Äußerungen ein Gedanke zu immer mächtigerer Geltung kommt. Es ist die Freiheit von der Sakra= mentskirche und die Selbständigkeit der in ihrem Herrn Christus be= friedeten frommen Seele. Der geistliche Besitz seiner im Glauben er=

---

[1]) Ain Schöne vnderweysung vnd leer | zubetrachten das Nachtmal vnsers lieben herren Jhesu Christi | durch die warhafftige liebe zů got Vnd dem nächsten eingepflantzt | nach den worten vnd beuelch Christi | Durch Matheum Frey | Ain Sündiger hürt seiner Schäflin. — Math. 4: Non solo pane victurus est homo. Sed omni verbo quod egreditur per os Dei. M.D.XXV. — 6 Bl. 4°. (Stadtbibl., Augsburg.) Weller 3402. — Schriften gleicher Tendenz von Martin Breyßgauer (Bibl., Dresden) und Hans Greyffenberger s. bei Weller (Suppl.) 2799, bzw. 2359; vgl. auch 2119.

fahrenen Nähe überwiegt an beseligendem Wert jede bloß äußere Hand=
lung und jede sinnenfällige Gemeinschaft oder Vereinigung, ja macht
diese im Grunde entbehrlich.

Es liegt auf der Hand, daß, so gewiß diese Überzeugung den
Eindruck des überkommenen Meßgottesdienstes auf die Gemüter schmälern,
dessen Ansehen und Bestand untergraben mußte, — ebenso gewiß auch
das Verlangen nach einer neuen, gereinigten und gemeinverständlichen
Abendmahlsordnung durch sie gemindert und zurück gedrängt werden
konnte. Es macht doch zuletzt wenig aus, ob der öffentliche Akt, von
dessen Hergang sich der evangelische Christ ohnehin innerlich unabhängig
weiß, so oder so gestaltet ist. So konnten die Kinder der neuen Zeit
der Frage nach einer deutschen Messe eine Zeitlang verhältnismäßig
gleichmütig gegenüberstehen. Und wie Luther selbst, ungeachtet seiner
früheren Forderungen, zeitweilig jene Frage für nebensächlich erklärt
hat, so wird das an manchen Orten auffallend spät erwachte Bedürfnis
nach einer Ordnung in der Landessprache, ja die Rückkehr zu wesent=
lich lateinischen Formularen, auch von hier aus verständlich.

Überlegt man aber, wodurch die Bewegung, deren erste Anläufe
wir beobachtet haben, schließlich überall in Fluß gebracht ward, so hat
wohl zweierlei dazu beigetragen. Einmal die Unmöglichkeit, das über=
lebte Institut ferner zu erhalten. Teils mit, teils ohne Zuthun der
erleuchteten Seelen, deren Gebete wir belauschen durften, fiel der Meß=
ritus dahin. Nicht in erster Linie um der lateinischen Sprache willen,
sondern wegen seiner innern und äußern Abweichung vom Evangelium.
Aber mit diesem, als dem an alle ergehenden, klaren Wort der Gnade,
vertrug sich auch nicht der Brauch einer fremden Zunge. Daneben
ist jedoch auch das Verlangen des zu rein individueller Andachtsübung
genötigten, von ferne stehenden und auf sich selbst gestellten evangelischen
Christen nach neuem Zusammenschluß und ungezwungener Gemeinschaft
mit den Gleichgesinnten in Betracht zu ziehen. Die bloß geistliche Kom=
munion war doch nur ein Notersatz für das Erlebnis früherer Tage, vor
allem auch für das Bewußtsein der Vereinigung mit der Gesamtheit der
Kinder Gottes; und der Ersatz konnte selbst starken Herzen nicht für
immer genügen. Diese Gemeinschaft der Heiligen, wie sie in einigen
der aufgeführten Gebete noch nach katholischer Art gedacht und begehrt
wird, sucht und findet ihren Ausdruck in der allen verständlichen und
daher auch alle in neuer Art verbindenden deutschen Abendmahlsfeier.

Von den sogenannten Kantz'schen Stücken wäre nun der Über=
·gang zu der mit diesem Namen verbundenen Messe an sich das Ge=
gebene. Es tritt uns aber zunächst noch eine andere Ordnung in
den Weg, die, wie sich zeigen wird, mit der in diesem Kapitel zur
Darstellung gekommenen Litteratur in noch näherer Verbindung steht:
„Das Testament Jesu Christi, verteutscht durch Joannem Ökolampadion.“

Drittes Kapitel

Das „Testament Jesu Christi"
von Johannes Ökolampadius. 1523.

1. Ausgaßen.

(I.) Das Testament Jesu Christi | das man byszher genent hat dye
Messz | verteutscht durch Joannem Decōlampadiō | Ecclesiasten zū
Adelnburg | zū heyl allē Euangelische | Anno. M.D.xxiii. 6 Bl. 4º.
Die Titelborbüre: je eine Säule auf hohem mit Blattwerk geschmücktem
Fuß ꝛc., ist bei A. v. Dommer, Lutherdrucke, (S. 261) Nr. 134 beschrieben
und dem Drucker Wolfgang Stürmer in Erfurt zugesprochen. — (Straßb.
Univ.=Bibl.) — Andere Ausgaben:

(II.) Das Testamet Jesu Christi | das man biszher genēut hat die Messz |
verteūtscht dūrch Joanne͟s Decōlampadion | Ecclesiasten zū Adeln-
burg | zū hayl allen Euangelischen. An.M.D.XXIII. — 7 Bl. 4º. —
Die reiche Titelborbüre, spielende Engel, ist bei Dommer, (S. 259 f.)
Nr. 132 beschrieben als dem Matthes Maler in Erfurt (1522 u. 23)
eigen. — (Straßb. Univ.=Bibl., Zürich=Kantonsbibl., München.) Weller 2713.

(Z¹) Das Testamet Jhesu Christi das man bissher genent hatt die Mess |
verteūtscht durch Joannē Oecolampadion | Ecclesiasten zū Adeln-
burg | zū heyl allen Euangelischen. Zwickaw. — Am Ende: Ge-
druckt yn der Fürstlichen Stat Zwickaw durch Jörg Gastel, dess
Schönspergers Diener von Augspurg. 1523. — 7 Bl. 4º. Die Titel=
borbüre (Dommer Nr. 128: Augsburg, Heinrich Steyner!) zeigt oben zwei
Engel, welche Delphine an der Leine führen, dazwischen eine Männer=
Maske. Rechts und links Gewächse in Schalen. Unten zwei Sphinxe, an
deren Brüsten je ein Teufelchen saugt, während je ein Engel daneben
entflieht. (Marb. Bibl.)

(Z²) Das Testament Jhesu Christi | das man bissher genēt hat die Messz |
verteūtscht durch Joannem Oecolampadion | Ecclesiasten zū Adeln-
burg | zū heyl allen Euangelischen. Zwickaw. — Am Ende wie
vorhin. — 7 Bl. 4º. Die Titelborbüre: ein Renaissanceportal, gekrönt
von einem Engelkopf mit Flügeln. Am Sockel drei schlafende Kinder.
(Marb. Bibl.) — Diese Zwickauer Ausgaben schreiben ü, wo die Er=
furter u; Son statt Sun; kompt statt kumpt.

(A.) Das Testament Jhesu Christi | das man biszher genent hatt die
Mesz | verteūtscht durch Joanne͛ Oecolampadion | Ecclesiasten zū
Adelnburg | zū haylallē Euägelischen. An.M.D.xxiii. — 1¹/₂ Bogen
u. 8º. — Die Titelborbüre besteht aus vier Leisten, rechts und links jede

wieder aus fünf Stücken, winzige Engelköpfe mit je zwei Posaunen und spielenden Kindern. Unten ist ein leeres Wappenschild von zwei gefesselten Falken umgeben. Der Text enthält ein Dutzend zierlicher Initialen. Vgl. oben S. 17: D. von Talbergs Büchlein. — Münchener Hofbibl.; Wien. Diese Ausgabe scheint auf Süddeutschland zu weisen (ain, kait, klayd; ü statt u; Jhesu statt Jesu). Zwei Exemplare derselben Ausgabe bieten auf dem 12. Blatte einen Holzschnitt, die Kreuzigung darstellend (Univ.= und Kirchenbibl., beide in Basel). Weller 2714.

(B.) Offenbar aus derselben Druckerei wie II stammt: Das Testament Jesu Christi. Das man bissher genent hat die mess | Verteützcht durch Johānem Oecolampadion Ecclesiasten zů Adelnburg | zů hayl allen Ewangelischen. Anno. 1524. — 12 Bl. 8°. — Dresd. Bibliothek. Die Titelbordüre zeigt rechts und links je eine Säule, auf denen oben je ein Kind sitzt. Diese stützen die Oberleiste, auf welcher zwei geflügelte Männer mit gewundenen Fischschwänzen. Unten inmitten von durchbrochenen Füllhörnern ein geflügelter Mann mit Kopfbedeckung. (Vgl. die sog. Wittenberger Ausgabe der Kantz'schen Messe, S. 39. Anm. 2. und Das Teutsch gesang (Nürnberg).) —

(C.) Das Testament Jesu Christi | dz man byſz her hatt genennt die Meſz | verteutscht durch Doctorem Johannem Decolampadon (!) Ecclesiasten zu Adelnbnrg | zu heil allen Enangelischen (!) | Nemlich herr Moritz Marschalck | Ritter zu Walterthawsen. Anno M.D.xxiii. Verbū dñi manet ineternum. (o. O.) 10 Bl. 4° mit Titeleinfassung. Diese Ausgabe giebt Weller (Suppl.) 275 als in Nürnberg befindlich an, wo sie weder in der Stadtbibliothek noch im Nationalmuseum sich findet. Der fehlerhafte Titel erweist sie als Nachdruck. Daher auch der Name des rätselhaften Ritters wertlos scheint; vgl. übrigens Weller. 3050. 3056.

(H.) Die älteste holländische Ausgabe (vgl. Mon. Ref. Belg., I, LVIII; woselbst auch die spätern vermerkt sind): Dat Testament Jesu Christi, dat men tot noch toe de misse ghenoempt heeft, verduyts duer Joannem Oecolampadium to Adelenburch. (Stammt aus 1523.)

2. Litteratur.

Ein Letaney zu Got dem vater | in allen ängsten Vnnd den sterbenden in todes nöten trostlich vor zů sprechen | vñ zů beten. Aussgangen zů alten Münster durch D. Joann. Oecolampadi. M.D.xxiii. — 1¹/₂ Bogen gr. 8°. Titel von sechs verschiedenen schmalen Zierleisten=Stücken umgeben. (Univ.=Bibl., Straßburg; Wolfenbüttel.) — Eine Ausgabe von 1520: Weller 1610. (Suppl.) 269. — Zwei deutsche Ausgaben des „Testaments" 1523 beschreibt G. W. Panzer, Annalen der älteren deutschen Litteratur, II. 1805, S. 196 f.; es ist fraglich, welche der obengenannten er gesehen hat, jedenfalls die letzte der Zwickauer und eine der beiden zuerst aufgeführten. Von diesen nennt auch J. W. Feuerlin, Bibl. symb., 1752. p. 284 eine. Vier holländische werden in den Monumenta Ref. Belg. I. S. LVIII ff. aufgeführt, die älteste (1523) S. 194 ff. abgedruckt. Weder die älteren, auf den Reformator Basels Bezug nehmenden Werke (Abr. Scultetus, Annal. evang., I. 1618. p. 137; Melch. Adam, Vitae germ. theol. 1620. p.51; H. Hottinger, Helv.KG., III. 1790. S.95; Dan. Gerdesius, Intr. in Hist. evang. sec. XVI. Gron. 1744, I. Monumenta, p. 166), noch die Biographien über Ökolampad (Sal. Heß, Lebensgeschichte D. Joh. Ök.'s, I u. II, 1793; J. J. Herzog, Das Leben Joh. Ök.'s, I u. II, 1843; K. R. Hagenbach, Joh. Ökolampad u. Osw. Mykonius, 1859; Herzog, Art. „Ökolampad" in der R.=E., 1882, Bd. 10, S. 708 ff.) erwähnen das „Testament".

Dagegen wird es im Vorübergehen in Betracht gezogen oder genannt von G. F. W.
Kapp, Grundsätze zur Bearbeitung evg. Agenden, 1831, S. 350; das betr. Zitat
ist ungenau!; T. W. Röhrich, Mittheilungen aus der Geschichte b. evg. K. d.
Elsasses, 1855, I. S. 303, Anm. 1; K. Benrath, Jahrbb. f. prot. Theol., 1881,
S. 127 ff.; J. J. van Toorenenbergen, Mon. Ref. Belg., I. 1882, XXI ff.;
J. Smend, Monatschrift f. Gd. u. k. K., I. 1896. S. 4. — Für die weiteren
Ausführungen beziehe ich mich auf Thesaur. Baum. (Straßb. Univ.-Bibl.) II.
— J. B. Riederer, Nachrichten ꝛc., II. — J. G. Schelhorn, Amoen.
lit. III. IV. 1725. — In Sachen der Reise des Rhodius und Georgius Syl-
vanus vgl. A. M. Isinck, Brevis Historia de reformatione in urbe
Groninga etc. 1728. (U. Emmius, vita Mensonis Altingii. II. p. 162 ss.) —
A. W. Dieckhoff, Die evg. Abendmahlslehre im Ref.-Zeitalter, 1854. S. 275 ff. —
K. Benrath, Die Summa der hl. Schrift. Ein Zeugniß aus dem Zeitalter
der Reformation ꝛc. 1880. — J. J. van Toorenenbergen, Holl.
Ausgabe der Summa. Leiden 1882 (s. o.) S. 113 ff. — Derselbe, Theol.
Studien. 1884. — L. Schulze, Luther und Rodius. Evg. Kztg. 1881, S. 451.
— Derselbe, Art. „Rode" in Herzogs Real-Enz.³ Bd. 18, S. 235 f. —
A. Baur, Zwinglis Theologie. I. 1885. S. 431 ff.; II. 1889. S. 279 ff. —
J. G. De Hoop-Scheffer, Geschichte der Reformation in den Niederlanden
(Deutsch). 1886. S. 85 ff. — vgl. auch D. Gerdesius, a. a. O., Vorrede, S. 228 ff.
— — J. J. Mezger, Geschichte der deutschen Bibelübersetzungen in der schw.-ref.
Kirche. 1876; L. v. Ranke, Deutsche Geschichte im Zeitalter der Ref., II⁶. 1881;
J. Schneider, Predigt v. Joh. Okolampad u. Kasp. Aquila. Die erste und
die letzte evang. Predigt a. d. Ebernburg. Mit einer geschichtl. Einleitung.
2. Aufl., Kreuznach. o. J. — Ferner kommen in Betracht Huldr. Zuinglii
Opera (ed. Schuler & Schulthess) VII. 1842. Die Epistolae D. Joh. Oeco-
lampadii etc. (Monumentum instaurati patrum memoria etc.), Basil. 1591.
Die Einzeldrucke: Quod expediat Epistolae et Euangelii lectionem in
missa vernaculo sermone plebi promulgari, Oecol. ad Hedionem Epistola. —
Ebernburgi. Mense Junio, anno D. M (sic!). xxii. 2 Bogen u. 3 Bl. 8⁰. —
Ain schœne Epistel Oecolampadii an Caspar Hedion | das es zymlich |
nutz | vn̄ gůt sey | das die Epistel vn̄ das Euangelium in dem ampt der
Mesz | in teutscher sprach | dem volck vorgelesen vnd verkündet werd
durch Johañem Diepolt zu Ulm[1]) verteutscht. — Am Ende: zů Ebern-
burg | im Brachmonat. In dem 22. Jar. 3¹/₂ Bogen 4⁰ (Univ.-Bibl.
Straßburg).

Zu Joh. Schwebels deutscher Messe vgl. Scripta theologica. Bip. 1605.
Centuriae epistolarum, p. 337 ss. — K. F. Vierordt, Geschichte der evang.
Kirche in dem Großherzogtum Baden. I. 1847. S. 126. 144: — J. Ney, Art.
„Schwebel" in Herzogs R.-E.². Bd. 13. S. 736. — F. Back, Die evang. Kirche
im Lande zwischen Rhein, Mosel, Nahe und Glan ꝛc. II. 1873. S. 21 ff.

---

3. „Das Testament Jesu Christi" (I).

Confiteor. Ich armer sunder beken mich got meinem herren
und dyr, meinem bruder, das ich gesundigt hab wider Got und meynen

---

[1]) Vgl. oben S. 32 ff. Weller 2226.

nächsten, mit hoffertigkeit, mit vil bösen gedanken, worten und werken. Darumb, mein bruder, hilf mir Got bitten im namen seynes eyngebornen Suns Jesu Christi, das mir Got gnedig wöll seyn. Amen.

Jntroitus. Philip. II. DEr herr Jesus Christus hat sich ernidert, und sich selbs vernichtiget, und nam an sich das bild des knechtes, und war geacht in die gleychnus der menschen, und yst funden yn der wandelung als eyn mensch, gedemütigt sich selber, und ist worden gehorsam Got dem Vatter bys zum tode des Creüzs. Darumb hat in Got erhöcht und ym eynen namen geben, der uber alle namen ist, das in dem namen Jesu sich biegen alle deren knye, dye ym hymel und auf erden und under der erden seynd, und alle zungen bekenen söllen, das Jesus Christus der herr sey, zum preys Gottes des vatters. Versikel: Got hat seynes eynigen Suns nit geschonet. Sonder er hat in fur uns alle geben yn den tod.

Frid mit euch. Collecte. O Got, von welchem Judas die straff seyner peyn, und der mörder die belonung seyner erkentnus und beycht empfieng, verleyhe uns deyn synn und meynung der gnedigkeyt; und wie der herr Jesus Christus in seyner bittern marter den zweyen hat geben solt yres verdiensts, also wöllest uns verleyhen die gnad in unser auferstentnus, auf das wyr von uns mögen werfen den alten irrsal[1]), und anziehen das kleyd der gerechtigkeyt, ym namen deynes Suns, der dan mit dir regiert yn ewigkeyt. Amen.[2])

Die Epistel Pauli. I. Corin. XI. Zu dem ersten, wan ir zusammen kumpt yn der gemeyn, hör ich, es seyen zwitracht under euch, und zum teyl glaub ichs; den es müssen zwitracht under euch sein, auf das die, so bewert seind, offenbar under euch werden. Wan ir nun zusamen kumpt miteynander, so helt man da nit des herren abentmal; dan ein yetzlicher nimpt zu vor seyn eygen abentmal under dem essen, und eyner ist hungerich, der ander ist trunken. Habt ir aber nit hewser, da yr essen und trinken mögt? oder verachtet ir die Gemeyn gottes und verschmächt die, so da nichts haben? Was soll ich euch sagen? sol ich euch loben? Hyerynnen lob ich euch nit. Jch habs von dem herren empfangen, das ich eucf geben hab; dan der herr Jesus Christus in der nacht, da er verraten ward, nam er das brot und dankt und brachs und sprach: nempt, esset, das ist meyn leyb, der fur euch gegeben wirt; sölchs thut zu meynem gedechtnus. Desselben gleichen auch den kelch nach dem Abentmal und sprach:

---

1) H: den ouden rock der sonden. — 2) Vgl. Baseler Plenarium (Ausg. v. 1514. S. o. S. 13), p. XCVIII, 2 Collecta: O Gott, von welchem judas empfangen hat die peyn seiner schuld, und der schecher den lon seiner beycht, verleyhe uns das werk deiner gnad, uf das, als unser herr jesus christus in seinem leyden manigerley lon der verdienst hat geben einem yeden, das ist dem schecher und dem judas, das er uns auch die gab, so hinweg würt gethon der alt yrsal, die gnad seiner uffersteung.

Dyeſer kelch iſt ein newes Teſtament in meinem blut; ſölches thut, ſo oft ir trinket, in[1] meinem gedechtnus. Dan ſo oft yr von dieſem brot eſſet und von dieſem kelch trinket, ſölt yhr des herren tod ver⸗ kundigen, bis das er kumpt. Welcher nun unwirdig von dieſem brot iſſet oder[2] von dem Kelch des herren trinkt, der iſt ſchuldig an dem leib und blut des herren. Der menſch brüffe aber ſich ſelbs, und alſo eß er von dem brot und trink von dem kelch. Dan welcher unwirdig iſſet und trinkt, der iſſet und trinkt im ſelber das gericht, damit das er nit underſcheydet den leyb des herren.

Gradual. Chriſtus hat gelitten fur uns und uns ein furbild gelaſſen, das yr ſolt nachvolgen ſeinen fuſtapfen.[3] Welcher kein ſund gethan hat, iſt auch kein betrug in ſeinem mund erfunden; welcher nit wyder ſchalt, da er geſcholten ward, nit trawet, da er leyd; er ſtelt es aber heym dem, der da recht richtet. Welcher unſer ſund ſelbs ge⸗ opfert hat an ſeynem leyb auf dem holz, auf das wyr der ſunden ledig ſeyn und der gerechtigkeyt leben, durch welches ſtrymen[4] yhr ſeyt geſund worden. Dan ir waren wie die irrende ſchaff, aber ir ſeyt nun bekert zu dem hyrten und Byſchof ewer ſelen.

Frid mit euch. Evangelion Johannis. XIII. Vor dem Feſt aber[5] der Oſtern, da Jheſus erkennet, das ſeyn zeyt kommen war, das er aus dyſer welt zöge[6] zum Vater: wie er het geliebt die ſeynen, die yn der welt waren, ſo liebt er ſy ans end. Und nach dem Abent⸗ eſſen, da ſchon der Teufel hat dem Juda Simonis Jſcariothis yns herz geben, das er yn verriet, wißt Jeſus, das ym der Vater het alles yn ſeyn hand geben, und das er von Gott kommen war und zu Gott gyeng; ſtund er vom Abentmal auf, legt ſeyn kleyder ab und nam eyn ſchürz und umbgürt ſich; darnach goß er waſſer yn eyn becken, hub an den jungern yhre füß zu waſchen[7] und truknet ſy mit dem ſchurz, damyt er umbgürtet was. Da kam er zu Symoni Petro, und derſelb ſprach zu im: Herr, ſolſtu myr meyne füß waſchen? Jeſus antwort vnd ſprach.[8]: Was ich thu, das weyſt du jetzt nit; du würſts aber hernach erfaren. Da ſprach Petrus zu ym: In ewigkeyt würſtu mir nit waſchen meyne füß. Jeſus antwort im: Werd ich dich nit waſchen, ſo haſtu kein teyl mit mir. Spricht zu im Symon Petrus: Herr, nit die füß alleyn, ſonder auch die hende und das haupt. Spricht Jeſus zu im: Wer gewaſchen iſt, der darf nit dan die füß waſchen laſſen, ſonder er iſt ganz reyn, und ir ſeyt rein, aber nit alle; dan er wußt ſeinen verräter wol; darumb ſprach er: ir ſeyt nit alle reyn. Da er nun jre füß gewaſchen het und ſeine kleyder genommen, ſatzt er ſich wider nider und ſprach abermals zu yhn: Wiſſent ir, was ich euch gethan hab? ir heyſſet mich meyſter und herr, vnd ſagt recht daran, dann ich byns auch. So nun ich ewer meyſter und herr, euch

---

[1] Z 1 u. 2: zu. — [2] H: ende. — [3] A: füssstapfen. — [4] H: ſterven. — [5] „aber“ fehlt in H. — [6] A: zuge. — [7] B ſtets: wäschen. — [8] Z 1 u. 2: zu ym.

die füß gewaschen hab, sölt yr auch üch undereinander die füß waschen. Eyn beyspil hab ich euch geben, das ir thut, wie ich euch gethan hab. Warlich, warlich, sag ich euch, der knecht ist nit grösser
dan seyn herr, noch der Apostel grösser dan der in gesant hat. So
yr sölchs wissent, selyg seyt yr, so yrs thunt.

Frid mit euch. Offertorium. O meyn volk, was hab ich dir
gethan, oder yn was hab ich dich beleydigt? Antwort mir. Hab ich
dich nit gefürt aus Egipten von deinem feind und dich gespeyset mit
hymelbrot XL. jar in der wüsten, und eingefürt in das gelobt land?
Darüber[1]) byn ich kommen, dich zu erlösen, und du hast mir, deynem
got, bereyt eyn galgen des Creüzs, mich daran zu töten. Was sol ich
dyr mer thun uber das, und hab dyrs versagt? Ich hab aus dir
gepflanzt dich myr eyn weyngarten, und du hast myr getragen gar
bittere bere; wan durch essyg hastu wöllen setigen meynen durst, und
durch gallen kraft geben[2]) meynem mund, und uber das dürchstochen
mit eynem sper meyn herz.

Secret. Die opferung, dye du uns ermanest durch deyn barmherzigkeyt der gotlychen gnaden, unsere leybe[3]) dyr zu geben zum
opfer: lebendig, heylig wöllest du sy machen durch das mittel deynes
eingebornen Suns Jesu Christi, auf das du daryn mögest haben ein
wolgefallens[4]) und ein göttliche einwonung mit deynem Sun und
Heyligen geyst, die mit dyr eyn starker, heyliger und unverrucklicher
Got seyn yn ewigkeyt.

Prefatio. Die gnad Gotes sey in ewigkeit mit euch. Hebt ewer
herz zu Got, durch welchen hymel und erden geschaffen seynd, und
durch seyn götliche lyebe gesandt seynen Sun Jesum Christum, uns
zu erlösen, der auch seynem hymlischen vatter gleych ist yn ewigkeyt.
Darumb, o herr, warumb seynd sy gemanigfeltiget, dye mich betrü-
bent? vil steen auf wider mich, vil sprechen zu meyner seel: ir ist nit
heyl in yhrem got. Aber du, herr, bist meyn empfaher, meyn glory,
und du erhöchst meyn haupt. Mit meyner stymm schrey ich zu dem
herren, und er erhört mich von seynem heyligen berge. Ich schlief
und ward dem schlaf gegeben, und ych stund auf; wan der herr empfieng mich. Ich wurd nit furchten Tausent des volks, das mich
ombgibt: herr meyn Got, stee auf, mach mich behalten. Wan du hast
geschlagen alle, die mir waren widerwertig on sach, du zerknirschest die
zen der sunder. Das heyl ist des herren, und deyn segen uber das volk.

Das Sanctus. Heylig, heylig, heylig yst Got der almechtig.
Hymel und erden ist vol deyner glory. Ach Got, hylf uns yn deyner
höch. Gebenedeyet sey der, der da kumpt yn dem namen des herren.
Gyb glück vnd heyl.

Hye laß die umbstender eyn Pater noster beten.

Canon Maior. O Almechtiger, barmherziger vatter, demütig

---

[1]) H: Daer over. — [2]) H: ghegheven. — [3]) H: tot onser liefden.
Deutsche Ausgabe von 1524: liebe (!). — [4]) Z 1: wolgefallen.

bitten wir dich durch den namen deyns eyngebornen funs Jefu Chrifti, das du wolleft nemen von ons deyn gab, das ift unfer leib und feel, dye wir von dir empfangen haben, und dye zu heyligen durch deyn gottlich gnad, welch dan heyliget unfer gefchenk und unfer opfer, fonder welche wir nichts weren, dan ein vermaledeyts opfer und eyn blutigs tuch; und fich an den trübfal, den fur uns getragen hat deyn eyngeborner Sun, da er ift gangen yn dye pitter marter.[1] Und nemlich, als es fich anfieng, do er fein jungern fchickt zu bereyten das abentmal, nach dem als der tag des füeßen prots kam, auf welchen man muft opfern das Ofterlamb, und er fant Petrum und Johannem und fprach: Geet hyn, bereyt uns das Ofterlamb, auf das wirs effen. Sye aber fprachen zu im: Wo wiltu, das wirs bereyten? Er fprach zu yn: Sehet, wan yr hyneyn kumpt yn die ftat, wirt euch begegnen eyn menfch, der tregt eyn wafferkrug; volgt ym nach yn das haus, do er hyneyn geet, und fagt zu dem hausherren: Der meyfter left dir fagen: Wo[2] ift der Sal, daryn ich das Ofterlamb eß mit meynen Jungern? Und er wirt euch eyn großen gepflafterten Sal zeygen; dafelbft bereytet es. Sye gingen hyn und funden, wye er yn gefagt het, und bereyten das Ofterlamb. Und do dye ftund kam, fetzt er fich nyder, und dye zwelf Apoftel mit yhm, und fprach zu yn: Mich hat herzlich verlangt, dis Ofterlamb myt euch zu effen, ehe dann ych leyd; dann ych fag euch, das ich hynfurd[3] nit meer darvon effen werd, bys das erfullet wirt im reich gotes. Da hat der herr Jefus Chriftus aufgehoben feine augen in hymel, zu got feinem vater, und hat yme dank gefagt, und hat das prot genomen in feyn hand und gelobt got, und hats zubrochen und gegeben den Jungern, und hat gefagt: Nement hyn und effent. Das ift mein leyp, der fur euch gegeben wirt in den tod[4]); thuts in meyner gedechtnus. Und als er genommen hat den kelch, und darzu feynem hymelifchen vatter dank gefagt, hat er yn geben und gefagt: Trinkt aus yhm alle; das yft der kelch des Newen und ewigen Teftaments in meynem blut, das fur euch und fur vil vergoffen wirt zu vergebung der fund. Ich fach aber euch, ich werd nicht von dyefer zeyt aus dyfem gewechs des weynftocks trinken, bis zu dem tage, wan ich den newen trinken werde mit euch in dem Reych meines vaters. Darumb, fo oft[5]) thuts in meinem gedechtnus.

Oratio. O Herr Jefu Chrifte, du haft gefagt deynen apoftlen: den fryd laß ich euch, mein fryd geb ich euch, nicht geb ich euch, wie die welt gibt. Hierumb, mein herr, fyhe nit an mein fund, fonder den glauben deiner heiligen Chriftenlichen kirchen, die ich dan glaub und nit fyhe, welcher du dan nach deinem gotlichen willen fryd geben, bewaren, voreinigen, regieren wölleft mit deinem hymlifchen Vatter und heyligen geift, da du dann mit lebeft in ewigkeyt. — Die ent-

---

[1]) In A fehlt dies Wort! — [2]) A: Wa. — [3]) Z 1 u. 2: hinfüro. — A: hinfür. — [4]) „in den tod“ fehlt in H. — [5]) B: ihrs thut, so...

pfahung deines fleiſch vnd bluts Jeſu Chriſti[1]), das ich armer ſunder nyeße in vergebung meiner ſunde, geſtat[2]) mir nit zu eynem urteyl oder verdamnus, ſonder ſey meyn beſchirmung hye vnd dort vnd in ewigkeyt.

Zum volk: O meine Chriſtliche brüder vnd ſchweſter, nachdem als ir berufen ſeyt zu gotes Ciſch, gedenk ein yedes alſo:

O almechtiger, barmherziger gott, hye byn ich bey deynem Ciſch, der mir durch menſchen irrung geſperrt iſt.[3]) Doch glaub ich, das in dem brot vnd in dem weyn dein heyliger leyb vnd deyn heyligs blut gegenwertig iſt. Auch glaub ich genzlich vnd grundlich, das du darumb den leyb vnd das plut an dich genommen haſt, Adam vnd alle ſeine nachkommende zu erlöſen vom ewygen tod. Auch glaub ich vnd hab keyn zweyfel daran, das dein heiliger leyb fur mich in tod geben iſt vnd dein plut fur mich vergoſſen iſt worden. Auch, mein herr vnd Got, ich glaub ongezweifelt dein gegenwertigkeit, darumb das du dein gotlichs wort bekreftigen wilt. Auch teyleſtu alleyn hie auf deynem Ciſch dein leyb vnd deyn ſeel uns ſy zunießen in vergebung unſer ſund; wan du haſt geſagt: Nemet hyn erer Ceſtament! — O mein brüder vnd ſchweſter, das Ceſtament begert von grund ewers herzen zu hören. Wer iſt nun der macher des Ceſtaments, dan Jeſus Chriſtus, unſer bruder, ders uns verlaſſen hat, do er ging yn die bitter marter; darumb wir dan ſeiner gedechtig ſein ſollen. Auch die wort des Ceſtaments beger ich zu leſen[4]), wie ſy Got mein herr geredt hat, dadurch ich kommen möcht zu einer warlichen erforſchung meiner erbſchaft. Darumb mein erbſchaft iſt vergebung meiner ſund, als dan klerlich ſtet yn den worten des Kelchs: der vergoſſen iſt worden fur mich vnd vil ſunder in vergebung unſer ſund. Hyerumb verhoff ich allein der Erb zu ſeyn mit allen glaubigen. Darumb byn ich hye, mein Erbteyl gnediglich von dir zu empfahen, ſo du geben wilt vnd ich empfahen wil; ſo mags nyemand wenden. Die frucht der Meß ſol in mir volbracht ſein. Darumb ſey dir lob vnd dank in ewygkeit.

Hye nymm das brot der Engel vnd ſpricht[5]): Der leyb unſers herren Jeſu Chriſti, der fur mich yn tod gegeben iſt, bewar meyn ſeel yns ewig leben.

Zum Kelch: Das blut unſers herren Jeſu Chriſti, das fur mich vergoſſen iſt in der Geyßlung, in der Krönung, am Creuz vor vnd nach dem tod, das ich yetzund nyeß yn vergebung meyner ſund, behalt mich yns ewig leben.

Commun. Der herr Jeſus Chriſtus hat hyngenommen umb unſert willen unſer ſiechtäge, vnd hat getragen unſere ſchmerzen, vnd iſt von unſert wegen geſchetzt worden ein ausſetzel vnd von Got ge-

---

[1]) Z 1: Christe. — [2]) H: gestadighet. — A: gestattt. — [3]) Die von jetzt an eintretenden Änderungen in H werden im Text der nachfolgenden Ausführungen angegeben. — [4]) A: lösen. — [5]) Die anderen Ausgaben von 1523, ſowie 1524: „sprich“.

schlagen, darzu gedemütigt; daruber ist er verwundt worden umb unser myssethat und zerknurst[1] umb unser sunde. Die zucht unsers fryds ist auf ym gewest, und durch seyn wunden seyn wir gesund worden. Alle haben wir geirrt als die[2] schaff, ein yetzlicher hat geneyget sich yn seyne wege der verdamnus; darumb dann yn sein hymlischer vater hat gesatzt in alle unsere missethat. Er ist geopfert worden, wan er wolt es; und thet nit auf seynen mund. Und Petrus ist nit vorkommen fur in zu leyden, als er geredt hat: Herr, ich wil fur dich sterben. Auch ist er verlassen worden von Thoma, der dan sprach: Last uns alle mit im sterben. Hyerumb sey im allein die glori in ewigkeit.

Fryd mit euch. Oratio. O Herre und Got, wir pitten dich, das du wöllest ubergießen dein volk mit deyner gruntlosen barmherzigkeit, fur welches deyn sun Jhesus Christus nyt gewegert hat gelibert zu werden den böshaftigen[3] henden, darumb zu leyden den tod des Creuzes, mit dem du regirest in ewigkeyt.

Jte missa est. Also geet ym namen des Vaters, des Suns, und des heyligen Geystes.[4]

4. **Der allgemeine Charakter** des „Testaments“ ist der einer freien Verdeutschung der Missa in coena Domini. Dem Gründonnerstag entsprechen die Kollekte[5]), Epistel und Evangelium (der Introitus kommt wenigstens anderweitig in der Karwoche und als Gradual am Gründonnerstag zur Verwendung). Es fehlen, was ebenfalls zum Teil mit der Ordnung des Tages stimmt, das Gloria patri, Gloria in excelsis, der Segen. Viermal wird die Salutation durch ein „Frid mit euch“, einmal durch „Die gnad gotes sey in ewigkeit mit euch“ ersetzt. Das Offertorium enthält einen Auszug aus dem Text der (am Karfreitag üblichen) Improperien. Es fehlt, vielleicht als in deutscher Form bekannt vorausgesetzt, der Glaube; an die Stelle des Qui pridie ist die ganze Stiftungsgeschichte nach Luk. 22 getreten. Auf einen Wechsel der einzelnen Bestandteile, also auf die Benutzung der Vorlage zu verschiedenen Gottesdiensten, ist nicht Bedacht genommen. Der Geist des ganzen Werkes ist ein wesentlich evangelischer, ausgenommen ein paar Stellen in der (alten) Kollekte und die herkömmliche Berufung auf den „Glauben der Kirche“ (Oratio I). Von den überkommenen Zeremonien ist nichts angedeutet als höchstens die liturgischen Wendungen, doch sind auch diese nicht ausdrücklich hervorgehoben. Die Wendung des Confiteor „dyr, mein bruder“ setzt aber die Mitwirkung eines Ministranten voraus. Die spezifisch katholischen Züge des lateinischen Textes sind ziemlich sorgsam ausgemerzt. Überhaupt zeugt die Benutzung, bzw. Umgehung des letzteren von weitgehendem Freimut.

---

[1] A u. B: zerknüst. — [2] H fügt hinzu: onnosele. — [3] Z 1 u. 2: poshaftigen. — [4] Nur A hat ein „Amen“. — [5] Vgl. das sehr ähnliche Stück im Baseler Plenarium.

Dies gilt nicht von dem durch das Confiteor vertretenen Eingang der Messe, der auch sonst bis dahin vielfach nicht zum Ordo gerechnet wurde[1]); wohl aber von der äußerst unbefangenen Behandlung des letzteren.

Die reichlich verwendeten Schriftstellen zeigen deutlich des Verfassers Bekanntschaft mit Luthers Neuem Testament. Teils wörtlich, teils in der Hauptsache stimmen mit jenem überein Introitus (zweite Hälfte!), Epistel, Gradual, Kanon major (Luk. 22, 7 ff.); weniger das Evangelium. Daß die alttestamentlichen Abschnitte (Pf. 3; Jes. 53) keine Anlehnung an Luthers Sprache zeigen, ist selbstverständlich, ebenso, daß die Stiftungsworte im ganzen den Meßtext wiedergeben. Ich konnte nur die 2. und die 5., ferner die 9. und 10. Bibel vergleichen, sowie einige spätere Drucke.[2]) Mit der 5. kommt Pf. 3 genau überein; Jes. 53 in charakteristischen Ausdrücken mit Nürnberg 1483.[3]) Der seltsam ungelenke Eingang des Introitus (Phil. 2) ist wieder durchweg mit der 5. übereinstimmend.[4]) Dies Nebeneinander so verschiedenwertiger Übersetzungen ist auffallend; wir kommen darauf zurück.

Den Ursprung und die Bedeutung dieses „Testaments" aufzuhellen, ist bisher noch kein Versuch gemacht worden. Röhrich hält es für „die früheste aller evangelischen Kirchenordnungen", und die Abfassung durch Ökolampad, sowie die Identität von „Adelnburg" und Ebernburg gilt ihm für ausgemacht. Es lohnt sich, diese drei Annahmen der Reihe nach auf ihren Wert zu prüfen.

5. Der Ort der Entstehung des „Testaments" braucht nicht der des ersten Druckers zu sein. Auf die Ebernburg weisen die Typen keines mir bekannten Druckes. Bekanntlich hatte Franz von Sickingen dort seine eigene Offizin, aus der mannigfache Werke hervorgegangen

---

[1]) Luther kennt diese Stücke nur als dem Willen und Bedürfnis des Priesters überlassen. Das Lübecker Missale (1499?) bietet sie in dem Abschnitt Qualiter sacerdos ad celebrandam missam se praeparare debeat; das von Hagenau (1520), für das Straßburger Bistum bestimmt, bemerkt gelegentlich (in die parasceues): Ex more procedunt ad altare cum aliqua oratione speciali, quam sacerdos facit ex propria voluntate. Vgl. Luthers Werke, W. A., XII, S. 208, Anm. 3. — [2]) Die Benennungen nach W. Walther, Die deutsche Bibelübersetzung des Mittelalters. 1889. — Vgl. dort S. 35 f. — [3]) „Fürwar, er nam hyn unser siechtagen, und trug unser schmerzen. Und wir schetzten jn als einen aussetzigen und geschlagen von Got und gedemütiget. Wenn er selb ist verwunt umb unser missetat, und ist zerknischet umb unser sund. Die zucht unsres frids ist auf jm, und in seiner wunden sein wir gesund worden. All irrten wir als die schaff, ein yeglicher neyget sich in seine weg, und der herr satzt jn in die missethat unser aller. Er ist geopfert worden, wann er wolt es, und tet nit auf seinen mund. — [4]) 5: „Er hat sich selb vernichtet und nam an sich das bild des knechts, und ward gemacht (so alle älteren Bibeln statt: geacht!) in die gleychnuss der menschen und ist funden in der wandlung als ein mensch; er gediemütigt sich selber und ist worden gehorsam Got dem Vatter unz in den tod, aber unz in den tod des kreuzes. Darumb got erhöchet jn und gab jm einen namen, der da ist uber all namen, das in dem namen Jhesu Christi wird geneygt alles knye ....."

find. Von den obengenannten Drucken find aber drei als aus Erfurt
stammend nachzuweisen, zwei aus Zwickau; einer (A) ist vielleicht Augs=
burgisch. Es scheint nicht, daß dieser der Originaldruck ist. Schon
das „Amen" am Schlusse spricht nicht dafür, eher seine Herkunft aus
Süddeutschland; denn dahin weist, wie wir noch sehen werden, auch
die Geschichte des „Testaments". Freilich, der Name „Adelnburg" (in
den holländischen Ausgaben „Adelenburch") läßt eine Fülle von Deu=
tungen zu.[1]) Panzer[2]) vermutet einen Druckfehler und schlägt „Alben=
burg" vor; in der That frappiert die Ähnlichkeit des Titels mancher,
demselben Jahre 1523 entstammenden Schrift, z. B.: „Wie auff Gottes
wort allein als off einen bestendigen felsen ꝛc. Doctor Wintzeslaus
Linck Ecclesiastes zu Aldenburg in Meißen." Aus besondern Gründen
wäre an ein Schloß der Familie Adelmann zu denken möglich; wenn
man des Joh. Ökolampad als des Autors sicher wäre, läge es nahe,
auf Besitzungen seiner Freunde aus diesem Hause zu verfallen. Immer
wird man doch der alten Annahme, die Ebernburg sei gemeint, eine
besondere Sympathie entgegen bringen. Und van Toorenenbergen[3])
macht dafür nicht übel geltend, daß der Herausgeber mit dem wirk=
lichen Namen zurückzuhalten Ursach haben konnte, da der, von dem
Besitzer der Ebernburg in jener Zeit heraufbeschworene Krieg weder
von Ökolampad, noch z. B. von Luther gebilligt sei. So habe man
den unverfänglichsten Namen „einer adligen Burg" gewählt. Bedenkt
man, daß im Jahre 1523, auch nach dem Abzuge des Franz, als das
geistige Haupt der Schloßgemeinde Kaspar Adler (Aquila) auf der
Ebernburg verblieb und bis zu ihrer Übergabe ausharrte[4]), so ließe
sich auch an seinen Namen ein Zeugnis für die Ebernburg knüpfen.
Mehr wird für den Augenblick schwerlich zu entscheiden sein. Wir
wenden uns zu der bedeutsameren Frage nach dem

    6. Verfasser des „Testaments". Daß der Name „Decolampadios"
in den späteren Ausgaben als Druckfehler berichtigt worden ist, beweist
natürlich nichts. Dagegen spricht vieles für die Möglichkeit der Nicht=
abfassung durch Ökolampad. Daß man im 16. Jahrhundert häufig die

---

    [1]) Die Arnsburg in der Wetterau, Castrum Aquilae genannt, könnte
an sich wohl in Betracht kommen (vgl. Wolff, hist.=polit.=geograph. Atlas,
nach Mr. Bruzen la Martiniere, Leipzig 1744, Sp. 1428), zumal Ökolampad
im Sommer 1522 längere Zeit von der Ebernburg entfernt und u. a. in Frank=
furt war. Ebenso der Adelsberg (Postonia) in Württemberg, den eine Burg
krönte, die 1525 im Bauernkrieg zerstört wurde. — [2]) a. a. O. — [3]) a. a. O.
XXV, Anm. — [4]) Vgl. Ain Sermon darin zu allen Euāgelischē prediger
ein freliche trostliche Ermanūg ist | Dz sy das aller größt heilthum̄ | Dz
lebedig wort gotes frelich vnd köck . den dürstigen seelen fürlegn̄ | vñ
sy vō kainer creaturñ schrecken lasen | vast nutzlich. aufz dē prophetē
vnd apostlē gezogē. Caspar Adler von augspurg pharherr zu Jenga. —
Am Schluß der Einleitung: Gebē zu Ebernburg. Samsztag nach Trini=
tatis Als dz schlofz den drey Fürstñ (Ach got erbarm dich vnser) über
lüferd ward. Anno.M.D.xxiii. — 8 Bl. 4°. Straßb. Univ.=Bibl. —
Dies „die letzte evg. Predigt auf der Ebernburg". Weller 2326 f.

Namen angesehener Männer litterarisch mißbraucht hat, ist bekannt, und wird uns auch in dieser Untersuchung sogleich und noch öfter begegnen. Eine bestimmte, einzelne Schwierigkeit freilich, den Baseler Reformator für den Autor zu halten, stellt sich höchstens dann ein, wenn man hinsichtlich der Ebernburg keinen Zweifel mehr gelten läßt: Ökolampad befand sich 1523 in Basel, wo er sich schon am 16. November 1522 dauernd niedergelassen hatte. Doch fällt dieser Einwand selbst bei jener Annahme nicht sehr ins Gewicht. Mehr Bedeutung hat der Umstand, daß wir über wiederholten Mißbrauch des Namens Ökolampad in jener Zeit zufällig sehr deutliche Kunde haben. Am 1. Juli 1523 schreibt W. Pirckheimer an den Freund: Fuit nuper apud nos ψευδοεκολαμπάδιος quidam, qui non solum nomine tuo abusus est, sed et sermones quosdam vulgares, tanquam a te dictos, Impressoribus dedit, verum cum me negotium cognovisse sensisset, insalutato hospite discessit Babenbergaeque ac in Sweinfurt non parum a quibusdam, ac si verus esset Oecolampadius, honoratus fuit. Vide igitur, ne forsan instar Luciani Herculis duplex sis, unus Basileae, alter vero qui hinc inde vagetur ac sub nomine tuo exultet.[1]) Zwar wird man nicht gern annehmen, ein Fälscher von so schlechten Manieren könne unser „Testament“ verfaßt haben. Allein wer sich auf Grund dieses Zeugnisses bereits einem gewissen Mißtrauen ergeben hat, wird darin bestärkt werden, wenn ihm auch aus anderen Richtungen Verdachtgründe zukommen. Wir haben von Ökolampad aus dem nämlichen Jahre 1523 eine Ausgabe der noch lange in Ansehen gebliebenen kleinen Schrift, des Titels: „Ein Letaney zu Got dem vater“.[2]) Im allgemeinen bietet diese „Letaney“ mit dem „Testament“ keine Vergleichungspunkte, abgesehen von der Sprache, die durchaus nicht auf zwei verschiedene Schreiber schließen läßt. Haben wir dagegen im „Testament“ als Versikel den bekannten Spruch Röm. 8, 32 in dieser Fassung gefunden: „Got hat seynes eynigen Suns nit geschonet, sonder er hat in fur uns alle geben yn den tod“, so muß es auffallen, daß am Schluß der „Letaney“ als „Vers“ diese Worte stehen: „Seinem aygen und eingebornen sun hat got nit ubersehen, sunder er hat jn für uns all dargeben.“ Können diese beiden Versionen der bekanntesten Schriftstelle im selben Jahr aus der nämlichen Feder geflossen sein? — Indessen muß man darauf hinweisen, daß die „Letaney“ ganze drei Jahre älter ist als jenes Datum (1523), worauf auch im Titel das „außgangen zu alten Münster“ deutet[3]); Ökolampad war in das dortige Brigittenkloster (bei Augsburg) im

---

[1]) Thes. Baum. II. 24. Wie ich jetzt sehe, ist dieser Brief auch bei Herzog (II. S. 267 f.) abgedruckt. — [2]) S. oben S. 50. — Riederer (Abhandl. II. 421 ff) nennt ein Buch „Gebet und Betrachtungen“, datiert vom 15. Jan. 1521, das mit Ökolampads „Letaney“ nahe Berührungen habe; und ein Gebetbuch von Dr. M. Weimmar, Augsburg 1532. 1535, in dem die „Letaney“ wörtlich abgedruckt sei. — [3]) Weller (s. o.) kannte eine Ausg. von 1520.

Frühjahr 1520 eingetreten, um es zwei Jahre darauf wieder zu ver=
lassen (Februar 1522). Daß der Verfasser des „Testaments" Bekannt=
schaft mit Luthers Neuem Testament verrät, braucht wegen des zwischen
gelegenen erheblichen Zeitraums kein Bedenken zu erwecken.[1] —

Andererseits ist freilich wieder merkwürdig, daß die Baseler
Gottesdienstordnungen[2] von (1525 und) 1526, die bisher stets und
mit Grund auf Ökolampad zurückgeführt worden sind, ebenfalls mit
dem „Testament" keinerlei Verwandtschaft zeigen. Wogegen doch wieder
zu bemerken ist, daß jene Ordnungen, die, abweichend von allen gleich=
zeitigen Formularen, bereits in ihre Ursprungsgestalt einen „Brauch
in der heimsuchung der Kranken" enthalten, innerhalb dieses eine
„Letaney" darbieten, die mit dem gleichnamigen Büchlein Ökolampads
ebenfalls in keiner Beziehung verwandt erscheint.

Eine flüchtige Prüfung des theologischen Gehalts unsres „Testa=
mentes" wird kaum gegen Ökolampad sprechen. Die Abwesenheit jedes
unlutherischen Zuges ist selbstverständlich. Daß der ehemalige Gast
der Ebernburg Ende 1522 mit Zwingli in innigen Verkehr trat, und
sich damit eine Bundesgenossenschaft zwischen Basel und Zürich, auch
in Sachen der Abendmahlslehre, anbahnte, bedarf der Erinnerung nicht.
Aber ob nun das „Testament" auf der Ebernburg entstanden ist oder
nicht, jedenfalls hatte Ökolampad im Jahre 1523 noch keinen Anlaß,
vor der Öffentlichkeit zu der Frage des Abendmahls anders Stellung
zu nehmen, als unser Formular es thut.

Aber nun werden wir nicht länger absehen dürfen von dem be=
rühmten Briefwechsel zwischen Ökolampad und Hedio aus dem Juni
1522.[3] Hedio hat von dem Freunde gehört: Canonem quem vocant
Missae a te non audiri aut certe quam brevissimis verbis perstringi.
Praeterea ceremoniis hisce, quibus libenter et cum fructu in utraque, hoc est vivorum et mortuorum, memoria utuntur quidam, te
nequaquam uti. Diese Äußerung würde ja nun vortrefflich zu unserm
„Testamente" passen, und man könnte fast annehmen, dieses sei bereits

---

[1] Der Vers der „Letaney" stimmt in der ersten Hälfte mit der 5. Bibel:
„Der auch nit hat ubersehen (2: der nit vergab) seim eingeborn sun,
aber er hat in antwurt umb uns alle." — Es ist schon hier am Platze, zu
vermerken, daß nach Mezger (a. a. O., S. 190 ff.) Ökolampad in der Wahl der
Bibelübersetzungen besonders viel wechselt, sich bald hier oder da an Gegebenes
anschließt, bald ganz eigene Wege geht. Auch fürs N. T. macht er sich in den
Schriften zum Abendmahlsstreit (z. B. Das der missverstand D. M. L's uf die
ewig bestendige wort .... Basel 1527) von Luther frei. — Was im übrigen
die sprachlichen, stilistischen und orthographischen Kennzeichen des „Testaments"
betrifft, so ist natürlich der Verfasser hier durch allerlei Vorlagen gebunden,
und ein freies Sichergehen ausgeschlossen. Gleichwohl habe ich gleichzeitige,
frühere und spätere Schriften Ökolampads mit dem „Testament" verglichen,
ohne auf bedeutsamere Abweichungen zu stoßen, als sie uns bei der notorischen
Freiheit der Drucker auch sonst in jener Zeit bei demselben Schriftsteller ent=
gegentreten. — [2] Form vnd gestalt Wie das Herren Nachtmal etc. —
Vgl. unten Kap. IX. — [3] Epistolae Oecolampadii etc., p. 50 ss.

damals dem Hedio (in einem älteren Drucke) zu Gesicht gekommen. Allein Ökolampads Antwort zerstört diese Vermutung. Er schreibt: Fateor, mi Hedio, egi aliquid praeter morem vulgi: sed aliquid illud non est aliud, quam quod in liturgia Epistolam et Evangelium vernaculo nostro, non Latino sermone populo hujus arcis promulgavi. Alia quae de me feruntur vana sunt: tantum Evangelium et Epistolam germanico et non Latino sermone legi. Fateor, haec legi, ut tibi relatum, sed ea modestia, gravitate et reverentia, qua decet sacrosancta Dei verba annunciare, nihil alioquin insolitum admittens, nihil ex consuetis ceremoniis praetermittens, nihil ex hactenus observato ordine invertens.

An diesen Worten läßt sich nicht rütteln. Und wenn man etwa einwenden möchte, sie bezeichneten den Stand der Dinge im Juni 1522; Ökolampad werde eben bald zu weiteren Schritten gedrängt worden und zu einer tiefer greifenden Reform des Kultus gekommen sein, so geht doch diese Annahme offenbar von der stillschweigenden Voraussetzung aus, Ökolampad sei des „Testaments“ Verfasser. Zweifellos hat ihm das letztere, so weit verbreitet, schon früh den Ruhm des Bahnbrechers in der Erneuerung des Gottesdienstes eingebracht.[1] Hören wir Hottinger: „Zu Ebernburg hat er (Ökolampad), um den Zuhörern die seligmachende Erkanntnus und wahre Gottesfurcht beyzubringen, erstlich das Evangelium verteutscht vorgelesen. Hernach anstatt der täglichen Meß eine Lektion aus H. Schrift, und Sonntags eine Predigt gehalten: die Meß aber auf Sonn- und Festtag verlegt. Etliche beschelkten ihn hierüber: wider welche er sich aber mit einer weitläufigen Schrift verthädiget, darin er dargethan, daß die Veränderung abergläubiger und schädlicher Gebräuchen nicht zu tadeln, und daß der Gottesdienst billich in bekannter Sprach gehalten werde: mit angehenktem Bericht vom Meßopfer.“[2] Gerdesius[3] spricht sich behutsamer aus und bleibt bei den Urkunden. Seltsam genug, daß Ranke mit Bezugnahme auf Gerdesius folgendes Urteil wagt: „Im Grunde ist es die Ebernburg, wo der evangelische Gottesdienst zuerst in seinen neuen Formen eingeführt ward. In Sickingens Umgebung hielt man die Austeilung des Abendmahls unter beiderlei Gestalt nicht allein für erlaubt, wie damals noch in Wittenberg, sondern für notwendig. Johann Ökolampadius war der erste, welcher die religiöse Befriedigung, die das Volk darin finde, alle Tage dem unverstandenen Murmeln der Messe zuzuhören, der Ceremonie der Segensprechung beizuwohnen und sich ohne viel Aufwand von Aufmerksamkeit oder Zeit Gott zu befehlen, geradehin verdammte und die Messe nur noch

___

[1] Melch. Adam beschränkt sich auf die Meldung: Apud quem (Franc. de S.) Missam repurgare coepit. Ähnlich Scultetus. Der Satz findet sich übrigens bereits wörtlich in der Vita Oecolamp. von Capito (Einleitung zu den epistolae Oec. etc., ϑ 5). Für die übrigen Stellen vgl. oben S. 50 f. — [2] a. a. O. S. 94 f. — [3] Unter Berufung auf Schelhorn, IV. p. 397 s.

Sonntags, mit Weglaffung der Elevation, und nur noch in deutscher Sprache hielt."[1])

Diese Ausführungen des berühmten Geschichtsschreibers sind in mehr als einer Beziehung unhaltbar. In keinem Falle hat man auf der Ebernburg zuerst die communio sub utraque für geboten gehalten; dawider zeugt wohl selbst das „Testament", und andrerseits die Thätigkeit Karlstadts in Wittenberg, Wissenburgs in Basel, Kantz's in Nördlingen, Zells in Straßburg. Ferner aber steht das, was Ranke über Ökolampads angebliche Maßnahmen sagt, in unlösbarem Widerspruch mit deffen eigenen Versicherungen, was um so mehr befremden muß, als Rankes Worte gutenteils Übersetzung aus dem angeführten Briefe Ökolampads sind. Dieser erzählt dem Hedio, daß die Ritter auf der Burg die Gewohnheit, Sonntags Messe und Predigt, Wochentags nur Messe zu hören, umkehren wollten und täglich eine Predigt, Sonntags dagegen eine Messe wünschten. Aber wiewohl er diesen Wunsch billige, gehe er lieber einen Mittelweg und biete den Burggenossen täglich Messe mit deutschen Perikopen, aber auch täglich Auslegung der Schrift im Freundeskreise. Hiermit will sich nun doch das „Testament" nicht reimen.

Vielleicht hilft uns jener Sermon weiter, den Ökolampad seinem Briefe an Hedio beigefügt hat und der die Stellung des Schloßgeistlichen zu der Angelegenheit der Kultusreform eigens und ausführlich behandelt.[2]) Diese vortreffliche, geistvolle Predigt, an eine Stelle aus dem Rogate-Evangelium[3]) anknüpfend, ist dazu bestimmt gewesen, die Gemeinde auf der Ebernburg mit der Neuerung zu befreunden, welche an diesem Tage Platz gegriffen hat, der Verwendung deutscher Lektionen in der Messe. Sie verteidigt im übrigen die herkömmliche Gestalt des Gottesdienstes, die Hörer lediglich zu deffen ernster und persönlicher Auffassung und Hinnahme mahnend. Dreierlei will Ökolampad in dieser Hinsicht herausheben: Primum purificetis mentem humiliter confitentes Deo peccata vestra: idque sub initium liturgiae, saepe dicentes Kyrie eleyson, Domine miserere, et orationem dominicam. Secundo illuminemini audiendo verbum Domini, quod lucidum est et oculos illuminat intellectumque dat parvulis ac divinis promissionibus animum in fide et spe confirmat. Demum, post haec vos Deo offeratis. Offeratis, inquam, non aurum vel argentum, sed vos ipsos in sacrificium et holocaustum, jam nihil vobis tribuentes, sed totos vos Christo devoventes: postea non ex vestro, sed illius arbitrio victuri. Offerte item et sacrificia laudum et gratiarum actiones pro beneficiis suis in vos, praesertim quod pro nobis in cruce tam amaram mortem obierit. Non minus autem diligenter auscultate verba Testamenti gloriosissimi et certissimi, innitentes firmissime promissionibus Christi vitamque in Christo et remissionem peccatorum assecuturos vos sub ineffabilibus et divinis pignoribus

---

[1]) a. a. O. S. 73 f. — [2]) Epistolae etc., p. 63 ss. — [3]) Venit hora, cum jam non in parabolis loquar vobiscum! (Joh. 16, 25.)

confidite. Atque curae vobis sit, ut vel spiritualiter commu-
niceti, squamvis vellem etiam sacramenti signa vos frequentare,
quo magis firmaretur vestra fides et vos capiti corporique Christi
incorporaremini, unum cum ipso spiritum assecuti.

Man wird den Zusammenklang gewisser Bestandteile dieser Predigt
mit unserm „Testament" nicht verkennen. Aber diese wahrhaft evan=
gelischen Gedanken[1]) wollen verstanden sein im Zusammenhauge mit
den dem Sermon folgenden Schlußsätzen des Briefes an Hedio, die
wieder alles in Frage zu stellen scheinen. Denn hier heißt es aber=
mals: Nihil vel ex pristinis ritibus vel verbis canonis omitto.[2]) Und
nachdem Ökolampad die Wiederholung des einmal geschehenen Opfers
Christi mit Hinweis auf die stets erneute Feier seiner ebenfalls nur
einmal geschehenen Geburt und Auferstehung gerechtfertigt, auch bezeugt
hat, daß er nichts gegen die Namen sacrificium und oblatio einzu=
wenden habe, betont er abermals, daß nichts von ihm geändert sei,
allerdings in dieser Form: Ut nihil a me mutatum, ita si quid pre-
cum aut verborum pia mente deditaque opera omitterem, non pe-
casse me crederem in Christum.[3])

Zu allem übrigen kommt aber nun noch, um den Gedanken einer
baldigen Änderung in Ökolampads Stellungnahme gänzlich auszu=
schließen, dessen Brief an Zwingli vom 4. Nov. 1525[4]), der ausdrück=
lich den Allerheiligentag dieses Jahres als das Datum bezeichnet, an
welchem der Baseler Reformator „das Abendmahl etwas einfacher zu
feiern angefangen" hat. Auf Grund dieses Thatbestandes kann Öko=
lampad nicht nach Art des „Testaments" bereits 1523 die Messe ge=
halten haben. Und somit wären wir jetzt zu einem verneinenden Urteil
berechtigt, käme nicht wieder ein gegenteiliges Zeugnis in die Quere.

7. Die holländische Übersetzung. Van Tooreuenbergen[5]) hat, wie
eingangs dieses Kapitels erwähnt worden, vier holländische Ausgaben
unseres „Testaments" aufgeführt, deren älteste 1523 gedruckt und be=
titelt ist „Dat Testament Jesu Christi, dat men tot noch toe dye
Misse ghenoemt heeft, verduyts doer Johannem Oecolampadium
to Adelenburch." Diese holländische Gestalt des „Testaments" ist
angehängt der bekannten, französisch, italienisch, englisch und deutsch er=
schienenen, hier ebenfalls holländisch auftretenden „Summa der God-
liker Scrifturen. Oft een duytsche Theologie etc."[6]) Also dem
„ältesten verbotenen Buch", dessen Verfasser Benrath in dem Weseler
niederländischen Pfarrer Heinrich Bommelius erkannt zu haben glaubt.

---

[1]) Vgl. bei Herzog, Das Leben J. Ök.'s, S. 198, Anm. die interessante
Parallele mit Hirschers 1821 erschienenen Schrift über die Messe. — [2]) Epp.,
p. 76. — [3]) Epp., p. 79. — [4]) Zuingl. opera (Schuler und Schultheß),
VII. p. 43 f.: Unde et in die omnium Sanctorum, ut diem festum agerem
cum sanctis viventibus, Coenam dominicam aliquanto simplicius cele-
brare coepi. — [5]) Mon. Ref. Belg., XXIff. LVIIIff. — [6]) Vgl. K. Benrath,
Die Summa der Heiligen Schrift. Ein Zeugniß aus dem Zeitalter der Refor=
mation für die Rechtfertigung aus dem Glauben. Leipzig 1880. — Düster=

Nun steht fest, daß aus dem durch diese Summa gekennzeichneten Kreise anfangs der zwanziger Jahre die beiden Niederländer Rhodius und Sylvanus (bezw. Saganus) mit Schriften ihres Landsmannes Wessel und einem Briefe Cornelius Hoens[1]) über das Abendmahl zuerst zu Luther, dann zu Ökolampad, zuletzt zu Zwingli gereist sind. Luther hat für die Auffassung des Hoen kein Verständnis gezeigt und die Niederländer deshalb nach Basel verwiesen. Sodann soll Luther an Rhodius nach Basel unter Beifügung eines Briefes an Ökolampad geschrieben haben, um von diesem über die Schrift des Hoen eine Meinungsäußerung zu erhalten, Ökolampad aber hat, dieser Weisung ausweichend, die Reisenden zu Zwingli gesandt. Von Basel nun haben jene der Vermutung nach das „Testament" mit in die Heimat gebracht, es übersetzt und mit jener „Summa" als einem durchaus geistesverwandten Produkt zusammen herausgegeben.[2]) Wenn man erwägt, daß die Tendenz jener „Summa" bei ausgesprochen evangelischer Gesinnung diese ist, die Werke und Bräuche der alten Kirche, als deren Glied sich der Verfasser noch betrachtet, mit neuem Geiste zu erfüllen, um sich ihnen so ohne Schaden fügen und unterordnen zu können, — so lag es in der That nahe, dieser Schrift, als einen praktischen Beleg für die Durchführbarkeit ihrer Gedanken, das „Testament" anzufügen. Unverkennbar ist, daß, so wenig der deutsche Text des „Testaments" mit den Gedanken der Niederländer über das Sakrament in allen Einzelheiten harmonierte, der auch von Hoen stark betonte Gedanke einer „geistlichen Nießung Christi" von ihnen im „Testament" gefunden und begrüßt werden mußte. Die Verbindung dieser beiden Schriften im Jahre 1523 war die bedeutsame litterarische Besiegelung der fortan so nahen Beziehungen zwischen Schweiz und Niederland.

Alle Bedenken gegen die Abfassung des „Testaments" durch Ökolampad scheinen mir durch diese Erinnerungen fast entkräftet zu

---

dieck, Gött. Gel. Anz., 1878, XXIII. S. 721 ff. — Benrath, Jahrbb. 1881, I. S. 127 ff. — van Toorenenbergen, holl. Ausg. der Summa, Leiden (Brill); ferner Theol. Studien, 1884. — [1]) Epistola Christiana admodum ab annis quatuor (sie ist 1521 verfaßt; vielleicht erklärt sich daraus die, nebenbei durch das admodum verminderte Ungenauigkeit der Zeitangabe) ad quendam, apud quem omne judicium sacr. script. fuit, ex Batavis missa, sed spreta, longe aliter tractans coenam dominicam, quam hactenus tractata est etc. 2. (statt 1.) Cor. 11. Per Honnium Batavum. 1525. — Der von Zwingli besorgte Druck mitgeteilt z. B. bei Gerdesius, Intr., I. Monum. p. 228 ss. Die Gedanken sind ganz „zwinglianisch"; vgl. A. Baur, II. S. 279 ff.. — [2]) Vgl. Gerdesius (a. a. O.), p. 228 ss. — Opp. Zuinglii II, 2. 61; III, 553; in Exegesi 606. — A. W. Dieckhoff, Leben Zwinglis, S. 258. 276. 519. 528. — Derselbe, Die evang. Abendmahlslehre ꝛc., S. 277. — A. M. Isinck, Brevis Historia etc., p. 166: Qui libellus (Wesselii) cum e Belgia Luthero per Henr. Rhodium et Geo. Sylvanum offerretur 1523 rejectus, contra ab Oecolampadio Zuinglioque receptus est. Die Reise in die Schweiz gehört zweifellos dem Jahre 1523 an. Erasmus' Angabe (vgl. Schulze in der R.-E., a. a. O.) ist abhängig von dem durch Zwingli verfaßten Titel der Schrift. Ein Abdruck des Briefes bei de Hoop-Scheffer, a. a. O. S. 91 ff.

sein. Zwar wird man beim Lesen der holländischen Gestalt unsres Formulars und Vergleichung mit der deutschen Ausgabe zunächst den Eindruck gewinnen, als ob letztere die Übersetzung von jener und auch das „Testament“ niederländischen Ursprungs sein könnte. So fremd= artig nehmen sich auf den ersten Blick diese und jene Ausdrücke in der deutschen Form aus, so vortrefflich scheint das Holländisch der andern. Allein eine einzige Stelle schon liefert den Gegenbeweis. Im Gebet nach der Kommunion (Int ghemeyn) findet sich die Stelle Jes. 53, 5, deutsch: „Die zucht unsers frybs ist auf ym gewest“, so wiedergegeben: die siecte van onsen vrede is op hem geweest. Hier hat der Über= setzer offenbar das Wort „zucht“ im Sinne des holländischen zucht (= Sucht) verstanden.[1])

Aber viel wichtiger als diese und andere kleine Differenzen ist ein Unterschied in der Abendmahlsanschauung, der zwischen den beiden Ausgaben zu Tage tritt. Wie gesagt, ist der Standpunkt des deutschen „Testaments“ im ganzen derjenige Luthers, und es stimmt hierzu, daß der Sermon Ökolampads sich in dieser Beziehung mit Luthers Schrift „vom Neuen Testament, d. i. der hl. Messe (1520)“ so ziemlich deckt. Die niederländische Gestalt des Formulars erlaubt sich dagegen deutliche und eine durchaus andere Vorstellung verratende Änderungen, bzw. Aus= lassungen. Man vergleiche folgende Stellen in dem Kommuniongebet:

Deutsche Gestalt (1523):

Die entpfahung deines fleisch und bluts Jesu Christi, das ich armer sunder nyeße in vergebung meiner sunde, gestat mir nit . . .

. . . .

Doch glaub ich, das in dem brot und in dem weyn dein hey= liger leyb und deyn heyligs blut gegenwertig ist. . . . .

. . . .

Auch, mein Herr und Got, ich glaub ungezweifelt dein gegen= wertigkeit, darumb das du dein gotlichs wort bekreftigen wilt. Auch teylestu alleyn hie auf deynem Tisch dein leyb und dein seel, uns sy zunießen in vergebung unser sunb; wan

Niederländ. Gestalt (1523):

Die overghevinghe des vleesches ende bloets Jesu Christi, voor mi arm sondaer ghegheven in den doot, come mi . . . . . .

. . . .

Doch ghelove ic, dat voor mi ghegheven is, gantselic ende gron- delic, dat ghi daerom dat lich- aem ende bloet aengenomen hebt, ...

Ooc ghelove ic ende en hebbe geen twijfel daer aen, dat u hey- lich lichaem voor mi inden doot ghegheven is . . . . . . Ooc, mijn Heere ende God, ic ghelove on- getwijfelt u teghenwoordi- cheyt, daer twee oft drie in uwen naem vergadert u doot

_____

[1]) Auch ist z. B. in dem Secret (s. o. S. 54) das deutsche „unsere leybe“ mit onser liefden (1524: „liebe“) wiedergegeben. Außerdem hat der Nieder= länder oft die lateinischen Teilüberschriften der Messe, die in der deutschen Form beibehalten sind, ins Niederländische übertragen.

<table>
<tr><td>

Deutsche Gestalt (1523):
du haſt geſagt: Nemet hyn ewer Teſtament!

</td><td>

Niederländ. Gestalt (1523):
vercondigen, die tot verghiffenisse onser sonden gheschiet is tot een nieuwe testament.

</td></tr>
</table>

Die niederländiſche Form läßt auch die Wendung in der Spende=formel „(das blut,) das ich yetzund nyeß", beiſeite.

Die Art, wie im holländiſchen Text die ſakramentale Gegenwart auf Matth. 18, 20 gegründet und der einzigartige Wert des Sakra=ments beiſeite geſetzt wird, dem Original ſo fremd, das vielmehr auf die verba testamenti baut und nur an Gottes Tiſch den Leib Chriſti findet, iſt ſo charakteriſtiſch, die Differenz ein ſo merkwürdiges Vor=ſpiel ſpäterer erbitterter Kämpfe, vielleicht litterariſch eines der früheſten, daß ich es glaubte nicht übergehen zu dürfen. Man würde an eine den Reiſenden von Zwingli oder auch von Ökolampad ſelbſt angeratene Reviſion denken, genügte nicht die Erinnerung an die in den Nieder=landen bereits ſelbſtändig erwachſenen und von Hoen vertretenen An=ſchauungen. — Aber zurück zu unſrer Unterſuchung. An ihrem gegen=wärtigen Punkt angelangt, ſcheint uns die Abfaſſung des „Teſtaments" durch Ökolampad als mindeſtens wahrſcheinlich. Es bleibt nur noch beſtehen ſeine eigene wiederholte Ausſage, daß er in jener Zeit, der dies Formular entſtammt, die Meſſe nicht geändert habe. Um dies Hindernis aus dem Wege zu ſchaffen, werden wir der Frage nahe treten müſſen, welche Beſtimmung denn als dem „Teſtament" zu Grunde liegend zu denken iſt:

8. **Die Zweckbeſtimmung des „Teſtaments"** läßt ſich bereits mit einiger Deutlichkeit aus beſſen Aufſchrift entnehmen. „Zu heyl allen Evangeliſchen", dieſe Worte bezeichnen als Adreſſe des Autors die reformatoriſch geſinnte Laienſchaft. Sollte nicht dieſe Beſtimmung das letzte Rätſel löſen können? So viel iſt gewiß, daß, wenn ſich irgend wahrſcheinlich machen läßt, unſer „Teſtament" ſei für den Laiengebrauch und nur für dieſen geſchrieben worden, die ſo ſchwer zu entwurzelnde Autorſchaft des ſpäteren Baſeler Theologen geſichert wäre. Nun iſt das Wort „Teſtament"[1]) in unſerm Formular der Ausbruck für die Stiftung Chriſti, durch welche den Gläubigen Vergebung und ewiges Leben gegeben iſt. Dieſe Stiftung hat ihre Urkunde, und die beſagt, daß alle, die im Gedächtnis Chriſti von dem Brote eſſen und aus dem Kelche trinken, teil haben ſollen an jenen Gütern. Haben ſie daran teil? Selbſt dann, wenn ihnen der Zutritt zum Tiſche

---

[1]) Der Titel ſtellt „Teſtament" und „Meſſe" gleich, wie denn die eigent=liche „Meſſe" nunmehr bald in dem die Stiftungsworte enthaltenden Teil des alten ordo geſucht und auf dieſen beſchränkt wird (vgl. unten Kap. VI). Luther (Vom Mißbrauch der Meſſen. Wittemberg, 1523 gedruckt. Tüb. Bibl.) erklärt ſich ſchon d. d. Katharinentag 1521 für den Namen „Teſtament" und meint nebenbei: „Ein eynige Messe allein am Sontag, wie itzund am Ostertage geschiet", — das ſei das rechte.

Chrifti, fei es verwehrt, fei es nur unter harten Bedingungen oder mit ſchmerzlichen Einſchränkungen verſtattet iſt? Ich glaube, daß dieſe damals eminent wichtige praktiſche Frage[1]) über die Bedeutung des „Teſtaments“ das rechte Licht verbreitet. Sehen wir uns daraufhin das Formular noch einmal genauer an.

Zweierlei iſt auffallend, wovon bisher nicht die Rede war. Einmal macht unſre Meßordnung formell einen zwitterhaften Eindruck, ſofern einerſeits der Geiſtliche nicht nur zum „Volke“ ſpricht, ſondern auch Weiſung empfängt, ein Pater noster beten zu laſſen und das Brot zu nehmen (?), während andererſeits die Gebete gutenteils nur in den Mund des Volks, bzw. des einzelnen Gläubigen paſſen. Dieſe Unklarheit erklärt ſich wohl daraus, daß jene Weiſungen gleich den Überſchriften der einzelnen Meßſtücke gewohnheitsmäßig in die Überſetzung herüber genommen ſind, ohne daß der Verfaſſer die dadurch entſtehende Differenz bemerkte. Vielleicht hat auch die Abſicht vorgelegen, den Leſer wiſſen zu laſſen, an welchem Punkte der Meßhandlung er jeweilig gerade ſteht.[2]) Wichtiger iſt aber, daß ein Kommunizieren unter beiderlei Geſtalt nicht vorausgeſetzt iſt. Im Gegenteil weiſt der Eingang des Gebets vor der Kommunion „O almechtiger, barmherziger Gott, hye byn ich bey deynem Tiſch, der mir durch menſchen irrung geſperrt iſt u. ſ. w.“ darauf hin, daß nur der Prieſter beide Geſtalten nimmt, und daß der Satz „Hye nymm das brot der Engel und ſpricht (anderer Druck: ſprich)“, deren Sinn ſchon Feuerlin zweifelhaft fand, ſich wirklich nur auf den Geiſtlichen bezieht; daß alſo „die Umbſtender“, darauf angewieſen, „das Teſtament zu hören“, „die Worte des Teſtaments zu leſen (!)“, ohne die ſchriftgemäße Kommunion zu empfangen, von Gott zu bitten haben, „die Frucht der Meß ſolle in ihnen vollbracht ſein“. —

An dieſer Eigentümlichkeit erkennt man, daß unſer „Teſtament“ mit zu der Gruppe von erbaulichen Schriften gehört, die der Beſtimmung dienten, evangeliſch Geſinnten die Teilnahme am Meßgottesdienſt auch dort zu ermöglichen, wo ihnen der Vollgenuß des Abendmahles verwehrt war.

Ich verweiſe jetzt auf jenen Sermon von Jakob Strauß zurück (S. 29 ff.), der, wie wir ſahen, eine ſo weite Verbreitung gewonnen hat, um nunmehr zu zeigen, wie auch das „Teſtament“ in ſeiner Art mit der Schrift von Strauß in Verbindung ſteht. Zwar iſt die Abhängigkeit eine vergleichsweiſe geringe, doch inſofern bedeutſam genug, als ſie das einzige, anſcheinend ſelbſtändige Stück im „Teſtament“ betrifft,

---

[1]) Vgl. das vorige Kapitel. — [2]) Als dritten Erklärungsverſuch wage ich die Vermutung auszuſprechen, daß der Verfaſſer urſprünglich an ein Meßformular gedacht hat, über der Ausführung dieſes Gedankens aber andern Sinnes geworden iſt. Der Briefwechſel mit Hedio könnte dieſe Wendung herbeigeführt haben. Man beachte immerhin, daß das ſubjektiv=laienmäßige Stück erſt dem letzten Teile des Büchleins angehört.

jenen der Kommunion voraufgehenden Paſſus, der teils betrachtenden Charakters, teils Gebet iſt. Ich laſſe hier Straußens „Verſtendige tröſtliche leer“ und das „Teſtament“ nebeneinander treten.

<table>
<tr><td>

Strauß, 1522:

Erſtlich gedenk alſo: Allmech=
tiger, barmherziger Gott, hie bin
ich bei deinem tiſch, der mir durch
menſchlich irrung geſperrt iſt. Doch
glaube ich, daß in dem brot und
in dem wein dein heiliger leib und
dein heiliges blut gegenwärtig iſt.
Zum andern glaub ich auch feſtig=
lich, daß du darumb den leib und
das blut an dich genommen haſt,
Adam und alle ſein nachkommen
zu erlöſen von dem ewigen tod.
Zum dritten, ich hab auch kein
zweifel, daß der leib in tod für
mich geben und das blut für mich
vergoſſen iſt worden. Zum vierden
glaub ich auch, daß in dieſem Sacra=
ment du gegenwärtig biſt, zu be=
kräftigen und zu beſtätigen dein
wahrhaft zuſagen, dem ſünder ſein
ſünd zu vergeben. Zum fünften,
daß du allein hie dich ſelbs zu
eſſen und trinken mitteileſt allen
denen, die das Sakrament in wahrem
glauben empfahen . . . . als
du geſagt haſt: Nempt hien und
eſſent . . . . Und dieſe betrachtung
muß der Chriſtenmenſch (ſ. o.
S. 31) . . . . . erheben wolle . . . . .

So du dann willt geben und
ich wills empfahen, ſo mags nie=
mand wenden: Die frucht der
Meſſen ſoll in mir vollbracht ſein.
Darumb, allmächtiger Gott, ſei
dir lob und ehr in ewigkeit.

</td><td>

Teſtament, 1528:

. . . Gedenk ein yedes alſo: O
almechtiger, barmherziger gott, hye
byn ich bey deynem Tiſch, der mir
durch menſchen irrung geſperrt iſt.
Doch glaub ich, das in dem brot
und in dem weyn dein heyliger
leyb und deyn heyligs blut gegen=
wertig iſt. Auch glaub ich genz=
lich und grundlich, das du darumb
den leyb und das plut an dich ge=
nommen haſt, Adam und alle ſeine
nachkommende zu erlöſen vom ewygen
tod. Auch glaub ich und hab keyn
zweyfel daran, das dein heiliger
leyb für mich in tod geben iſt und
dein plut fur mich vergoſſen iſt
worden. Auch, mein herr und
Got, ich glaub ongezweifelt dein
gegenwertigkeit, darumb das du
dein gotlichs wort bekreftigen wilt.
Auch teyleſtu alleyn hie auf
deynem Tiſch dein leyb und deyn
ſeel, uns ſy zunießen in ver=
gebung unſer ſund; wan du haſt
geſagt: Nemet hyn ewer Teſta=
ment. O mein brüder und ſchweſter,
das Teſtament begert von grund
ewers herzen zu hören . . . . . .

. . . .

Darumb byn ich hye, mein Erb=
teyl gnediglich von dir zu em=
pfahen, ſo du geben wilt und ich
empfahen wil, ſo mags nyemand
wenden: Die frucht der Meß ſol
in mir volbracht ſein. Darumb ſey
dir lob und dank in ewygkeit.

</td></tr>
</table>

Wir haben geſehen[1]), daß Strauß möglicherweiſe jenes Gebet von
Kaspar Kantz übernommen hat. Doch kannte der Verfaſſer des „Teſta=

---

ments" offenbar nicht die Nördlinger, sondern die Strauß'sche Gestalt.
Eine eigentümliche Fügung, wenn der spätere, erbitterte Gegner Ökolampads diesem zu seinem Traktat selbst das Eigenste und Beste bei-
gesteuert hat. Möglich bleibt ja daneben, daß alle drei Autoren aus
einer älteren Quelle geschöpft und etwa ein weit verbreitetes Abendmahlsgebet gedächtnismäßig wiedergegeben haben. Ökolampad konnte
sich in jedem Falle trotz dieser Abhängigkeit als den Verfasser des
„Testaments" betrachten. Andererseits aber vermochte er trotz dieser
Autorschaft die Baseler Allerheiligen-Messe von 1525 als den „Beginn einer einfacheren Feier des Abendmahls" zu bezeichnen. Die
Bekanntschaft der Zeitgenossen mit Ökolampads „Testament" erklärt
wiederum vollkommen jene Angaben der Alten, er habe auf der Ebernburg die Messe geändert, die Elevation abgeschafft, durch tägliche
Predigt den Ordo verdrängt. Was die Ebernburg betrifft, so ist diese
nunmehr als Entstehungsort des Büchleins jedenfalls denkbar. In
Basel, wohin Ökolampad von dort aus sich begab, hätte, weil hier die
Abhaltung völlig deutscher Messen bereits längere Zeit üblich war[1]),
ein Schriftstück der bezeichneten Art weniger zu bedeuten gehabt und
sein Verfasser weniger dringende Veranlassung gefunden, es zu schreiben.

So viel ergiebt sich aber wohl mit einiger Sicherheit, daß unser
„Testament" mit jenen Schriften in eine Reihe gehört, die der evangelisch gesinnten Laienschaft den Anteil am Meßgottesdienst für die
Übergangszeit haben ermöglichen sollen. Es ist kein Meßformular,
bestimmt, dem öffentlichen Gottesdienst als Norm zu dienen. Wohl
mag es ursprünglich mit dieser Absicht angelegt, auch bald als solches
betrachtet und in einzelnen Bestandteilen benutzt worden sein. Aber
herausgegeben war es lediglich als ein Hilfsmittel für den des Lesens
kundigen Privatmann, sich ohne Schädigung seines Gewissens am
öffentlichen Kultus der alten Kirche auch dort beteiligen zu können,
wo ihn die Unkenntnis der lateinischen Sprache an einer fruchtbaren
Teilnahme hinderte und die Erkenntnis der Entstellung, welche Christi
Stiftung in der römischen Messe erlitten hat, solche Teilnahme zu
verbieten schien. Auch von den holländischen Ausgaben des „Testaments" ist nicht bekannt, daß sie jemals in den Niederlanden als
Grundlage der Gottesdienstordnung gedient haben.[2]) In einer Hinsicht steht das „Testament" hiernach in derselben Linie mit alten und
neuen Meß-Gebetbüchern zum Laiengebrauch; in anderer Beziehung mit
den Erzeugnissen des Reformationszeitalters, welche den „sakramentlich
Behinderten" eine „geistliche Kommunion" zu bieten verfaßt wurden,
also mit den Büchlein, von denen das vorige Kapitel gehandelt hat.

---

[1]) Vgl. oben S. 4 f. und unten Kap. IX. — [2]) Briefl. Mitteilung van
Toorenenbergens.

Anders verhält es sich mit Johann Schwebel von Pforzheim[1]), dem Reformator Zweibrückens, der zeitweilig in der Umgebung Sickingens wirkte. Ob er ein eigentliches Pfarramt, und dies zu Landstuhl, bekleidet hat, ist zweifelhaft.[2]) Aber gewiß ist, daß er im Jahre 1522 deutsche Messe gehalten hat. Des ist nicht nur der Brief Sickingens an Ritter Dietrich von Handschuhsheim ein Zeugnis[3]); sondern Schwebel selbst giebt davon mit folgenden, derselben Zeit angehörigen Worten genügende Auskunft: Falso me calumniantur: sed rationem reddere paratus sum. Quod Missas germanica lingua lego, non tantum facinus arbitror, ut hujus me pudeat aut lucem fugiam: sed palam id facio optans, ut omnes id faciant. Quod si erro, per Scripturas Sanctas ad viam veritatis me reducite precor. Canonem quem vocant Missae hactenus nefas fuit aliis audientibus legere: proinde sic eum occulto, ne facile quisquam possit conqueri me illum prodidisse. At ubi vel minuam vel augeam a Christo traditum Canonem benigne moneri cupio; nam illic deviare non est animus. Lutheranus vero non sum, sed Christianus; non enim pro me passus Lutherus, nec in nomine Lutheri baptizatus sum etc.[4]) — Näheres ist nicht zu ermitteln.

Nunmehr wenden wir uns der ältesten bisher bekannten, wirklichen Abendmahlsordnung zu.

---

[1]) S. oben S. 5. — [2]) Vgl. die Bemerkungen Neys (a. a. O. S. 737) zu Vierordts Ausführungen. — [3]) Schwebels „Deutsche Schriften" habe ich nicht eingesehen. Vierordt zitiert, daß in dem von Schwebel selbst (D. Schr. S. 25 ff.), mit dem Datum: Ebernburg 29. Juni 1522, herausgegebenen Briefe Sickingen den befreundeten Ritter über den Genuß des Sakraments unter beiderlei Gestalt und dann über die Messe in deutscher Sprache beruhige. In letzterer Hinsicht schreibe er, Christus habe seinen Jüngern geboten, sein Wort zu verkünden „aller Kreatur klärlich, und ihnen den heiligen Geist gesendet, zu reden in allen Zungen, damit die Süßigkeit christlichen Glaubens, welchen der Fürst der Finsternis zu verbergen trachtet, keinem Volk verborgen noch verhalten wäre." Vierordt, a. a. O. S. 144 f. — [4]) Scripta theolog., p. 337.

Viertes Kapitel.

Die Evangelische Messe
von Kaspar Kantz. 1522.

---

1. Ausgaben.

Ia. Von der Euangelischen Messz etc. 1522. (s. o. S. 38 Anm. 1).

Ib. Won der euägelischen Messz etc. (o. J.) (s. o. S. 38 Anm. 1).

II. Von der Euanglyschenn Messz 1524 etc. (Was Ia und b in Antiqua bieten, hat diese Ausgabe in gotischem Druck. Die Orthographie ersetzt das b durch p, ei durch ai, i durch y; entfahen wird entpfachen, rufen: riefen etc. (Vgl. Feuerlini Bibl. symb., p. 287); s. oben S. 38 Anm. 1.

III. Eine Sonder-Ausgabe: Die rechte Evangelische vnd apostolische Messz | geteutschet durch Gasparum Kantzen | prediger zu Norlyngen | den Leyen vnnd gemeyner Christenheit gantz nutzbarlich zu lesen. 1524. — 7 Bl. 8⁰. — (Abgedruckt und beschrieben in Siona, 18. Jahrg., Heft 5 und 6.) Mit Titelbordüre: je eine Säule rechts und links, verschieden geformt, tragen Einzelgestalten, welche Kuhhörner in Händen tragen; unten eine Traube und Füllhörner; nach v. Dommer, Nr. 121: Augsburg, Jörg Nadler. — Nördlinger Kirchenverwaltung und Zwickauer Ratsschulbibl. —

IV. Von der Euangelischen MelTz mit schönē Christlichen gebeten vor vñ nach der entpfahūg des Sacramēts Durch Caspar Kanntz vonn Nördlingenn jm Jar 1525. Nach Weller 3444 8 Bogen (Blätter!) 8⁰. Titeleinfassung und Zeichen: Joh. Secer, Hagenau. — In der Stadt- und in der Stiftsbibl., St. Gallen, trotz Weller nicht aufzutreiben.

B. Das vorletzte Stück in Von der Evangelischen Mess, wie vnd durch wenn | vnd warumb sy auffgesetzt sey etc. (s. o. S. 39, 2). — Das betr. Stück trägt die Überschrift: Ein ordnung Christlicher Messen | wie gehalten wirdt | vō dem Eerwirdigen herren Johann Bugenhagen auss Pommern | Pfarherr zū Wittenberg. (Andere Ausgaben dieses Sammelbandes s. oben S. 39; vgl. Weller 2807.)

F. Von der Evangel. MelTz (s. o. S. 39 A. 1.), abgedr. bei Calvary; s. u.

K. Verkürzter Abdruck in Eyn auszerwöltt Byechlin etc. (s. o. S. 39 Anm. 4). Wir nennen die erstgenannten Ausgaben Ia und b, die an britter und vierter Stelle aufgeführte II und III; die angeblich Bugenhagen'sche B, die Straßburgische F, die letzte K.
Die Bremer Messe (S. 39, Anm. 5), N, folgt unten im Wortlaut.

2. Litteratur.

Renovatio eccl. Nordl. et ratio omnibus reddita de quorundam institutione per diaconos ibidem. a. M.D.xxv. Datiert pridie jdus Febr., unterzeichnet von Billican und „den diaconi“ — 3 B. 8⁰ in Antiqua. Stadtbibl. in Nördlingen. Auszug bei Richter, I. S. 18 ff. — Joh. Koler, Altes Nürnb. Gesangbuch. 1573. — Derselbe, Christl. Haußgesenge (o. J.). Nürn-

berg (1569?). — G. G. Zeltner, Kurze Erläuterung der Nürnb. Schul= und Re=
form.=Geschichte xc. Nürnberg 1732. — L. A. Seckendorf, Hist. Luth., III.
1694. — D. E. Dolp, Gründlicher Bericht von dem alten Zustand und er=
folgter Reformation in Nördlingen. 1738. — J. F. Schöpperlin, de vita
Theob. Billicani. Zwei Schulprogramme. Nördlingen 1767. 1768. —
D. E. Beyschlag, Versuch einer Schulgeschichte der Reichsstadt Nördlingen. 1793.
— Chr. G. Jöcher, Fortsetzungen und Ergänzungen zum allg. Gelehrten=Lexiko,
III. 1810. — Chr. Mayer, Die Stadt Nördlingen, ihr Leben und ihre Kunst.
1876. — A. Steichele, Das Bisthum Augsburg, historisch und statistisch be=
schrieben. III. 1865. — J. E. Kapp, Kl. Nachlese der Reformations=Urkunden.
1727—30. — J. B. Riederer, Nachrichten xc. 1764. II. III. — B. Vogt,
Joh. Bugenhagen Pomeranus. Elberfeld. 1867. — A. L. Richter, Die evg.
Kirchenordnungen. I. 1846. — W. Löhe, Sammlung liturgischer Formulare
der evg.=luth. Kirche. 3. Heft. Nördlingen 1842. — Chr. Geyer, Eine deutsche
Messe vom Jahre 1524 (Siona, 18. Jahrg. 5 und 6). — Ph. Wackernagel,
Das deutsche Kirchenlied. 1870. I. — K. Gödeke, Grundriß zur Geschichte
der deutschen Dichtung. 2. Aufl. II. 1886. — G. Rietschel, Abendmahl III
in der Realenz. von Hauck, 1. S. 68 ff. — Ph. Wackernagel, M. Luthers
geistl. Lieder (1848). — C. von Winterfeld, Der evg. Kirchengesang (1843). I. —
S. Calvary, Mitteilungen a. d. Antiquariat. Berlin 1868. Vgl. auch Kap. V.

3. Von der Euangelischen Meſſz wie man ſye halten ſoll (Ia).

Zum erſten[1]) ſoll der prieſter oder ein anderer[2]) ein ermanung
thun von dem Sacrament, oder ſunſt etwas tröſtlichs us dem heiligen
Evangelio ſagen, wie jm der geiſt Gottes eyngibt xc. Darnach mag
er die beyſitzer mit ſolchen oder andern worten anreden.

---

[1]) K: Die Euangelisch Mesz. — B beginnt ſo: Zu dem ersten hat
er (angeblich Bugenhagen) geordent an den Suntagen, die man dann
allain feyrt mit samt den Festen, so von Christo sein, das man singet,
wie man bisher gesungen hat, den Introitum von dem Suntag oder
Fest, mit dem Vers aus dem Psalm und Gloria patri: die eer sei got
dem vater und dem sun etc. Darnach das Kyrie eleison, das ist:
Herr, erbarm dich unser, mit dem Lobgesang: Die eer sey got in der
höhe, und den menschen frid auf erdrich etc. Darnach wendet sich der
Priester zu dem Volk und singt: Der herr sey mit euch; Antwort der Chor:
Und der sey mit Deinem geist. Darnach lisst er einen tail aus der
Epistel. Nach gelesner Epistel singt der Chor das Gradual mit
zwayen Versen und das Alleluja. Lassen den Sequenz aus; allain zu
Weynachten singt man: Grates nunc omnes etc. Aber das Volk singt
dafür einen verteutschten Psalm oder lobgesang von Christo. Darnach lisst der Priester das Evangelium, wie man vor gewonlich gelesen hat. Nach dem Evangelio das Patrem. Darnach so predigt
man das Evangelion dem volk. — Item, wo man aber nit singet,
sunder lisst die Mesz, mag man auch ein solchen eingang vor der Mesz
haben, wie an etlichen orten gehalten wirt; dann man darin kain
gesetz geben kann noch sol, sunder frey sol es sein: er mag
es thun vor der predig oder vor dem anfang der Mesz. Summa: er mag
vor oder darnach predigen oder vermanen das volk von dem heyligen
Sacrament oder sunst etwas tröstlichs aus dem heyligen Evangelion sagen
[ſ. I. III]. Darnach mag er die beysitzer, so er wider zum altar
gangen ist, oder auf der Canzel mit solchen oder andern worten anreden: Allerliebsten etc. — [2]) III kennt, wie B, nur den Prieſter als den
Gottesdienſt leitend.

Aller liebsten in Christo, uf das jr mit frölichem, begyrigem herzen entpfahent[1]) den zarten fronleichnam und rosenfarbes blut unsers seligmachers Jesu Christi, so demütigent ewere herzen gegen Gott, bekennent jm ewre sünd und gebrechen mit herzlicher begyr und sänen nach seiner göttlichen gnad und hilf. So will ich yetzt, ewer erwölter priester, euch mitteylen die heyligen absolution und Gott für euch bitten.[2])

Der allmechtig, barmherzig Gott vergeb euch euwer sünd. Und ich, us beveich unsers herren Jhesu Christi, an statt der heyligen[3]) kirchen, sag euch frey, ledig und los aller euwer sünden: in dem namen des vatters und suns und des heyligen geysts. Amen.[4])

Dieweil ich aber auch beschwert bin mit mancherley gebrechen, so bitten Gott treulich für mich, das ich disen seinen dienst jm zu lobe, euch und mir zu trost und heyl möge fleißig usrichten und volenden.[5]) Psalm CXXIII: Unser hilf soll sein in dem namen des herren, der hymmel und erden erschaffen hat.

Darnach soll der priester niderknyen und sagen: Nu laßt uns beten; sprechend alle heimlich[6]) mit mir: Kumm, heiliger geist, erfülle die herzen deiner gläubigen, und entzind in jnen das feür deiner göttlichen liebe, der du durch manigfaltigkeit der zungen die völker der ganzen welt versamlet hast in einigkeit des glaubens. Alleluja. — O herr, allmechtiger Gott, hilf, das bey uns sey und wone dein heiliger geyst, das er uns erleüchte und lern alle warheit, beschütze und sterke in aller widerwertigkeit, durch Christum, unsern herren. Amen.[7])

---

[1]) III: oder entpfangen möget . . . . und begeret von ganzem ewrem hetzen, das euch Gott wölt genedyg seyn und helfen, hynfurt ewer leben zu bessern. — [2]) III wie B haben fortan stets deutlich hervor= tretende, meist lateinische überschriften. — [3]) III: Christlichen. — [4]) B: Die bekantnus des priesters. — [5]) Der folgende Satz fehlt iu III. — B bringt ihn mit der Einleitung: „wie geschriben steet". — [6]) III: sprecht alle andächtiglich. B statt der Aufforderung: Ein gebet des Priesters, welches mit jme haimlich betten mügen die beysteer. — [7]) B: Nach der predigt oder Ewangelion, so bereyt der Priester zu Wittenberg das prot und wein auf so vil personen, wie vil jr sich anzaygen, die zu dem hay- ligen Sacrament wöllen geen und anzaygen sich vor dem Pfarrherren oder Priester, warumb sie zu dem Sacrament wöllen geen und nemen underricht von jm. Und mag der Priester mit dem Volk dieweyl also beten (jetzt folgt das Konsekrationsgebet bis zum Qui pridie); dann: Und so er das prot und wein zubereytet hat, hebt der priester alsbald an zu singen die Prefation (dann man helt kain Offertorium noch Canonem minorem), und singt oder lisst mit lauten worten zu latein: Der Herr sey mit euch; Antwort der Chor: Und sey auch mit deinem geyst. Darnach singt er: Erhebt ewre herz zu got; Antwort: wir haben zu got unsere herz erhaben. Mer singt er: Laszt uns danksagen got unserm herren; Antwort: Dann das ist billich und recht. Weyter singt er: Ja warlich, es ist billich und recht, auch hailsam, das . . . . herren. — Darnach helt der Priester eine klaine zeyt still mit dem singen oder lesen, bis er das prot in die hand genummen hat. Darnach singet er oder lisst weyter mit lauter stimm: Der in der nacht etc.

Præfation oder vorred der Meß: Erhebt ewer herzen zu Gott und laßt uns danksagen Gott unserm herren; denn das ist billich und recht. Ja[1]) warlich ist es billich und recht, auch[2]) heylsam, das wir an allen orten und zu aller zeyt dir, herr, heyliger vatter, allmechtiger, ewiger Gott, danksagen durch Christum, unfern herren. Durch welchen[3]) alle engel und die himmelischen krefte anbetten, eeren und loben dein herrliche majestat. Mit den selbigen, bitten wir, wölleft zulassen und annemen unsere stimm, das wir dich auch loben und sprechen[4]) on ende: Sanctus: heyliger, heyliger, heyliger herre Gott Sabaoth; voll feind hymmel und erd deiner herlichkeit. Osanna in den höchsten, gebenedeyt sey, der da kompt in dem namen des herren. Glück und heyl in den höchsten.

Nun hebt sich erst die Evangelisch Meß an.[5])

O aller gütigister[6]) vatter, barmherziger, ewiger Gott, hilf, das difes brot und der wein uns werde und sey der warhaftig leib und das unschuldig blut deines allerliebsten suns, unfers herren Jhesu Christi. Welcher an dem tag vor seynem leyden nam das brot in feine heiligen hende, sah auf gen hymmel zu dir, seinem allmechtigen vatter, saget dank, segnet und brach das brot, und gab es feinen jüngern, sprechende[7]):

Nement[8]) hyn und essent. Das ist mein leyb, der für euch geben wirt.[9]) Des gleichen nach dem obentmal, nam er den kelch in fein heilige hend, danket, segnet und gab jn feinen jüngern und sprach: Nement hyn und trinkent alle daraus. Das ist der kelch des newen und ewigen testaments in meinem blut, das für euch und für vil vergossen wirt zu vergebung der sünden. Als oft jr das thut, so thuts in meiner gedechtnis.[10])

---

[1]) Ib: Ya. — [2]) III: und. — [3]) III (hier und stets): wilchen. — [4]) III: preyssen. — [5]) Diese bedeutsame überschrift, bei I, II, III, F übereinstimmend, fehlt in B. — K, die Ordnung mit Sursum corda. Erhebt .. eröffnend, läßt die überschrift erst unmittelbar vor den Einsetzungsworten eintreten. — [6]) II: gütigster. — [7]) III: sprechend. — [8]) K: Das ist die recht Mesz. Unser herr Jhesus Christus an dem tag vor seinem leyden .. — III und B: Nemet. — [9]) B: Soliches thut zu meiner gedechtnus. Darnach hebt er das Sakrament auf und zayget es dem Volk. Darnach singt oder lisst er: Desselbigen gleichen auch, do er zu nacht gegessen het, name er den Kelch, saget dank und gabe jnen und sprach: Trinkt aus dem alle; das ist der Kelch des newen Testaments in meinem plut, das für euch vergossen wirt zu vergebung der sünden. Das thut, als oft jr es trinken werdt, zu meiner gedechtnus. Darnach hebt er auch den Kelch auf. Alsbald singt der Chor und das Volk [: folgt das Heiliger, heiliger — ohne Osanna — .... in der höhe.]. Dieweyl man das Sanctus singt, sol der Priester warten und sol nichts thun, oder er sol etwas betrachten, oder er sol betten, was er wil, zu voran sol er betten, das glauben geben werde von den umbsteenden und von der ganzen welt (wie das Ewangelion vor gelernet hat) den worten Christi, welches Sacrament und befestigung er vor jm sicht. Nach dem Sanctus singt der Priester bald: Laszt uns betten [folgt das Vater unser]. — [10]) K läßt hier sofort das Agnus dei folgen und fährt dann fort: So du empfachen wylt den

Laßt uns betten: Vatter unſer, der du biſt im hymmel, geheyliget werd dein nam, zukumm dein reich, dein will der werd als im hymmel und auf der erd. Unſer täglich brot gib uns heut, und vergib uns unſer ſchuld, als wir vergeben unſern ſchuldigern. Und für uns nit in verſuchung[1]), ſonder erlöſe uns von übel.[2]) Durch unſern herren Jheſum, deinen ſun, welcher mit dir und dem heyligen geyſt, ein warer Gott, lebt und herrſcht in ewigkeit. Amen.[3])

Agnus dei: O du lamb Gottes, der du tregſt die ſünd der welt, erbarm dich unſer und gib uns deinen frid.[4]) Amen.

Ein andechtigs gebett vor der entpfahung des[5]) Sakraments: O herr Jheſu Chriſte, du ewigs wort des vatters, du heyland der welt, du warer, lebendiger Gott und menſch, erlös uns durch diſen deinen heyligen fronleichnam und roſenvarbes[6]) blut von allen ſünden. Hilf, das wir erfüllen deine gebott zu aller zeit[7]), und von dir nit geſcheyden werden in ewigkeit. Amen.

Nach diſem gebett[8]) entpfahe der prieſter das Sakrament, iſt er anders geſchickt darzu[9]), und nem darnach ein[10]) hoſtien in die hand, zeyge oder weyſe[11]) die den Communicanten[12]) und ſprech alſo: Secht, allerliebſten, das iſt warlich der heylig leychnam unſers herren Jheſu Chriſti, der für euch gelitten hat den bittern tod. Nement hyn und eſſent jn, das er euch ſpeys[13]), neer und beware in das ewig leben. Amen. Der frid ſey mit[14]) euch allen.

So er ſye nu alle communiciert[15]) hat mit dem heyligen fronleichnam Chriſti, ſprech er alſo: Laßt uns auch trinken den kelch des heyls und anrufen den namen unſers herren. — Und wann er getrunken hat, ſoll er[16]) ſich mit dem kelch oder becher zu jnen keren und alſo

---

leyb Christi, sprich also: Der haylig fronleychnam meynes herrn und seligmachers Jhesu Christi speyse und bewar mich in das ewig leben. Amen. — [1]) III: geschehe ... verlasz .... verlassen .... nit infüre uns. — B fährt fort: Antwort der Chor: Sunder erlöse uns von übel. Amen. Das geschehe durch unsern etc. — [2]) III: denn deyn yst das reich und die kraft und die herrligkeit yn ewigkeit. Amen. Hie neme der Priester das brot und breche es, so vil ers bedarf und sprech: durch unsern etc. — [3]) B: Darnach wendt sich der Priester am Altar umb zu dem volk und sagt: Der frid des herren sey allzeyt mit euch. Antwort: Und sey auch mit deinem geyst. Nach dem singt der Chor, und der Priester sprichts mit worten: O du lamb gottes etc. — [4]) B: Darnach bericht man das volk. Wölt der Priester ein vermanung zu dem volk thun von dem heylichen Sacrament oder etwas tröstlichs aus dem Ewangelio [ſ. o. I, II und III], das wer nit unrecht gethan. Und darnach dem volk also vorbeten vor der empfahung des hochwirdigen sakraments: O herr Jesu Christe etc. — [5]) III: hochwirdigen. — [6]) III: köstbarlich. — [7]) in III fehlt: zu aller zeit. — [8]) B: speyst der Priester sich selbs, darnach das volk. So er das Sacrament in die hand nimbt, sol er sprechen: Secht, allerliebsten etc. — [9]) Dieſer Zuſatz fehlt in III. — [10]) III: die. — [11]) III nur: zeige. — [12]) III: dem Volk; und: Sehet. — [13]) B: das ist ewer speys. — [14]) III: dir! dysse wort sprech der Priester zu eynem yeden, dem er das sacrament reichet. — [15]) III: versorget. — [16]) III: yhn auch den kelch zeygen und sagen.

ſprechen: Secht, das iſt warlich der teür ſchatz des koſtbarlichen bluts unſers herren Jheſu Chriſti, damit jr erkauft ſeyt. Nement hyn und[1] teylents mit einander zu abwäſchung ewer ſünden.[2]

So das geſchehen iſt, ſoll der prieſter nider knyen und[3] dankſagen[4]): O herr, nu laß im frid deine diener nach deinem wort; denn unſere augen haben geſehen dein heyland, welchen du bereitet haſt vor dem angeſicht aller völker, ein liecht zu erleüchten die heyden und zu einer glory deins volks Jsrael. — Dir ſey lob, eer und dank, o du heylige, gebenedeyte, herrliche dreivaltigkeit, Gott vatter, ſun und heyliger geyſt. Amen.[5]

Jtem zu dankſagung mag man ſprechen: Te deum laudamus, — Gott, dich loben wir; dich, herr, bekennen wir. O ewiger vatter, dich eeret das ganz ertrich; alle engel mit allen kreften der hymmelen ſchreyen dir mit onufhörlicher ſtimme: Heyliger, heyliger, heyliger herre Gott ſabaoth; voll ſeind hymmel und erden der glorien deiner majeſtat. Dich lobet die heylige verſamlung der Apoſtein, die löblich zal der propheten und das ſcheinbar hör der märterer. Dich bekent die heyligen Chriſtenheit durch den umbkreis der ganzen welt, einen vatter der ungemeſſen herrlichkeit, und deinen einigen, waren, erwirdigen ſun, auch den tröſter, den heyligen geyſt. O Chriſte, ein künig der eeren, du biſt des vatters ewiger ſun; du haſt nit geſcheucht der junkfrawen leib anzunemen die[6] menſcheit; du haſt[7] überwunden des tods angel, und den gläubigen ufgethon das hymmelreich; du ſitzeſt zu der rechten in der herrlichkeit Gott des vatters und würſt geglaubt ein zukünftiger richter. Darumb bitten wir dich, das du helfeſt deinen dienern, die du mit deinem koſtbarlichen blut erlöſet haſt, uf das wir in ewiger glory belonet werden mit deinen heyligen.

---

[1]) III: drinket al und. — [2]) K ſtatt deſſen: Wann du trinken wylt ſein plut, ſo magſt alſo ſprechen: Das unſchuldig plut meines erlöſers J. Chr. wäſch mich von allen meinen ſünden und trenk mich in das ewig leben. Amen. Nunc dimittis. — [3]) Dieſe drei Worte fehlen in B. — [4]) III: Nunc dimittis ...... Gloria patri ...... seculorum. Amen. — [5]) B: Nach diſem kert der Prieſter ſich zu dem volk und ſingt oder ſpricht alſo: der Herr ſei mit euch. Antwort: Und ſey auch mit deinem geyſt. — Darnach die Collekten liſst der Prieſter: O herr, almechtiger got, verleyche uns in unſer gemüten und herzen, das wir durch den zeytlichen tod deines ſuns, welche diſe wirdig gehaimnus bedeuten, das wir getrawen, das du uns geben haſt das ewige leben, durch den (!) Chriſtum, unſern herren. Amen. Zu dem letzten kert er ſich umb zum volk und ſpricht: der Herr ſei .... deinem geyſt. Alſo ſteet der prieſter ſtil und ſpricht zu dem volk den ſegen, und ſpricht alſo, wie Numeri am VI. capitel: der herr gebenedey dich und behüt dich, und erleucht ſein angeſicht über dich und erbarm ſich dein, und wendt ſein angeſicht zu dir und geb dir den frid. Amen. Darnach wendt er ſich zu dem altar und ſpricht: Wir ſollen Got loben und wol ſprechen. Antwort: Got hab dank und lob. — Wer klärer und weytere bericht wil haben der ordnung, der beſehe das büchlein Doctoris Martini Luthers Von der ordnung der Mesz. — [6]) III: der. — [7]) III: haſt.

O herr, mach sälig dein volk und segne dein erbschaft, regier und erheb sye in ewigkeit; denn wir loben dich alle tag und preysen deinen namen von welt zu welt. — Herr, bewar uns disen tag vor sünden. Erbarm dich unser, o herr, erbarm dich unser und beweys uns dein barmherzigkeit, als wir dann in dich gehofft haben. Herr, in dich hab ich gehofft, laß mich nit geschendt werden in ewigkeit. Amen.[1]

O gütiger, barmherziger Got, ein sterk aller, die in dich hoffen, hilf, das wir also wandlen durch das zeytlich, uf das wir nit verlieren das ewig, durch Christum, unsern herren. Amen.

O du heylige dreivaltigkeit, laß dir wolgefallen unser lob und dankſagung. Mach veſt und ſtet das werk, das du in uns verbracht haſt. Hilf, das uns fruchtbar und fürderlich ſey in das ewig leben. A M E N.[2][3]

4. Die Frage nach der Priorität der schon länger bekannten, an dritter Stelle aufgeführten (II) oder der mit III bezeichneten Geſtalt der Kantz'ſchen Meſſe — hat mich lange beschäftigt. Sie iſt, seit es mir gelang, die Ausgabe (I) von 1522 aufzufinden, faſt ohne Bedeutung.

---

[1] III hat an Stelle dieses deutſchen Stücks: Mag auch in Danksagung sprechen: Te deum laudamus . . . . omnis terra veneratur etc. Und desgleichen mag er auch Magnificat | so das Lukas capi. primo beschrieben hat, lesen und sych damit Gott befehlen. Amen. — Getruckt nach Christi vnsers Herren geburt ym. M. CCCCC und xxiiii. yare. —

[2] F, ſonſt, abgeſehen von zahlloſen Druckfehlern mit II weſentlich übereinſtimmend, bringt nun noch Folgendes: Salve Regis mater misericordie: Vite, dulcedinis et spei nostre, Salve. Ad eum clamamus exules filii Heve. Ad eum suspiramus gementes et flentes in hac lacrimarum valle. Eya ergo, advocate noster, illos tuos misericordes oculos ad nos converte. Et te, Jhesum, benedictum filium dei patris, nobis post hoc exilium ostende, o clemens, o pie, o dulcis fili Marie. — Versiculus: In omni tribulatione et angustia nostra: Succurrat nobis filius virginis Marie. — Oremus: Protege, domine, famulos tuos subsidiis pacis, et beate Marie semper virginis filii patrocinio confidentes a cunctis hostibus redde securos. Per eundem dominum nostrum, Jhesum Christum. Amen. — — Das recht Christenlich Salve: Biss gegrüsset, Maria, du Mutter des Künigs der barmherzigkeit; des lebens, der süszickeit und unser hoffnung, sey gegrüszt. Zu jm ruffen wir ellende Kinder Eve; wir seufzen zu jm klagent unt weynend in disem tall der trähenen, Eya. Darumb (o Christe), unser fürsprech, dise deine barmherzige augen kere zu uns; und erzeyg uns dich Jesum (das ist ein Seligmacher) ein gebenedeyte sun Got des vatters nach disem ellend, o gütiger, o milter, o süszer sun Marie. — Vers: In aller unser trübseligkeit und not: Kume uns zu hilf der junkfrawn sun Marie. — Oremus: O Herr, behüte deine Diener under der beschützung des fryds, und die sich in hilf und beschirmung des suns der seligen allzeyt Junkfraw Marie thund vertrawen, mache sicher vor alle jren feinde, durch den selbigen unsern herren Jhesum Christum. Amen. — Impressum per Martinum Flach anno XXIII. —

[3] K läßt dem Nunc dimittis als Antiphon das Lob der Dreifaltigkeit folgen und ſchließt mit der obenſtehenden Schlußkollekte, der er den Satz eingefügt hat: On dich ist nichts rayn, gut und bestendig.

übrigens scheint keine der ersteren zu der andern in Abhängig=
keitsverhältnis zu stehen. Für den Vorrang einer jeden könnte man
an sich einiges geltend machen, und es ist nicht überflüssig, das auch
jetzt noch auszusprechen. Für III mußte außer den beibehaltenen
(lateinischen) Überschriften vor allem der Umstand sprechen, daß als
den Gottesdienst leitend nur der Priester, nicht „(oder) ein anderer",
betrachtet wird; außerdem die lateinischen Stücke am Schluß. Aber
daß die Beschränkung auf den Priester einen durch die Verhältnisse
nahegelegten Rückzug bedeutet, zeigt I. Nunc dimittis, Te deum und
Magnificat stehen nebenbei mit der Aufschrift der ganzen Ordnung
„verteutscht durch u. s. w.", „den Leyen und gemeyner Christenheit ganz
nutzbarlich zu lesen" in befremdlichem Widerspruch. Für II sprach
von vornherein neben der alten Gestalt des Vaterunsers (ohne die
biblische Doxologie), dem alten Sprachgebrauch „kommuniziert" (III:
versorgt) und „Kommunikanten" (III: Volk), dies, daß das Brotbrechen
unter den Worten „durch Jesum Christum u. s. w." noch nicht vor=
gesehen, bzw. stillschweigend das römische Zerbrechen der Hostie noch in
Geltung ist. Die Frage ist im übrigen durch die Kongruenz von I
und II erledigt; nur ist gewiß wichtig, hier an einem evidenten Falle
zu sehen, daß Kühnheit in der Durchbrechung der bestehenden Ord=
nungen kein Zeichen späterer Entstehung oder nachfolgender weiterer
Umänderung ist. Allerdings gilt dies nur im allgemeinen; örtliche
Sonderverhältnisse nehmen dem Kriterium mannigfach sein Recht. Noch
ist das Eine hervorzuheben, daß der vorliegende Druck von III wohl
jedenfalls jüngeren Datums ist, da er sich selbständig giebt, unver=
bunden mit jenen älteren, von Kantz verfaßten oder doch zusammen=
gefügten Betrachtungen und Gebeten, von denen im Kapitel II die
Rede war. Das Nebeneinander dieser verschiedenartigen Produkte ist
befremdlich, weil die Gebete und Betrachtungen zwar nicht mehr eine
Hinderung bei der Abendmahlsfeier voraussetzen, aber doch den Mangel
einer geschlossenen, evangelischen Gottesdienstform, als welche sich die
„Messe" darstellt. Die Erklärung liegt wohl in der Absicht des
Druckers, den evangelisch Gesinnten eine zwiefache Hilfe für jenen und
für diesen Fall zu leisten. Also tritt schon 1522 in Süddeutschland
die Sachlage ein, die wir zwei Jahre später in Thüringen antreffen.[1]

Geyer hat[2] die Messe des Kantz als für die Übergangszeit be=
zeichnend hingestellt. Mit Recht. Daß er in dem alten, hier nur
verdeutscht auftretenden Konsekrationsgebet den Beweis fortdauernden
römischen Aberglaubens sieht, ist dagegen wohl unrichtig, da die Worte:
„hilf, daß dises brot und der wein uns werde und sey der waraftig
leib und das unschuldig blut u. s. w." zur Not auch eine lutherische
Auslegung zulassen. Hingegen wird auf den „erwelten Priester" mit
Fug aufmerksam gemacht.

---

[1] S. oben S. 29. — [2] Vgl. Siona (a. a. O.), Nr. 5, S. 83 f.

Die vor uns liegende Ordnung nimmt sich auf den ersten Blick wie ein Torso aus. Denn was wir vor uns haben, ist lediglich der eucharistische Teil der Messe. Und zwar sind Sündenbekenntnis (und Absolution), „Komm, heiliger Geist" und die folgende Kollekte nur zu verstehen als freie Umschreibung gewisser Stücke des Offertoriums. Das erstere entspricht dem Suscipe, sancte pater und Orate, fratres samt dem Suscipiat Dominus; die Absolution[2]) ist frei geschaffen; das „Komm, heiliger Geist"[3]) nebst Kollekte ersetzt das Veni, sanctificator. Sofort schließt sich die Präfation an. Aber auch das Sanktus und Benediktus ist als noch nicht zur eigentlichen „rechten Evangelischen Meß" gehörig bezeichnet. Diese „hebt sich erst an" mit dem Konsekrationsgebet, — eine Eigentümlichkeit, die uns, konsequenter durchgeführt, nur in K entgegen tritt, hernach aber wieder begegnen wird. Originell ist die Spendeformel, bestimmter deren Eingang, in dem sich Elevation und Distribution verbinden: „Sehet, allerliebsten"; bemerkenswert, daß der Priester vor dem Volke kommuniziert, aber mit diesem alternierend.

Der Umstand, daß der Lektionsteil der Messe in unserm Formular übergangen ist, läßt mehrere Deutungen zu. Die große Freiheit der vorliegenden Bearbeitung macht am wahrscheinlichsten, daß die Feier mit der Predigt eröffnet zu denken und alles Voraufgehende weggefallen ist.

Überall tritt in der Gottesdienstordnung ein innig frommer Geist hervor, ein warmer und herzlicher Ton, der sich noch heute unmittelbar spürbar macht. Die nicht übersetzten Stücke als von Kanß herrührend zu betrachten, liegt alle Veranlassung vor. Im Einzelausdrucke mag zwar dies und das in der „Messe" aus der Tradition herübergenommen sein. Speziell die fromme Bezeichnung von Brot und Wein, wie sie sich mehrfach bei Kanß findet, ist älterer Herkunft. Anklänge an das „rosenfarbene Blut" und „der heilige Fronleichnam" sind uns bereits im Salus anime[4]) und sonst[5]) begegnet. Allein im ganzen wird das Werk doch auf Kanß zurückgehen und seines Geistes Zeugnis sein. Es ist die älteste uns erhaltene deutsch-evangelische Messe.

5. Der Verfasser. Kaspar Kanß (Kanz, Canz) ist ein mit Unrecht

---

[1]) Man wird an Luthers Urteil in der Form. Missae erinnert: Omnia, quae usque ad Symbolum in missa fiunt, nostra sunt et libera, a deo non exacta, quare nec ad missam necessario pertinent. Immer noch ein sehr konservativer Standpunkt im Vergleich mit Kanß und vollends den Straßburgern! Vgl. oben Link, S 19. — [2]) Wesentlich dieselbe Form: Brandenb.-Nürnberg 1533 (Richter, I, S. 204). Von dem Sündenbekenntnis des Volks ist der Wortlaut nicht mitgeteilt. Vielleicht wurde an dieser Stelle das zweite der der Messe voraufgeschickten vier Stücke verwendet, vielleicht eine „offene Schuld", wie sie sich seit alters der Predigt anschloß. — [3]) Nicht zu verwechseln mit dem Veni sancte spiritus in der Form. Missae, zu dem die Fortsetzung et emitte coelitus zu denken: Sequenz der fer. II. p. Pentec. — Über die vermutlich ältere Gestalt des „Komm, heiliger Geist, erfüll", vgl. Kap. V. — [4]) S. oben S. 14 f. — [5]) Vgl. auch oben das letzte der mitgeteilten Gebete von Urbanus Rhegius. S. 37.

verschollener Name. Dieser Mann, nicht der religiös und sittlich viel tiefer stehende, obschon geistig gewandte Diebold Gerlacher (Theobaldus Billicanus[1]), ist der eigentliche Reformator Nördlingens. Leider ist unsre Kenntnis seiner Lebensumstände so beschränkt, daß wir ein deutliches Bild seiner Entwickelung nicht gewinnen.[2] Bis 1525 finden wir den in Nördlingen geborenen im Karmeliterkloster seiner Heimatstadt. An der diesem Jahre angehörigen Eingabe der Ordensbrüder, die das Kloster dem Rate anbieten, finden wir ihn beteiligt. Kantz war seit dem Rücktritt des lutherisch gesinnten M. Martin Moninger Prior.[3] Jetzt wird er Diakonus und am 21. Juni 1535 als Nachfolger Gerlachers Prediger an der Georgenkirche. Vier Jahre darauf begegnet uns die Notiz, daß er alle Wochen zweimal eine Kinderpredigt zu halten verpflichtet ist. Ferner erfahren wir, daß auf Kantz manche heilsame Einrichtung, namentlich in Sachen der Jugenderziehung, zurückzuführen ist, und daß er durch Beseitigung schlechter Häuser sich Verdienste erworben. Auch muß er Dichter gewesen sein[4] und das Agnus, wie es lange Zeit in Nördlingen gesungen ward, in Musik gesetzt haben. Persönlich wird er geschildert als ein Mann von tiefer Gottesfurcht und im ganzen weicher Sinnesart. Nur einmal soll er (1541) gegenüber dem stets unschlüssigen Rate der Stadt auf der Kanzel ausfallend geworden sein, aber hinterher seine Worte zurückgenommen haben. Kantz war verheiratet. Er erkrankte und legte seine Stelle nieder 1543, im folgenden Jahre ist er gestorben. Die Leichenrede hat ihn als „den frömmsten Mann der ganzen Stadt" bezeichnet.[5]

------

[1] J. F. Schöpperlin, de vita Theobaldi Billicani (zwei Schulprogramme). Nördlingen 1767 u. 68. — [2] Seckendorf, a. a. O., III. p. 183 ss. schreibt regelmäßig Kautz. — [3] D. E. Beyschlag, a. a. O. S. 27 f. — [4] Die Berliner Univ.-Bibl. besitzt das Gesangbüchlein der Christl. Kirchen zu Nördlingen. Gaspar Löner. 1545. 5 Bogen 8⁰. (Vgl. Wackernagel, a. a. O., I. S. 422.) Das betr. Lied ist unbekannt; es muß ein Passionslied gewesen sein. Blatt Eiii steht unter den Liedern für die Fastenzeit: 6. Er Gasper Cantzen Passion. — Offenbar ein anderes Lied von ihm findet sich in Joh. Kolers „Christenliche Haussgesenge", I. Es beginnt: Ich armer gsell leid ungefell. (Goedeke, a. a. O., II. S. 193.) — [5] Folgende Schriften von Kantz sind mir bekannt: 1. Ein Schoner Sermon vber das Euāgelion. Niemant kan zweien herren dienen durch den wirdigē herren Caspar Cantz zu Nörlingen gepredigt. M.D.xxiiii. Auf dem Titelblatt unten ein Engel mit dem Nördlinger Wappen; phantastische Säulen rechts und links, die linke mit Widderköpfen am Kapitäl. Hintergrund eine Art Apsis. Oben unter einem Triumphbogen ein korbähnlicher Aufsatz, zur Seite davon je ein Tierkopf. — 8 Bl. 4⁰. Berliner Univ.-Bibl. — 2. Die historia des leydēs Jesu Christi nach den vier Euangelisten. Vnd auch von der Juden Osterlam̄, mit trostlicher Ausslegūg. 1538 (rote Lettern). Christus am Kreuz mit Maria und Johannes. 9 Bogen 8⁰. — Nach der Vorrede von Kantz „etlichen guten Freunden" zu Liebe gedruckt; in Augspurg durch Alexander Weyssenhorn. — ebenda. — Unbekannt sind mir 3. „Wie man den Kranken und sterbenden Menschen ermahnen, trösten und Gott befehlen soll, daß er von dieser Welt seliglich abscheide." Augsb. 1539, Tübingen 1577. 8⁰. Beck, I. 170. — 4. Katechismus, bei Erasmus Scharpff in Nördlingen gedruckt; nach

Sehr auffallend ist die außerordentlich frühe Entstehung unsres Formulars, für dessen sofortige Verwendung ich an Ort und Stelle kaum eine Möglichkeit sehe.[1]) Erst Allerheiligen 1522 macht Billikan mit dem Rate seinen Pakt, in dem er allerdings auffälligerweise Erhaltung der alten Bräuche verspricht. Nördlingen wird sodann feindlicherseits im Frühjahr 1524 als erzlutherisch bezeichnet[2]); bescheidener äußert sich aber noch ein halbes Jahr später U. Rhegius.[3]) Von einer Reform des Kultus verlautet nichts, außer daß Gerlacher[4]) wider den Opfercharakter der Messe predigt und erklärt, letztere solle nur „zur wuchen auf den Suntag oder sunst angestellt werden". Erst das folgende Jahr bringt die offizielle Änderung des Gottesdienstes.[5]) Die Ordnung ist diese: Am Morgen Schriftauslegung, Dankgebet, Fürbitte, Predigt, Gesänge, Nizänum, Abendmahlsfeier. In den Auslegungen wird vom Sonntag Septuagesimä an die ganze heilige Schrift aus den Ursprachen erklärt. Nachmittags abermalige Predigt. Die Messe wird verworfen. In deutlichem Gegensatz zu Karlstadt aber, der im vergangenen Herbst in Nördlingen gewesen war und der den Gerlacher vorübergehend auf seine Seite gezogen hatte, kommt die Abendmahlsanschauung Luthers zu scharfer und ausführlicher Darlegung.[6]) Dabei ist doch ein eigenartig freier Geist in dem Programm. Wie in Sachen der Taufe den Eltern freigegeben wird, durch Handauflegen und Gebet ihre Kinder Christo zu befehlen, und der Gebrauch von Öl, Salz und Exorzismen in das Belieben gestellt wird, so sollen die, welche nicht an der Abendmahlsfeier teilnehmen, wenn anders guten Geistes, von der Gemeinde nicht ausgeschlossen sein.[7])

Auswärts erregte die Neugestaltung des Nördlinger Gottesdienstes

Dolp, a. a. O., S. 62, mit Luthers Katechismus übereinstimmend, nach Jöcher, a. a. O., III. S. 92 mit der „Summa christl. Gerechtigkeit" identisch, was natürlich ein Unsinn ist. — — Bei der Neuordnung des Gottesdienstes 1538 ist Kantz mitthätig. Diese geht vor sich im Anschluß an Wittenberg, Württemberg, Nürnberg. Vgl. Dolp, Urkunde 47; Richter, a. a. O., I. S. 18 ff. — [1]) Steichele, a. a. O., III. S. 954 f. und 1026; sowie Mayer, a. a. O. S. 246. Geyers, Rietschels (a. a. O.) und meine Angabe (in Nr. 1 der Mschr. f. Gd. u. k. K.) ist hiernach zu berichtigen. — [2]) Cochläus, an den Abt von Heilsbronn d. d. 22. April, nennt die Nördlinger Lutheranissimi. Vgl. Steichele a. a. O. — [3]) an Ökolampad d. d. 21. Okt. 1524: evangelium purissime audiunt Theobaldo concionatore. — [4]) Von der Mess | Gemayn Schluss red durch Theob. Pillicanum, geprediget zu Nörlingen 1524. — [5]) Renovatio eccl. Nordl. (s. o.) bei Daniel; Cod. lit. II, p. IX irrig mit 1522 bezeichnet. — [6]) In coena Domini esse corporaliter carnem et sanguinem Domini. — [7]) Diese interessanteste Stelle des Programms lautet: Si qui non communicant in mensa, tamen bonis coelestibus, justitia dei et charitate communicantes, non arcentur a consuetudine, quanquam malimus omnes in domino fratres juxta Christi verbum etiam in externa coena adcumbere, quemadmodum ipse ait: Bibite ex hoc omnes. Sed danda est infirmis venia, danda est occupatis ad communem utilitatem venia, si in coena non adcumbant idem fide et facto confitentes et facientes.

das Ärgernis der Gegner. Eck[1]) nennt ihn „die beschroten und be=
hawen meß, die sich gar nit vergleicht cum consuetudine veteris
ecclesie." Als charakteristischen Mangel. heben die Feinde hervor,
quod sacrificio Nordlingiacensis ecclesie canon abesset.[2])

Die frühe Entstehung der Ordnung von Kantz, drei Jahre vor
Niederlegung seines Priorats, legt die Frage nahe: War die Messe
vielleicht ursprünglich für das Kloster bestimmt, und bezeichnete jenes
„oder ein anderer" an ihrem Eingange einen Laienbruder?

Leider kann man aus den Angaben des Schriftstücks von 1525
den Gang der späteren Nördlinger Messe nicht deutlich entnehmen.
Unsre Vorlage von 1522 kennt am Eingang weder Dankgebet noch
Fürbitte, keine Predigt außer der Ansprache beim Beginn der Feier,
keine Gesänge, kein Nizänum. Doch sind diese Stücke in der vor=
liegenden Ordnung möglicherweise vorausgesetzt, und wäre letztere dann
lediglich als Abendmahlsformular im engsten Sinne zu verstehen.

Die verkürzte Gestalt hat vielleicht Klaus Krumpach heraus=
gegeben.[3]) Sie ist lediglich für die Laien bestimmt, wie sich daraus
ergiebt, daß jede der dem Original eigenen Anweisungen für den
Priester oder dessen Stellvertreter fehlt. Ausgelassen sind der Ein=
gang bis zur Präfation, die Gebete vor und nach der Konsekration,
die zwiefache eigenartige Elevations=Formel, das Tedeum und die letzte
Antiphon. Für die meisten dieser Stücke bietet das Gebetbuch in
anderm Zusammenhange reichlichen Ersatz. Neu ist die Umwandlung
der Spendeformel in die Worte der Selbstaneignung. Soweit sich hier
etwas vermuten läßt, diente diese Form, nach Art des „Testaments"
von Ökolampad, zum Gebrauch der evangelisch gesinnten Kirchgänger
bei der römischen Messe.

6. Der Straßburger Druck. Besonderes Interesse erweckt die in
Straßburg gedruckte Gestalt der Kantzschen Ordnung. Wie schon
bemerkt, ist der Druck voller Fehler, doch wesentlich mit der als II
bezeichneten Ausgabe übereinstimmend. Der Drucker Martin Flach
(1507—26 dort als Drucker thätig), wie man aus andern Schriften
sieht, einige Zeit in Geschäftsverbindung mit dem bekannteren Knob=
louch, hat auf dem Titelblatt des letzteren (den Namen Knoblouch
botanisch illustrierende) Bordüren verwendet.

In dem Calvaryschen Katalog[4]) wird von G. H. Simon jener
Flachsche Druck als „die älteste Straßburger evangelische Messe" be=
zeichnet. Dies ist jedenfalls irrig.[5]) Ob die Kantzsche Ordnung in
Straßburg je in Gebrauch war, läßt sich nicht mehr feststellen. Die
Annahme liegt nahe, daß der Drucker wesentlich die einleitenden, nicht
zur Messe gehörigen Betrachtungen und Gebete zu verbreiten gedachte.
Indessen sind zu Anfang der kultischen Reform wohl allerorten

---

[1]) an Gerlacher d. d. 20. März 1531; vgl. Dolp, a. a. O. Anhang
Nr. 40. — [2]) Steichele, a. a. O. — [3]) S. oben S. 39, Anm. 4, und 40 f. —
[4]) S. 57 ff. vgl. oben S. 73. — [5]) Vgl. Kapitel VI.

mancherlei Gestalten des Gottesdienstes zu vorübergehender Aufnahme gekommen. Und gewiß ist, daß die Kantzsche Messe auf die Ent=wickelung der Straßburger Ordnungen zeitweilig Einfluß ausgeübt hat.[1])

Das Eigentümlichste aber in der Ausgabe von Flach sind die der Messe angehängten, nur hier mitgeteilten, wohl für den Vesper=Gottes=dienst bestimmten lateinisch=deutschen Stücke, das Salve mit Vers und Kollekte. Für die Kultusgeschichte der Übergangszeit sind die mancherlei Metamorphosen dieses offenbar sehr beliebt gewesenen Gesanges so charakteristisch, daß ich darüber hier einige Notizen mitteilen will.

Bekanntlich soll das Salve von dem Benediktiner Hermannus Contractus (ca. 1050 im Kloster Reichenau) stammen.[2]) Nach der=selben Quelle soll der heilige Bernhard, als er es in Speyer singen hörte, das O clemens etc. selbst hinzugefügt haben. In der Vesper und beim Komplet ist es in der römischen Kirche in allgemeinem Gebrauch. Der älteste Versuch einer Reinigung des Salve, zweifellos durch dessen Volkstümlichkeit an die Hand gegeben, scheint in Nürnberg vor=genommen zu sein. Nach Zeltner[3]) ist es Sebaldus Heyden, Kantor an der Spital=Schule zum heiligen Geist, später als Nachfolger von Johann Denk Rektor an der Sebaldus=Schule, gewesen, der 1523 während des Reichstags dem Salve eine neue Gestalt gegeben hat.[4]) Von ihm soll auch die gereimte deutsche Form herrühren, die in Nürn=berg lange gesungen worden ist.[5]) Aus dem Nürnberger Gottesdienst=Programm „Grund und Ursach"[6]) ersehen wir, daß dort 1524 das alte Salve abgeschafft war. Es ist erwähnenswert, daß gleichwohl das Ave in Nürnberg auf den evangelischen Kanzeln bis 1547 in regel=mäßigem Gebrauch blieb. Derselbe Heyden hat ihm noch in einer

---

[1]) Vgl. insbesondere die Straßburger Ordnung B. — [2]) J. Bona, De divina Psalmodia, Ausg. von 1677. p. 577. — [3]) Rieberer, a. a. O., III. S. 313 ff. — Möller, Osiander, S. 18 f. 164. 526. — Ob dies der bei Panzer 460 verzeichnete Druck, konnte ich nicht feststellen. — [4]) Die Heydensche Form — in Klammern die betr. Stücke des alten Textes — lautet so: Salve (regina) Jesu Christe, (mater) rex misericordie. Vita, dulcedo et spes nostra, salve. Ad te clamamus exules filii Hevae. Ad te suspiramus, gementes et flentes (in) ex hac (lacrimarum) miseriarum valle. Eja ergo (advo-cata nostra) mediator noster, illos tuos misericordes oculos ad nos con-verte (et Jesum, benedictum fructum ventris tui): O Jesu benedicte, faciem Patris tui nobis post hoc exilium ostende. O clemens, o pie, o dulcis (virgo Maria) Jesu Christe. — Ähnlich sind versus und Kollekte ge=ändert. Vgl. Kapp, a. a. O., I. S. 622 ff. Die Handschrift dieses Salve auf Pergament in Band 631 (theol.) der Nürnb. Stadtbibl. Vgl. auch Weller 2674. — Eine interessante und recht geschickte Verteidigung des Salve hat der sonst nicht übermäßig intelligente Alveldt verfaßt unter dem Titel: „Eyn vorklerunge aus heller warheit, ob das Salve regina misericordie eyn Christlicher lobesang sey ader nicht ... M.D.xxvii. Von Augustinus Alveldt." 3½ Bogen in 8⁰ (Zwickauer Ratsschulbibl.). — Andere von D. Georg Haver nennt Weller 2452. 3809. — Zur Verantwortung Heydens in dieser Angelegenheit vgl. zwei Ausgaben einer Schrift bei Rieberer, Nachrichten, III. S. 313 ff. Weller 3432. 3812 f. — Im übrigen s. u. das Kapitel „Nürn=berg". — [5]) Joh. Koler, a. a. O., II. S. 75 ff. — [6]) Vgl. u. Abschnitt VII.

seiner spätesten Schriften[1]) zwischen dem Vaterunser und dem Apostolikum seine Stelle gelassen.

Auch in Augsburg hat man das Salve 1524 verändert. Als Verfasser der neuen Gestalt wird D. Frosch, der vormalige Karmeliter, genannt.[2]) Und mit dieser kommen die bei Flach gedruckten drei lateinischen Stücke genau überein. Sie geben sich zu erkennen als eine merkwürdige Mischung von Altem und Neuem, sofern die Wendung an Maria nicht ganz beseitigt ist, sich aber auf die Anrede im eigentlichen Salve und eine viermalige Beziehung auf die Jungfrau beschränkt.[3]) Die Abhängigkeit des Straßburger Drucks der Kantzschen Messe von diesem Augsburger Salve von 1524 ist ein Beweis, daß jener jüngeren Datums ist, als der in den Februar des gleichen Jahres fallende Beginn der gottesdienstlichen Reform in Straßburg. Noch zwei, bzw. drei andere Umarbeitungen teilt Kapp[4]) aus den Aufzeichnungen Spalatins mit, der als Teilhaber an jenem Nürnberger Reichstag den Vorschlag Heydens kennen gelernt haben kann. So kommen wir in die Nähe Luthers. Dieser hat das alte Salve bereits 1523 verworfen[5]), das Ave dagegen, nach vorübergehender Ablehnung[6]), mannigfach ausgelegt und damit sein Verbleiben im kirchlichen Gebrauch bewirkt.[7]) Daß das Ave biblisch ist, hat ihm im Gegensatz zum Salve natürlich lange Zeit eine öffentliche liturgische Verwendung gesichert.[8])

Wie hoch übrigens auch im evangelischen Südwesten noch zu verhältnismäßig später Zeit das Ansehen der Maria geachtet war, zeigt z. B.

---

[1]) Nomenclatura rerum Domesticarum (ohne Druckort und Jahr); vgl. Zeltner, S. 64 f. — [2]) Kapp, I. S. 622 ff.: „Aus einer alten Kopey". Hier steht nur der lateinische Text. Vgl. Kolde, M. Luther, I. S. 171. — [3]) S. oben S. 78. Anm. 2. — [4]) II S. 591 ff. „Aus Spalatini Autographo"; J. Jonae, Probstes zu Wittenberg, Urteil von Abstellung der Ceremonien. 1523: Tollenda etiam censemus illa cantica, de quibus nihil in scripturis, imo quae manifeste sunt contra scripturas: Salve Regina; sub tuum presidium confugimus . . . . . Cetera utcunque possent adhuc aliquamdiu tolerari, ne subito prostrata videri possunt. — In dem ersten Salve Christianum, wesentlich dem von Heyden entsprechend, heißt es, ganz abweichend, von den übrigen Versionen: patrem benedictum tuum et nostrum . . . . . ostende; das Rex Celi pium ist österlichen Inhalts. Das zweite ist von doppelter Gestalt und bringt bekannte alte Kollekten in den Zusammenhang. — [5]) Ein sermon D. M. L. | Auff das Ewangelion Luce am 1. cap. Maria stund auff vnnd gieng in das gebirg. Wittenberg. M. D. xxiii. — Tüb. Univ.-Bibl. — [6]) Jen. Ausg., II. 510 ff. — [7]) Vgl. z. B. „Eine christl. Vorbetrachtung" D. M. Luther 1525. — „Etliche christl. Gebett vnd underweysung, die magister Georgius Spalatinus seynem Bruder angezeygt vnd überschickt hat." Straßburg, Köpffl. 1524. — Beide in der Bibl. des Thomasst., Straßburg. — Auffallend ist, daß Luther in jener Schrift das Ave noch in kath.-liturg. Gestalt bietet und auslegt. In „Etliche christl. Gebett" heißt es noch: „Ein Mensch soll sich auch keyns gebets mer dann des Vatter unsers, des Ave Maria und des glaubens befleissen." — Ausgabe des Betbüchleins bei Hans Lufft. 1538. — [8]) Ein geändertes Salve erwähnt auch die preuß. KO. 1525 (vgl. Richter, I. S. 29; Tschackert, Urkundenbuch zur Reform.-Geschichte im Herzogthum Preußen. II. Urk. [1524] 189. 190. 300).

die dem Jahre 1529 angehörige „Ordnung“ von Basel, in deren Ab=
satz „Von den Lästerern Gottes, des Glaubens und der Sacrament“
die „userwölte küngin“ ausdrücklich und bei Leibesstrafe in Schutz
genommen wird.[1])

7. Der Wittenberger Druck (B)[2]) zeigt sich von I, bzw. II ab=
hängig, indem er von dort her wichtige Stücke, ja die meisten, wörtlich
und bis auf den Buchstaben übernimmt. Allerdings treten daneben
Bestandteile auf, die der Kantzschen Messe ganz fremd sind. Das
Fehlen der Note „Nun hebt sych erst bye Evangelisch Meß an“ ist
eine der wichtigsten Differenzen. Sodann ist wichtig, daß B ausdrück=
lich „etlicher Orte“ gedenkt und im Unterschied von diesen die Witten=
bergische Ordnung, speziell die von Bugenhagen, darstellen will.

Wie man leicht sieht, sind hier zwei Gottesdienstordnungen neben=
einander bemerkbar, die nur scheinbar eine geschlossene Einheit bilden.
B unterscheidet eine bloß gelesene Messe und eine gesungene. Die
erstere stellt er sich vor in der Kantzschen Gestalt. Die reichere, an=
geblich Wittenberger, Form dagegen bringt sofort alles das an den
Anfang des Gottesdienstes, was bei Kantz fehlt: Introitus, Kyrie und
Gloria, Epistel mit Gradual (das Volk singt an dieser Stelle „ver=
teutschte Psalm oder Lobgesang von Christo“), Evangelium, Patrem,
Predigt über das Evangelium. Jetzt schiebt der Herausgeber das doppelte
Confiteor nebst Absolution, sowie das „Komm, heiliger Geist“ mit dem
zugehörigen Gebete aus der Kantzschen Messe ein. Die dann folgenden
Worte setzen aber wieder bei dem Punkte ein, wo jene fremde Meß=
ordnung verlassen wurde: „Nach der predigt oder Ewangelion“. Es
folgt nun wieder jene andere Form, die eine besondere Zubereitung
der Elemente vorschreibt. Mitten hinein tritt aber das der römischen
Messe entnommene Kantzsche Konsekrationsgebet, — wieder nur ein
Einschub, den die nächsten Worte eigentlich aufheben. „Und so er das
prot und wein zubereitet hat“, — wird die Präfation gesungen, und
nach dieser „mit lauter stimm“ die Einsetzungsworte, gefolgt von der
zweimaligen Elevation. „Chor und Volk“ singen das „Heiliger,
heiliger“, der Priester singt darauf das Vaterunser und spricht, zum
Volke gewandt, das Pax vobiscum, dieses singt, und er spricht das
Agnus. In einer Einschaltung gestattet der Herausgeber an dieser
Stelle eine Ermahnung, als hätte er die Worte bei Kantz: „Eyn
andechtigs gebet vor der entpfachung des Sakraments“ als die Auf=

---

[1]) Wölche die ewige, reine, userwölte küngin, die gebenedyte junkfrawen Mariam ..... verachtend, schändend oder schmähend, also das
sy sagten, die muter Gottes were ein wyb glich wie ein ander wyb hie
uf erden gsin, das sy mer Kinder dann Christum, den son Gottes, gehept,
vor und nach der geburt nit ein ewige junkfraw bliben ..... wöllend
wir ye nach gestalt der sachen an jrem lyb, leben und gut strafen.
H. Bullingers Ref.=Gesch., herausg. von Hottinger und Vögeli, 1838. II.
S. 101. — Befremdlich sind zwar nur die Attribute der Maria. — [2]) Vgl.
Löhe, III. S. 37 ff.

forderung zu einem solchen verstanden. Das Gebet selbst ist, dem Ordo eigen, offenbar beiden Ordnungen gemein. Jetzt kommuniziert der Priester. Aber die nun angeschlossene, jedesmalige Vorzeigung der Gaben vor der Distribution offenbart sich wieder als ein von Kantz entlehnter Zusatz, der durch die voraufgegangene zweimalige Elevation überflüssig geworden ist. Die Danksagung (Lobgesang Simeons) ist mit I übereinstimmend, Salutation und Segen sind B eigentümlich, die Schlußkollekte scheint, obwohl andern Inhalts, durch den Wortlaut des ersten der beiden in I nahegelegt zu sein.

Offenbar ist also B eine Verschmelzung zweier Ordnungen, von denen die eine in I zu suchen ist. Die andere ist Luthers Formula missae. Man vergleiche die „Wittenberger" Ordnung mit jener ersten Aufstellung Luthers, und dessen kritische Bemerkungen über die einzelnen Bestandteile der Messe mit den betreffenden Stellen bei B.

Luther behält bei: Introitus mit Gloria patri, Kyrie und Gloria, Kollekte, Epistel und Alleluja (Veni sancte spiritus), Evangelium, Patrem, deutsche Predigt (falls sie nicht am Anfang stattgehabt), Zurüstung der Gaben, Salutation, Präfation, Qui pridie (laut und mit Elevation), Sanktus, (Pause!) Vaterunser, Pax domini (zum Volk gewandt), Agnus, Gebet: O Jesu Christe (in Plural-Form), Kommunion des Priesters und des Volks (mit Bevorzugung der Ordnung, nach welcher dem Volk das Brot gereicht wird, ehe der Priester den Kelch nimmt), Danksagung, Salutation, Benedikamus, Segen (nach Num. 6). Die Übereinstimmung ist eine absolute, wenn die spezifisch Kantzschen Bestandteile ausgelöst werden. Auch daß Luther den Chor vorläufig beibehält, und was er über die Festtage, über das Offertorium sagt, hat auf B bestimmend eingewirkt und in ihm deutlichen Widerhall gefunden. In seiner Schlußbemerkung verweist der Herausgeber aber auch ausdrücklich auf Luthers Rat, und zwar auf die Schrift „Von der Ordnung der Meß", womit wohl nicht das allgemein gehaltene „Von Ordnung des Gottesdiensts in der Gemeinde", sondern eine deutsche Gestalt der Formula missae gemeint sein wird.

Ein stark konservativer, reaktionärer Zug ist diesem Formular (B) eigen. Die liturgischen Wendungen werden peinlich eingeschärft, auch sonst das Verhalten des Priesters, oft fast kleinlich, vorgeschrieben. Das Verhalten des Volks ist durch die wechselnden Bezeichnungen „beysitzer, beysteer" angedeutet. Besonders würde die Bemerkung im Zusammenhange der Zurüstung von Brot und Wein auffallen: „auf so vil personen, wie vil jr sich anzaygen, die zu dem hayligen Sacrament wöllen geen und anzaygen sich vor dem Pfarherrn oder Priester, warumb sie zu dem Sacrament wöllen geen und nemen underricht von jm", läge nicht auch für ein solches Glaubens-Examen der Kommunikanten in der Formula missae die Weisung vor.[1] Aus diesem

---

[1] Abschnitt De communione populi. W. A. Bd. 12, S. 215.

genauen Anschluß an Luthers lateinische Form ergiebt sich für die Bestandteile der Messe, welche B nur andeutet, wie sie gemeint sind. So ist z. B. das Kyrie als ein neunmaliges zu verstehen, wie die Formula missae es will.[1]

Das Ganze stellt sich dar als ein nicht sehr glücklicher Versuch, die offenbar weitverbreitete Messe des Kantz auch für den Norden, bzw. für die unter Luthers unmittelbarem Einfluß stehenden Gebiete, brauchbar, die allzu kühnen Streiche und Streichungen des Verfassers aber rückgängig und die zu freiheitlichen Züge der Vorlage unschädlich zu machen. Sehr einfach erklärt sich die Datierung der Messe aus, sowie die stete Berufung auf Wittenberg. Der Herausgeber wollte seinem Werk ein maßgebliches Ansehen verleihen. Wohl hätte er sich mit einigem Recht des Namens Luthers bedienen können. Daß er dies nicht that, ist aber aus Rücksicht auf die auch im Süden bereits her=gestellten Drucke der Formula wohl begreiflich. Mehr empfahl es sich, den Pfarrer von Wittenberg, Joh. Bugenhagen, mit dem Werke in Verbindung zu bringen. Ja, dies lag insofern besonders nahe, als in den der Messe voraufgestellten Stücken, die schon vorher ein Ganzes gebildet haben müssen, neben dem Namen des Kantz der des Doktor Pommer stand.

Allerdings hat der Herausgeber mit dieser Wahl dem davon Be=troffenen wenig Freude bereitet. Bugenhagen schreibt an D. Joh. Heß in Breslau[2] sehr erbost über das Attentat und dem Anschein nach nicht ganz gerecht. Die Verstimmung erklärt sich nur zum Teil aus

---

[1] ut hactenus celebratum est. — [2] Anhang zu „Eyn Sendbrieff widder den newen yrrthumb bey dem Sacrament des leybs vnd bluts vnseres Herrn Jhesu Christi. Johan Bugenhagen Pomer. Wittenberg 1525." (Hamb.) Weller 3347 ff. Abgedr. z. B. bei v. Schubert, Die evg. Trauung, S. 143 f. (vgl. Vogt, a. a. O. S. 66, Anm. 2): „Es wird hyn und widder ein büchlein feyl getragen, darynnen steht ein ordenung der Messe, gleich als sey sie von uns so verordnet und gehalten. Ich aber darf frey be=kennen, erstlichen, das ich das selbige nicht geschrieben habe; darnach, das wir diese ordenunge der Messe zu Wittenberg lateinisch nicht also halten, da sich doch etliche, die yn dem stücke als buben, nicht als Christen handeln, anmassen, als haben sie die selbigen yn deutsche Sprach verdolmetschet. Wo den selbigen gesellen yhr ding so wol ge=fallet, so verteydigen sie es mit der heyligen schrift, und liegen nicht also unter unserm namen. Und sonderlich aber verdreusset mich das und gefellet mir trefflich ubel, das sie die ding nöttig machen, die doch nicht nöttig sind. Das wir aber allhie zu Wittemberg teglich das Evan-gelion Christi Deutsch predigen, das halten sie nicht für eine deutsche Messe. Ich wil yndes geschweygen, das sie kein achtung auf die schwachen brüder (haben) yndem, das sie sich so bald, wenn auch das Evan-gelion noch nicht genugsam predigt ist, dünken lassen, sie habens alles macht zu thun, auch mit ergernis yhres bruders. Aber davon ein ander mal etc." — Die Antwort dem Hochgelerten D. Johann Bugenhage ..... auff die Missine, so er an den Hochgelerten D. Hesso ..... geschickt | das Sacrament betr. Durch Conradt Reyssen zu Ofen (o. J.), 3 B. 4° = Wolfenbüttel — nimmt auf den Anhang keinen Bezug.

dem Anstoß, den der angebliche Verfasser an dem ihm zugeschriebenen, der Messe folgenden Trauformular genommen hat, welches der Teufel geschrieben haben möge. Daneben tritt doch ein gewisser Ärger über das vorschnelle Handeln der Süddeutschen hervor[1]), die sich weiter zu gehen erlauben als „wir", und denen eine lateinische Messe mit deutscher Predigt keine deutsche Messe ist. Man erkennt aus dem Schreiben Bugenhagens deutlich, daß er die Abweichungen von der Wittenberger Form, also die Messe des Kantz, für das Werk eines Schwärmers hält. Dazu könnte ihm nicht nur die parallele Bewegung im Lager der Karlstadt und Müntzer Veranlassung gegeben haben; sondern wohl auch gewisse Eigentümlichkeiten der Nördlinger Messe, wie gleich die Wendung am Anfang „Zum ersten soll der priester oder ain anderer" und hernach „euer erwälter priester". Aber da Bugenhagen anscheinend nur B gekannt hat, so ist sein Urteil, recht verstanden, von seinem Standpunkt aus treffender gewesen, als er selber gewußt. Was würde er erst gesagt haben, hätte er den unveränderten Kantz gekannt! Dagegen ist die Behauptung, daß die „buben" aus ihrer Formel ein Gesetz machen, ganz ungerecht; denn gerade in B heißt es: „dann man darin kain gesetz geben kann noch sol; sunder frey sol es sein u. s. w." — Es liegt eine gewisse Jronie darin, und zwar eine solche, deren Wirkung man jederzeit und überall hat beobachten können, daß es dem, der zwischen zwei Lagern vermitteln will, am übelsten ergeht.

8. **Der Niederdeutsche (Bremer) Druck.** Die Kantzsche Messe begegnet uns endlich auch noch in einer niederdeutschen Gestalt. Das Büchlein heißt „Eyne Evangelysce Misse: myt etlyke schone gebede | vm eynen mech to wysen | denē die noch kinder synt in Christo. Myt wodanen geloue vnde manire men eyne rechte Euangelische Misse behoert to holden. Bremen. Anno. MCCCCCXXV.[2])"

---

[1]) **Vogt:** „Erst die Erregung, welche die beginnenden Sakraments-Streitigkeiten verursachten, veranlaßten Bugenhagen, daß er auch dies Büchlein mit Verdruß und Mißtrauen betrachtete, obwohl es ihm in der Sakraments-lehre keinen Anstoß geben konnte." — Über Bugenhagens damalige Stellung zu der Frage, ob ein evang. Christ bei einem röm. Priester kommunizieren dürfe, s. Vogt, S. 67, A. 1. Weller 3341 ff. — In der Schrift „Bedenken, wie man's mit dem Amt in der Kirchen halten solle. 1524", sagt er (nach Vogt): „Man möcht auch in den Dingen eine Ordnung nach D. Martinus Büchlein machen, dem wir in den geringen Dingen billig folgen, angesehen, dass uns Gott durch ihn grössere Dinge, d. i. das heilig Evangelium, offenbart hat." — [2]) 8 Bl. 8°. Das Titelblatt ist schmucklos, die Buchstaben des Wortes „Bremen" sind von zwei Lindenblättern eingerahmt. — Wolfenb. Bibl. — Die Vorrede lautet: Genade unde vrede. Nademael, alderlefste Leser, nu in die nye erschininge der warheit mennigerhande Propheten kamen, de welke sanct Paulus nickt vorsmaet wil hebben, sunder: smaket unde undertastet (sprect sanct Joannes) de geysten, of se van gade syn: So is my vorgemaken eyne dusche (!) Misse myt etlike gebede. Want ick dan wetende der rechter eynvoldiger simpelheit des geloven myt mynen prentent (pretent?) nicht hinderlick wil syn, so sy eyn yder gewarnet, dat he darto sie, dat he nicht holde voer eyne regel, recht

Es erschien mir wichtig, die Messe in dieser Gestalt vollständig abzudrucken, weil das Büchlein, meines Wissens nur bei v. d. Hardt[1] genannt, äußerst selten ist, und weil die Gottesdienstordnung, im ganzen mit I übereinstimmend, einige merkwürdige Züge enthält, die beachtet sein wollen. Indem ich im übrigen auf den Text verweise, mache ich aufmerksam auf die außerordentliche Kühnheit, eine Messe ohne Kom=munion des Priesters zu bieten.

Daß dies Büchlein ein Beweis der ungeheuern Verbreitung der Kantzschen Messe ist, braucht nicht hervorgehoben zu werden. Der drei Stücke, die auch hier der Messe voraufgehen, gedachte ich an anderm Ort.[2]

Eyne forme der maniren, wo man eyn Evangelische Misse holden scal.

Tom irsten scal de prester ofte eyn ander darto gekaren[3] eyne vormaninge don van den Sacramente, ofte anders ichtes wat trostelykes ute den hilgen Evangelio, unde[4] seggen, dat eme de geist gades ingift. Darumme scal he de bisitters myt dussen ofte dusgeliken worden vormanen:

Alderlevesten in Christo. Uppe dat gy myt vroliken unde begerliken herten entfangen mogen den kosteliken schat[5] unde dat testamente des vlesches und des blodes Christi Jesu, unses salichmakers, so othmodiget iuwe herten iegen Got unde kennet eme iuwe sunde

(als?) mooste he dusse gebode lesen, um sick to dem hilligen sacramente to bereiden. Sunder men scal se lesen, um to sien, wo dan en gelove unde begerte van noden sy, um dat testament Christi Christelick to entfangen. Want ten sy, dat men alle utwendige dinge vergete unde sta allene darup, dat dorch den doet Christi unse sunden werden vorgewen. So treden wy van de eynige simpelheit unses geloven, de alleine an Christo henct, unde vallen up unse gebeden, unde eten darumme dat licham Christi tot unser verdomnisse: so syn dan dusse gebede eyne verweckinge des herten, welke me scal laten staen, wen uns Got sulvest bekentenisse gift unser sunden. Wente dan biddet de hillige geist voer uns mit eyn unutsprekelick suchtent. Dat uns verlene de alweldige Got. Amen. — A. G. W. Man kannte bisher zwei Drucke mit diesen Initialen, die übrigens fälschlich oft mit A. G. V. oder A. G. M. wiedergegeben werden. Genau sind die Zeichen diese: A. G. Vu (= W). Die andern Schriften aus dieser Druckerei stammen aus dem Jahre 1526: Conclusion und beschluttrede uth der hilligen schrift dorch Henrik van Sutphenn etc. . . . . up den ersten dach Februarii; und Eyne troestlyke disputation up frage u. antwort gestellt, den gloven unde leve belangende . . . . . Tho Bremen anno MDxxvi. Beide sind an=scheinend verloren und nur aus Muhlius, Dissertation über H. van Zütphen, Kiel 1714, bzw. Scheller (Nr. 683) bekannt; über einen dritten Druck vgl. Kapp, Kl. Nachlese, I. S. 485 f. Es ist merkwürdig, daß die erste ständige Offizin in Bremen erst 1562 begründet wurde und der Rat 1534 seine Kirchenordnung in Magdeburg drucken ließ. Vgl. Richter, I. S. 241. — [1] II. S. 132. — [2] S. oben S. 39. 41. — [3] an späterer Stelle in I: ewer erwölter priester; hier: oder ein anderer. — [4] Bezeichnende Abweichung vom Original. — [5] I: den zarten fronleichnam und rosenfarbes blut.

unde gebreken, myt herteliker begerten trachtende na syner gotliken genade unde hulpe. So will ick[1] iuw nu lesen de absolucien.[2]

Absolutio. — De almechtige, barmhertige got vorgeve iuw iuwe sunde. Unde ick ut bevel unses heren Jesu Christi, in de stede der hilligen kerken vorkundige yuw, frey, ledich unde los to syn van[3] al iuwen sunden. In den name des vaders, des sons unde des hilligen geistes.[4]

Bicht des presters.[5] — So ick dan oek beswaret byn myt mennigerleye gebreken, so bittet oek Got truelick vor my, dat he my myne sunden vergevende[6] bequeme make, iuw syn teken to delen[7] tot syner glorien unde unsen trost unde salicheit.

Psal. CXXIV (!). Unse hulpe scal syn in den name des heren, de hemmel unde erde gescapen heft.[8]

Darna mach de prester sick nederkneen unde seggen: Nu laet uns bidden. Spreket alle hemelick myt my.

Kum, hillige geist, vorvulle de herten dyner gelovigen unde entfenge in hem dat fur der gotliker leve, de du dorch mennichvoldicheit der tungen dat volk der ganzer werlt versammelt hefst in enicheit des geloven.

Eyn gebet. — O here, almechtige Got, help dat by uns sy unde wane dyn hillige geist, dat he us vorluchte unde lere alle warheit unde sterke in alle bedructheit unde lident[9], dorch Christum, unsen leven[10]) heren.[11]

Prefacio ofte vorrede der Missen. — Vorhevet iuw herten to gade unde latet uns dank seggen gade, unsen heren. Went et is billick, recht unde heilsam[12], dat wy in allen orden unde to aller tyt dy, here, hilliger vader, almechtige, ewige Got, dankseggen dorch Christum, unsen leven[13]) heren. Dorch welken alle engelen unde hemmelsche crachte anbeden, eren unde laven dyne hillige maiesteit. Myt den sulvigen, bidden wy, willt tolaten unde annemen unse stemme, dat wy dy oeck laven unde spreken sunder ende: Sanctus. dat is[14]): Hillige, Hillige, Hillige here Got der herscaren. Vul synt hemmel unde erde dyner herlicheit. Osanna in den hogesten. Gebenediet sy de dar kumpt in den name des heren. Gelucke un heil in den hogesten.

Hier hevet sick erst de Evangelische Misse an.
Eyn gebet voran to Gade.

O Aldergnedigeste vader, barmhertige, ewige Got, giff uns dat wy vast gelowen, dat dit brot unde wyn wert[15]) dat waraftige lyf

---

[1] I: ewer erwölter priester. — [2] I: und Gott für euch bitten. — [3] I: sag euch frey, ledig und los. — [4] fehlt: Amen. — [5] Nur hier Über-einstimmung mit B. — [6] Originell. — [7] I: disen seinen dienst . . . . . möge fleiszig usrichten und volenden. — [8] Wie I. — [9] I: in aller widerwertigkeit. — [10] nur hier. — [11] fehlt: Amen. — [12] Wie I. — [13] nur hier. — [14] nur hier. — [15] I: uns werde und sey.

unde blot dynes alderleveften fones, unfes heren Jefu Chrifti. Welker
an deme dage.vor fynem lydent nam dat brot in fyne hilligen hande,
fach up to dem hemmel to dy, fynem almechtigen vader, fede dank
unde brak dat brot unde gaf dat fynen iungeren fprekende:

Nemet hen unde etet; dat is myn licham, dat vor iuw gegeven
wert. Des gelyken na dem aventmael nam he den kellick in fyne hillige[1]
hande, dankede fynen vader unde gaf fynen iungeren unde fprak:

Nemet hen unde drinket alle darut. Dat is de kellick des nygen
unde ewigen teftamentes in mynen blode, dat vor iuw un vor vele
vorgaten wert to vorgevinge der funden. So vaken alfe gy dat doet,
fo doet dat in myne gedechteniffe.

Dat Vader unfe.

Lat uns bidden[2]):

Unfe vader[3]), de du bift in den hemmel. Gehilget werde dyn
name. Tokamen fy uns dyn ryke. Dyn wille de gefche alfe in den
hemmel fo oek up der erden. Unfe dagelickes brot gif uns huden.
Unde vorgif uns unfe fchult, alfe wy vorgeven unfe fchuldeneren.
Unde vore uns nicht in vorfokinge, funder vorlofe uns van allen
quaden. Dorch unfen heren Jefum Chriftum, dynen fone, de myt
dy unde den hilligen geifte eyn war Got levet unde regneret in
ewicheit.[4])

Agnus dei. O du lam gades, de du dregeft de funde der werlt,
vorbarme dy unfer unde gif uns dynen vrede.

Eyn[5]) gebet vor der entfanginge des hochwerdigen Sacramentes.

O here Jefu Chrifte, du ewige wort dynes vaders, du heilant
der werlt, lewendige Got[6]), vorlofe uns dorch dyne grondelofe barmherticheit[7]) van allen funden. Help dat wy vorvullen dyne gebade
to aller tyd unde van dy nicht gefcheden werden in ewicheit.[8])

Hierna fcal de prefter[9]) dat hochwerdige Sacrament geven den,
de dat myt eynen hungerigen, fundigen herten begerent[10]), alfo
fprekende: Wes getroftet. Wente fiet, dit is dat licham unfes heren
Jefu Chrifti, dat vor iuw geleden heft den bitteren doet. Nemet hen
unde etet, uppe dat et iuw fpife[11]) unde bewаre in dat ewige levent.[12])

Alfe fe alle berichtet fynt myt den licham Chrifti, fo fcal de
prefter nemen den kellick myt den durbar blode Chrifti un fpreken
alfo: Nu wil wy oek drinken den kellick des heils unde anropen den
name des heren.[13]) Siet, gy bedrofde fundige herten, unde wefet getroftet. Wente dit is de durbar, koftelicke fchat des blodes unfes heren

---

[1]) Wie I. — [2]) Wie l. — [3]) Nur hier. — [4]) fehlt: Amen. — [5]) I:
andechtigs. — [6]) fehlt: und mensch! — [7]) I: durch disen deinen heyligen fronleichnam und rosenvarbes blut. — [8]) fehlt: Amen. — [9]) Der
Priefter felbft kommuniziert nicht! — [10]) Hier ift ein Sündenbekenntnis oder
Anzeige vorausgefetzt. — [11]) fehlt: neer (I). — [12]) fehlt: Amen, und: Der frid
sey mit euch allen. Sonft übereinftimmend mit I. — [13]) Der Priefter felbft
kommuniziert nicht!

Jesu Christi, darmede gy gekoft sint. Nemet dit un delet under malkanderen[1]) to afwaschinge iuwer sunden.

Went dit alles geschen is, to scal de prester[2]) myt der ganzer Christengemene[3]) danken un laven den heren myt duffen lavesank seggende:

O Here, nu latet in vrede dynen knecht na dynen worden, want unse ogen hebben gesien dynen heilant, den du bereidet hefft voer den angesichte alles volkes, eyn lecht to vorluchtende de heiden unde to eyner glorie dynes volkes Ysrahel.[4]) Dy sy lof unde dank, o du hillige, benedide drevoldicheit, Got vader, sonne, hillige geist.[5])

Te deum laudamus to dude. Di, got, lave wy; dy, here, bekenne wy. O ewige vader, dy eret dat ganze ertrike. Alle engelen myt alle craften des hemmels ropen to dy sunder uphoren seggende: Hillige, Hillige, Hillige here got der herscaren; vul synt hemmel unde erde der glorien dyner maiesteit. Dy lavet de hillige versamelinge der Apostolen, de loflyke tal der propheten unde dat blenkende kor der marteleren. Dy bekennet de hillige Christenheit dorch de ganze werlt Eynen vader der ungemetener herlicheit, unde dynen enygen, waren, erwerdigen sonne, unde den troster, den hilligen geist.

O Christe, eyn konink der eren, du bist des vaders enyge sone. Du hefft nicht geschuwet, van der iunkfrouwen lyf antonemen de minscheit. Du hefft averwunnen des dodes angel unde den gelovigen upgedan dat hemmelryke. Du sittest to der vorderen hant in der herlicheit gades dynes vaders, unde werst gelovet eyn tokamende richter. Darumme bidde wy dy, dat du helpest deynen deneren, de du myt dynen kostbarliken blode vorloset hefft, uppe dat wy in ewigen glorien belonet werden myt dynen hilligen. O here, make salich dyn volk unde gebenedye dyn arstal. Regere un vorheve se in ewicheit. Wy laven dy alle dage unde prysen dynen namen van dat eyne geslechte in dat andere. Here, beware uns duffen dach vor sunden. Vorberme dy unser, o here, vorberme dy Iunser unde bewys uns dyne barmherticheit, als wy dat in dy vorhapen. In dy, here, hebbe ick gehapet, lat my nicht geschent werden in ewicheit. Amen.[6])

A. G. W.

Die Ortsüberlieferung zeigt nicht deutlich die Stelle, wo unsre Bremer Messe Unterkunft gefunden hat. Gleichwohl ist wegen der Seltenheit dortiger Drucke aus dieser Zeit anzunehmen, daß die Ordnung in Bremen selbst benutzt worden ist. Vielleicht steht mit ihrer Einführung in Beziehung der Inhalt der Angabe[7]), daß in der ersten Hälfte des Jahres 1525 deutsche Lieder in die unter Austeilung beider Gestalten vorgenommene Kommunionhandlung eingeführt worden, und

---

[1]) Wie I. — [2]) I: nider knyen und. — [3]) Originell. — [4]) I: Israel. — [5]) fehlt: Amen; sonst wie I. — [6]) I hat noch zwei Kollekten. — [7]) J. F. Iken, Die erste Epoche der Bremischen Reformation (Bremisches Jahrbuch, Bd. 8. 1876. S. 69).

daß biefe Form des Gottesbienftes im Sommer überall außer im Dom, den Klofterkirchen unb einigen Kapellen burchgebrungen fei. Daneben begegnet uns die Melbung[1]), baß im genannten Jahre die lateinifchen Meßgefänge burch beutfche Pfalmen Luthers erfeßt worben feien, was keineswegs unwahrfcheinlich genannt werben kann.

Fünftes Kapitel.

Die Meffen von Thomas Müntzer.
1523—1526.

1. Quellen.

1. Deutzsch kirchē ampt Vorordnet | auffzuheben den hinterlistigen deckel vnter welchem das Liecht der welt | vorhaltē war | welchs yetzt wiederūmb erscheynt mit dysen Lobgesengen | vnd Götlichen Psalmen | die do erbawen die zunemenden Christēheyt | nach gottis vnwandelbarn willen | zum untergang aller prechtigen geperde der gotlosen. Alstedt (o. J.). — In zwei Teilen (7 + 18) 25 Bogen 4⁰. Ohne Vorrede, im Text fünf große unb fchöne Initialen. Auf bem Titelblatt eine Eule auf einem Zweig, halb rechts gewanbt, von 6 Vögeln umflattert. Darüber ein Band mit M.A.H.V. (vgl. Dommer, S. 247, Nr. 94). — Weimar unb Univ.-Bibl. in Berlin. Weller 3067.

2. Deutsch Euangelisch Messze etwann durch die Bepstische pfaffen im latein zu grossem nachteyl des Christen glaubens vor ein opffer gehandelt | vnd itzdt vorordent in dieser ferlichē zeyt zu entdecken den grewel aller abgötterey durch solche miszbreuche der Messen lange zeit getriben. Thomas Muntzer. Alstedt. M.D.xxiii. — Mit einer Vorrede „Allen ausserwelten Gottis freunden", abgebruckt bei Wackernagel, Bibliographie b. b. KLs., S. 541 f. 11 Bogen 4⁰. — Vorauf geht eine feparatim gebruckte „Vorrede yns buch disser Lobgesenge". 2 Bl. 4⁰. — Weimar. Berlin (Univ.-Bibl.). Breslau. Hamburg. — Weller 3067.

3. Ordnung vnd berechnunge des Teutschen ampts zu Alstadt durch Tomam Müntzer | seelwarters ym vorgangen Osteren auffgericht. 1523. Alstedt M.D.xxiii. 6 Bl. 4⁰. Das Titelblatt zeigt einen bärtigen Mann mit Dornenkrone, der bas fächfifche Wappen hält; näher befchrieben z. B. bei Panzer, II. Nr. 1942. Darunter „Gedruckt tzu Eylenburgk durch Nicolaum Widemar." Auf der Rückfeite Ordenung und rechenschafft des Teutschen ampts zu Alstedt durch die diener Gottis newlich auffgericht. 1523. — Weimar, Leipzig, Hamburg, Öffentl. Bibl. zu München. — Bei Panzer vgl. auch Nr. 2546. v. b. Harbt, III. S. 106.

4. Kirche ampt Deutsch vō der aufferstehūg Christi | Oder wie

---

man auff den Ostertag pflegt zu singen gar Christlich. — Volgt auch das deutsch kirchen ampt vonn dem heyligen geyst | das man singt auff den Pfingstag. M.D.xxv. — 5½ Bogen gr. 8⁰. Die beiden Titelhälften sind durch drei Stäbe, die mit gewundenen Linien umsponnen sind, getrennt. Am Anfang der Stücke und auf dem Titelblatt Initialen. Am Ende: gedruckt zu Erffurt zum Schwarzen Horn. M.D.xxv. (Wolfenbüttel.) — Wackernagel, Bibl., S. 86. Zahn, VI. S. 6. — Weller 3457.

5. Die verdeutschten Fest-Introitus, Antiphonae, Sequentien vnd Praefationes, nebst beigefügten musicalischen Noten. Erffurth bey Johann Loerfeld, zur Sonnen bey St. Michael. 1525. 8⁰. Vgl. Wackernagel, Bibl. S. 75; auch f. u. Schöber und Gottschald. — Weller 3899.

6. Teutsch Kirchen ampt So man itzt (Got zu lob) ynn der Kirchen singet. Zum andern mal vbersehen | gebessert | vnnd mit vleys corrigiert. Das Register findestu am ende dises büchlins | yn wilchē die Messen | mit der tzal der bletter verzeichnet sind. 1526. — 6 Bogen 8⁰. Auf dem Titelblatt in den vier Ecken die von Wolken umgebenen Evangelistensymbole. Dazwischen oben die Taube, unten ein auf einem Steckenpferd reitender Engel; links Paulus, rechts Petrus. Am Ende: Gedrückt zu Erffurd yn der Meymer gassen zum Halben Radt | durch Johannem loerffelt. (Kgl. Bibl., Berlin.) Die Beschreibung eines defekten Exemplars giebt Merzdorf im Serapeum, X. (1849) S. 204 ff. Schöberlein (Schatz I. S. 20) hat das Büchlein gekannt; Kümmerle, I. S. 805, Anm. 1, nicht. — Weller 3825.

2. Litteratur.

Eine ganz eigenartige Stellung nehmen in der kultischen Litteratur dieser Zeit die Produkte des Thomas Müntzer ein. Wir haben von ihm vielleicht ein „Kirchenamt", jedenfalls eine „deutsche Messe" und eine „Ordnung". Sie gehören sämtlich zu den Seltenheiten aus jenen Tagen, und ihre Bedeutung ist bisher nirgend gewürdigt worden.[1])

---

[1]) Vgl. Luthers Werke. Walch. XV. XVI. (f. o.) Unschuldige Nachrichten, 1707, S. 611 f.; 1708, S. 393 ff. 398 ff. — de Seckendorf, hist. Luth. I. — D. G. Schöber, Erster Beytrag zur Liederhistorie. 1759. — J. J. Gottschaldt, Lieder-Remarquen. 1784. — G. Th. Strobel, Leben Th. Müntzers, 1795. S. 143 ff. — J. W. Feuerlin, Bibl. symb., 1752. p. 356 s. — J. K. Seidemann, Th. Münzer, 1842. S. 24 ff. — C. E. Förstemann, Neues Urkundenbuch zur Geschichte der evg. Kirchenreformation, 1842. S. 228 ff. — Ph. Wackernagel, Bibliographie 2c., 1855. S. 52 f. 526. 541 f. — Derselbe, Das deutsche Kirchenlied, 1870. III. S. 440 ff. — Derselbe, M. Luthers geistl. Lieder, 1848. S. 143. — C. v. Winterfeld, Der evg. Kirchengesang. I. 1843. S. 32. 139. — H. A. Daniel, Thes. Hymn., 1844. II. S. 316. — K. Gödeke, Grundriß zur Gesch. d. deutschen Dichtung, 2. Aufl. II. 1886. S. 162. Hier ist übrigens die „Messe" mit dem „Kirchenamt" verwechselt worden. — K. Hagen, Deutschlands litt. und relig. Verhältnisse im Reformationszeitalter, 1868. III². — Ph. Wolfrum, Die Entstehung und erste Entwickelung des deutschen evg. Kirchenliedes, 1890. — L. v. Ranke, Deutsche Geschichte im Zeitalter der Reformation, 6. Aufl., II. 1881. S. 126 ff. — J. Zahn, Die Melodien der deutschen evg. Kirchenlieder, VI. 1893. S. 3. — Serapeum, X. 1849. S. 204 ff. — Alzog, Die deutschen Plenarien (f. o.). — Sonstige Litteraturangaben bei Erbkam in Herzogs R.-E., X. 1882. S. 373, sowie bei K. Gödeke, a. a. O. — Otto Merx, Thomas Münzer und Heinrich Pfeiffer 1523—1525. Göttingen 1889. Dort S. 1 ff. Übersicht über die Münzer-

Streng genommen gehört das erstgenannte Stück nicht in diesen Zu=
sammenhang, da es nur die Metten= und Vesperordnung enthält.
Seine unmittelbare Abfassung behauptet Münßer nicht. Die geschicht=
liche Folge der drei Werke wird seit alters dahin bestimmt, daß die
„Ordnung" das älteste sei. Dies Urteil geht offenbar darauf zurück,
daß die andern, sehr umfangreichen Veröffentlichungen die fertigen
kultischen Gebilde, mit musikalischen Noten versehen, darbieten, während
jene, die geschichtliche und grundsätzliche Begründung für Münßers
Thätigkeit darstellend, einen mehr primitiven Eindruck macht. Allein
der innere Zusammenhang der Sache weist uns an, in der „Ordnung"
die nachfolgende Rechtfertigung der im vergangenen Jahre[1] hergerich=
teten Kultusreform zu sehen. Und der Umstand, daß nach Vertreibung
des Alstedter Druckers Münßer genötigt wurde, seine Schriften außer=
halb seines Wohnorts drucken zu lassen[2], bestätigt diese Annahme, da
die „Ordnung" in Eilenburg gedruckt ist. Von den beiden größeren
Büchern ist die „Messe" das jüngere; sie nimmt auf das „Amt" in
der Vorrede Bezug.

3. Das Kirchenamt.

Für die fünf Festzeiten (Advent, Weihnacht, Passionszeit, Ostern,
Pfingsten) treten uns hier die Metten und Vespern in reicher Aus=
stattung entgegen. Der Verlauf der Advent=Mette ist dieser:
Priester: Gott sei unsre Hülfe um seines Namens willen. —
Antwort: Der do geschaffen hat hymel und erben. — Pr.: O Got,
thu auf meyne lippen. — Antw.: Und laß meyn mund dein lob
verkündigen. — Pr.: O Got, steh mir bey in meyner not. —
Antw.: Herr, kum mir schwinde zu Hülfe. — Ehre sei 2c. Amen. —
Invitatorium: Kempt war, es kumpt Got. — Antiphon: Wir
sollen wegthun die werk der Finsternis und anlegen die wappen des
Lichts. — Versicel: Ihr Himmel, tauet hernieder . . . . den hey=
lant. — Vor der lektion nimpt der leser den segen: O du volk
Gottes, thu vor bit zu Got, das mir mein mund werd eröffnet. So
antwort der priester also: Gott der gutige Vater sey dir gnebig dozu
und wilfertig. So antwort der Chor darauf: Amen. — Es folgen
drei Lektionen, jede beschlossen mit den Worten: O du gewaltigster
herre, sey uns gnädig. Der Chor antwortet: Got sey ewiglich dank;
und die dann folgenden Responsorien lauten: „Es ward gesant
Gabriel 2c." „Christ unser künig wirt zukünftig sein 2c." „Du jüdisch
land und Jerusalem 2c." Es folgen die Laudes, das Kapitel (Jesaja 7)

Litteratur. — J. Köstlin, Martin Luther, I³. 1883. — Derselbe, Luthers
Theologie in ihrer geschichtlichen Entwickelung und ihrem innern Zusammen=
hange, II². 1883. — [1] Beachte die doppelte Jahreszahl im Titel. — [2] Seckendorf, I. p. 305.

und der Hymnus „O Herr, erlöser alles Volks" (Christe, redemptor omnium). Benediktus und Benedikamus machen den Schluß. —

In der Vesper der nämliche Eingang wie vorhin. Als Hymnus: „Gott, heylger schöpfer aller Stern" (Conditor alme siderum). Am Schluß das Magnifikat. —

Für Weihnachten findet sich in der Mette der Hymnus „Herodes, o du böſewicht" (Hostis Herodes impie); in der Vesper „Laſt uns von herzen singen" all (A solis ortus cardine).[1] Für die Paſſions-zeit in der Mette „Künig, Christe, schöpfer aller Ding" (Rex Christe, factor omnium) und in der Vesper „Des künigs panir gehn hervor" (Vexilla regis prodeunt). Zu Oſtern in der Mette „Laſt uns nun all vorsichtig sein" (Ad coenam agni providi) und in der Vesper „Der heylgen leben thut stets nach got streben" (Vita sanctorum). Endlich zu Pfingſten in der Mette „Jheſu, unſer erlösung gar" (Jesu, nostra redemptio) und zur Vesper „Kumm zu uns, schöpfer, heylger geyſt" (Veni creator spiritus.[2])

Die Bedeutung des „Kirchenampts" liegt lediglich auf hymno-logisch-muſikaliſchem Gebiet. Der Umſtand, daß es Müntzers Be-ſtrebungen in besonderer Art beleuchtet, mag vorſtehende Mitteilungen rechtfertigen. Wie man die Herausgabe dieser Ämter vielfach angeſehen, werden wir sogleich von ihm selber hören.

4. Die Meſſen.
Vorrede yns Buch diſſer Loßgeſenge.

„Unſer warhaftiger seligmacher Jesus Christus hat allen schaden der Christenheit zuvorn vorkundiget Matth. am XIII. unterſchied: Do die menschen schliefen (welche er balt ernach engel heiſt), quam der feind und sehete unkraut zwischen den weizen. Christus hat die rechte Christenheit angefangen. Aber die Gotlosen hoben sie vorunreynet durch nachleſſigkeit aller tregen Auserwelten. Drumb sagt Paulus in den geschichten der boten Gotis am XX. unterſchied mit dörren worten also: Habt achtung auf euch selbst und auf die ganzen herde, unter wilche euch der heylige geiſt gesatzt hat zu wechtern, zu weyden die gemeyne Gotis, wilche er durch sein eigen blut erworben hat. Dann das weis ich, das nach meinem abschied werden unter euch kommen reiſſende wolfe, die der herd nicht verschonen werden. Auch aus euch selbſt werden auffſtehen menner, die do vorkarte lere reden, die junger nach sich selbſt zuziehen; darumb seht drauf. Das aber nun niemand mit seinem betrieglichen vorſtande[3] diſſe wort Christi und Pauli, auch aller heiligen Propheten, von der zurfallen Christenheit

---

[1]) Bei Wackernagel, III. S. 441 überſehen. — [2]) Wackernagel, III. S. 444, ist hiernach zu berichtigen. — [3]) Ergänze etwa: überſehe, daß.

uber die maße ganz und gar yns wesen gefurt seint (!). Egesippus, ein glaubhaftiger schreiber der geschichte, der Aposteln schuler, am funften buch der erklerunge, und Eusebius, am vierten buch der Christlichen kirchen, sagen gestracks naus, das die heilige Braut Christi ein Jung=fraw blieben ist bis nach dem tobe der Apostelnschuler, und darnach also balde zu einer unzüchtigen Ebrecherin worden. In solchen klaren und dergleichen geschichtbüchern ist nicht alleine zumerken, sondern zu=greifen, wie die Christenheit geschickt gewesen ist, do unser eltern fur sechshundert jarn zum glauben komen seint.

Die fromen, gutherzigen veter (die unser land bekart haben) taten, was sie nach gelegenheit der leute wußten. Sie waren welsche und franzosische münche. Zur besserung war yr ankunft zudulden; dan es ist wol leichtlich zubetrachten, das sie lateinisch gesungen haben, darumb das die deutsche sprache ganz und gar ungemustert war, und das die leute zur eynigkeit gehalten worden; dan auf das mal fiel ganz Asia ab. Das aber sulche ankunft nicht gebessert solt werden, solte wol ein wunderlich spiel sein; dann aller vornunftiger wandel der menschen sich von tag zu tag gedenkt höcher zu bessern, und Got solt so amechtig sein, das er sein werk nicht solte daruber erhörer (?) bringen. Nein zwar, do sagt Christus und gebeut mit ernste davor zugedenken, Matth. am funften und am zehenden: Offenbarlich sol die Stadt ufm berge erscheinen; man sol das liecht nicht unter den deckel storzen, es sol allen leuchten, die ym haus seint. Was ist das anders, dan Paulus sagt 1. Cor. XIIII und Eph. am funften: Wan die leute zusamen komen, solten sie sich ergetzen mit lobgesengen und psalmen, auf das alle, die hineyn gehen zu yhn, mügen gebessert werden.

Es wirt sich nicht lenger leiden, das man den lateinischen worten wil eine kraft zu schreiben, wie die zaubrer thun und das arme volk vil ungelarter lassen aus der kirchen gehen dan hyneyn, so ye Got gesagt hat, Esaje am LIIII und Jeremie am XXXI, Joannis am VI., das alle auserwelte von Got gelert werden sollen. Und Paulus sagt: die leute sollen durch lobgesenge erbawet werden. Darumb hab ich zur besserung nach der deutschen art und musterung, ydoch in unvorrucklicher geheym des heiligen geists vordolmatscht die psalmen, mehr nach dem sinne dan nach den worten. Es ist ein unfletige sache, menlein kegen menlein zu malen, nach deme wir zum geist noch zur zeit vil musterns bedörfen, bis das wir entgröbet werden von unser angenommen weise.

Es werden funf Ampt das ganze Jar uber zusingen, in wilchem die ganze Biblie wirt an stat der Lection gesungen. Zum ersten von der Zukunft Christi, welche angeht ym weinmond aber auf aller heilgen tag, wen man die Propheten anlegt (!) Zum andern von der Geburt Christi bis auf die opferung in tempel. Zum dritten von dem Leiden Christi bis auf Ostern. Zum vierden von der Auferstehung Christi bis auf Pfingsten. Zum funften von dem heyligen Geiste bis auf aller heilgen tag. Also wirt Christus durch den heiligen geist in uns durch ſein gezeugnis erkleret, wie er vorkundigt iſt durch die propheten, geborn, geſtorben und erſtanden iſt, wilcher mit ſeinem vater und dem ſelbigen heiligen Geiſt regirt ewig und uns zu ſeinen ſchulern mache. Amen."

Der Meſſe ſelbſt geht abermals ein Vorwort voraus, das, bei Wackernagel[1]) abgedruckt, hier nur nach ſeinem weſentlichen Inhalt angegeben werden ſoll. „Es ſeint newlich etliche Ampt und lobgeſenge im Deutſchen durch meyn anregen ausgangen," ſo heißt es hier, „das mir etliche gelerte aus heſſigem neide aufs höchſt vorargen und zu vorhindern fleyß vorgewand haben." Müntzer proteſtiert gegen die Unterſtellung, als wolle er die alten päpſtlichen Bräuche wieder auf= richten. Ihm komme es nur darauf an, dem Volk „die Biblien und ihren rechten Verſtand" wiederzugeben. Aber deutſch, „damit die ge= wiſſen nit ſo grob und unvorſtendig wie ein hackebloch bleyben." Verkürzung oder Verlängerung dieſer Ämter bleibt jedem anheimgeſtellt; denn was Menſchen gemacht haben, kann verändert werden. Auch die Geſänge, es ſei Et in terra oder Patrem, die „zu zeyten verdrißlich ſeint von wegen des vielen gedöens". Nur die Pſalmen[2]) ſollen nicht verkürzt werden; denn die eine Predigt am Sonntag, bisher gehalten, genügt nicht. Die Pfaffen, die den Armen nur „trachenmilch" ge= geben, ſollen nicht länger „faullenzen und in der Woche Junker ſein". Mögen ſie denn dies Werk läſtern. Mit deutſchen Lobgeſängen muß und ſoll das Volk „entgröbet" werden.

Auch die Meſſen ſind für die fünf Kirchenzeiten hintereinander geordnet. Vorauf geht für alle folgender Eingang:

Der 42. pſalm wirt geſprochen mit dem ganzen volk, ehe man gemeine beycht thut.

1. O Gott, urteyl mich und ſunder mich ab von der gottloſen art, und errette mich von dem hinterliſtigen ſchalke. 2. Dan du biſt ein Gott meiner ſterke. Warumb haſt du mich vorlaſſen? Ich ging wie ein trauriger, do mich zwang der gottloſe menſche. 3. Schick aus dein licht und warheyt, daß ſie werden mich furen zum heyligen Berge und deynem lager. 4. Do werde ich kommen zum altar Gottis, zu Gotte, der meine jugent erfrawet. O Gott, mein Gott, do bekenne ich dein lob auf der harfen. 5. O meyne ſeele, warumb rympfeſtu dich? warumb machſtu mich trawrig? erwarte des herrn; dann ich bekenn yhn. Er iſt ein heyl meyns angeſichts, und er iſt mein Gott. 6. Ere ſey dem vater und dem ſohne und dem heyligen geyſte. Als es war im anfang, itzt und ymmer und ewickeyt zu ewickeyt. — Do antwort das gemeyn volk: Amen.

---

[1]) S. oben S. 94 Nr. 2. — [2]) Alſo Müntzers oder vielmehr des Geiſtes eigenſtes Werk!

Die beycht thut der priefter mit klaren worten vor allem Volk, fagende:

O milder Gott vater, ich bekenne dir und deinem zarten fohne, Jefu Chrift, und dem tröfter, dem heyligen geyft, vor allen Gottfürchtigen, das ich elender funder meyn lebenlang wider deynen willen (def durchs gefetz erklert wirt) gehandelt habe, mit hynleffigem zuvorficht und mit ungeübtem glauben und mit unbeflißner liebe ftat gegeben hab den funden; diefelbigen mit begyr, worten und werken nit abgewant durch Gottis werk und wort. Darumb bit ich euch umbftehenden auserwelten freunde Gottis, helfen zu bitten vor mich mit ganzem herzen, gemüt und kreften, auf das die geheym göttliches bundes eröffnet werden durch meyne rede und durch ewr gehöre.

Das gemeine volk fagt darauf: Gott fey dir gnedig, lere dich von tag zu tage, alle feynes willens und werks uns zu gute warnemen mit thun und laffen. — Der priefter fagt darauf: Amen. Und fobald faget er diefen vers: O Gott, wende dich zu uns wie ein getrewer unterweifer. — Do antwort das volk darauf: Auf das wir, dein volk, mügen in dir frölich fein. — Darnach faget der priefter: O Herr, nicht uns, nicht uns. Refp: Sundern gib den preis deynem namen. — Der priefter faget: Laft uns bitten: O Herr, nimm von uns unfer miffethat, das wir mit rechtfchaffenem gemüt deiner heyligen göttlichen kraft mügen gewertig fein im gezeugnis zukünftiger wort durch Jefum Chriftum, unfern Herrn. Amen.

Ampt von der Menfchwerdung Chrifti, unfers heilants.

Introitus: Jr himmel, tawet hernider, und yr wolken, regnet den gerechten; es thu fich auf die erde und auffpreuße den heylant.

Pfalm: Die himmel vorzelen den preys Gottis, und das firmament vorkündiget dye werk feiner hende. Ere fey dem vater ꝛc.[1]

---

[1] Das Ampt von der geburt Christi. Uns ist ein Kint geboren, und oyn sohn ist uns gegeben, wilches hirschaft ist auf seiner schultern. Und sein nam wirt geheiszen ein engel des groszen rates. Singet Gott dem herren eyn newes lied; dann er hat wundersam ding gemachet. Ere sei etc. — Das Ampt vom leyden Christi. Im namen Jesu sollen sich biegen alle knye der himlischen, yrdischen und der hellischen; dann der herr ist gehorsam worden bis in den tod, in den tod des kreuzes. Darumb ist der herr Jesus Christus im preis seynes Vaters. O Herr, erhör meyn Gebete, und lasz meyn geschrey vor dich kummen. Ere sei etc. — Das Ampt von der Aufersteung Christi. Ich bin wider erstanden und bin noch mit dir. Alleluja. Du hast dein hand auf mich geleget. All. Deyn kunst ist wundersam von mir worden. All. All. Herr, du hast mich beweret und erkant, du hast erfaren mein ruge und meyn aufersteung. Ere sei etc. — Das Ampt vom heylgen Geist. Der geyst des herren hat erfullet den umbkreys der erden. Alleluja. Und das do all ding beschleusset, hat die kunst der stymme. All. — vers: Got der steh auf, das sich zurstrawen seyne feinde, und die yn vorhassen, flihen vor seynem angesicht. Ere sey etc.

Kyrie leyson, Christe leyson, Kyrie leyson. — Preis sey Gott in der höe. Und den menschen auf erden frid eyns guten willens. Wir loben dich, wir gesegnen dich, wir anbeten dich, wir ehrwirdigen dich, wir danksagen dir von deynes großes preises wegen. Herre Gott, himmelischer künig, o Gott vater almechtiger. Herre du eingeborner sohn Jesu Christe, allerhöchster. Herre Gott, ein lamp Gotes, ein sohn des vaters, der du tregest die sunde der werlet, erbarm dich unser; der du tregest die sunde der werlet, nym auf unser inniges bitten; der du sitzest zu der rechten deynes vaters, erbarm dich unser. Dann du bist allein heylig, du bist allein ein herr, du bist allein der höchste, Jesu Christe, mit dem heyligen geyste im preise Gott des vaters. Amen.

Hiernach hebt der priester an: Der herr sey mit euch! So antwort das volk darauf: Und mit deinem geist! Darnach hebet der priester wider an zulesen die Collekten und saget also: Laßt uns bitten. O milder Gott, der du dein ewiges wort der menschen natur hast lassen an sich nemen vom unvorruckten leybe der junkfrawen Marie, vorley deinen auserwelten, urlob zugeben den fleyschlichen lusten, auf das sie all deiner heymsuchung stat geben, durch den selbigen Jesum Christum, deynen lieben sohn, unsern herrn, der mit dir lebet und regiret in eynigkeit des heyligen geysts von welt zu werlet. — Antwort das volk: Amen.[1])

Dis geles hat beschrieben der heylige Esajas, der Prophete: Dis saget Gott der herr. Eyne rute wirt ausgehn von der worzeln Jesse, und ein blüt wirt aufsteigen von yrer worzeln. Und auf dem blüt wirt rugen der geyst des herrn, der geyst der weisheyt und des vorstandes, der geyst des rats und der sterke, der geyst der kunst und der gütickeit. Und es wirt der geist der forcht des herren die blüet erfullen. Die blüet wirt yhr urteyl nicht volfuren nach dem ansehen der leute, und yre straf vorenden, nach dem die welt gerne höret. Sunder wirt urteylen die dörftigen in der gerechtigkeyt, und wirt strafen die sanftmütigen der erden in der billigkeyt, und wirt schlahen das ertreich mit der ruten yres mundes, und mit dem geyst yrer

---

[1]) Zu Weihnachten: O allmechtiger Gott, vorley, das die new gepurt deynes eynigen Sohnes im fleysch volfuret, uns erlöse vom entichristischen regiment der gotlosen, das wyr durch unser sunde verdinet haben, durch den selben etc. — Zur Passionszeit: O gütiger Gott, du wilt villieber deinem volk gnedig sein, dann deinen Zorn uber ymant ergissen. Vorley allen auserwelten durch das leyden deynes Sohns zuvor hassen yre sünde, auf das sie deynen trost mügen empfangen durch etc. — Zu Ostern: O Ewiger Gott, der du uns durch deynen eynigen sohn eroffnet hast den zugang zum ewigen leben, noch dem er den syg des todes behalden hat, erwecke die begyr unsers herzens und hilf sie uns volfüren, durch etc. — Zu Pfingsten: O Barmherziger Gott, der du gelert hast die herzen deiner getrewen durch die erleuchtung des heyligen geystes, vorley uns im selben geyst die Gerechtigkeyt zu betrachten und besinnen, das wir stets uns seynes trostes mügen frewen, durch etc.

lyppen wirt fie töten den gottlofen. Und die gerechtigkeit wirt yr
ein görtel an der lenden fein, und der glaube ein fchurz yrer nyren.¹)

Hierauf volgt das Alleluia. vers: Herr, erzeych uns deyne
barmherzickeit und gib uns deynen heylant.²) — Nach diefem liefet
der prifter das Evangelion. Der herr fey mit euch! Antwort das
volk: Und mit deinem geyft! Dis Evangelion befchreibet der heylge
Lucas. Das volk antwort: Ehre fey dir, lieber herre!

---

¹) Zu Weihnachten: Der sendebrief des heiligen Pauli an seinen
schuler Titon am ersten. (Folgt die Epiftel. Am Anfang „Du allerliebster",
ftatt „freundlichkeit": „güte"; ftatt „gerecht und erben": „gerecht-
fertigete erben"; am Schluß „in Christo Jhesu, unserm Herren". Sonft
genau nach Luther.) — Paffion: Der sendebrif des heylgen Pauli zun
Philippern am andern: Ihr bruder, Christus ist gehorsam worden etc.
(genau nach Luther) .... gottis des vaters. — Zu Oftern: Der sendebrif des heyligen Pauli zun Colosern am andern: Ir lieben brüder, seyt
yr mit Christo erstanden etc. („nemet die ding zu synnen, die droben
seint" .... „so todtet nu ewre glyder auf erden in Christo Jesu unserm
herrn". Sonft wie Luther). — Zu Pfingften: Dis geles ist beschriben
in den geschichten der heyligen boten gottis am 1: („jünger" ftatt „sie".
Sonft genau wie Luther) ... gab auszusprechen. — ²) Weihnachten:
Alleluja. Der geheiligte tag ist uns erschynen. Kumpt her und ehr-
erbietet dem herren; dann heut ist eyn grosz liecht hernider kummen
auf die erden. — Sequenz: Last uns nu alle danksagen dem herren
Gott, wilcher durch sein heylge geburt uns all erlöst hat von der graw-
samen teuflischen gewalt. Dem stet alleyn zu, das wir mit den engeln
singen allzeyt: preis sey Gott in den höchsten. — Paffion: Alleluja.
Christus ist gehorsam worden seinem vater bis in tod und in tod des
kreuzes. — Oftern: Alleluja. Unser osterlamp Christus ist geopfert.
Heut solln alle Christen loben das osterlamb mit Freuden. Solchs lamp
hat Gott vorsunet seynen vater unser schult, und sein schaff erlost mit
seiner unschult. Tod und leben die stritten umb Christ, den waren
mittler. Der herre des lebens regirt ewigk. Sag uns nu, Maria, was
fanstu am weg aldo? Das grab des lebenden Gotes und den preis
Christi, der erstanden ist. Der engel gezeugnis zeicht, das Christ erstanden ist, sein schweistuch und heylgen kleyder. Bescheidt yhn zu
sehn in Galylea. Es ist viel mehr zu glauben allein Marie warhaftigk,
dann was die Juden sagen unnützlich. Wir wissen, das der Christ vom
tod erstanden ist warlich; darumb gib uns, herr, dein freuden ewiglich.
Alleluja. — Pfingften: Alleluja. O heylger geist, kum und erfulle
die herzen deyner getrewen und zund an in yhn das fewer deyner liebe.
Kum, du tröster, heylger geist, aus deins lichtes brun uns leist eynen
durchleuchtigen strael. Kum, ein vater der weysen, hilf uns auf dieser
reysen hie aus diesem jammertal. O du allerhöchster trost, der sölen
ein süsser gast, eyne süsse erzeney. In der Arbeit unser rug, im sturm-
wetter guter fug, im elend dich zu uns neyg. O allerseligstes liecht,
der menschen herzen aufricht, die im rechten glauben seint. On dein
hilf und holde zwar ist im menschen ganz und gar anders nicht dann
schult und peyn. Wasche, das do unreyn ist; küle, das do erhitzt ist;
heyle, das do vorwundt ist. Beug zurecht, was streyt und strebt; be-
deck, das von kelte webt; bring zum weg, was voryrrt ist. Gib den
auserwelten deyn, siebenmal gewertig sein deiner gaben miltigklich.
Gib der tugend yren lon, der du selber bist gar schon; mach aus uns
dein himmelreich.

Im sechsten mond wart der engel Gabriel gesandt von Gott in eyne stadt Nazareth, zu eyner junkfrawen ꝛc.[1] — Hyrnach volget das Credo:

Ich gleube in eynen Gott, Vater almechtigen, schöpfer himmels und der erden, aller sichtigen ding und unsichtigen. Und in eynen herren, Jesum Christum, den eingebornen sohn Gottes, und vom vater geborn vor aller werlet, ein Gott vom Gotte, ein liecht vom lichte, ein war Gott vom waren Gotte, der do ist geborn, und nicht geschaffen, und eins gleichen wesens mit dem vater, durch wilchen alle ding gemachet seint. Der umb unser willen und von unsers heyles wegen ist abgestigen vom himmel und ist vormenschet von dem heyligen geiste. Aus Maria der junkfrawen ist er mensch geboren. Dozu gekreuziget vor uns unter Pontio Pilato, hat er geliden und ist begraben und auferstanden am dritten tage nach inhalt der schriften; und ist aufgestigen in himmel, sitzet zu der rechten des vaters, und ist wider zukunftigk mit preise, zu richten die lebenden und todten, wilches reichs wirt sein kein ende. Und in den heyligen geyst, unsern herren, der do lebendig machet, der do abgeht vom vater und dem sohne, der mit dem vater und dem sohne gleich wirt angebetet und gleich gepreiset, der geredt hat durch die propheten. Und eyne heilige christliche kirche. Ich bekenne eyne taufe in vergebung der sunde, und erwarte der auferstehunge der todten und eyns zukünftigen ewigen lebens. Amen.

O herr, zu dir hab ich erhaben meine sele; o Gott, mein Gott, auf dich vorlaß ich mich und werd nit zu schanden, das mich meine feinde nicht bespotten, durch alle ewigkeit der ewigkeit. Amen. — Der herre sey mit euch. Und mit deynem geiste. Unser herzen in die höe. Haben wir zu dem herren. Wir sagen dank dem herren, unserem Gotte. Es ist wirdig und ist recht. Warlich, es ist billich und recht

---

[1] Weihnachten: Dis Evangelion hat beschriben der heylige Lucas am andern (folgt das Evg. Am Anfang „Zu eyner zeyt“, hernach „yhres vichs“ statt „ihrer Herden“, „sehet“ statt „siehe“, „englischen“ statt „himmlischen“; das Gloria wie oben. Sonst nach Luther!). — Antiphon: Die Himmel seint deyn, und die erde ist deyn, den umbkreis der erden hast du ergrundet, die gerechtigkeit und das urteil ist die bereytung deynes stules. — Passion: Dis Evangelion hat beschriben der heylge Mattheus am 20. Zu eyner Zeit zog Jesus hinauf gen Jerusalem (wesentlich nach Luther) .... wider auferstehen. — Die gerechte hand des herren hat kreftiglich gewirket, die rechte hand hat mich erhaben. Ich wil nicht sterben, sonder ich wil leben, bis das ich die weg des herren vorzele. Durch alle ewigkeit .... — Ostern: Dis Evangelion hat beschrieben der heyl. Markus am 16: („Jesum“ statt „ihn“. Sonst nach Luther) .... wie er euch gesagt hat. — Die erde hat erbidmet und geruget, do Gott wolt zum urteil auferstehn. — Pfingsten: Dis Evangelion hat beschrieben der heylige Joannes am 14: „Zu eyner zeyt sprach Jhesus zu seinen jüngern etc.“ (nach Luther). — O Gott, bestetige das in uns, wilchs du in uns hast gewirket von deynes tempels wegen, der do ist zu Jerusalem. Alleluja.

und ift heylfam, das wir dir, herr, o heyliger vater, almechtiger, ewiger Gott, allzeit und allenthalben dankfagen. Dann du dein heylige menfcheit von der junkfrawen Maria haft empfangen durch die umbfchetigung des heylgen geyftes, das fie mit unvorruckter keufcheyt das ewige licht zur welt gebracht hat, Jefum Chriftum, unferen herren. Durch wilchen loben die engel dein herligkeyt und ehr erbieten die engel, do du innen hirfcheft; es entfetzen fich die gewaltigen engel; dozu die himmel und der himmel krefte und die heiligen feraphin preifen dich on unterlaß mit einmütiger freuden. Darumb bitten wir dich, o herr, das du wolteft unfere ftymmen mit yn zu laffen, das wir dich mit warem bekentnis mügen loben one ende, fagende: Heylger, heylger, heylger herre Gott fabaoth. Hymmel und erde feint erfullet mit deynem preife.[1] Ozyanna in den höchften. Gefegnet fey, der do kumpt im namen des herren. Ozyanna in den höchften.

Eynen tag zuvorn, do Jefus wolte leiden, nam er das brot in feine heiligen hende und hub auf feine augen in himmel zu dir, Gott feynem almechtigen vater, und fagte dir dank und gefegnete es und brach es und gab es feynen jüngern, fagende: Nempt hin und effet darvon. Das ift meyn leichnam, der vor euch dargegeben wirt. Des felbigen gleichen, do man geffen hatte, nam er den kelch in feyne heiligen wirdigen hende und fagete dir dank und gefegnete den und gab yn feynen jüngern, fagende: Nempt hin und trinket all daraus. Dis ift der kilch meynes blutes des newen und ewigen bundes, ein geheymnis des glawbens, der vor euch und vor viel vorgoffen wirt in vorgebunge der funde. So oft yr dis thut, folt yr meyner dobey gedenken. Dorumb laft uns alle bitten, wie uns Jefus Chriftus, der fohn Gotes, hat geleret, fagende: Vater unfer, der du bift in himmeln, geheiliget werde deyn name, zu kum deyn reich, dein will gefchee als

---

[1] Weihnachten: Dann durch das geheymnis des vormenschten wortes ist das newe liecht deyner klarheit den augen unsers gemüthes erschinon, auf das so wir Gott sichtbarlich erkennen, mügen kummen zu dem erkentnis der unsichtbaren Gottheit. Dorumb singen wir mit allen engeln und erzengeln und mit den, do Gott innen hirschet, dozu mit aller himlischer geselschaft singen wir eyne leisen deynem preise, one ende sagende etc. — Paffion: Der du das heyl des menschlichen geschlechtes am holz des kreuzes dargestelt hast, auf das, do der tod her entsprossen war, solt wider erstehn das leben, durch Christum unsern herren, durch wilchen etc. — Oftern: Warlich, es ist wirdig ..... und sonderlich in dieser zeit höcher preisen. Dann Christus unser osterlamp ist vor uns geopfert. Er ist das ware lamp gotes, wilchs do weggenommen hat die sunde der werlet. Der do durch seynen tod unsern ewigen tod vorstöret hat, und als er auferstanden ist, hat er herwider bracht das leben. Dorumb singen wir etc. — Pfingften: Warlich, es ist wirdigk etc. Der do aufgestigen ist in himmel und sitzt zu der rechten des vaters und hat heut den heylgen geyst, den er vorheyssen hatte, ergossen in die auserwelten kinder. Dorumb ist die ganze welt voll freuden im ganzen umkreys der erden. Dozu singet alle himlische schaer ein leysen deynem preise, one ende sagende etc.

im himmel und auf erden. Unſer teglich brot gib uns heute und
vorlaß uns unſere ſchulde, wie wir vorlaſſen unſeren ſchuldigern.
Und fur uns nicht in vorſuchunge, ſonder erlöſe uns von ybel. Amen.
Durch alle ewigkeit der ewigkeit. Amen. Der fride des herren ſey
allzeit mit euch! Und mit deynem geiſt! O lamp Gotes, wilchs do
tregt die ſunde der welt, erbarm dich unſer. O lamp gotes, wilchs
do tregt die ſunde der welt, gib uns deynen fride.[1])

O herr Gott, ſteh hart bey uns, das wyr von unſern grewlichen
laſtern mügen abzychtung thun, nach dem wyr uns durch den geyſt
Chriſti, deines ſohnes, mit dir unwiderruflich vorbunden haben durch
dis heylige zeychen ſeines zarten fleyſchs und tervren blutes, der mit
dir lebet und regiret in eynigkeit des heyligen geyſtes ꝛc.[2])

Laſt uns geſegnen den herren. Gott ſey ewiglich dank.

5. Die „Ordnung".

Neben dem Text ſtehen die unten vermerkten Stellen; die vermutlich
gemeinten Verſe, welche die „Ordnung" nicht angiebt, gebe ich in Klammern
und ſchließe die Zitate den Worten an, denen ſie anſcheinend zur Stütze dienen
ſollen. Offenbar iſt beim Nebendruck der Stellen mannigfache Verwirrung
entſtanden, ſo daß es nicht ſelten ſchwer fällt, ja oft wohl unmöglich iſt, die
Beziehungen mit Sicherheit herauszuſtellen. Auch mag hin und wieder alle-
goriſche Deutung im Spiele ſein; konſtatieren konnte ich dies nicht. Häufig
wird das ganze angegebene Kapitel, bzw. der ganze Pſalm dem Verfaſſer wichtig
geweſen ſein. Die Verſehen in Sachen der Orthographie (Chorinther, Treni)
und zweifellos verſchriebene, bzw. fehlerhaft gedruckte Stellenangaben (Col. 6)
habe ich berichtigt.

„Offenbarlich ampt zu treyben[1]), iſt einem[2]) Gotis gegeben, nit
unter dem hutlin zu ſpilen, ſonder zur aufrichtung vnd erbawung der
ganzen gemein[3]), wilche geſpeyſet wirt durch den getrewen ſcheffner[4]), der

<hr>

[1]) Es folgt für **Weihnachten**: Alle grenze der erden haben geſehn
den heylant unsers Gottes. — **Paſſion**: Vater, so dieser kilch nicht kan
weg gehn, es sey dann, das ich yn trinke, so geschee dein wille. —
Oſtern: Unser osterlamp Christus ist geopfert vor uns Alle. Alleluja. —
Pfingſten: Der heylge geist, der vom vater abgeht. Alleluja. Der-
selbige wirt mich erkleren. All. All. — [2]) **Weihnachten**: O güttiger
Gott, eröffne uns den Abgrund unser seelen, das wir die unsterblicket
unsers gemütes mügen vornemen durch die new gepurt deynes ſohnes in
der kraft seynes fleyschs und tewren bluts, der mit dir etc. — **Paſſion**:
O Herr, gyb deinem armen volk zu erkennen deyne veterliche Zucht
und rute, auf das deine gemeine müge geübet werden und zunemen
im glauben, wie disse tewren geheymnis uns unterrichten, durch etc. —
Oſtern: O Herr, geusz in uns den geyst der liebe, und die du hast ge-
settiget mit deynem osterlamb, mache eintrechtig in deyner liebe, durch
Jesum etc. — **Pfingſten**: O herr, vorley uns die gnad des heyligen
geysts, auf das der thaw deyner güte unsern grund des herzens in seyner
besprengung fruchtbar mache, durch etc.

[1]) Joan. 18 (V. 20). — [2]) Ergänze: diener. — [3]) 2. Cor. 13
(V. 10); Epheſer 2 (V. 22). — [4]) Luce 12 (V. 42); 1. Co. 4 (V. 1 f.). —

do austehlet das maß des wehzens in gelegner zeyt. Das selbige nit
unter dem hinterliftigen deckel vorbergen[1]), sonder der ganzen Chriften=
heit und vorzu der ganzen welt nichts vorstecken oder heimlich halten[2]);
dann das pflegen die zu uben, die den schlüffel der kunft Gotis hin=
wegnemen[3]), wilchen man solt vortragen einem ybern auserwelten auf
zu thun[4]), wie durch Efaiam im XXII. cap.[5]) der ewige lebendige Got
geredt hat. Demnach so nimpt man bey vns den eingang der geheim
Gotis aus dem pfalter, do der schluffel David[6]) auf der schultern Chrifti
ift, zu eröffnen alles, was gefungen wirt. Auf das man ye klerlich
fehe[6]), one ftückwerck, finget man den ganzen pfalm, wie im anfang
der Chriftenheit durch die frommen nachfolger der heiligen Apofteln ge=
fchach.[7]) So man zuvorn vorm altar gemeine beicht thut, und dar=
nach, wenn man den eingang des ampts gefungen hat, fuget man
das kirieeleifon vorzu, auf das die freunde Gotis fein ewige barm=
herzickeit[8]) faffen, feinen namen aufs höchfte zupreyfen. Dornach das
Gloria in excelsis[9]), in wilchem wir dankfagen, das wir durch Gotis
fon zum ewigen leben[10]) und höchften Gotis gutern gefobert feint, und
in den erften unfern urfprung zu kommen. Daruber wirt das volk nach
folchem dankfagen getröftet mit dem spruch Boos[11]), den er fagte zu
feinen medern, wie wir zum reyfen wehzen den fonen Gotis fingen[12]):
Der Herre fey mit euch. Hirnach wunfchet die ganze kirch dem knecht
Gotis einen reinen geyft (wie fanct Paulus feinen schüler Timotheum[13])
leret fagende): Und mit deinem geift, auf das die felbige durftige
famlung nit einen gotlofen menfchen habe zum prediger. Dann wer
den geift Chrifti nit hat, der ift nit Gotis kint[14]); wie mag er dann
umbs werk Gotis wiffen[15]), wilchs er nit erliden hat? Weis ers nu
nit, wie wil ers denn fagen? Dan ein blinder pfleget mit folcher
unwiffenheit den andern zu leyten.[16]) Derhalben bitten wir dornach in
allen gebeten[17]) uber die ganze famlung der großen Chriftlichen kirchen
wider die tief eingeriffen, erbermliche gebrechen, wilche den hochwirdigften
namen Gotis vorhindern, zu erglaften vor aller werlt.[18]) Dornach fo wirt
das volk erinnert durch die heyligen gelefe und der lieben Apofteln
fendebriefe, wie ein yder auserwelter menfch der wirkung Gotis fol
ftat geben[19]), ehe dann Got der vatter feinen allerliebften fon durch das
Evangelion aus rede. Hirnach wirt gefungen das Gradual und Alle=

---

[1]) Matth. 5 (V. 15). — [2]) Luce. 24 (V. 47). — [3]) Luce. 11
(V. 52). — [4]) Joan. 17 (V. 6). — [5]) (V. 22). — [6]) Clavis David. —
[6]) Efaie. 28 (V. 9?). — [7]) Historia tripartita. — [8]) Jeremi. 31
(V. 3); Roma. 9 (V. 23). — [9]) Luc. 2 (V. 14). — [10]) Joan. 17
(V. 3). — [11]) Ruth 2 (V. 4). — [12]) Matth. 13 (V. 38); 2. Timo. 4
(V. 22). — [13]) Pfal. 49 (50, V. 16 f.). — [14]) Roma. 8 (V. 9. 14). —
[15]) Efaia. 5 (V. 20?); Pfal. 110 (111, V. 2). — [16]) Matth. 15
(V. 14); Ecci. (Ezech.?) 34 (V. 2 ff.). — [17]) 1. Co. (Tim.?) 2 (V. 1?). —
[18]) Sapien. 7 (V. 4). — [19]) Pfal. 84 (85, V. 9).

luia, auf das der mensche geherzt werd, sich festiglich auf Gotis wort
zuverlassen.[1]) Dann aus solchen lobsengen aus den psalmen gezogen
sieht er, wie Got der almechtige mit seinen lieben auserwelten hat
umb gehalten[2]), also das er sie nach ym zeucht uber yren dank, mit
veterlicher straf sie zu unterrichten auf sein holtselickeit. Vor die Prosa
oder Sequentien singt man den psalmen Miserere mei deus etc.
in tono peregrino.

Zum andern ist zu wissen, das wir alzeit ein ganz capitel anstat
der Epistel und Evangelion lesen, auf das die stuckwerckische weyse[3])
damit vorworfen werden, und das die heilige schrift der Biblien dem
volk gemein werde, ia auch die afterglewbischen Cerimonien oder geberde
im selbigen hinfellig werden durch stetliches anhören der götlichen wort,
und dis alles doch mit senftem und gelindem abbrechen bemelter Ceri=
monien[4]), also gelindert werde alle frecheit, und die leut mit gewonlichem
gesange[5]), mit eigener sprache geleytet werden, wie die kinder mit milch[6])
erzogen, und doch yrer bösen weyse kein stat gegeben werd. Ob man
wol vil ergerniß im gegenteyl vortreget, so ist doch alzeit solchs ampts
besserung kreftiger, die widersacher zu stillen. Darumb singen wir
auch in dem geheim Gotes die Episteln und das Evangelion auf unser
sprach, das der heilige apostel Paulus seine sendebriefe ließ offenbar
lesen vor aller gemein[7]), und Christus unser heyland hat das Evangelion
einer yder creaturen befolen vor zu predigen[8]) unvorwickelt und unvor=
blümet[9]), wider mit latin oder yrgent einer zulage, sonder wie es ein
yeder in seiner sprach vornimpt[10]) oder vornemen mag, keins angesehen zc.

Zum dritten. Nach dem Evangelion singet man am Sonntage
oder feyerfesten das zusammen getragen ubereinkommen aller heubt
artikel des glaubens, in welchen den groben yrtumen der kirchen
begegnet ist, das die getichten Christen[11]) nit wenen dorfen, das solchs
ynen geleugnet wirt, nach dem das Gotis geheim unvorholen wirt
vorgetragen der ganzen werlt.[12])

Zum vierden geschicht darnach die predige; dann sie ist do ge=
legen, das der gesang erkleret werde, der im ampt gehort ist. Dann
David saget: die erklerung deiner wort gibt vorstand den kleinen.
Nach der predige singet man: Nu bitten wir den heiligen geist zc.
Dornach das Benedictus, auf das der prediger sich wider ruste athem
zuholen, und das volk vor das gehorte wort Gotis Got lobe. Wir
halten kein opfer in der geheim Gotis.[13])

---

[1]) Psal. 43 (44, 2 ff.). — [2]) Psal. 33 (34, V. 7); Roma. 7 (V. 24 f.)
et 8 (V. 1 ff.). — [3]) Esaie. 28 (V. 10); 1. Co. 2 (V. 10?). —
[4]) 1. Cor. 2 (V. 5). — [5]) Psal. 117 (118, V. 15). — [6]) 1. Petri 2
(V. 2). — [7]) Mar. 16 (V. 15). — [8]) Coloss. VI (4, V. 16). —
[9]) Jere. 31 (V. 34). — [10]) Act. 2 (V. 8). — [11]) 1. Cor. 14 (V. 22?).
[12]) Roma. 10 (V. 18); Matth. 10 (V. 26 f.); Luce 2 (V. 17. 38). —
[13]) Jesaia 1 (V. 11); Psal. 49 (50, V. 7 ff.).

Zum funften singet man die **prefation**[1]), durch wilche die Christen=
heit erinnert wirt, das sie den erstgebornen aller creaturen erkenne in
der fülle und erkentnis gotlichs willens und der kunst Gotis, die er
von ym selbs hat mit allen auserwelten.

Zum VI. singet man das **Sanctus**, auf das erklert werde, wie
der mensche sol geschickt sein, der do on nachteyl seiner selen beim
haudeln des Sacraments sein sol.[2]) Nemlich: Er sol und muß wissen,
das Got in ym sey[3]), das er yn nicht austichte oder aussinne, wie er
tausent meilen von ym sey[4]), sonder wie himel und erden vol, vol (!)
Gotis seint[5]), und wie der vatter den son in uns on unterlaß gebiret,
und der heilige geist nit anders dan den gecreuzigten in uns durch
herzliche betrubnis erkleret. Daruber uns nit anders gebricht, dan
das wir unser blintheit nit erkennen wollen noch vornemen, wann uns
Got in die hochst ehre durch schande setzt[6]), in des geists gesuntheit durch
krankheit des leybs[7]) 2c. Dann so kompt er in seinem namen, wenn
unser nam vorunehret und vorschantflecht wirt on all unser vorwirken
und vorwarlosen[8]) 2c.

Zum siebenden. Auf das wir nu solche hoche, mechtige anfech=
tung mugen gedultig tragen, nemen wir die weyse, die Jesus Christus,
der son Gotis, befolen hat seiner kirchen zu halten, seiner dabey zu
gedenken durch alle trubsal[9]), auf das unser sele vorschmachte und
hungerig werde nach der speyse des lebens.[10]) So ist uns von nöten,
aufs aller herlichste zuhalten die aller herlichsten wort Christi,
alle menschen vom ankleben dises lebens zuweysen[11]) durch den, der
sein gedechtnis, wesen und wort wil in der sel des menschen haben.
Nit wie im vih, sonder als in seinem tempel, wilchen er ganz tewer
erarnt hat mit seinem kostbarlichen blut.[12])

Zum achten. Die wort der Termung seint im ersten anfang der
kirchen[13]) auch offentlich gehalten, und abgangen allein umb ein gespenste,
wilchs sich erhoben durch etliche hirten auf dem selbe. Nu aber after
glawben zu vormeyden, wilcher durch mißbrauch der geheym Gotis in
der kirchen ist, singen wir die selben wort der Termung offentlich 2c.
Dann Christus, der son Gotis, hat die selbigen wort nicht zu einem
gesagt oder vorborgen, sonder zu allen, wie der text des Evangelion
klerlich anzeigt. Er redet do yn vielfeltiger zal: Nemet hin und
esset 2c. Nemet hin und trinkt alle daraus 2c.[14]) Da neben ist auch
die Consecration ein Termung, wilche nicht allein von einem, sonder

---

[1]) Prefatio. — [2]) Coloss. 1 (B. 12). — [3]) 1. Cor. 15 (B. 28?). —
[4]) Jere. 23 (B. 23); Matth. 21 (B. 22?). — [5]) Luce. 19 (B. 38?);
Marc. 11 (B. 10?). — [6]) 1. Cor. 1 (B. 27), 2 (B. 3). — [7]) Psal. 48
(B. 6): Cur timebo in die mala. — [8]) Matth. 5 (B. 11); Joan. 13
(B. 16?). — [9]) Joan. 16 (B. 22?); Thren. 3 (B. 22 ff.). — [10]) Luce 2
(B. 25?). — [11]) Col. 3 (B. 1 ff.). — [12]) 1. Petr. 1 (B. 18 f.). —
[13]) Eusebius et alii. — [14]) 1. Cor. 11 (B. 23 ff.).

durch die ganze vorsamlete gemein geschicht. Da mit sey geantwortet
unsern widersachern, die uns vorfolgen one rechtschaffenen grund[1], do sie
sagen, wir leren die roßbuben auf dem selbe auch meßhalten. Aus
wilchem urteyl ein yeder frommer, gutherziger mensch wol ermessen
kan, was sie von dem sone Gotis halten, gleich als wer er ein ge=
maltes menlin oder ein gaukel spiel[2], do man den teufel mit worten
beschweret, bezaubert. Also lassen sich dise auch dunken, man solle
Christum, den son Gotis, mit worten bezaubern hin und her, wo die
frecheit der menschen hinwolle.[3] Nein, nit also; Christus erfult allein
die hungerigen im geist, und die gotlosen lesset er ler. Was sol doch
Christus im Sacrament bey den menschen thun, do er keine hungerige
und lere sele findet?[4] Drumb muß er mit den vorkarten vorkart sein,
und mit den guten gut.[5] Was sol einem das zeichen, der do vorleuknet
das wesen?[6] Nu hat ye die ganze samlung on zweyfel viel frommer
menschen, und von wegen des glaubens solcher menschen kompt er war=
haftig do hin, sie zu setigen yre seelen[7] 2c. Zum IX: So singet man
die form der Termung oder des abentessens im tone der prefation,
lauts diser wort folgende: Einen tag zuvorn, do Jesus wolte leyden,
nam er das brot in seine heiligen, wirdigen hende[8], und hub auf seine
augen in himmel zu dir, Got, seinem almechtigen vater, sagete dir danke
und gesegnete das und brach es, und gab es seinen iungern, sagende:
Nemet hin und esset all darvon! Elevando manu dicit: Das ist
mein leichnam, der vor euch dargegeben wirt. Vertens se minister,
accipiens calicem coram vulgo dicit: Desselbigen gleichen do man
gessen hatte, nam er den kelch in seine heiligen, wirdigen hende, und
sagete dir dank, und gesegnete ben und gab yn seinen iungern, sagende:
Dis ist der kelch meines blutes des newen und ewigen testamentes,
ein geheim des glaubens, der vor euch und vor viel vorgossen wirt
in vorzeyhunge der sunde! Rursus vertens se ad altare[9] dicit: So
oft und dick yr das thut, solt yr meiner darbey gedenken 2c.

Zum zehenden. Balt nach der elevation singet man im selben
ton flux drauf also: Darumb last uns alle bitten, wie uns Jesus
Christus, der warhaftig son Gotis, hat geleret, sagende: Vater unser,
der du bist in himmeln 2c.; und alles volk singet drauf: Amen.
Darnach wirt es stille, ein wenig, athem zu holen, unter wilcher zeyt
der priester der Communicanten halben das Sacrament teylet und singet:
Durch alle ewigkeit der ewigkeit. So antwort das gemein volk:
Amen.[10] Der priester wider: Der fride des herren sei alzeit

---

[1] Joan. 15 (V. 25); Psal. 119 (120, V. 2). — [2] Esaie. 40
(V. 26 ff.). — [3] Nume. 23 (V. 1 ff.): Contra offitium Christi. —
[4] Joan. 5 (V. 40?). — [5] Psal. 17 (18, V. 27). — [6] In prima
ecclesia expellebantur propterea catecumeni. — [7] Matth. 18
(V. 23 ff.); Matth. 13 (V. 1 ff.). — [8] elevat minister oculos et
parat sacrificium. — [9] Er kert sich umb. — [10] 1. Co. 14 (V. 16).

mit euch.[1]) So antwort das volk: Und mit beinem geift. Balb nach
bifem, auf das ein geheim Gotis, der tob unb auferftehung Chrifti betrachtet
werbe, das felbe weiter zu erkleren, finget alles volk das gezeugnis
Joannis des teufers[2]) Chrifti zu breymal: O lamb gottes, wilchs bu
weg nimpft bie funbe ber welt zc.; bo zu fingt man aus bem Evangelio
Luce XVII: Erbarme bich unfer, unb zum letzten: Gib uns beinen fribe!
Dann Chriftus ift umb unfer funbe willen geftorben[3]), unb erftanben, auf
bas er uns wolt rechtfertigen, wilchs er allein thut unb wir muffen fie
erleiben. Auf folchen glauben gibt man bann ben leuten bas hoch=
wirbigfte Sacrament unter bem Agnus dei, on bie bepftifche heuch=
lifche beicht. Dann fie werben in allen prebigen gemeiniglich bermanet[4]),
wie ein yber menfch fein alt borgangen leben bebenken fol, bas er feh,
mit wie biel luften er fein creuz vorbienet habe[5]) zc. Der menfch thut
funbe, got leget auf bie buße, unb es gehort bem menfchen, fich borin
zu richten. Es kan kein menfch ein gut, rehn vnb fribfam gewiffen
haben zu Got, er erkenn bann baffelbe bolkomlich.[6]) Darumb befchleuffet
man im britten Agnus dei: gib uns beinen fribe, unb: laß beinen
knecht, o herre, nach beinem wort im fribe![7]) Dann allein alle
lankmütige menfchen feint wirbig bes heylanbs bes lebens zc.

Zum XI. gibt man bas hochwirbige Sacrament unber beyber ge=
ftalt, unangefehen alles geplauber ber grempeler auf bifem ober yhenem
margt, auf bifem ober yhenem teyl. Dann fo wir bas Sacrament,
bas heilige zeichen, nit bornemen, wie wöllen wir bann bas wefen bor=
ftehn, wilchs bas zeichen bebeutet? Drumb nach ber Communion fagt
man Got bank uber bas volk unb gefegnet ben herrn zc.

Zu letzt fol fich niemant borwunbern, bas wir zu Alftet beutfche meß
halten, unb ift auf ein anber zeyt beffer zu berechnen mit umbftenbigen ur=
fachen. Ift auch nit allein ber brauch, anbere weyfe zu halten ban bie Römer,
weyl auch bie zu Mebiolan in Lombarbia biel ein anber weyfe haben,
fonberliche Cerimonien ober geberbe; warumb folten wirs ban nit machen
nach ber zeyt gelegenheit, weil wir zu Alftet beutfche leute feint unb
keine Walen, unb wolten uns gerne burch bas getumle burch freffen,
auf bas wir mochten wiffen, was wir folten gleuben.[8]) Es wil fich
kein anber weyfe fuglich bazu fehen laffen, bann bas wir burch bas
recht wort Gotis thun: Die Crabaten feint Römer unb halten meffe
unb alle ampt in yrer fprach. Die Armenier halten auf yre fprache,
unb ift ein groß volk, weyfen bas Sacrament in ber patene gegen bem
volk. Item bie Behmen halten auf yre fprache meffe in mancherley
fitten. Item bie Mafariter[9]) unb bie Reuffen haben biel anber geperbe,

---

[1]) Luce ultimo (24, B. 36). In omnibus epistolis Pauli. —
[2]) Joannis 1 (B. 36). — [3]) 1. Petri 3 (B. 18). — [4]) Threno. 3
(B. 41 ff.). — [5]) Pfal. 48 (49, B. 6): Iniquitas calcanei mei cir-
cumdat me. — [6]) Roma. 1 (B. 21 ff.) — [7]) Luce. 2 (B. 29). —
[8]) Luce. 12 (B. 2 ff.). — [9]) = Mozaraber?

unb seint darumb keine teufel. Item im lande, bo der Christen glaube erst aufgangen ist, seint wol xiiij. secten, halten alle andere geberbe dann wir. Ach wie blinde, unwißne menschen sein wir, das wir uns vormessen, allein Christen zu sein in eusserlichem geprenge, unb uns daruber zenken wie die wansinnige, bihische menschen. Mag ein yeber diener des worts Gotis nit macht haben, seinen pfarrleuten ein weyse zu leren, damit sie möchten erbawet werden mit psalmen unb lobsengen aus der Biblien? wie Sanct Paulus mit hellen worten saget Ephe. V: Ir sollet, spricht er, erfullet werden mit dem heyligen geyste, unb rebet untereinander mit psalmen unb lobsengen unb geystlichen lyben unb leisen, singet unb spilet dem herren, unb saget alzeyt dank vor yedermann. Des gleichen leret er I. Chor. 14. Wollen wir dann nun deutsch singen unb lesen in der kirchen unchristlich heyßen, was wöllen wir dann sagen, wann wir unser bewegung zum glauben sollen vortragen? rc.[1])

So uns aber nu ein kindlein kunt besser unterricht thun, wir woltens gern annemen."

___

6. Zusammenfassende Würdigung.

Es ist bekannt, daß Münzer zu Ostern 1523 nach Alstedt kam, von der dortigen Neustädter Gemeinde gewählt. In der Altstadt amtierte sein Gesinnungsgenosse Simon Haferiz.[2]) Er muß sogleich nach seiner Ankunft mit der Erneuerung des Gottesdienstes begonnen haben. In Zwickau hatte er zubor nur unvollständige Versuche dieser Art angestellt.[3]) Seine jetzigen Veranstaltungen bagegen haben nicht nur in und außer der Stadt vielen Anklang und Zulauf gefunden; sie werden für andere ihm ergebene Gemeinden balb das Muster geboten haben; z. B. für Sangerhausen.[4]) Am 13. September hielt er jene Predigt, in der er den Grafen Ernst von Mansfeld aufs heftigste angriff, weil dieser ein Verbot erlassen hatte, in Münzers „ketzerische Messe unb prebige zu kommen".[5]) Die baburch veranlaßte Beschwerde hatte zur Folge, daß der Kurfürst unb der Herzog Johann dem Verklagten im Frühjahr 1524 auf dem Alstedter Schlosse die Predigt abhörten[6]), was seine Lage verschlimmerte. Nicht lange darnach entfloh er heimlich.

In dieser Zeit von Ostern 1523 bis Sommer 1524 sind die

___

[1]) Es folgen noch vier kurze Abschnitte: Von der taufe, wie man die heldet. — Von Ehelichen leuten zusammen zu geben. — Von den kranken das Sacrament zu bringen. — Die todten zu begraben. — [2]) Hagen, a. a. O. S. 114 ff. — Ein Sermon von ihm bei Panzer, II. S. 333; vgl. Unsch. Nachr., 1706, S. 199. v. b. Hardt, III. S. 106. — [3]) Seidemann (a. a. O.), S. 29. Merz, S. 7 ff. — [4]) Förstemann (a. a. O.), S. 235 ff. — [5]) Förstemann, S. 228 ff. — [6]) Sie liegt gedruckt vor. Seidemann, S. 34 f. — Vgl. Panzer, II. 335. Kapp, Kl. Nachlese, I. S. 614.

aufgeführten Werke Müntzers entstanden. Die beiden die deutsche
Messe betreffenden Veröffentlichungen stimmen nicht ganz überein.
Die „Ordnung und Berechnung" ist anscheinend vollständiger und der
Ausdruck fortgeschrittener Bestrebungen. An die Stelle der Perikopen
sind ganze Kapitel getreten.[1]) Statt der Sequenz hat der Psalm
Miserere mei deus (in tono peregrino) Aufnahme gefunden. Die
Predigt folgt dem Glauben und hat zum Gegenstande die Erklärung der
voraufgegangenen Meßstücke.[2]) Ihr folgt, an Stelle des verworfenen
Offertoriums, das „Nun bitten wir den heiligen Geist". Die Ord=
nung der sich anschließenden Bestandteile ist etwas anders als in der
„deutsch=evangelischen Messe". Eine Schlußkollekte geht der Danksagung
voran. Die „Ordnung" verzeichnet außerdem die Elevation (Termung)
und bei der Konsekration das Kreuzschlagen. Letzteres tritt uns inner=
halb der gesamten deutschen Messen dieser Zeit nur hier entgegen.
Während des Agnus geschieht die Austeilung unter beiderlei Gestalt,
ohne vorangegangene Beichte. Dem (ersten) Kollektengebet wird ein
ständiger Inhalt zugewiesen: Gebet für die ganze Christenheit wider
das, was die Verherrlichung des Namens Gottes in der Welt hindert.

Die meisten auf die Kommunionhandlung bezüglichen Unterschiede
zwischen der „Messe" und der „Ordnung" erklären sich übrigens daraus,
daß in jener, nach Art der Missalien, die Kommunionhandlung über=
haupt keine Erwähnung gefunden hat. Andere Abweichungen werden
sich hernach aufklären. Im übrigen können beide Bücher als einander
ergänzend betrachtet werden. Für die Auffassung, nach welcher die
„Messe" als der kühnere und reifere Entwurf angesehen wird[3]), lassen
sich, soviel ich sehe, triftige Gründe nicht beibringen. Insbesondere ist
eine Verschärfung der Tonart von der einen Schrift zur andern bei
Müntzer nicht bemerkbar.

Indem ich auf die betreffenden Vorreden verweise, mache ich auf
die reichhaltige biblische Begründung in der „Ordnung" aufmerksam,
die sich sogar auf die Salutation und den Gebrauch jedes einzelnen
Stückes, wie der Lektionen, des Agnus ꝛc. erstreckt. Daneben muß
auch die Geschichte der Kirche zur Rechtfertigung der Reform dienen.
So stark polemisch aber einzelne Wendungen erscheinen mögen, so sehr
überwiegen doch die positiv=dogmatischen und ethischen Gesichtspunkte.
Offenbar verfügt Müntzer über nicht geringe Gelehrsamkeit und viel
Kunstsinn. Poesie und Musik haben beherrschenden Einfluß.

Von den zehn Hymnen, die sich im „Kirchenamt" finden, werden

---

[1]) Vgl. die Gottesdienstordnungen Straßburgs. — Schon E. S. Cyprian
(Nützl. Urkunden zur Ref.=Gesch., II. S. 316) bemerkt, daß Müntzer der Erste
gewesen, der den Perikopen praktisch zu Leibe gegangen sei. Naiv fügt er
hinzu, Müntzer habe nicht eingesehen, daß die Kirche in Buß=, Leichen= und
andern Predigten dem Volk die ganze Bibel darzulegen vermöge. — [2]) Vgl
die Straßburger Ordnungen. — [3]) Seidemann, S. 32. Erbkam (a. a. O.),
S. 368.

drei dem Müntzer persönlich zugeschrieben: „O herr, erlöser alles volks“ (Christe, redemptor omnium); „Laſt uns nun all vorſichtig ſein“ (Ad coenam agni providi); „Der heylgen leben thut ſtets nach Got ſtreben“ (Vita sanctorum). Nach Wackernagel[1]) geſchieht dies zwar erſt in dem Salmingerſchen Geſangbuch von 1587.[2]) Doch liegt kein Grund zum Widerſpruch vor; am wenigſten kann als ein ſolcher das Verſchweigen des Namens, vom erſten Nachdruck an, gelten. Deutlich klingen in dem an zweiter Stelle genannten Liede gewiſſe Beſtandteile der Oſter=kollekten der „deutſchen Meſſe“ an[3]); freilich können dieſe Anklänge auch die Behauptung, Müntzer ſei der Dichter, hervorgerufen haben. Hingegen iſt meines Wiſſens bisher faſt unbemerkt geblieben[4]), daß ſich auch in der „Meſſe“ eine Dichtung findet, die doch wohl Müntzern zuzuſchreiben iſt. Zweimal finden wir hier eine reimloſe Sequenz, zu Weihnachten „Laſt uns nu alle bankſagen“ (Grates nunc omnes), Oſtern „Heut ſollen alle Chriſten“ (Victimae paschali). Schon die Wiedergabe der letztern erſtrebt, nach Maßgabe des Originals, den Reim. Zu Pfingſten aber begegnet uns neben einer verkürzten Geſtalt des „Komm, heiliger Geiſt, erfüll“ eine in einigen Strophen nicht übel gelungene Überſetzung des Veni, sancte spiritus, et emitte coelitus in Strophenform: „Kum, du tröſter.“[5])

Über die muſikaliſche Bedeutung der vorliegenden Gottesdienſt=ordnungen iſt bisher nichts veröffentlicht worden. Das „Kirchenamt“ wie die „Meſſe“ ſind ganz und gar geſungene Ämter. Nur die Kollekten und (?) die Lektionen (ſ. S. 107) werden geleſen; außerdem die Beichte am Anfang der „Meſſe“. Doch iſt auch hier der 42. (43.) Pſalm als geſungen zu denken, obwohl ihn die ältere Vorlage als zu „ſprechen“ bezeichnet. Die Choralnoten ſind auf fünf Linien geſchrieben, eckig, ſchwarz und mit dicken Strichen verſehen. Die Melodien ſind nach Zahn ſämtlich zweifellos vorreformatoriſchen Urſprungs.[6]) Im „Ampt der auferſteung“ findet ſich dasjenige Gloria, aus dem unſere Melodie „Allein Gott in der Höh ſei Ehr“ geworden iſt.[7])

---

[1]) a. a. O., III. S. 439 ff. — Es finden ſich „Lieder Müntzers“ im Zwickauer Enchiridion 1528, Augsburg 1529, Roſtock 1531, Magdeburg (niederdeutſch) 1534. 1541. 1543; außerdem in mehreren oberdeutſchen GBB; ſo Nürnberg 1531. — [2]) Dieſes nennt Müntzer auch als Dichter des Liedes „Wir dankſagen dir, Herr Gott der Ehren“ (vgl. Form und Ordnung gayſtlicher Geſang und Pſalmen. Augsburg 1529: Der Hymnus von dem Nachtmal). Der Straß=burger Pſalter 1538 enthält alle 4 Lieder, ohne Müntzer zu nennen. — [3]) S. oben S. 105. — [4]) Zahn, VI. S. 3; Merzdorf im Serapeum, a. a. O. S. 204 ff. — [5]) Die kürzere Geſtalt des „Komm, heiliger Geiſt, erfüll“ hält Daniel für die ältere (vgl. Thes. hymn. II. p. 316; C. v. Winterfeld, a. a. O. S. 32. 139; Wackernagel, M. Luthers geiſtl. Lieder. 1848. S. 143; und unten die Erfurter Ordnungen). — Die ältere deutſche Proſa=Geſtalt der Oſter= und Pfingſtſequenz findet man in den Plenarien ſeit 1473. Vgl. Alzog, a. a. O., S. 24 f. — [6]) Proben davon: V. S. 291 (8619a); 295 (8621a). — Text und Weiſe des „Laſt uns nu alle dankſagen“ wie des „Kum, du tröſter“ finden ſich genau ebenſo im Erfurter Kirchenamt 1525 und Enchi=ridion 1527; erſtere auch im Zwickauer GB. 1528. — [7]) Vgl. Wolfrum,

Der Text, den Münzer bietet, ist durchgängig Übersetzung, sei es aus dem Missale, sei es aus der Vulgata. Aber die Übersetzung ist frei, frei vor allem die Zusammenstellung der Texte. Keins der Ämter nimmt genau den Verlauf, den das Missale vorschreibt. So ist zu Advent der erste Introitus der vom Mittwoch der 3. Adventwoche, bzw. dem 18. Dezember, der zweite Introitus vom 1. Advent, die Kollekte frei gewählt, die Epistel die vom 3. Advent, ebendaher das Graduale, das Evangelium vom Mittwoch nach dem 3. Advent 2c. — Interessant ist der Zusatz vom „Entchrist" in der sonst korrekten Weihnachts=Kollekte. Das Passionsamt ist wieder ein Gemisch aus Bestandteilen der verschiedensten lateinischen Messen, dasjenige zu Ostern dagegen fast genau übersetzt. Dem Meßtext entsprechend ist keine Sequenz vorgesehen; die „Ordnung" ersetzt sie, wohl für diese Zeiten, durch das Miserere mei, deus. An die Stelle des Offertorium hin=gegen, das in der „Messe" nicht fehlt, tritt in der „Ordnung" das „Nun bitten wir den heiligen Geist."[1] Letztere Schrift erklärt auch ausdrücklich, daß der Distribution keine Beichte voraufgeht, und im Eingang der „Messe" fehlt die Absolution. Im übrigen ist der Ordo unverändert. Nur wolle man beachten, daß der große Reichtum an Wechsel, welchen jener vorsieht, hier vorläufig wesentlich vereinfacht und auf eine fünffache Gestalt der Gottesdienstfeier zurückgeführt ist. Man er=sieht hieraus den Wegfall der Heiligentage als solcher und aller übrigen Feste. — In der Mette treten neben dem Priester zwei Lektoren auf.

Im Gebrauch der Bibel zeigt sich, was das Neue Testament betrifft, deutlich Münzers Anlehnung an Luther. Allerdings verfährt er in Einzelheiten willkürlich, und was die Anfänge und Schlüsse der Lektionen betrifft, so hält er sich an die bekannte Gewöhnung der alten Kirche.[2] In den alttestamentlichen Stücken ist hin und wieder eben=falls Luthers Einfluß bemerkbar, so in der Epistel für Advent (Jes. 11). Mit den vorreformatorischen deutschen Übersetzungen habe ich keine er=hebliche Übereinstimmung feststellen können. Münzer hat z. B. den 42. (43.) Psalm offenbar aus der Vulgata übersetzt, dieser aber nicht seine Freiheit geopfert. In einigen Stellen verbessert er sie, in andern scheint er sie mißverstanden zu haben. Im ganzen wird Münzer mit seiner eigenen Bemerkung recht behalten, er habe sich vorgenommen, die Psalmen nicht nach dem Wortlaut, sondern nach dem Sinne wiederzugeben.

Ist die „Messe" der Beweis eines künstlerischen Sinnes, so giebt die „Ordnung" eine gewisse Lehrhaftigkeit zu erkennen, die sich nicht günstig ausnimmt. Spezifisch alstedtisch erscheint daneben in der letzteren der wiederholte Anklang an die Theorie von der „Entgröbung" als der ersten Station des Heilsweges, sowie an beiden Orten die Vorliebe für den Gedanken der Befreiung von den Tyrannen, der in

a. a. O., S. 72 und 193. — [1] Vgl. die Nürnberger Ordnung II und unten die Erfurter Ämter. — [2] Fratres. Carissime etc. — In illo tempore.

die sonst nicht originellen Kollekten eingetragen scheint, und die außer=
ordentlich starke Betonung des Geistes. Das „Und mit deinem Geiste"
hat stets seine vorschriftsmäßige Stelle; daß Gott nicht als in der
Höhe thronend, sondern als die Herzen der Auserwählten erfüllend
vorzustellen sei, ist der „Ordnung" sehr wichtig; das Pfingst=Amt ist
das am reichsten ausgestattete.

Bei der starken Hervorhebung des im Wort sich offenbarenden
Geistes ist es nur natürlich, daß das Gebet in den Hintergrund tritt —,
wenigstens das gesprochene Gebet. Wenn man neben Münzer einen
Urbanus Rhegius, Jakob Strauß oder Kaspar Kantz stellt, so wird der
Mangel der Alstedter Formulare besonders deutlich. Dort ein ruhiger
Erguß des Dankes und der Bitte, ein Ausruhen im Gebet, wie es
den späteren reformierten Gottesdienstordnungen vorzugsweise eignet;
hier ein Sichbegnügen mit den brockenhaften, mageren Kollekten der
alten Kirche, das in manchen Agenden lutherischer Observanz nur allzu reich=
liche Nachfolge gefunden hat. Dem stillen und frommen Geiste jener dem
Süden entstammenden Prediger, auch Straußens, tritt hier ein bei aller
hochkirchlichen Korrektheit und Feierlichkeit nicht zu verbergender Zug von
Kälte und Kurzatmigkeit hervor. Der Gegensatz findet auch seinen biblio=
graphischen Ausdruck: dort in der Anspruchslosigkeit der geringen Büch=
lein, zumal der Kantz'schen, ihres Formats und ihrer Ausstattung; hier
in dem Prunk der umfangreichen, stattlichen Bände mit ihrem Initialen=
schmuck, ihrem musikalischen Pomp, nicht zu vergessen der trutzigen
Rittergestalt auf dem Titelblatt der „Ordnung", von der man nicht
weiß, wie sie zu dem Dornenkranze gekommen ist.[1])

Merkwürdig bleibt immer Luthers Stellungnahme gegenüber den
Münzerschen Bestrebungen. Zunächst ist nicht zu verkennen, daß die
Messe von Alstedt mit Luthers Anschauungen wesentlich übereinkommt.
Der konservative Zug, der sie kennzeichnet, verbunden mit behutsamer
Kritik, konnte den Reformator wohl befriedigen. Die Beibehaltung
des Vorbereitungsdienstes (Konfiteor ohne Absolution) bedeutete freilich
eine Abweichung von seinem Gedanken. Was aber die Lektionen an=
geht, so hat bekanntlich auch Luther die Perikopen nur ungern bei=
behalten[2]) und sich lediglich aus praktischen Gründen dem Herkommen
gefügt, wie es Münzers „Messe" thut. Gefallen mußte Luthern auch
die Ablehnung alles Zwanges, sowie die Freigebung von Wort und
Gesang, die wir in Alstedt finden. Die Verdeutschung endlich, welche
Münzer für notwendig erachtet, war ganz in des Reformators Sinn.[3])

Nach alledem ist die feindselige Haltung Luthers gegenüber den
kultischen Unternehmungen der Nachbarn an sich kaum begreiflich.
Man muß vielmehr in Betracht ziehen, daß Luther erbost war über
die Weigerung der „Schwärmer", sich der Reformen wegen vor ihm

---

[1]) Nach Panzer 1942 soll dieser Rittersmann das Ebenbild Münzers
sein. — [2]) Deutsche Messe und Ordnung des Gottesdiensts (Eingang). Z. B.
Richter, I. S. 37 f. — [3]) Vgl. oben die Zitate aus De capt. babyl., S. 17 f.

8*

zu verantworten. Ein Standpunkt, der darum unberechtigt erscheint, weil der Reformator selbst in diesen Dingen auf evangelische Freiheit drang und doch wieder den Gegnern die Herstellung fester deutscher Ordnungen zum Vorwurf machte. Daneben aber läßt sich nicht leugnen, daß Luther den Vorsprung Müntzers als solchen übel empfunden hat. Jedenfalls sind die Gründe, welche er für seine Ablehnung beibringt, weder überzeugend noch männlich zu nennen. Weit weniger mag man tadeln, daß er bei seinem Landesherrn gegen die Veröffentlichungen der Alstedter vorstellig wurde und deren Vertrieb zu hindern wußte, ja daß er um die Verjagung Müntzers sich erfolgreich bemüht hat, — wiewohl dieser und der mitbetroffene Karlstadt nicht ohne Grund geltend machten, er habe ihnen Hände und Füße gebunden und sie alsdann geschlagen.[1]) Hingegen empfängt man von Luthers grundsätzlichen Ausführungen zur Sache einen peinlichen Eindruck. Vor allem die Rechtfertigung des Gebrauchs der lateinischen Sprache bei der Kommunion unter Hinweis auf die deutsche Predigt, die ihr voraufgehe, kann nicht ernst genommen werden. Sie ist so hinfällig, wie die gleichlautende Äußerung Bugenhagens in seinem Brief an Heß.[2]) In Luthers Kritik[3]) offenbart sich die tiefgehende Abneigung gegen den „Alstedtischen Geist".

---

[1]) Wess sich D. Andr. Bodenstein von Karlstadt mit D. Mart. Luther beredt zu Ihenn | etc. Item die handlung D. M. Luther mit dem Rath und Gemeynn | der Stat Orlamünd | am tag Bartolomei etc. 1524. Ein Exemplar in Wolfenbüttel, 4°, enthält nur die ersten zwei Bogen. — Luthers Widerspruch gegen die Richtigkeit der Berichterstattung ist bekannt. — Über Luthers Bemühungen wider Münzer vgl. Walch, XV. Anh., Nr. CXXV, und XVI. Nr. 760. — [2]) S. oben S. 88. — [3]) Wider die himmlischen Propheten von den Bildern und Sakrament (Erl. Ausg. 29. S. 134 ff.). Ich zitiere nach einem alten, in Wolfenbüttel befindlichen Druck, 4°, dem die ersten beiden Bogen fehlen: Wolan ich haysse jetz aufs new das sacrament ain opfer. Nicht darum, das ichs für ain opfer halte, sonder das mirs der Got dyses rotten gaysts, der teufel, weren wyll, ich sols nicht so hayssen; so will ich thun, was er nicht will, und lassen, was er will. — — Wir geen auf der mittel ban und sagen: Es gilt weder gebietens noch verbietens, weder zur rechten noch zur linken. Wir seynd weder bäpstisch noch Carlstadisch, sonder frey und Christisch, das wir das sacrament aufheben und nicht aufheben, wie, wa, wann, wie lang es uns lustet, wie uns Got die freyhait hat geben. Gleich wie wir frey seind ausser ee zu bleyben oder in die ee zu treten, flaysch zu essen oder nicht, kasel zu tragen oder nicht, kutten und platten zu haben oder nicht. Hier seynd wir herren und leyden kain gesatz, gebot, lere noch verbot. Wie wir dann auch bayderlay hye zu Wittemberg thon haben. Dann im Kloster haben wir Mess gehabt on kasel, on aufheben, schlecht aufs allerainfeltigst, wie Carlstat Christus exempel rümet. Wiederumb in der pfarr haben wir noch kasel, alben, altar, heben auf, wie lang es uns gelustet. — — Wie wol ichs für hatte, das aufheben auch ab zuthun, so will ichs doch nun nicht thun, zu trutz und wider noch ain weyl dem schwermer gayst, weyl ers will verboten und als ain sünd gehalten, und uns von der freyheit getryben haben. Dann ee ich dem seelmördischen gayst wolt ain har brayt oder ain augenblick weychen, unsere freyhait zu lassen (wie sie Paulus leret), ich wolt ee noch morgen

Mit liturgischen Bedenken haben seine Worte nichts zu schaffen, wie es denn kein Geheimnis ist, daß zumal in der Herstellung originaler kultischer Gestaltungen mehrere der Zeitgenossen Luthern überragt haben.

Müntzers Schöpfungen haben seinen Sturz verhältnismäßig lange überlebt.¹) Hat man seine Lieder durch das ganze Jahrhundert gesungen, so sind auch seine Ordnungen nicht so bald aus dem Gedächtnis der Mitwelt entschwunden.²) Dies will um so höher angeschlagen sein, als die bei seinen Lebzeiten vielverschrieenen Werke offenbar auch hernach sich bei den Häuptern der reformatorischen Be-

---

so ain gestrenger münch werden und alle klosterey so fest halten, als ich je gethon hab. — — Das nun die Messe deutsch gehalten werde bey den deutschen, gefelt mir wol. Aber das er (Carlstad) da auch wil aine not machen, als müsse es so seyn, das ist abermal zu viel. — — Ich wolt heute gerne aine deutsche Messe haben; ich gehe auch damit umbe. Aber ich wolt ja gerne, das sie aine rechte deutsche art hette; dann das man den latinischen Text verdolmetscht und latinischen don oder noten behelt, lass ich geschehen. Aber es laut nicht ertig noch rechtschaffen. Es mus baide, text und noten, accent, weyse und geperde aus rechter muttersprach und stymme komen; sonst ist's alles ain nachomen, wie die affen thun. Nun aber der schwermer gaist darauf dringet: es muss seyn, und wil aber die gewissen mit gesatz, werk und sunde beladen, wil ich mir die weyle nemen und weniger dazu eilen dann vorhyn, nur zu trotze den sundenmeystern und seelmordern, die uns zu werken notigen, als von Gott gepoten, die er nicht gepeut. — — — Doher ist die gewonhait in allen landen blieben, das man das Evangelion hart vor der predigt zu lateinisch lieset, wilchs haysst S. Paulus mit zungen reden in der gemaine. Aber weil die predigt drauf balde gehet und die zunge verdeutscht und auslegt, das verwirft noch verbeut S. Paulus nit; warumb solt ichs dann oder yemand verdammen? — — Nicht das ich wolle weren, eytel deutsch in der Messe zu brauchen, sondern nicht wil leyden, das man on gottes wort, aus aigener turst und frevel das latinisch Évangelion zu lesen verpiete und sunde mache, da kaine ist, auf das wir den rottengaist mit seiner schwermerey nit zum maister kriegen an Gots stat. — — Dann wenn wir nu gleich die deutsche Messe uberkomen, wirds doch nit gnug seyn, das man die wort im sacrament auf deutsch redet; dann sie müssen doch ehe und zuvor geredt werden, ehe man das sacrament empfehet, das die, so hinzugeen, müssens doch im herzen haben, und nicht in den oren. Was liegt dann dran, ob sie die im sacrament nit hören, wann sie nur hart zuvor in der predigt gehöret und gefasset haben und darnach bekennen? Man wolt dann aim iglichen, der dazu geet, die selben wort in sonderhait in die oren schreyen und das sacrament so vil mal segenen, so vil der sind, die es nemen. — P. Sylvius (Vom glaubē Lere vnd geistlicher vbunge der Luttrischen kyrche. Leipzig 1526. — 5½ Bogen 4⁰. Leipziger Bibl.) beschuldigt Luthern nicht ohne Grund, er habe die lateinische Messe aus Trotz beibehalten. —

¹) Bugenhagen z. B. beklagt noch in einem Schreiben vom 28. April 1539 die kultische Thätigkeit Müntzers, insbesondere die Verdeutschung der Gesänge. Andrerseits melden ihm M. Görlitz und H. Wende noch unterm 14. April 1543, im Wolfenbüttler Land herrsche solche Ungleichheit in den Zeremonien, daß beispielsweise Müntzers Ordnung neben anderen in Gebrauch sei. — Vgl. Vogt, Bugenhagens Briefwechsel, S. 178 ff. 264 f. — ²) Das Weimarische Exemplar der „Messe" ist offenbar lange im Kirchengebrauch gewesen. In dem Pfingstamt sind von späterer Hand, wohl als Ersatzstücke, Lutherlieder eingetragen.

wegung keiner Gunst zu erfreuen gehabt haben, wie denn nur wenig Exemplare der Münzerschen Ordnungen noch nachweisbar sind. Als die ersten Versuche, den neuen Gottesdienst, bei thunlichst engem Anschluß an das Herkommen, völlig deutsch zu gestalten, dabei dem Wechsel des Kirchenjahres Rechnung zu tragen und vor allem den sangesfrohen Thüringern die altgewohnte kirchliche Musik zu erhalten, verdienen auch diese Gebilde gekannt zu sein, — ganz abgesehen davon, daß sie ohne Zweifel viel frommen Gemütern zur Erhebung und zum Troste gedient haben.

7. Die Erfurter Kirchenämter.

In erneuerter Gestalt begegnet uns die Münzer'sche Messe in den 1525 und 1526 zu Erfurt erschienenen Kirchenämtern (I und II). Freilich sind hier aus den 5 Stücken deren 6 (I), bald (II) 10 geworden; das Register von 1526 verzeichnet sogar ein volles Dutzend, sofern es je ein Advents= und Passions=Amt, die sich von der jedesmal voraufgehenden Ordnung nur durch den Introitus unterscheiden, mit hinzu zählt. Neu sind die Ämter „von der himelfart oder auffart Christi" (I. 1; II. 5), „von der heyligen Dreyvaltickeit" (I. 3; II. 7), „von dem heylgen sakrament" (II. 8), „von den heylgen aposteln" (II. 9), „von der zusagung Gottes (II. 10).

Die wichtigsten Abweichungen von der Vorlage sind diese: der der Münzerschen Messe voraufgehende, dem Brauch der alten Kirche entsprechende Vorbereitungsdienst ist fortgefallen und an seine Stelle das „Kum, heyliger geyst, erfülle" getreten, dem diese Kollekte folgt: „O barmherziger Gott, der du gelert hast die herzen deyner getrewen durch die erleuchtigung des heyligen geystes, vorleyhe uns ym selben geyst die gerechtickeyt zu betrachten und besinnen, das wir stets uns seines trosts mügen frewen. Durch Jhesum Christum ꝛc."[1]

In der älteren Ausgabe, die mit dem Osteramt beginnt und mit der Passionsmesse schließt, sind die lateinischen Teilüberschriften eingesetzt. Auf eine Entwickelung weisen die gelegentlich eingestreuten Bemerkungen (Advent): „Für das Commun singt man eyn Psalm oder eyn anber geystlich lobsang"; (Passion:) „Volgt das Patrem oder eyn geystlich gesang".[2] Am Schlusse jedes Amtes wird die „Benedictio in dem Buch der zal am VI. Capitel" verwendet: „Der herre gebenedey dich und behuet dich, und erleuchte seyn angesicht über dich und erbarm sich deyn, und wende seyn angesicht zu dyr und geb dyr den fryed †. Amen. — Der „Priester" ist durch den „Pfarrer" ersetzt.

Sonst herrscht volle Übereinstimmung, die sich oft in auffallender Weise bis auf die, gelegentlich seltsamste Orthographie erstreckt. Also dieselben Übersetzungen gesungener Ämter. Die Schriftlektionen —

---

[1] Dies Stück steht bei II am Anfang, bei I am Ende aller Ämter. —
[2] Vgl. die „Ordnung und berechnunge", welche mit diesen Weisungen stimmt.

ganze Kapitel finden sich trotz Müntzers Forderung in der „Ordnung“ auch innerhalb dieser Ämter nicht — werden mit denselben Worten eingeführt und im nämlichen Wortlaut geboten. Dem Trinitatistage ist als evangelische Perikope Joh. 15, 26 ff. gegeben. In diesem neuen Amt wird, entsprechend dem Vorgange Müntzers, das Neue Testament nach Luther geboten, während alttestamentliche Stellen — abgesehen vom Sanktus — nicht zur Verwendung kommen. Merkwürdig ist, daß nur dies Amt, obwohl es in der Mitte des Buches steht, vollständig ist; für die übrigen müssen das Credo und die Verba promissionis von hier aus ergänzt werden. Merkwürdig auch, daß die den Ämtern von Trinitatis und Advent gemeinsame Präfation diejenige De beata virgine (in verkürzter Gestalt) ist. Auch hier begegnen uns die Sequenzen zu Weihnachten, Ostern, Pfingsten.¹)

Größer sind die Abweichungen des Kirchenamtes von 1526. Die verschiedenen Messen sind in kalendarische Ordnung gebracht. Das Offertorium ist jetzt regelmäßig in ein geistliches Lied verwandelt worden. Die Texte der Gradualien und Sequenzen haben kleine Änderungen, meist Erweiterungen erfahren, wodurch natürlich auch die Redaktion der Musiknoten beeinflußt wurde. In den Perikopen zeigt sich noch größere Annäherung an Luther, d. h. in den neutestament=lichen. Häufig sind Fremdworte ins Deutsche übertragen oder in neuer Art umschrieben (Kyrie. Sabaoth. Osianna.). Die bedeutsamste Neue=rung, wenn man es so nennen darf, besteht aber in dem Eintritt der **Predigt.** Sie hat ihren Ort, wo die alte Kirche ihr ihn angewiesen, zwischen Credo und Offertorium. Doch hat Müntzer selbst sie an dieser Stelle gewollt.²) Bei alledem ist die Müntzersche Form noch immer selbst in Einzelheiten erkennbar. Ihr Gang zeigt sich auch in den neu hinzugekommenen Ämtern, unter denen Fronleichnam und Zwölfbotentag (30. November) uns nicht auffallen werden, während das „Amt von der Zusagung Gottes“ uns ein Rätsel aufgiebt. Viel=leicht haben wir hier ein Seitenstück zu den in den Plenarien sich findenden Messen „von der lyebe Gottes“ und dgl.³) Was sonst über das Verhältnis der Müntzerschen Messen zur lateinischen Vorlage ge=sagt ist, gilt alles auch hier. Es waltet in Wahl und Wiedergabe ziemliche Freiheit. Zu dem vorigen Bestande treten neue Dichtungen nicht hinzu; wo solche durch den lateinischen Text geboten wurden, tritt Umschreibung in Prosaform ein. Ich lasse die neuen Stücke im Wortlaut folgen.

---

¹) Die kürzere (Müntzersche) Gestalt des „Komm, heiliger Geist, er=füll“ steht hier wie im „Deutsch Kirchenamt“ von 1527 („Im schwarzen Horn“); die längere bei Kantz (1522) und in der Nürnberger „Form und Ordnung“ (1528) ohne, im Erfurter Enchiridion von 1527 mit Noten. — Zahn V. Nr. 8594. Vgl. oben S. 113. A. 5. — ²) Vgl. „Ordnung und berech=nunge“. Auch diese jetzt bemerkbaren Zusätze (Lieder und Predigt) sprechen dafür, daß die „Ordnung“ der „Messe“ gefolgt ist. — ³) Vgl. Alzog, a. a. O., S. 13 u. 21. Oder ist der Kirchweihtag (Dedicationis) gemeint?

Das Ampt von der Auffart Christi. 1526.

Yhr menner von Galilea, was verwundert yhr euch und sehet yn den hymel? Alleluja. Dieser Jhesus, wie yhr yhn gesehen habt gen hymel faren, der würd also wider komen. Alleluja. Alle yhr völker, schlaht eur hend zusamen vor freuden, singet unserm Gott mit frölicher stym die große freud, die unausfprechlich ist. Ehr sey . . .

Kyrie. Gloria. Laßt uns beten: O Gott, der du deynen sohn in die tiefeste ende der abgründe aller ding gewalt zu haben gesant und ihn uber alle hymel alleyn zusteygen alleyn erhöhet hast. Vorleyhe uns durch seyner gerechtigkeyt willen, bey dyr hymelisch zu wonen. Durch den selbigen . . .

Der sendebrief des heyligen S. Lucas im geschicht der Apostel am erften Capitel: Die erfte rede[1] . . . . Alleluja. Der herre mit Synai yn der heylickeyt ist aufgefaren yn die höhe und hat das gefenknis gefangen gefürt. Alleluja. Sequenz wie auf oftern. — Die nachvolgende wort des heyligen Evangelii . . . Zuletzt, da die eilf zu tisch faßen.[2] Warlich ist es billich und recht . . . . Welcher nach seyner auferstehung allen seynen jüngern offenbarlich erschinen ist und für yhren augen aufgenomen ist yn hymel, auf das er uns geb, das wyr seyner Gottheyt teylhaftig würden. Darumb singen wir mit . . .

Verba promissionis. Agnus dei, wie von der auferstehung. O Gott, ein herr des frides und rechter liebe, geuß deynen fridsamen geyst yn unsere herzen, auf das wir, die yn deynem namen versamlet, auch alzeyt eyntrechtig yn deynem preyse erfunden werden. Durch ꝛc.

Von der heyligen dreyvaldigkeyt. 1525.

Gebenedeyet sey die heylge dreyvaltigkeyt und auch die ungeteylte eynigkeyt. Wyr loben und danksagen yr; wann sie hat uns gethan nach seiner (!)[3] barmherzigkeyt. Wir gebenedeyen den vatter und den son mit dem heyligen geyste. Ehre sey ꝛc.

Kyrie. Gloria. Hyrnach hebt der Pfarrer an: Der herr sey mit euch. Antwort das volk ꝛc. Darnach spricht der Pfarherr wider: Laßt uns beten: O Almechtiger, ewiger Got, der du haft verlyhen uns, deynen dyenern, zu erkennen die herlichkeyt der ewygen dreyvaltigkeyt in dem bekentnus des heyligen glaubens und anzubeten die eynigkeyt der kraft der götlichen majestet. Wyr bytten, auf das wir yn der beftendigkeyt gleych des selbigen glaubens beschutzt werden vor aller widerwertigkeyt. Der du lebeft . . .

Der sendebrief des hl. Pauli . . . . O wölch eyn tyefe.[4] Alleluja. Gebenedeyet byftu, herre, o Got unserer vetter, und byft zu loben in ewigkeyt. Alleluja.

---

[1] Wesentlich nach Luther. — [2] Nach Luther. — [3] Auch 1526 so! — [4] Luther.

Nach dem hebt der pfarher an: Der herre ꝛc. Darnach spricht der pfarher: Die nachvolgende wort dis heyligen Evangelii .... In der zeyt sprach der herr zu seinen jüngern: Wenn der tröster komen wurd.[1] — Patrem. Jch gleube ꝛc. Für das Off. singt man eyn Psalm oder sunst eyn geystlich Lobgsang. Prefatio. Durch alle ꝛc.[2] Dann du dein heylige menscheyt von der junkfrauen Maria hast empfangen durch die umbschetigung des heylgen geystes, das sie mit unverruckter keuscheyt das ewige liecht zur welt gebracht hat, Jhesum Christum, unsern herren, durch welchen ꝛc. — Warlich, es ist billich ꝛc. ....

O Herre Got, laß uns zu nutz kummen des leybes und der seelen die entpfahunge des heyligen Sacraments und das ewige bekentnus des[3] heyligen und der selbstendigen ungeteylten dreyvaltickeyt. Der du lebest ....

Das Ampt von dem hochwürdigen Sacrament. 1526.

Der mensch prüfe sich selbst und also esse er. Alleluja. Von dem brot und trink von dem kilch des herren. Alleluja. Denn wilcher unwirdig isset und trinkt, der isset und trinkt jm selber das gericht. Ehr sey. ....

Herre Jhesu Christ, der du uns deyn brot zu nyeßen und deynen kilch zu trinken in gedechtnus deynes leydens gelassen hast, wir bitten dich, wollest uns erleuchten, das wir durch rechte prüfung unser selbst in warer erkentnus deyner sölichs abentmal wirdig mögen empfahen. Der du. .... Der sendebrief ꝛc.: Jch hab es von dem herren empfangen ꝛc. Alleluja. Jch habs vom Herren empfangen, das ich euch geben hab. Denn der herr Jesus yn der nacht, do er verraten wart, setzet er eyn dis Sacrament seines heylgen leychnams und bluts, und sprach: So oft yhrs esset und trinket, so thuts zu meinem gedechtnis. Alleluja.

Die nachfolgende wort ꝛc.: Meyn fleysch ist die rechte speyse ꝛc. — Commun: So oft yr von disem .... damit das er nicht unterschydet den leib des herren. Alleluja.

Herre, ewiger Got, verleyhe deyner gemeyn, im heyligen geyste versamlet, das sie, durch feyndliche pfeyl des teufels betrübt, nicht uberwunden, sondern durch deyne krefte gesterkt, allzeyt gemert werde. Durch Jesum ꝛc.

---

[1] Luther. — [2] 1526: wilcher du mit deynem eyngebornen sohn und dem heiligen geist ein einiger Got bist, eyn eyniger herre bist. Nicht in eynickeyt der personen, sondern yn der eynheyt eynes sonderlichen wesens. Denn das wir durch deyn selbst offenbarung von deyner herlickeyt glauben, eben dasselb halten wir unterschieden von deynem sohne und dem heyligen geyste, auf das yn der bekennung der waren und ewigen Gotheit die eigenschaft yn den personen und eynickeyt yn dem wesen und die gleicheit yn der Majestat recht werde angebet. Wilche die engel loben etc. — [3] 1526: der.

Das ampt von den Aposteln. 1526.

Sih, ich send euch wie die schaff mitten unter die wölf. Alleluja. Darumb seit klug wie die schlang, dazu on falsch als die tauben. Alleluja. Und wo ir in ein stat geht, so erkundigt euch, ob yemand dryn sey, der es wert ist, und bey dem selben bleibt, bis jr von dannen ziehet. Ere sey ꝛc.

O herr, ewiger Gott, dieweyl sich die gottlosen allenthalben mehren und deyne diener verfolgen, sihe an ihr drewen und gib deynen knechten mit aller frewdickeyt deyn wort, so das du alleyn geforchtet und recht erkant werdest zu lob und preys deynes namens. Der du ꝛc.

Der sendbrief .... Gebenedeyet sey Got und der vater Jesu Christi, der uns gebenedeyet hat mit allerley geystlicher benedeyung ym hymelischen wesen durch Christum.[1] Alleluja. Mit großer gewalt gaben die aposteln gezeugnis von der auferstehung Jhesu Christi, und große gnad war bey yhn allen. Alleluja.

Die wort dis heyligen Evangelii ꝛc. Sihe, ich sende euch wie die schaff.[2] — Commun: Jch bin ein rechter weynstock und ihr meine reben. Wer yn mir bleybet, der bringt viel früchte; denn on mich kond yhr nichts gethun. Alleluja. O herre Got, wir bitten dich, das du wöllest unsere herzen mit deyner erbarmung regieren; denn wyr ye dyr on dich nicht gefallen mögen. Durch Jhesum ꝛc.

Volget das Ampt von der zusagung Gottes. 1526.

Das heil meines volkes bin ich, spricht der Herre. Jn welcher angst sie zu mir rufen werden, will ich sie erhören und will seyn yr Herre ewigklich. Höre, mein volk, mein gesetze; neiget ewre oren zu der rede meines mundes. Ere sey ꝛc.

Got der tugent, des alles das ist, das do gut ist, pflanze yn unsere herzen die liebe deynes namens und verleyhe uns ein ganze merunge, das da gut ist zu der narung, und was yn guter lere ist erneret, das behüte ewiglich. Durch ꝛc.

Der sendebrief des heiligen Pauli ꝛc. Brüder. So Got für uns ist, wer mag ꝛc. Alleluja. Lobe den herren, meine seele. Jch will den herren loben in meynem leben, und meinem Got lobsingen, dieweil ich hie bin.

Die nachvolgende wort des heyligen Evangelii ꝛc. Byttet, so wird euch geben.[3] — Für das Commun ein geistlich lied. — O Herre Got, wir bitten dich, das du wöllest unsere herzen mit deyner liebe regieren, so wir on dich nicht gutes, so durch dich nicht angefangen ist, künnen volfüren. Durch ꝛc.

Benedictio: Der Herre gebenedeye dich und behüt dich, und erleuchte seyn angesicht uber dich und erbarm sich deyn, und wende seyn angesicht zu dir und geb dir den fryed. Amen.

---

[1] Das Weitere nach Luther. — [2] Luther. — [3] Luther.

Sechstes Kapitel

Die Straßburger Ordnungen.
1524—1526.

1. Litteratur.

Sehr vieles ist nicht zu nennen, da die einschlägigen Werke kultus=
geschichtlicher Art, die Sammelwerke vor allem, die Kompendien der
Praktischen Theologie ꝛc. von unserm Gegenstande entweder keine Notiz
nehmen oder geradezu Unrichtiges vorbringen.

F. W. Röhrich, Mittheilungen aus der Geschichte der evg. Kirche des
Elsaß, 3 Bde., 1855; derselbe, Geschichte der Reformation im Elsaß, 3 Bde.
1830—32; derselbe, Zur Geschichte der straßb. Wiedertäufer, Zeitschr. f. d.
histor. Theolog. 1860. S. 3 ff. — A. Jung, Beiträge zur Geschichte der Refor=
mation, 2 Bde. 1830. — J. W. Baum, Capito und Butzer. 1860. — J. Rath=
geber, Straßburg im sechszehnten Jahrhdt. 1871. — Ad. Baum, Magi=
strat und Reformation in Straßburg, bis 1529, — 1887 (hier auch S. XV ff. eine
Übersicht über die sonstige geschichtliche Litteratur). — J. Herrenschneider,
Etude sur la liturgie de l'église protestante de Strasbourg. 1853. —
J. W. Baum, la première liturgie des églises reformées. 1859. — W. Löhe,
Sammlung liturg. Formulare, III. 1842. S. 51 ff. — A. Erichson, Die
Calvinische und die Altstraßb. Gottesdienstordnung. 1894. — Antiqu. Katalog
von S. Calvary, Berlin 1868. — J. B. Riederer, Nachrichten ꝛc. I—IV.
1764—67; derselbe, Abhandlungen ꝛc. 1768—69. — H. von der Hardt,
Autographa etc.. I—III. 1690. 91. 93. — J. E. Kapp, Kleine Nachlese ꝛc.,
I—IV. 1727—33. — J. W. Feuerlin, Bibl. symb. 1752. — Ph. Wacker=
nagel, D. deutsche KLied. 1841; derselbe, Bibliographie ꝛc. 1855; derselbe,
Das deutsche KL. I—V. 1870 ff. — J. Zahn, Die Melodien ꝛc. I—VI. 1889—93.
— Die geschriebenen Urkunden, Chroniken, Protokolle und Briefe werde ich am
geeigneten Orte nennen; vgl. auch dazu besonders Ad. Baum, a. a. O., S. XX ff.

2. Bibliographie der Straßburger Gottesdienst= ordnungen.

Die sämtlichen aufzuführenden Büchlein gehen zurück auf die
handschriftlich niedergelegte Messe von Theobald Schwarz (Nigri), die
sich im Thomas=Archiv befindet und in der „Monatschrift für Gottes=
dienst und kirchl. Kunst", 1896, S. 4 ff. beschrieben und veröffentlicht
worden ist. Ich nenne die Drucke nach der vermutlichen Reihenfolge
ihres Erscheinens und bezeichne die 6 verschiedenen Typen mit großen
lateinischen Buchstaben, die (13) verschiedenen Ausgaben durch beigefügte
arabischen Ziffern. Vier Original=Drucke scheinen verloren zu sein;
doch sind wir im stande, deren drei zu rekonstruieren, während die
vierte faksimiliert vorliegt.

A¹: Teutsche Mesz vnd Tauff wie sye yetzund zu Straszburg gehalten werden. Registerbüchlein | über die geschrifft | von disputirlichen puncten. Georgij Spalatini Christliche gebett. Betbüchlin ausz den Euangelien vnd Episteln | sampt dem glauben | vater vnser | vnd den siben Bůszpsalmen. Zů Straszburg An.M.D.xxiiii. — Am Ende: Getruckt zů Strassburg durch Wolff Köpphel | auff dem Roszmarckt am.xxiiij. tag Brachmonds im jar.M.D.xxiiij. — 15 Bogen in ſl. 8⁰. — Weller 3066. Beſchreibung bei Wackernagel, Bibl., S. 62. — Verloren.

A²: Ordenung vnd inhalt | Teutscher Mess | so yetzund im gebrauch haben Ewangelisten vnd Christlichen Pfarrherren zů Straszburg. M.D.xxiiii. — 1¹/₂ Bogen 8⁰. Das Titelblatt ohne Schmuck. — Univ.=Bibl., Straßburg.

A³: Ordenung vn ynhalt Teütscher Mesz so yetzund im gebrauch haben Euangelisten vnnd Christlichen Pfarrherren zů Straszburg. M.D.xxiiij. o.O. (Straßburg, Joh. Prüß) 13 Bl. 8⁰ m. Titeleinf. Maihingen. Weller 3078. Vier zugeſchn. Leiſten; o. tragen zwei Kinder eine Kugel; u. zwei weibl. Figuren; die Seitenleiſten, v. verſchied. Breite, m. allerlei Ornamenten. D. Orthographie anders als in A².

A⁴: Deutsche Mess wie sye yetzundt zu Strassburgk gehalten würt. Item Betbüchlein sampt vil andren, so in volgendem blatt verzeichnet ist. — 24⁰. (3. Sept. 1524.) — Köpphl. — (Neue Aufl. von A¹.) Verloren. Vgl. J. Herrenſchneider, S. 2. — Weller 3066.

B: Ordenung vnd ynhalt Teütscher Mesz vn Vesper | So yetzund im gebrauch haben Euangelisten vnd Christlichen Pfarrherren zů Strassburg. Mit etlichen Neüwen geschrifftlichen Introit, Gebet | Vorred oder Prefation vnd Canon | vor vnd nach vffhebůg des Sacramēts | auch andren ordenungē | in vorigem bůchlin nit begriffen. — 3 Bogen ſl. 8⁰. — o. J. — Weller 3079. Beſchreibung bei Wackernagel, Bibl., S. 62. — Bibl. des Wilhelmitanums (87).

C¹: Teütsch Kirchen ampt | mit lobgesengen | vnd götlichen psalmen | wie es die gemein zu Straszburg singt vnd halt | gantz Christlich. Am Schluß: Im jar nach Christi geburt M.D.xxiiij. o.O. (Straßburg, Köpfel). 2¹/₂ Bogen 8⁰ mit Titelholzſchnitt und Einfaſſung. — Wackernagel, Bibl., S. 62. — Nach Weller 2935 „in München und Straßburg". — Bisher nicht auffindbar.

C²: Teütsch kirchen ampt | mit lobgesengen | vn götlichen psalmen | wie es die gemein zů Strassburg singt vn halt | gantz Christlich. — 2¹/₂ Bogen 8⁰. — Das Titelblatt ähnlich dem von C³; doch ſind die Randleiſten rechts und links vertauſcht. Unten links Darſtellung der Roma mit Pabſt ꝛc. hinter einer Mauer. Köpphl's Zeichen. Vielleicht von 1524 (jedenfalls älter als C³). Öffentl.=Bibl., München.

C³: Teutsch Kirchē ampt mit lobgsengen | vn götlichen psalmen | wie es die gemein zu Strassburg singt vn halt mit mer gantz Christlichē gebettē | dañ vorgetruckt. Singet dem Herren eyn Neüw lied | Das er Wunder than hatt. Psal. 98. Singet frölich Gott | der vnser sterck ist | Jauchzet dem Gott | Jacob. Ps. 81. — (Getruckt by Wolff Köpphel.) — 8⁰. — o. J. — Verloren, doch in fakſimiliertem Nachdruck mehrfach vorhanden; z. B. Univ.=Bibl., Straßburg. Beſchreibung bei Wackernagel, Bibl., S. 73. — Titel bei Weller 3452 ungenau wiedergegeben.

C⁴: Theütsch kirchē ampt mit lobgsengē vn göttlichen Psalmen | wie es die gemeyn zů Strassburg singt vnnd halt | mit meer gantz Christlichen Gebettē | dañ vorgetruckt. Psal. 89. (!) Singet dē Herren ein neüw lied | Das er wunder than hat. Psal. 81. Singet frölich Gott, der vnser sterck ist | Jauchzet dem Gott Jacob. M.D.xxv. — 4 Bogen ſl. 8⁰. — Angeblich Univ.=Bibl., Berlin. — Weller 3453. — Wackernagel, Bibl., S. 72. — Löhe, a. a. O. III. S. 51 ff.

(Zu dieſen Ausgaben gehören als Fortſetzung: Das ander theyl. Straszburger Kirchengesang. Das vatter unser. Der glaub. Die zehen gepott. Das Miserere. Psal. Der dorecht spricht. Psal. Wer gott nicht mit.

Die acht ersten psalmen | vff die melody | Ach gott von himel. Truckt bey Wolff Köpphel zů Straszburg. — Am Ende: Gedruckt zů Straszburg bei Wolff Köpphel am Roszmarkt | im jar 1525. — 2 Bogen 8⁰. — Wackernagel, Bibl., S. 73 f. — Verloren. — Das dritt theil Straszburger kirchen ampt. M.D.xxv. — Am Ende: Getruckt zů Straszburg | durch Wolff Köpphel am Roszmarkt. 2 Bogen 8⁰. — Wackernagel, Bibl., S. 74. — Verloren.)

D¹: Ordnůg des herren | Nachtmal: so man die Messz | nennet, sampt der Tauff vnd Insegnung | der Ee, Wie yetzt die diener des wort | gottes zů Strasszburg, Erneů | wert, vnnd nach göttlicher | geschrifft gebessert haben | vsz vrsach jn nachgender Epistel | gemeldet | M.D.xxv. Beati omnes qui timent dominum | qui ambulant in vijs eius. — 3 Bogen 4⁰. — Johannes Schwan. — Univ.-Bibl., Straßburg. Wolfenbüttel. Vgl. Wackernagel, Bibl., S. 71 f. Zahn, VI. S. 5 bezeichnet diese Ausgabe irrtümlich als kl. 8⁰.

D²: Ordnůg des Herren Nachtmal: so man die messz nennet | sampt der Tauff vn Insegůg der Ee | Wie yetzt die diener des wort gots zů Straszburg | Erneůwert | vnd nach götlicher gschrifft gebessert habē vsz vrsach jn nachgender Epistel gemeldet. M.D.xxv. — 3 Bogen kl. 8⁰. — Mit Vorrede von Johannes Schwan. Das Titelblatt fast schmucklos; nur oben und unten eine Ranke. Auf der Rückseite des letzten Blattes eine große Initiale; inmitten dieser kniet ein Narr mit Schellenkappe vor dem aus einer Wolke segnenden Christus. Dazu der Spruch: Domine in celo misericordia tua et veritas tua usque ad nubes. — Kirchenbibl. in Celle; Maihingen. Weller 3594. — Vgl. Wackernagel, Bibl., S. 72. Der dort aufgeführte zweite, fast gleichlautende Druck (CLXXXVI) ist mit dem vorgenannten, dort nicht genau wiedergegebenen identisch.

E: Strassburger kirchenampt | nemlich von Insegnung der Eeleut | von Tauf vnd des herren nachtmal | mit etlichen Psalmen | die am end des büchlins | ordentlich verzeychnet sein. Wolff Köppfel. 1525. mense maio. — 6 Bogen 8⁰. Verloren. Weller 3454. — Vgl. Wackernagel, Bibl., S. 74.

F: Psalmē gebett | vnd Kirchen übůg wie sie zu Strassburg gehalten werden. Bey Wolff Köpphel. 1526. — 8¹/₂ Bogen 8⁰. — Das Titelblatt wie in den Psalmen von 1541 (vgl. Wackernagel, Bibl., S. 173 f.); nur sind hier das 1., 3.—7. Wort und der Name des Druckers rot gedruckt. Bisher nur bei Zahn, VI. S. 7 erwähnt. — Vgl. Weller 3952. National-Museum, Nürnberg; Zürich.

Die älteste noch vorhandene gedruckte Straßburger Messe lasse ich im Wortlaut folgen, die Originalhandschrift (I) sowie die späteren Formulare in den Anmerkungen berücksichtigend. Die letzte unserm Zeitraum angehörige Ordnung (F) soll sich sodann in genauer Wiedergabe anschließen.

3. Ordenung und inßalt Teutſcher Meß,

so petzund im gebrauch haben Ewangeliſten und Chriſtlichen Pfarrherren zu Straßburg. 1524. (A².)

(Vorrede.[1])

Es haben die diener des worts zu Straßburg dem alten gebrauch, so vil müglich ist, nach gegeben und also nachgeende ordenung

---

[1] In B dieselbe Vorrede. In C eine andere (vgl. Wackernagel, D. d. KL. [1841], S. 789). Die von D¹ und D² bei Röhrich, Mittheilungen, I. S. 191 f. Die von E bei Wackernagel, a. a. O., S. 790.

der Meß Chriſtenlicher weys fürgenommen, darin wir von unſer gemayn täglich befinden großen fürgang und merung des glaubens. Deshalb hab ich ſie wöllen andern gebetten vorſetzen. Allain ſey verwarnet, das du nit achteſt, als ob ſolch ordenung müſten gehalten werden; dann hyenach findeſtu, wölches ſey das hauptſtuck der Meß. Gehab dich wol.

Ordenung der Meß, ſo die Prieſter zü Straßburg yetzt noch halten.[1]

Im namen des Vatters und des Suns und des hayligen gaiſts. Amen.

Knyende[2]: Bekennen[3] Gott dem herren; dann er iſt gut, und ſeyn barmherzigkait iſt ewig.[4] — Und ich armer ſünder bekenne mich gott dem almechtigen, das ich ſchwerlich geſündt hab durch übertrettung ſeyner gebott; das ich vil gethon hab, das ich ſolt gelaſſen haben, und vil gelaſſen, das ich ſolt thon haben, durch unglauben und mißtrawe gegen gott und ſchwache der liebe gegen meinen mit dienern und nächſten[5], wie mich Gott ſchuldig wayßt. Iſt mir laid. Gnad mir, herr, bis barmherzig mir armen ſünder. Amen.[6]

Das iſt ain gewiß und theür wort, das Chriſtus Jeſus kommen iſt in die welt, die ſünder ſälig zu machen, deren ich der erſt bin. Das glaub ich; herr, hilf meinem unglauben und mach mich ſälig. Amen.

Ad populum verſus.[7] Gegen dem volk ſpricht er: Got begnade und erbarme ſich über uns alle ✠ Amen.[8]

---

[1] I: (Nigri's Urmeſſe) Anfang der Evangeliſchen Mesz. — C²: Officium; und dann nur die Muſikſtücke mit überſchriften. — C³: Ordnung der Mess, so die kirch zu Straszburg yetzt noch haltet. — D: Das Nachtmal des Herren würt also gebraucht oder gehalten. Vor dem er zu dem tisch gadt (der dann gegen dem volk gericht iſt), singt die gemein ein psalmen, welcher yn geliebt etc. Vgl. Röhrich, a. a. O. — [2] I: sprich. — [3] B: euch. — [4] B: Klagen an euwer leben und sprechen: Ich … — C³ u. C⁴: Ich sprach: ich wil dem herrn meine übertrettung bekennen wider mich. Da vergabstu mir die missethat meiner sünd. Und etc. — [5] Dieſer Zuſatz (und nächsten menschen) iſt in I handſchriftlich zugefügt. — [6] B: Abſolution. — [7] Das Deutſche fehlt wie hier so überall in I; die lateiniſchen Anweiſungen fehlen von B an. — [8] C⁴ (ohne ✠) weiter: Ein ander offene schuld. Suchen den herren, die weyl er zu finden iſt. Riefen in an, die weil er nahe iſt. Geben Gott die eer und bekennen im euwere miszthat und sprechen: Allmechtiger, ewiger, barmherziger Gott und vatter. Sihe, in untugent synd wir gemacht, und in sünden empfieng uns unser mutter. Dir bekennen und verjehen wir alle unsere sünd und miszthat. Deinen worten haben wir nit geglaubt, von deynen wegen sind wir gewichen, ittel übertrettung ist unser ganzes leben. Gedenk, herr, an deine barmherzigkeit und an deine güte, die von der welt her gewesen synd. Gedenk nit der sind unser jugent und unserer übertrettung, gedenk aber unser nach deiner barmherzigkeit umb deiner güte willen und umb deynes namens willen. O herr, sye gnedig unser miszthat, die da fast grosz ist, und erbarm dich unser. — Nun werden getröst und sind frölich und hören das Evangelium, eine gute bottschaft:

Introitus, das man nennet anfang oder eingang: Ich hab glaubt, darumb rede ich; ich bin seer gediemütiget. Ich hab gesagt in der übertrettung: alle menschen seyn lugenhaftig.[1] Ich will den kelch des hayls aufheben und im namen des herren anrüfen.[2] Glory und eer sey dem vater und dem Sun und dem hayligen gayst ymmer und ewigklich. Amen.[3]

Kirieeleyson, Herr erbarm dich unser. Christeeleyson, Christe erbarm dich unser. Kirieeleyson, herr erbarm dich unser.[4] — Gloria in excelsis deo: Glory sey Gott in der höhe, und auf erdtrich[5] fryd, den menschen ain wolgefallen. Wir loben dich, wir betten dich an, wir breysen[6] dich, wir sagen dir dank umb deiner großen eere willen. Herr got, hymelischer Künig, got almechtiger vatter. Herr, eingeborner Sun Jesu Christe, du aller höchster. Herr Gott, lamb Gottes, ain Sun des Vatters, der du hynnymbst die sünd der welt, erbarm dich unser; der du hinnimmst die sünd der welt, nymm an unser gebet. Der du sitzest zur gerechten des vatters, erbarm dich unser. Wann du bist allain haylig, du bist allain der herr, du bist allain der höchst, Jhesu Christe, mit dem hayligen gayst in der eere Gottes des vatters. Amen.[7]

Der herr sey mit euch. — Collecta, Gemayn gebett. Laßt uns bitten: Barmherziger, ewiger Gott und vatter, du wöllest uns füren

---

Ir brüder, so eyner gesündet hat, haben wir einen fürsprecher bey Gott dem vatter, Jesum Christum, den gerechten. Und er ist ein versönung für unser sünd, nit aber für unsere allein, sunder auch für der ganzen welt sünd. Glauben dem Evangelio (oder disen worten) und leben im fryden. Amen. — [1] B: Der Vers. — [2] B: Das gloria patri. Eer seye dem Vatter etc. Amen. Ein ander Introit oder anfang der Mesz. Ich hab gerieft in ganzem herzen: o Gott, erhör mich; dein gsatz und gbot wil ich halten. Ich hab dir gerieft: hilf mir, so wil ich halten deyn gezeugnüs. — Der Vers: Erhör meyn stymm nach deiner barmherzigkeyt. O Gott, mach mich leben nach deynen gerichten. — (So auch C⁴.) — Das gloria patri etc. — [3] Der Introitus in I nur als Über=schrift. — B: Volgt das Kyrieeleison. — [4] C³ läßt statt des Introitus (Ich hab glaubt) auch Psalmen zu, die „aus den gnotierten" gewählt werden sollen. Es folgt Ich hab geruft etc. in Noten. — Schon C³ bietet Kyrie und Gloria in Noten. — Bis hierher ganz abweichend D. Dort heißt es nach dem Eingangspsalm: Darnach gat der Diener über und spricht dem volk dise nachgeenden wort vor, knyend oder steend: Allmechtiger, ewiger, barmherziger Gott und Vater. Sich, in untugend sind wir gemacht und in sünden empfing uns unser muter. Dir bekennen und verjehen wir alle unser sünd und missethat. Deinen worten haben wir nit geglaubt, und von deinen wegen seind wir abgewichen; ytel übertreten ist unser ganz leben. Gedenk, herr, an dein barmherzigkeit und an deine Güte, die von der welt her gewesen ist. Gedenk nit der sünd unser jugent und unser übertrettung; gedenk aber unser noch deiner barmherzigkeit, umb deiner güte willen und umb deines namens willen. Herr, sy gnedig unserer missethat, die grosz ist. — Uff das sage er die Evangelisch abso-lution, wie volgt, oder ein andern spruch us dem Evangelio: Das ist ein gewisz etc. (I. Timoth. 1). Demnach spricht der diener ein psalmen, den er, ob er wil, auslegt: Ich hab gerüft etc., — wie B. — [5] C: erden. — [6] I: grussen. — [7] C³ C⁴: Der Priester spricht gegen das Volk.

zu deim eingebornen Sun durch ain rechten, waren glauben und deinem volk verleyhen, das sy kaym geschöpften ding überal anhangen, sonder das sy allain ain zugang zu deiner gütte suchen und finden, durch Christum Jesum, unsern herren. Amen.[1]

Epistel zun Galat. am iij: Lieben brüder. Die geschrift hats zuvor ersehen, das Gott die Hayden durch den glauben rechtfertiget. Darumb verkündiget sy dem Abrahe: In deinem samen sollen alle Hayden benedeyt werden. Also werden nu die da seind vom glauben, gebenedeyt mit dem glaubigen Abraham. Denn alle, die mit des gesetz werken umbgeen, die seynd under der vermaledeyung; denn es steet geschriben: Vermaledeyet sey yederman, der nit bleybt in allem dem, das geschriben ist in disem buch des gesetzs, das ers thue. Dieweyl denn durchs gesetz nyemant rechtfertiget wird vor Gott, so ists offenbar, das der gerecht leben wirt durch den gelauben. Das gesetz aber ist nit glaub, sonder der mensch, der es thut, wirt dardurch leben. Christus aber hat uns erlöset von der maledeyung des gesetzs, da er ward ain vermaledeyung vor uns (denn es steet geschriben: vermaledeyt ist yedermann, der am holz hanget), auf das die benedeyung Abrahe under die Halden keme in Christo Jhesu und wir also den verhayßen gayst empfiengen durch den glauben.[2]

<hr>

[1] In I nur die überschriften: Collecta. Epistola et Evangelium legantur versus populum. — B: Volgt die Collecta (wie oben). Ein ander Collect oder gebett: O ewiger Gott, barmherziger vatter, wir bitten dich demütigklich, du wöllest ein gnedigs und vätterlichs ufsehens haben uf dise deyne gegenwertige und alle gleübige gemeyn. Wann on dich so mag nit boston vor dir menschlichs blödigkeit. Darumb verleyhe jr, das sie durch deyne hilf werde vom bösen abgefürt und durch den glauben zu dem ewigen heyl allzyt werde gericht, durch Christum Jesum, deyn eingebornen sun, der mit dir etc. — Jetzund list man die Epistel gegen dem volk, nach dem der Priester erwelet. — C³ C⁴: Das Gebett der gemein: Laszt uns bitten: Barmherziger (A). Oder sunst ein Collekt von der zeit; C¹: oder wie jm der geist gottes eyngibt. Epistel. Jetzund (B). — C⁴: Epistel wie A. — D: Darnach volgt dise oder ein ander Collect. Laszt uns bitten (wie oben). Darnach nympt er ein lezgen us den Episteln Pauli oder anderen, die legt er us (Epistel Galat. III. — wie oben). — [2] B: Volgt das Alleluja. Alleluja, loben den herren. O herr, thu mit deynem knecht nach deyner barmherzigkeit, und deyne satzung lerne mich. Ich bin deyn knecht; mach mich verstendig, so wird ich wissen dein gezeügnüs. Alleluja, loben den herren. — Nun volgt das Evangelium oder die verkündung des wort gottes. — — C³ und C² haben dies Gradual in Noten. C² sodann: Hie prediget der pfarrher, und nach der predig singt man das Credo. Patrem (Apostolikum in Noten). C³ und C⁴: Das Alleluja. Alleluja. Loben den herren ..... gezeügnüs. Evangelium. C³: wie A. — C⁴: Volgt das Evangelium. Hye ist aber zu merken, das etlich an statt des Evangelions, zugleich wie mit der Epistel, ein Evangelisten für sich nemen und alle Suntag ein stuck eins Capitels dem volk auslegen, damit der verstand an einanderhange und nit ein solch stuckwerk sye, als dann yetz die papistisch kirch im gebrauch hat. Credo. — C³: Oder Epistel und Evangelia von der zeyt. Auch lesen etlich ein buch us der geschrift vor die Epistel und ein Evangelisten, all Sontag eyn stuck, damit der verstand aneinanderhangt.

Evangelium. Ev. Johan. 6: Da murreten die Juden darüber, das er faget: Jch bin das brot, das vom hymel kommen ift, und fprachen: Jft difer nit Jefus, Jofephs fun, des vatter und muter wir wol kennen? Wie fpricht er dann: ich bin vom hymel kommen? Jefus antwort und fprach zu jn: Murrent nit under ainander. Es kan nyemand zu mir kommen, es fey dann, das jn ziehe der vatter, der mich gefandt hat, und ich werde jn auferwecken am jungften tag. Es ift gefchriben in den Propheten: fy werden alle von Got gelert. Wer es nun höret von meinem vatter und lernets, der kumpt zu mir. Nicht das yemant den vatter hab gefehen, on der vom vatter ift, der hat den vatter gefehen. Warlich, warlich, ich fag euch: wer an mich glaubt, der hat das ewig leben. Jch bin das brot des lebens. Ewer väter haben hymelbrot geffen in der wüften und feynd geftorben. Dis ift das brot, das vom hymel kompt, auf das, wer davon yffet, nit fterbe. Jch bin das lebendig brot, vom hymel kommen; wer von difem brot effen wirt, der wirt leben in ewigkait, und das brot, das ich geben werde, es ift mein flayfch, wölchs ich geben werde für das leben der welt. — Da zankten die juden under ainander und fprachen: Wie kan difer uns fein flayfch zu effen geben? Jefus fprach zu jn: Warlich, warlich, fag ich euch, werdent jr nit effen von dem flayfch des menfchen Suns und trinken von feynem blut, fo habt jr kain leben in euch. Wer von meinem flaifch yffet und trinket von meinem blut, der hat das ewig leben, und ich werde jn am jungften tag auferwecken; denn mein flayfch ift die rechte fpeys, und mein blut ift der recht trank. Wer von meinem flaifch yffet und trinket von meinem blut, der bleybt in mir, und ich in jm. Wie mich gefandt hat der lebendig vatter, vnd ich lebe umb des vatters willen, alfo: der von mir yffet, derfelb wirt auch leben umb meinetwillen. Dis ift das brot, das vom hymel kommen ift. Nit wie ewere väter haben hymel-brot geffen und feynd geftorben; wer von difem brot yffet, der wirt leben in ewigkait.[1]

Folgt die Predig. — D: Darnach syngt die gemeyn aber ein Psalmen, wie hernach volgt, oder ein andern (Aus tiefer not. Wackernagel 187; kleine Abweichungen; in Noten). Demnach geet der diener auf die Canzel und predigt das Evangelion (Joannis VI): In der zeyt, da murreten etc. (wie oben). — [1] D: Ist hie zu merken, das etliche anstatt des Evangelions (zugleich wie mit der Epistel) ein Evangelisten für sich nemen und alle Suntag ein stück eins Capitels dem volk uslegen, damit der verstand an einander hange und nit ein solch stückwerk sye, als dann yetzt die papistisch Kirch im gebrauch hat. Nach der predig singt man den glauben: Ich glaub in gott vatter, den allmechtigen, schöpfer Hymmels und erden. Und in Jesum Christum, seinen einigen sun, unsern Herren, der entpfangen ist vom heyligen geist, geboren us Maria der junkfrawen, gelitten under Pontio Pilato, gecreuziget, gestorben und begraben, abgestigen zu den Hellen, am dritten tag erstanden ist von den toten, ufgestiegen zu den Hymlen, sitzet zu der gerechten hand gottes vatters, des allmechtigen, dannen er künftig ist zu richten lebendige und toten. Ich glaub an den heyligen geist, ein heylige christliche Kirche, gemein-

Credo in unum deum.[1]) Der gemayn glaub: Jch gelaub in ainen Got, den almechtigen vatter, den ſchöpffer des hymels und der erden, aller ſichtbaren und unſichtbaren ding. Und in ainen herrn, Jheſum Chriſt, den Sun Gottes, den eingebornen, den geborn vom vatter vor aller welt, den Gott von Gott, das liecht vom liecht, den waren got vom waren got, der geboren, nit der gemacht iſt, in aynig weſens vatters, durch wölchen alle ding worden ſeynd. Der umb unſer menſchen und umb unſers hayls willen geſtigen iſt von hymeln und iſt flaiſch worden vom hayligen gayſt, und aus Maria der Junkfrawen menſch worden iſt. Auch gecreüziget für uns under Pontio Pilato, gelitten und begraben iſt; zudem auferſtanden am dritten tag nach der geſchrift und aufgeſtigen zum hymel, ſitzet zur gerechten des vatters, und weyters zukünftig iſt mit breys, zu urtaylen lebendig und toten. Wölches reych kain end wirt haben. Jch glaub in den hayligen gayſt, den herren, den leb machenden, der vom vatter und ſun ausgeet, der mit dem vatter und ſun ſampt wirt angebet und berümbt, der geredt hat durch die Propheten. Jch glaub ain haylig gemayn Apoſtel Kirche. Jch vergihe ain Tauf zu verzeyhung der ſünde, und verhof die auferſtende der toten und das leben der zukünftigen welt. Amen.[2])

Hienach[3]) pflegen ſy gegen dem volk ſagen alſo: Lieben Brüder und ſchweſtern, bitten gott den vatter, durch unſern herren Jheſum

sam der heiligen, ablasz der sünden, urstend des fleischs und das ewig leben. — [1]) B: Volgt der glaub des Concilii Niceni (wie oben). Volgt der glauben, wie man jn gemeynlich pflegt zu betten (Apoſtolikum wie vorhin mit Amen). — [2]) C³ und C⁴ haben zuerſt in Noten das Apoſtolikum, dann das Nizänum. C⁴ nur die Texte, dazu wie auch C³, die Zwiſchen= bemerkung: Das lang (groß) Patrem, das man nent Symbolum Nicenum, würt von etlichen gesungen. — [3]) B: Hie bereyt der Priester den kelch mit weyn und brot. Darnach wendt er sich gegen dem volk und spricht also: Lieben etc. — C³ und C⁴: Ermanung gegen dem volk. — D: Darnach bereit der Diener den kelch und spricht dann zu dem Volk: Lieben brüder und schwestern, bitten alle got, unsern vatter, das er uns sende seinen heyligen geyst, der uns lere ufopfern die opfer gottes, ein zerbrochnen geist und zerschlagen herz, und das wir unsern leib zum opfer geben, das da lebendig, heylig und ym wolgefellig ist, welches unser vernunftiger gottsdienst ist, damit wir Gott auch dank sagen und preis ufopfern, und er uns zeyg sein Heyl. Der Herr wöll euch alle erhören. — So laszt uns nun ufheben unsere herzen zu dem Herren und dank sagen ym, unserm Herren und gott. Dann es ist ye recht, billich und heilsam, das wir dir allzeit und allenthalben lob und dank sagen, Heylger herr, allmechtiger vatter, ewiger gott; und das durch Jesum Christum, unsern heyland, durch welchen dich auch die engel loben und alle hymmlische kreft preisen. Mit welchen, wir auch bitten und flehen, wellest auch unsere stimmen zulassen, wie wir mit demütiger verjähung sprechen: Heylig, heylig, heylig bist du, der herr und gott der hörscharen. Vol sind hymel und erden deiner herrlichkeit. Hosianna, hilf uns, Allerhöchster. Gebenedeyt bist du auch, der du kumpst in dem namen des herren, ein sun davit. Hosianna, ach hilf uns, allerhöchster, das dein reich zunem und werd gesterkt.

Chriſtum, das er uns den hailigen gayſt, den trôſter zuſchicke, das er
mache unſer leyb zu ainem lebendigen[1], wolgefelligen opfer, das da
iſt der vernünftig Gottsdienſt, der Gott gefellt. Das beſchehe uns
allen. Amen.[2]

Der herr ſey mit eüch. Vorred: Erhebt ewere herzen. Sagen
dank dem herren, unſerm Got. Es gebürt ſich fürwar und iſt billich,
recht und haylſam, das wir dir alweg, an allen orten dank ſagen.
O herr, hayliger, allmechtiger vatter, ewiger Got, der du unſer hail
durch das holz des Creüzs verſchaft haſt, auf das das leben von
ſolchem keme, von wöllichem der tod ausgangen[3] iſt, und auf das
der ſeynd, ſo durch des[4] holz übertrettung uns alle in Adam überwunden hat, wider aus gehorſam, ſo am holz gelapſtet iſt, beſtritten
wurde, durch Chriſtum Jeſum, unſern herrn, durch wölliches maye-
ſtat und herligkait dich die Engel und alle hymeliſche Ritterſchaft
loben, mit gleichem fronlocken ſamenthaft rümen und breyſen. Zu
wölchen du auch unſere ſtymmen annemen wölleſt, biten wir mit
undertheniger bekantnus und ſagen: Sanctus. Hayliger, Hayliger[5]
Herr, Got der härſcharen. Voll ſeynd die hymel und erden von
deiner herligkait. Ach mach uns ſälig in der höhe. Benedictus: Er
iſt zu loben, der da kumpt im namen des herren. Ach ſälige uns
in der höhe.[6]

Almechtiger, barmherziger vater. Die weyl dein Sun, unſer
herr Jeſus, zugeſagt hat, was wir biten in ſeynem namen, das
werdeſtu uns gewern, und zudem, diewenl dein gaiſt auch befohlen
hat, das wir für unſer öberkait [biten ſollen][7], biten wir von herzen,

---

[1] I: heiligen .... Amen. Versus populum adhuc stans dicat. —
[2] B: Auch, jr allerliebsten, dieweyl ich aber auch beschwert bin
mit mancherley unvolkummenheyt und gebrechen, so bitten Gott
auch trewlich für mich, das ich disen seynen dienst jm zu lobe, eüch
und mir zu trost und heyle möge fleyszig ausrichten und volenden.
Amen. — Der Herr etc. — Volgt die Prefation oder vorred. — [3] I und
C⁴: ufgangen; C³: aufgangen. — [4] I und C⁴: das. — [5] B. C⁴: dreimal: Heyliger (wie D). — [6] I: Laventur manus tacite; deinde stans per
modum orantis levatis si placet manibus. — B: Hie wäscht der Priester
die hend nach gewonheit. Volgt yetzund der Canon. — C⁴: Volgt
der Canon. — [7] Die in Klammern geſtellten Worte, ganz unentbehrlich, ſind
nach I hinzugefügt. — B hat ſtatt dieſes Gebets das folgende: Allmechtiger,
ewiger, barmherziger Gott und vatter, der du uns verheyszen hast durch
deyn eyngebornen sun, unseren herren Jesum Christum, was wir dich
in seynem namen bitten, wöllest du uns geweren, und aber durch deynen
heyligen geyst befohlen, zu bitten für die Oberkeit und alle menschen:
so bitten wir dich von herzen durch den selbigen deynen sun, unseren
heyland, Jesum Christum, du wöllest das herz unsers Keysers, Fürsten
und herren, und vorab unserer Oberen eins Ersamen Rats, erleüchten mit
erkantnüs deynes heyligen Evangeliums, uf das sie dich für jren rechten
oberherren erkennen und nach deynem gefallen regieren. Und auch
allen menschen wöllestu verleyhen, zu erkantnüs der warheit zu kummen.
Und diser deyner gemeyn hye zugegen, in deynem namen versamlet,
sende deynen heyligen geyst, den tröster, der in unsere herzen schreybe

du wölleſt die gemüter des Kayſers, der Fürſten und herrn, vorab
unſer herrn und öbern ains Erſamen Rats, zu erkantnus deiner güte
und des Evangelions bewegen. Auch das du deinem Sun durch den
hayligen gaiſt underthenig macheſt alle völker, auf das ſy ſelbs willig
ſein verhaißung erkennen, annemen und behüeten. Und vorab diſer

dein gesatz, neme hyn unsere angeborne blyndheit und dumkeit, durch
die wir auch unser übel und sünd nit erkennen mögen; sunder synd wir
so gar vergift, das wir uns auch in unseren yrrtumen und sünden wolgefallen. Darumb, o du barmherziger, geliebter vatter, so mach in uns
durch deynen heyligen geyst unser sünd lebendig, das wir jr doch empfinden und das wir jr schnödigkeit erkennen und dadurch (syntemal
wir in uns nichts dann sünd, tod und hell befynden) deyner gnaden und
barmherzigkeit hunger und durst überkummen, und mögen also doch
zum teyl bedenken und mit warem glauben annemen und mit ewiger
dankberkeyt breysen und loben deyn überschwenkliche und unermesz-
liche gnad und güte, die du uns bewysen hast in dem, das du deyn
eyngebornen, allerliebsten sun hast wöllen mensch, das ist uns armen
sünderen gleych, werden und durch seyn tod uns erlösen [lassen]. — —
Bis hierher ſtimmt D mit B überein, nur daß des Kaiſers nicht gedacht wird
und die Gemeinde von dem Ehrſamen Rat als „wert deiner hend und ſcheflin
deiner weyb" (ſ. u. F.) regiert ſein will. — Nun aber folgt (D) dies: So gib uns
nun, himmlischer vatter, das wir dises tods, durch welchen wir von allem
übel zum ewigen leben erlöst sind, heilsame gedechtnüs nimmer us herzen
lassen, damit auch wir mit ym, unserm heyland, den sünden absterben,
zu leben der gerechtigkeit in aller gedult und lieb gegen den nachsten,
mit frolicher wartung harrende uf die selige hoffnung und zukunft desselbigen unsers herren und erlosers. Und verlyhe, das wir uf dismal
auch zu solcher heylsamer, notiger gedechtnus sein heyliges nachtmal
halten mogen mit solchon horzen, das wir nit das zeytlich noch unsers
suchen, dann den ufgang deins reichs begeren, der sünde los und zu
aller frumkeit gefürdert werden, damit unser keiner schuldig werd an
dem leib noch blut unsers heylands Jesu Christi, noch ym selb das gericht noch verdamnus niesze: wo er sich hye bekant ein glid Christi
zu sein und glauben (das er allein durch das opfer, so er einmal für
uns am Creuz dir, o vatter, ufgeopfert hat sein leib und blut), nun aber
solchen Glaub, der durch die lieb gegen meniglich tätig ist, nit hett,
und tryb also, so vil an ym, das gespot mit dem nachtmal unsers herren.
Sundern das wir alle hyemit ym woren glauben sein tod, für uns gelitten, bedenken und ufnemen. Das wir gewiszlich glauben, du wollest
unser gnediger, barmherziger vatter sein, der du uns zu kindern und
erben hast ufgenommen, gleichförmig zu werden deinem allerliebsten
und erstgebornen sün, Jesu Christo, wiewol wir noch hie wie in sünden
also auch in stäter trübsal leben, das wir auch uns alle durch einander
als wore brüder und deine kinder halten, bereyt dir zu gefallen, guts
zuthun, auch dein rut und bewerung mit aller gedult allweg ufzunemen
und also ganz gutwillig erwarten, wann du uns vom leib der sünden
erlöst. Disen glauben, hoffnung und lieb wollestu, himmlischer vatter,
in uns sterken und befestigen, uf das wir in der warheit und rechten
geist zu dir rüfen und bitten mogen, wie uns unser einiger lermeister
gelert hat, und sprechen: Unser vater etc. — An Stelle dieſes Stücks ſteht
in B: Wir bitten auch dich, o du aller gütigster vatter und barmherziger, ewiger Gott, das du uns helfest, das dises brot und der weyn
uns werde und sei der warhaftig leyb und das unschuldig blut deyns
aller liebsten suns, unsers herren Jesu Christi.

gemayn verleyhe, das sy zunemen in erkantnus des Evangelions
und seynes süßen jochs und gemachsamen bürden. Diweyl nu, almechtiger, ewiger got, geliebter und barmherziger vatter, dein ainiger
Sun, unser herr Jesus, in die welt kommen ist zu ainem arzet der
kranken und nit der gesunden, [und aber unser blyndheyt die gegen-
wurtige schand der sunden[1])] durch sich selbs nit sehen noch für krank-
hait erkennen mag, (dann wir layder vergyst seynd und in unser
irrung und übertrettung uns selbs gefallen, die gebott hassen, die
laster lieben), so biten wir, du wöllest durch got den hayligen gayst
dein gesatz in unser herzen schreyben und die verborgen sünd in uns
lebendig machen, und also uns verleyhen, das wir brüfen und empfinden[2]) mögen, wie unmüglichen es uns ist, guts zu thun, damit
wir ain durst und hunger gewinnen zu der gnaden und gerechtigkait,
so vor dir allain gilt, wölche du der welt geben hast durch Christum
Jhesum, unsern herren.

Anfang der rechten, waren (Meß.[3])

Wölcher am nechsten tag vor seym leyden das brot nam in seyn
haylige hend und dir, got, seynem hymlischen vatter, dank saget,
segnets, brachs und gabs seinen Jungern und sprach: Nement hyn
und essent. Das ist mein leyb, der für euch geben wirt. — Ad Calicem.
Spruch, so er den kelch in die hend nymmpt: — Des gleychen nach dem
nachtmal nam er den kelch in sein hayligen hend und danket und
sprach: Nement hyn und trinkent alle daraus. Das ist der Kelch
meins bluts, des Newen[4]) testaments, das für euch und vil vergossen
wirt zur vergebung der sünden.[5]) — Elevatio Calicis. Spruch in
zaygung des kelchs: — Als oft jr das thut, so thut es in meiner gedechtnus.[6])

---

[1]) Aus I eingesetzt. — [2]) Diese beiden Worte fehlen in I. — [3]) Alle (außer I)
notieren den Anfang der „wahren Meß (C³ und C⁴: und des herren nachtmals)“;
B: Hie facht an die recht, Christlich Mesz. Die folgenden überschriften fehlen.
C⁴: Consecratio. Anfang der rechten ꝛc. D nach dem Unser Vater (mit Doxologie aus Matth. 6): Nach disem gebett ermant der diener das volk, zu
betrachten das leiden des herren, nach ym gegebenen gnaden, und be-
schleuszt gewonlich also: So wöllen nun vernemen, wie der herr sein
nachtmal gehalten hab und was er zu thun bevolhen hat. Und liset
die wort des nachtmals us der ersten Epistel Pauli am XI. Capitel zu
den Corinthern mit dapfern worten, wie hie nach (der Wortlaut nach
Luther; doch: „nachdem sie zu obent gessen hatten“ und „zu ablösung der
sünd“). — [4]) I: und ewigen. — [5]) C³ und C⁴: Als oft jr das thut, spricht
der herr, so thut es in meiner gedechtnüs und verkünden den tod des
herren, bis er komme. — [6]) D: Darnach spricht der diener zu dem volk:
So kummet nun här, die jr wöllent mit mir des herrn nachtmal halten
und empfahen. Er wül uch dazu geschickt machen und verleyhen, sein
tod mit rechtem glauben zu bedenken und mit warer dankbarkeit verkünden. — In dargebung des brots und des kelchs des herren spricht
er also: Gedenkent, glaubent, verkündent, das Christus für euch gestorben ist. — Darnach singt man das lobgsang: Gott sey gelobet oder

Ende der Meß¹) oder des nachtmals Chriſti. Dann vor
und nachgeende wort ſeind alle zu bewegung und zu er-
friſchen den glauben, und nit als hauptſtuck der meß eingefürt, wöliche auch yedes andacht nach mögen geendert
oder gar underlaſſen werden.²)

Poſt Eleuationem. Nach der embörung des kelchs: Wie groß

---

ein Psalmen. (Es folgt das Lied „Ach herr, wie ſeind mein ſünd — ſeind — ſo
vil", Wackernagel 528, mit Noten.) Nach disem gsang spricht der diener:
Der Herr gesegne uch, der herr behut uch; der herr erlücht sein angsicht
über uch und sy uch gnedig; der herr heb sein angsycht über uch und
sey uch gnedig (!); der herr heb sein angesycht über uch und geb uch
den friden. Gont hyn, der Geist des Herrn geleyt euch zum ewigen
leben. Amen. (Als Erſatzſtück folgt noch der Pſalm Es wöll uns gott.
Wackernagel 189, mit Noten.) — — ¹) Dieſe Schlußbemerkung fehlt
in B; ſtatt deſſen: Volgt ein Sermon oder gesprech nach ufhebung des
Sacraments. O wie herlich, heylsam und wunigklich ist und sol uns
seyn dise heylige gedechtnüs des todes unsers heylands und erlösers
Jesu Christi, durch den wir vom tod, sünd und hell erlöst synd, und du
deynen heyligen geyst, o Gott und vatter, durch den wir dir zu kynderen
wider geboren und angenummen synd, gesant hast, also das wir in
seyner vätterlichen lieb, gnade und barmherzigkeit sicher und gewisz
synd: nemlich, so wir hye haben den gebenedyeten leyb und das heylig
blut im brot und weyn deynes allerliebsten suns, unsers herren Jesu
Christi, zu einem pfand und sicherung solcher deyner gnaden und güttig-
keit. Darumb, ob schon yetz zu diser zeyt dise grosze herlichkeit, das
wir deyne kynder und erben und miterben Christi worden seynd, an
uns noch nit beschynt, so wir noch täglich sünden, und darumb auch
täglich noch in trübsalen, angst und not leben; yedoch so wissen wir,
das wir ein fürsprecher bey dir haben, Jesum Christum, den gerechten,
deynen aller liebsten sun, unseren gebenedeyeten und obersten Priester.
Der ist selbs das opfer und die versönung für unser sünd. Uf den sehen
wir auch und uf seyne fuszstapfen, wie er hie gelitten hat, das wir auch
also leyden und unser Creüz uf uns nemen und jm nach volgen. Und
synd auch ungezwyfelt, so er nun in deyner majestat erschynen werd,
werden wir auch mit jm erschynen in der herlichkeit deyner geliebten
kyndern. Den glauben und dise hoffnung mere, sterke und befestige in
uns, aller liebster schöpfer, Gott und vatter, das wir im geyst und in
der warheit, mit luterem herzen mögen betten, wie uns deyn sun Jesus
Christus, unser eygener lermeister, selbs gelert hat, und sprechen also:
(wie oben) .. vom übel. Durch unseren herren Jesum Christum, deynen
sun, welicher mit dir etc. — Ein ander Canon: Allmechtiger, barmherziger (wie oben) ... Wir bitten auch dich, (wie oben am Ende des
Kanongebets; B). His facht an die recht, Christlich Mesz. Welcher am
nechsten tag (wie oben) .. Ein ander sermon oder gesprech nach ufhebung des Sacraments: Wie grosz ist deyn güte (wie oben) .... erlöse
uns von übel. Amen. Herr, erlöse uns .... durch Jesum Christum,
unseren herren. Amen. — Gegen dem volk spricht er: Der fryd des herren
sey alzeyt mit eüch. — Volgt das Agnus dei: O du lamb gottes, der
du tregst die sünd der welt, erbarm dich unser. O du lemblin gottes, der
du hynnimpst die sünd der welt, etc. O du lamb gottes, der du bezalest
die sünd der welt, verleyhe uns den fryden. — Laszt uns beten: O herr
Jesu Christe, du sun etc. (folgt in A erſt ſpäter) ... durch disen deynen
heyligen leyb und rosenfarbes (!) blut .. — — ²) C³ in allen Stücken
wie A. — C⁴: Vater unser. Darnach spricht der priester: Wie grosz ....

iſt dein güte, das du uns on allen unſern verdienſt die ſünd nit allain verzygen haſt, ſonder uns zu ainer verſicherung verlaſſen den leyb und blut unſers herren Jeſu Chriſti under dem brot und weyn, wie dann ſonſt gewonlich[1] andere verhayßungen du mit eußerlichen zaychen bezeügt haſt. Darumb haben wir yetzund große, unwidertreybliche ſicherhait deiner gnaden und wiſſen, das wir dein kinder ſeynd, dein erben und miterben Chriſti, und mügen frey betten, wie uns dein eingeborner ſun gelernet hat, und ſagen: Vatter unſer, der du biſt in den hymeln. Gehayliget werd dein nam, zu komme dein reych. Dein will werde[2] als im hymel und auf erden. Unſer täglich brot gib uns heüt, und vergib uns unſere ſchuld, alſo und wir vergeben unſern ſchuldigern. Und nit einfüre uns in verſuchung, ſunder erlöſe uns von übel.[3] Amen. — Herr, erlöſe uns von allen ſichtbaren und unſichtbaren ſeynden, von dem Teüfel, der welt, von unſerem aygen flayſch, durch[4] Chriſtum, unſern herren. Amen.

Agnus dei: Du lemblin Gottes, der du hynnymbſt die ſünd der welt, erbarm dich unſer. Du lemblin gottes ꝛc. verleyhe uns den fryd.

Adhortatio ad populum brevis.[5] Hie pflegen ſy ain kurze und ernſtliche ermanung zu thun zu denen, die zum Sacrament geen wöllen, und gewonlich gezogen aus der Epiſtel und Evangelio.[6]

---

[1] I: allwegen. — [2] I und C⁴: geſchehe. — [3] C⁴: durch unſern herrn Jheſum Chriſtum, deynen ſun, welcher etc. Amen. Das Libera fehlt; ſtatt deſſen ſogleich Pax. Gegen dem Volk ſpricht er: Der fryd des herren ſey mit euch. Amen. Agnus dei. O herr Jheſu Chriſte, du lemblin etc. (ſtets dieſe Anrede; das dritte mal: der du bezaleſt). — [4] I: Jeſum. — [5] C⁴: Gebet und Exhortation. Die Ordnung, auch in C³, wie B. C³: Hye pflegen ſye ein ermanung zethun, darin ſy allein tringen uf die fruchtbar gedechtnus und heilſam verkündung des tods Chriſti, wie es ſich jedesmal zutregt. Darnach teilt der prieſter des herren brot und wein aus denen, ſo es begeren, und ſpricht allein die wort des nachtmals us den Evangeliſten oder us Paulo. — [6] In I folgt der Adhortatio brevis ſofort die Communicatio; erſt dann das folgende Gebet. — Mit B teilen C² und C³ ferner das „Gott ſey gelobet" Wa. 192 (in Noten); das Gebet „Was wir mit dem munde" fehlt. Am Schluß die beiden Segensformeln wie B, doch ohne Kreuzſchlagen. Keine Präfationen am Ende. — C⁴: Distribution. Darnach nimpt er die hoſtien in die hand und ſpricht: Unſer herr Jeſus Chriſtus ſprach zu ſein lieben jüngern: Nement hyn und eſſet; dis iſt mein leib, der für euch geben würt. Und zum kelch desgleichen auch, wie in den Evangeliſten und Paulo ſolchs beſchriben iſt. Darnach mag der prieſter das ſacrament auch nieszen, das er auch hat mögen thun vor, ee er dem volk das gereychet hat. Und alsdann nider knyen und ſprechen das Nunc dimittis (folgt wie in B) oder lasz gleich die gemeyn das lobgeſang ſingen. Volget das Commun oder Dankſagung der gemein (Gott ſey gelobet, Wa. 192). Collekte. Darnach ſpricht der Prieſter gegen dem Volk: Der herr ſey mit euch. Laszt uns bitten: O herr Jheſu Chriſtu. Deyn leyb, den du für uns in den tod gegeben haſt, und dein blut, das du für uns und für vil vergoſſen haſt, wölle uns nit ſeyn zu der verdamnüs noch zu dem gericht, ſunder nach deiner güte zu einem ſchirm und arzney der ſelen und des leibs und ein fürdernüs zum ewigen leben. Amen. Wir bitten auch, o herr Gott, von herzen,

Laßt uns bitten: Herr Jhesu Christe, du sun des lebendigen Gottes, der du aus väterlichem willen und mitwirkung des hayligen gaysts durch dein tot die welt zum leben bracht hast, erlöse uns durch dise, deinen hayligen leyb und blut, von allen unsern ungerechtigkaiten und boshaiten, und verleyhe, das wir alweg gehorsamen

---

du wöllest uns verleihen, was wir mit mund etc. Benedicamus. Benedictio (wie B). — Die Ordnung von B lasse ich folgen: (Epistel und dem Evangelio). — Darnach nympt er die hosty in die hand und spricht: Secht, aller liebsten, das ist warlich der heylig leychnam unsers herren Jesu Christi, der für eüch gelitten hat den bittern tod. Nemen hyn und essen jn, das er eüwere seelen speys, nere und bewar in das ewig leben. Amen. — Und so er jnen gibt den leyb Christi, so spricht er also: Der leyb des herren Jesu Christi bewar deyn seel in das ewig leben. Amen. Der fryd sey mit dir. — Darnach so er in die hend nympt den kelch, so spricht er also: Laszt uns trinken auch den kelch des heyls und anrüfen den namen des herren. — Darnach zeygt er jn dem volk und spricht also: Secht, das ist warlich der tür schatz des kostbarlichen bluts unsers herren Jesu Christi, damit jr erkauft synd. Nemen hyn und teylens under eüch zu abweschung eüwer sünd. Amen. — Und so er gibt den kelch den leüten, so spricht er also: Das blut des herren Jesu Christi bewar deyn seel in das ewig leben. Amen. Der fryd sey mit dir. — Nach dem so neüszt der Priester auch das Sacrament und darnach knyet er nyder und spricht das Nunc dimittis: O herr, nun lastu deinen diener im fryden faren, wie du gesagt hast; dann meyn augen haben deynen heyland gesehen, welchen du bereytet hast vor allen völkeren, das liecht zu der erleüchtunge der Heyden und zu dem breys deynes volks Israel. Volgt das Commun: Gott sey gelobet und gebenedyet (wie Wackernagel Nr. 192, mit kleinen Änderungen, unter denen besonders die merkwürbig ist, daß je das zwelte Kyrie eleison in ein Christe eleison verwandelt ist, was sich auch in den späteren Straßburger Liturgien, auch in C, nicht findet). Darnach spricht der Priester gegen dem volk: Der herr sey mit eüch. Laszt uns betten: O herr Jesu Christe. Deyn leyb, den wir hond genossen, und das blut, das wir haben getrunken, wölle uns nit seyn zu der verdamnüs noch zu dem gericht, sunder nach deyner güte zu eynem schyrm und arzney der seelen und des leybs, und zu eyner fürdernüs zu dem ewigen leben. Wir bitten auch, o herr Got, von herzen, du wöllest uns verleyhen, was wir mit mund empfangen haben, das wir auch mit reynem gemüt annemen, und das uns dise zeytliche gab etc. (wie oben). — Ein ander bitt: Was wir mit mund haben (wie oben) .. unsern herren. Amen. Gegen dem volk spricht der Priester also: Der herr sey mit eüch etc. Sagen dank dem herren und loben jn. Und darnach spricht er: Gesegne eüch der herr und behüte eüch. Er zeyg eüch seyn angesicht und erbarm sich über eüch und geb eüch seynen fryden. Amen. — Der segen Gott des vatters ✠ und des suns ✠ und des heyligen geysts ✠ sey mit uns und bleyb bey uns ewig. Amen. — Darnach spricht der Priester gegen dem Altar also: O heylige und unbefleckte Dreyfaltigkeit. Lasz dirs wolgefallen unser underthenige dienstbarkeit, mach vest und stet das werk, das du in uns volbracht hast, und verleyhe allen, so dich haben genossen, auch denen, so in dich gelauben, das solchs jn werd fruchtbar und fürderlich in das ewig leben. Amen. — — Das Nunc dimittis (wie vorhin). — Dir sey lob und dank, o du heylige, gebendyte, herliche Dryfaltigkeit, Got Vatter, Sun und heyliger geist. AMEN. — —

deinen gebotten und von dir nymmer ewigklich abgesundert werden.
Amen.

Hie taylt man aus dem volk, so es begert und sich anzaygt hat,
bayde Sacrament, den leib und blut des herren, under brod und weyn.

Complenda. Beschluß mit ainem gemaynen gebet. Laßt uns
bitten: Was wir mit mund haben zu uns genommen, verleyhe uns,
herr, auf das wir das selbig mit rainem gemüt annemen, und das
uns von der zeytlichen gaben werde ain ewig arzney, durch Christum
Jesum, unsern herrn. Amen.[1])

Ad populum. Zu dem volk spricht er: Der Herr sey mit euch. —
Sagent dank dem herren. —

Benedictio. Segen über das volk: Der segen Got des vatters ✠
und des suns ✠ und des hayligen gaists ✠ sey mit uns und bleyb
alweg. Amen.

Etliche vorreden.[2])

So du in der oben angezaygten Prefation gelesen hast das wört-
lein Ewiger Gott, so volget: Dann durch die gehaymnus des worts,
so flaisch worden, ist ain newes liecht deiner klarhait den augen unsers
gemüts erschynen, auf das, so wir gott sichtbarlichen erkennen, das
wir durch jn zur liebe unsichtbarer dingen gezogen werden. Deshalb
wir mit den Engeln und allen himmlischen hörscharen dir singen on
underlaß den preys deiner eere und sagen: Sanctus (das ist) Hayliger, hayliger ꝛc.

Ain ander vorrede: Ewiger Gott. So dein eingeborner Sun
in dem wesen unser tötlichhait erschynen ist, hat er uns mit dem
newen liecht seyner untötlichhait widerbracht ꝛc. Deshalb wir ꝛc. —
Recht und haylsam, das man dich alweg herrlich rümb und breise.
Dann unser Osterlamb Christus ist geschlachtet. Er ist das war
lamm, das hynnimbt der welt sünde, der unsern tot durchs sterben
zerstöret und das leben durch aufersteung widerbracht hat. Deshalb wir ꝛc.

Ain ander vorrede. Ewiger Got, durch Christum, unsern
herrn. Der nach seiner auferstentnus seynen Jüngern offentlich erschynen und in jrem gesicht erhebt ist in hymel, auf das er uns seyner
gothait taylhaftig macht. Deßhalb wir ꝛc.

Ain ander vorred. Ewiger Got, durch Christum unsern herrn.
Der aufgestigen über alle himel und sitzend zu deiner gerechten aus-
gegossen hat den verhayßen gayst über dein an kindes stat angenom-

---

[1]) I: Vel aliam aliquam, que christiana videtur. — [2]) B: Etliche
vorreden. So du in der oben angezeygten Prefation ... (wie in A, mit
geringen Abweichungen). Vor der 3. Prefation, der oben eine überschrift fehlt,
heißt es: Von der osterlichen zeyt ein Prefation oder vorred; vor der
letzten: Von dem heyligen geyst ein vorred oder Prefation.

mene kinder. Deshalb mit austringenden freüden in allem ertrich die welt sich frewet, auch die Engel dein lob singen und sprechen: Sanctus. Hayliger, hayliger ꝛc.

4. Die Liturgie des ältesten Psalmbuchs.

Das in der vorangestellten Bibliographie zuletzt genannte Büchlein „Psalmē, gebett | vnd Kirchen übūg ꝛc. 1526" (F) gehört zu den größten Seltenheiten. Bisher hat es, soviel ich sehe, nur Zahn gelesen. Im Jahre 1530 mit mancherlei Änderungen neu aufgelegt[1]), bietet es eine Vorrede von W. Köphel[2]), dann ein „Register, wie man al ding suchen soll, so hyerinnen begriffen"; sodann „Etliche sprüch us der geschrift von götlichen lobgesängen", darunter in dem Münchener Exemplar von zeitgenössischer Hand merkwürdige Notizen[3]); weiter eine zweite Vorrede Köphels, die bereits im Straßburger Kirchenampt 1525 gestanden hat.[4]) — „Von jnfürung der Eeleut. Form der Eeleut jnsegnung. Vom Tauff. Von des herren nachtmal oder Meß und dem predigen. Ord= nung der vesper," — sind die Hauptüberschriften.[5]) Die Gottesdienst= ordnung muß ich, weil sie einen entscheidenden Punkt in der Ent= wickelung des Straßburgischen Kultus darstellt, wörtlich folgen lassen.

Von des herren nachtmal oder Meß und dem predigen.[6])

Bekennen Gott dem herren und verjehen mit mir ein jedes sein sünd und missethat: Almechtiger, ewiger Gott, wir bekennen und verjehen dir, das wir in ungerechtigkeiten entpfangen und voller sünd

---

[1]) Das Original besitzt Pfr. Auberlen in Haßfelden. Ein Abdruck in „Mittheilungen aus dem Antiquariate von S. Calvary". Berlin 1868. S. 65 ff. Der dortige Titel „Das erste Straßburger Gesangbuch" ist natürlich un= berechtigt. — [2]) Wolff Köpphel zu dem leser. — Nachdem ich keyserlich freyheyt hab, das man mir nichts soll nachtrucken und aber dises kirchen- gesang von mir erstlich getruckt ist, will ich männiglich verwarnet haben, das niemands sollichs nachtrucken oder anderswo getruckt ver- kaufen wölle. Sonst würde ich getrungen, nach keyserlicher freyheyt wider soliche so vil möglich zehandeln, wiewol das büchlin klein ist; dann daran gelegen seyn will, das nur aufs fleyszigst was das wort Gotts belangt ausgehe, und soll auch niemand wider keyserliche gepott eim andern schaden zufiegen, das sonst von Gott und der natur verbotten ist. — [3]) Mittel gegen geschossenes Zäpfchen (ein Vaterunser auf den Kopf legen) ꝛc. — [4]) Vgl. Wackernagel, Bibl., S. 74; D. d. KL., S. 790. — [5]) Über die Psalmen und Gesänge vgl. Zahn, VI. S. 7. — [6]) Zum ersten. Alle tag hat man vier predigen. Am morgen zu frugmesz zeyt, das ist im winter nach fünfen und im sommer nach vieren ungevärlich, seind versamlungen in allen pfarren. (1530: doch also verordnet, das eyn person wol zu zweyen komen mag.) Da spricht man die offene schuld mit eim Evangelio; darauf ein Christlich ermanung aus der geschrift (1530: nach welcher ein ziemlich spacium zu eym besondern heimlichen gebet gehalten wirt), und ein kurz gebet volget, das mit einer Collect, der matery nach oder wie jedes gelegenheit und geyst erfordert, und mit dem segen beschlossen würt. Das heyszen sye das Morgengebet. — Zum

und übertrettung feind in allem unfern leben, als die, fo dein wort
nit volkommen glauben. Sihe an dein güte, und umb deins namens
willen fey gnädig und verzihe unfer miffethat, die groß ift. — Das
ift gewiß und war: Chriftus Jefus ift kommen in die welt, die fünder
felig zu machen. Ein jedes fprech in warheit mit Paulo in feim
herzen: ich bin der fürnemeft, und glaub an Chriftum, fo würt es
felig. Das widerfar eüch allen. Amen.

Auf das fahet an die kirch zefingen ein Pfalmen, als das Miferere
oder eyn anderen pfalmen an ftat des Jntroits[1]), und etwan das
Kyrie eleyfon und Gloria in excelfis. Und fo das felbig kirchengefang
an ftat des Jntroits aus ift, fpricht der pfarrer ein kurz gebet, das
fich auf ein chriftlich beger und gewonlich auf der nachgeenden predigen inhalt ziehet. Jch will gleich die nemen, fo ich vormals hab
laffen ausgon. — Gebett. Der herr fey mit euch. Laßt uns bitten:
Barmherziger, ewiger Gott und vatter ꝛc.[2]) — Volgends fingt aber
die kirch ein Pfalmen oder etlich vers aus eim pfalmen.[3]) Und geet

andern. Umb die syben uren halt man die Pfarrpredig, am montag
zum jungen S. Peter, am zinstag zu S. Thoman, am mitwoch zu
S. Martin etc. und fürter in andern pfarren. — Zum dritten. Umb acht
uren im winter alle tag ein Predig im münster. — Zum vierden. Die
Obentpredig zu vieren oder zeytlicher, nach gelegenheit der zeyt. —
Aber alle Sontag (dann sunst halt man kein feyrtag, dweyl kein
feyren in der geschrift geboten ist) [1530: keyn feirtag aufgesetzt denen,
so den ewigen Sabbath halten söllen; auch wir all tag predigen und
christlich übung überflüssig haben, und also bei uns vil feiren ein ursach viler laster were und sunst nichts guts bringen möcht. Aber am
siebenden tage nach dem wort Gottes hat man feir, daruf das volk
von der arbeyt ledig sich mit rugen umb das reich Gottes zebekümern
ermanet wirt] ist solich ordnung fürgenommen, das etwan einer sechs (!)
predigen hören mag. Nemlich das Morgengebet im münster, in einer
pfarren die Früpredig und die Tagpredige; nach essen im münster ein
Predig; zu zweyen in etlichen pfarren das Vespergebet, das auch ein
Predig ist; und zu dreyen oder vieren hernach die Obentpredig, wiederumb im münster. Das die diener des worts getreüwer meynung angesehen, damit das wort in emsiger übung bleybt. — Da singt die gemeyn, ausgenommen das Morgengebett und Frühpredig, etlich psalmen,
als hienach verzeychnet, mit fleyszigem aufmerken und andacht. Und
am Sontag zu morgen umb die sechs uren haben die helfer an stat der
frümessen oder pfarrmessen ein kurze Predig und Ermanung für das ge-
sünd, so zur anderen predig das haus verwaren, der kinder warten und
vilicht die kuchen (!) versehen muss. Bald drauf, als die gemeyn versamlet ist, kumpt der pfarrher im gewonen Chorrock (den sye aus gewonheyt noch gebrauchen, dweyl nyemands auf die selbig kleydung
etwas vertrawens gesetzt oder für etwas sunders gehalten) und geet für
den altartisch, so sye gegen dem volk, damit jederman alle wort vernemen möge, haben lassen aufrichten; und fahet an des herren Nachtmal mit nachgenden worten ungeverlich (dann sye es verlengern oder
kürzen, wie es jedes glegenheit und zeyt erfordert). — [1]) E nennt
Us tiefer not. — [2]) S. oben S. 127 f. (du wöllest uns füren; aber „deinem
volk und allen gläubigen verleihen, daß wir ꝛc.") — [3]) E läßt den Pfalm auf
die Epiftel folgen.

der pfarrer auf die Kanzel, lißt aus den Episteln Pauli oder andern
biblischen büchern oder aus dem Geſetz oder Propheten ein ſtuck
terts an ſtat der Epiſtel[1]), wölches er auslegt. Darnach das ſontäglich
Evangelion, oder gwonlich in dem Evangeliſten, den ſye für hands
haben, heben ſye an fürter zu leſen, da es im vergangnen ſontag
bliben iſt (dann jr geprauch iſt, bibliſche bücher nach einander zu
leſen und aus zu legen, auf das ordnung der geſchrift und umb-
ſtende der rede deſto mer verſtand bringe).

Nach beſchluß der predig ſinget das volk den glauben[2]), wie
hernach volget, oder ſunſt zu zeyten ein Chriſtlichen Pſalmen. Nach
endung des glaubens, auf das die unchriſtlichen opfermeſſen dem
volk nit ein anſtoß bringen, und auf das verſtanden werde, wie
Chriſtus für uns ein mal geopfert ſey zur volkommen gnugthuung
unſer ſünd, ſpricht der pfarrherr zu zeyten alſo:

Lieben brüder und ſchweſter.
Bitten Gott den vatter durch unſern herrn Jeſum Chriſtum, der
in tod zur erlöſung unſer ſeelen geben iſt, das er uns den heiligen
geyſt zuſende, der uns leere aufopfern, nit Chriſtum, der ſich ſelb ein
mal für uns geopfert hat und von niemant mag geopfert werden,
ſonder die gottgefelligen, waren opfer, als ein zerbrochnen geyſt, ein
zerſchlagen herz; und das wir unſer leyb zum opfer, das lebendig,
heylig und jm wolgefellig ſey, begeben. Welchs unſer vernünftiger
Gottesdienſt iſt, in dem wir Gott eer, preys und dankſagung opfern. —
Der herr wölle eüch erhören und ſein heyl erzeygen. Amen.[3]) Und
volgens: Der herr ſey mit eüch. Laſſen uns bitten: Allm., barmh. ꝛc.
Oder underlaßt das forderſt und ſahet gerichts alſo an: Der herr
ſey ꝛc. Allmechtiger, barmherziger Gott und vatter. Der du uns
durch dein ſun verheißen haſt, was wir dich bitten in ſeim namen,
das wöllſtu uns geweren; und zudem uns durch dein geyſt befolhen
haſt, für die oberkeiten und für alle menſchen zu bitten: ſo bitten
wir dich von herzen durch Jeſum Chriſtum, deinen geliebtſten ſun,
unſern heyland, du wölleſt die herzen[4]) aller Fürſten und herren,
vorab dieſer ſtadt Oberkeit und Regenten, mit deins Evangelions
erkantnüs erleüchten, auf das ſye und alle gewaltigen dich für jren
Obern und rechten Herrn erkennen, dir mit forcht und zyttern dienen,
uns, deiner händ werk und ſchäflin deiner weyd, nach deinem willen
und wolgefallen regieren. Und allen menſchen allenthalben wölleſt
verleyhen, zu erkantnüs der warheit zu kommen. Sonderlich diſer
gemeyn, die wir in deinem namen verſamlet ſein, ſende dein heyligen geyſt, den tröſter[5]) und lerer, welcher dein geſatz in unſere
herzen ſchreybe, unſer blindheyt hynneme, unſere ſünd uns geb zu

---

[1]) E nennt neben der Epiſtel nur prophetiſche Stücke. — [2]) E: Apoſtolikum
oder „Wir glauben all“ oder anderes Lied. — [3]) Kann nach E wegfallen. —
[4]) Es fehlt „unſers herrn Keyſers“ (ſo in D; anders in den „Pſalmen“ von
1530). — [5]) Pſalmen 1530: meiſter.

erkennen, die sunst leyder tot, und jr schnödigkeit und schand unbekant ist. O Herr, mach sye lebendig, und erleücht unsere augen, das wir die warheit sehen und warlich erkennen mögen, wie in uns nichts ist, weder eytel sünd, tod, hell und verdienter zorn Gottes, und also zu dem reichen brunnen deiner güte und gnaden hunger und durst gewinnen und die mit dank annemen, so du uns durch dein eingebornen sun hast zugestellet: welcher mensch und uns armen sündern gleichförmig worden, gelitten, gestorben und auferstanden ist, auf das er uns von sünden, tod und hellen errettet und zur aufersteung, zum erbteyl des reich Gottes brächte. Verleyhe uns, o Herr und vatter, das wir in unsers erlösers gedechtnüs dises Nachtmal, wie er es aufgesetzt, halten mit getröstem und frölichem herzen, das in der liebe mit jederman vereiniget sey, auf das wir uns nit das urteyl nießen, als die nit recht underscheyden den leyb Christi, des glider wir alle seyn, so wir anders an jn all als an das haupt glauben und durch die gelenk der liebe, mit dem band des frydens unsern mitgenossen und nechsten jngeleibt und angebunden sein: entlediget von zorn, unwillen, neyd, haß, eygennützigkeit, geyle, unkeüschheit und von allem, das dem alten menschen zusteet. Wir bitten dich, erneure uns im geyst unsers gemüts, bekleyde uns mit dem neüwen menschen, der nach Gott geschaffen ist, in warer gerechtigkeit und heyligkeit. Befestige unsern glauben und hoffnung, und gib uns zubitten, wie unser lermeyster Christus Jesus befolhen hat, und aus herzen zusprechen: Vatter unser in dem hymmel &c. ... die kraft und herlickeit. Amen.

Nach endung dises gebets[1]) thut der pfarrer etwan ein kurze Ermanung von übung des herren Nachtmal, auf den jnhalt des gebets, und gemeynlich nach der gethonen predig materien, und beschleüßt uf die wort des Nachtmals, die er gleich drauf mit dapferkeyt und underscheydenlich list. Als nemlich am sontag Reminiscere ist die ermanung auf dise meynung ungeverlich in der pfarr zum jungen S. Peter beschehen (dann die predig was aus dem ersten capitel zu den Corinthern, von der welt weisheit und vom creuz, und aus Joh. am 8. capitel, von Christo, dem liecht der welt &c.). Etwan aber lan sye solich ermanung underwegen. — Ermanung: Lieben brüder und schwester. Jr wöllen ein jedes bey jm bedenken, mit was herzlicher begird der herr Jesus sein leyden für uns gethan hat, und wie groß verlangen er gehebt, das osterlamb mit seinen jüngern zu essen, ee er litte; und wie er befolhen hat, das man dise sein gedechtnüs, so oft man sein nachtmal haltet, haben soll; wie die alten Christen in jren versamlungen bey nach[2]) gehalten haben, und wir am sontag etlicher maß erzeigen, indem das etlich aus eüch mit mir essen und aber, hoff ich, jr andern alle im steifen glauben bedenken und eben

<hr>

1) E: singt die gemein: Vatter unser, wir bitten dich (S. Pollio Wackernagel 522). — 2) nacht.

als wol fruchtbarlich im geyst essen als die, so erzuher gehen. Dann uns das eußerlich essen würt vil unordnung und mühe bringen, wo jederman allemal auch leyplich essen wolt. Dann wir in allen dinge nit eußerlich thaten des Herren, sonder das haubtstuck innerlichen treyben sollen, welchs hie ist die gedechtnüs unser erlösung, so bey euch umstendern allen wol sein mag. Darumb ermane ich eüch, das jr eüch lassen das wort des creuzs sohen, welchs eüch, so selig werden, die kraft Gottes ist, wie der verdampten welt ein thorheit und den frummen scheynheyligen eyn ergernüs. Nemen an Christum, das liecht der welt, und wandeln fürter nit mer in der finsternüs, das ist: nach der art blut und fleischs, welches voller zank, hader und zwitracht ist. Dann wo jr eüch annemen und mit ewer nießung oder gegenwertikeit fälschlisch fürgeben den glauben an Christum und die liebe gegen ewrem nechsten, und dannocht in verdruß stünden gegen ewren mitbrüdern, so wissent, das jr Gott dem heyligen geist liegen, das jr gleißner sein, und das jr bey des herrn Nachtmal unwürdiglich sein oder selbs nießen eüch zum urteyl und zur verdamnüs. Bitten also Gott, das er uns den verborgnen Adam in uns entdecke und sein heyl erzeyge, so er durch Christum Jesum gemacht hat.

Gleych auf soliche wort läse er der Evangelisten und fürnemlich Pauli wort vom Nachtmal, also: Der herr Jesus in der nacht ꝛc.[1]

Fürter auf dise wort spricht der pfarrer also: Jr, so mit mir wöllen des herren Nachtmal entpfahen und so sich anzeygt haben[2], kommen nun her; und Gott wölle eüch geschickt machen und verleyhen, sein tod in rechtem glauben zu bedenken und mit warer dankbarkeit zu verkünden. Amen. — Hiemit teylt er des herren brot und den kelch aus und sagt zuvor dise wort: Gedenken, glauben und verkünden, das Christus der herr für eüch gestorben ist. — Auf das singt die kirch: Gott sey gelobet ꝛc. oder sunst ein Psalmen, wie es sich zutregt. — Nach solichem gesang spricht er abermals ein gebett, der vorgeenden ermanung gwonlich gleichförmig, also: Laßt uns bitten: Verleyhe uns, hymlischer vatter, das unser erlösung gedechtnis uns nymer von herzen kumm, und das wir im liecht der welt und in Christo wandlen, weit abgezogen von unser tummen vernunft und blinden willen, so eytel und schadhaftig finsternüs seind. Durch Christum Jesum, unsern herren. Amen. — Wölchs oder ein anders mag geprucht werden, so etwan die predig zu vil eußerlich ding berüret hat.

Beschluß. Sagen dank dem herren. — Der herr gesegne eüch und behüte eüch. Der herr erleüchte sein angesicht über eüch und sei eüch genädig. Der herr erheb sein angsicht über eüch und gebe eüch den friden. Amen. — Geet hin. Der geist des herren geleyte eüch zum ewigen leben. Amen.

Ende des herren nachtmals.

____

[1] Wesentlich wie D; nach Heuß (Chronik, im Thomas-Archiv, fol. 52 b) genau wie E. — [2] Letztere Bestimmung fehlt 1530.

5. Die Situation bei Entstehung der Straßburger deutschen Messe.

Auch in Straßburg hat die Reformation nicht begonnen mit der Reform des Kultus. Es ist vielmehr die Predigt Matthäus Zells, seit 1518 Leutpriesters an St. Lorenz, welche den Umschwung anbahnt. Allerdings ist unter seinem Einfluß die Messe hie und da bald in Mißkredit[1] und er selbst in den Verdacht[2] gekommen, ein Feind der herkömmlichen Gestalt des Gottesdienstes zu sein. Auch hat Zell allerlei Auswüchse im kultischen Leben durch seine Predigt schon ziemlich früh und mit Erfolg bekämpft.[3] Aber die Messe blieb vorerst unangetastet, und zwar in der Gestalt, welche für eine selbständige Beteiligung des Volks keinen Raum ließ.[4] Zell wirkte ganz wesentlich im Sinne sittlicher Erneuerung der Stadt, insbesondere auf den Erweis der Bruderliebe dringend[5]); und als eine That von moralisch reinigender Wirkung verstand die Bürgerschaft seinen Eintritt in die Ehe, der, nebenbei unter einer Abendmahlsfeier sub utraque, am 3. Dezember 1523 vor sich gegangen ist.[6]

Inzwischen (April 1523) war Butzer, bereits verheiratet, nach Straßburg gekommen und hatte am 16. August seine deutsche Predigtthätigkeit begonnen, im Verfolg deren er, der erste erwählte evangelische Geistliche, in den Dienst der Aurelien-Gemeinde trat. Im Mai des Jahres folgte ihm hierher Capito, seit 1521 Inhaber der Probstei an St. Thomas, der Lätare 1524 von der Gemeinde Jung St. Peter als Pfarrer begehrt und gewonnen wurde. Ausgang 1523 berief das Großkapitel am Münster den Hedio auf Geilers Kanzel;

---

[1] Vgl. die 1519 oder 20 in Straßburg erschienene Schrift Das die papistischen Opfermessen abzuthun und dagegen das Nachtmal Christi christlicher Weiss ufzurichten sei (Weller 1616). — Eine der besten Darstellungen der Sachlage in Straßburg giebt Hassencamp, Hess. KG. II. S. 387 ff. — [2] „Christl. Verantwortung", f. o. S. 24 ff. — Zell läßt hier bereits der Absolution nur noch deklarativen Wert. Hübsch ist die Bemerkung, Jesus habe seinen Jüngern geboten: Gond hin in alle welt und prediget, — aber nicht: Gond hin in alle welt und singet, das niemand verston kan! — [3] Nach der Agenda sive Exequiale sacramentorum. Argentinae. 1513, Abdruck der Agenda parochial. eccl. Argent. dioec. (um 1480), werden alle möglichen Lebensmittel, wie Eier, Fleisch, Fladen regelmäßig vom Priester geweiht. Zell hat damit aufgeräumt. Vgl. den nämlichen Vorgang in Nürnberg und 1525 im Herzogtum Preußen (Richter, I. S. 32). — [4] Das Hagenauer Missale von 1520 enthält kein deutsches Lied, darin von vielen gleichzeitigen Missalien abweichend (vgl. Hoffmann v. Fallersleben, D. deutsche KL., 3. Aufl., S. 153 ff. 192 ff. Hiernach zu vervollständigen). — [5] Vgl. Uhlhorn, D. christl. Liebesth., III¹. S. 58 ff. Röhrich, I. S. 156 ff. — [6] Nik. Gerbels Tagebuch: Die Jovis post festum S. Andreae mane circa sextam horam M. Matth. Zell nuptias celebravit cum C. Schützin et post missam ambo sub utraque specie communicaverunt. Deinde tota die fuimus (?) in conviviis honestissimis.

dort wich ihm um seiner evangelischen Gesinnung willen Sympho=
rianus Pollio, der an St. Martin Pfarrer ward. In St. Stephan
predigte vorläufig in gleichem Sinne Anton Engelbrecht, der frühere
Weihbischof von Speyer; in St. Nikolai der früh verstorbene Johann
Latomus (Steinlin). Als Lehrer und Erbauungsschriftsteller stand
diesen allen Otto Brunfels zur Seite.[1]

Aber keiner dieser Männer hat in Sachen der Erneuerung des
Gottesdienstes den entscheidenden Schritt gethan. Dieser geht vielmehr
von minder angesehenen Geistlichen aus, und zwar in erster Linie von
Theobald Schwarz (Nigri, Niger) aus Hagenau, der, nach dem
Ausdruck der Supplik[2] der nach Offenburg entflohenen Stiftsherren
„aus zwei oder drei Orden entsprungen“, bis zum Frühjahr 1524
Zells Helfer, seit Okuli dieses Jahres Pfarrer zu Alt St. Peter war;
demnächst von seinem Landsmann Anton Firn, Pfarrer an St. Tho=
mas, der, ein gewaltthätiger Charakter, noch vor Zell und von diesem
getraut, am 9. Nov. 1523 in die Ehe trat.

Die sämtlichen litterarischen Vertreter der elsässischen Kirchen=
geschichte, Erichson ausgenommen, bezeichnen als den ersten evangeli=
schen Gottesdienst Straßburgs eine von Anton Firn in St. Thomas
am 16. Febr. 1524 gelesene deutsche Messe.[3] Bei der ungemeinen
und längst nicht nur lokalen Bedeutung des entscheidenden Vorgangs
ist es erlaubt, auch an diesem Ort der Einzelfrage nachzugehen.

Nikolaus Wurmser notiert gegen Ende Februar 1524 im Pro=
tokoll des Thomas=Kapitels[4] folgendes: Hujus mensis decima nona
putatus (?) plebanus Antonius ecclesiae S. Thomae egit missam sermone vernaculo et communicavit Friedericum Ingolt, civem argen-
tinensem, et nonnullos alios sub utraque specie. Quamvis hoc
indifferenter in summo (?) per perfidos plebanum et suos fit, nunquam tamen in hac ecclesia fuit auditum. Hoc die inceptum est.
Ve nobis omnibus! Aus diesen Angaben geht hervor, daß Firn am
19. Febr. 1523 zu deutsch Messe gehalten und einigen das Abendmahl
unter beiderlei Gestalt ausgeteilt hat. Und daß dies in St. Thomas bis
dahin unerhört war. Nun liegt aber eine Klageschrift des bischöflichen
Vikars Joh. Wernher an den Magistrat vor[5], in welcher ausgeführt
wird: „das eyner, so sich nennt Diebolt Schwartz, etwan prediger
ordens und jüngst ins Heiligen geists orden zu Stechsfeld[6] gewesen,
des zeichen er dan kurz verschyner tagen offentlich an jm getragen, und
aber jetzund, on entschlahung syner glübblichen pflicht und erlaubnus
oder dispensation syner ordenlicher oberkeit, mutwilliglich von gemeltem

---

[1] Eine unterhaltende offizielle und spezielle Charakteristik dieser Geistlich=
keit s. b. Röhrich, Gesch. d. Ref. i. Elf., II. S. 39 f. — [2] Abgedruckt bei
Ad. Baum, S. 197 ff. — [3] Vgl. Jung (a. a. O.), S. 316; Röhrich, Gesch., I.
S. 199; J. W. Baum, S. 244; Ad. Baum, S. 84 (undeutlich). Dagegen
Erichson (a. a. O.) S. 23 f. — [4] Thomas=Archiv. — [5] Thomas=Archiv. —
[6] Stephansfeld.

orden abgetretten, darumb er dan nach ordnung der rechten in Ban
gefallen und als ein verbanter billich gehalten werden soll, ... uf
zinstag nechst nach dem Sontag Invocavit verschynen[1]) offentlich bei
Sanct Laurenzen in sanct Johans cappellen, als man sagt, zu teutsch
Meß gelesen und aldo etliche, wyder der heiligen Kirchen ordnung, ver=
bot und alten, unvordachtlichen (?), löblichen gebruch und herkommen,
uf Behemisch manier und art, mit dem heyligen Sacrament des Brots
und Kelchs, einem jeden christlichen Menschen seltzamlich und abschüw=
lich zu hören, bericht und communiciert ..... bitt ihm, dem bischöf=
lichen Vicari des orts, bistendig und behilflich zu sein, domit zu disen
ferlichen zeyten solchem ungehörten, abschewlichen Inbruchen und Newe=
rungen im anfang ein geburlicher wyberstand geschehe."

Hiernach ist Theobald Schwarz dem Anton Firn um drei Tage
zuvorgekommen. Bestätigt wird die Priorität der Messe im Münster
durch die kürzlich von der Stadtbibliothek erworbene alte handschrift=
liche Chronik, in welcher es heißt: „Darnach in der fasten hat man in
der gruft alle tag ein teutsche meß gelesen und darnach das Sacra=
ment in beider gestalt geben; desgleichen auch zu S. Martin und
S. Thomam. Doch wölcher es nit hat wöllen in zweyer gestalt nehmen,
den hat man bericht nach seinem alten wesen.[2])"

Hiermit stehen zwar in einigem Widerspruch die minderwertigen Notizen
von Specklin und von Heuß.[3]) Der Erstere schreibt: „Es geschah in der
Kruft under dem Chor, wie man zu beiden Seiten die Steg hinab geht;
oben auf hielt man latine meß wie von alters her." — Specklin hat sich
aber schon bei der Zeitangabe, wie ich glaube, verschrieben; statt Invocavit:
Jubilate. Dienstag nach Jubilate würde der 19. April sein; und damit
wäre allerdings die Messe von Anton Firn bei weitem die erste. — Heuß
ist sichtlich abhängig von Specklin, behauptet aber dennoch die Priorität
von Schwarzens Messe. Sein Zeugnis lautet: Mense circiter aprili
prima germanica missa fuit in hypogaeo Cathredalis Ecclesiae cele-
brata. — Undeutlich sind die Angaben von Bebellius, der in seinen
chronistischen Tabellen 3 verschiedene Daten aus 1524 hintereinander
stellt: Nr. 594. Missa germanica decantata. Nr. 595. Missa sacra
germanice. Nr. 596. Gemina species sacramenti distributa. — Hier
wird auseinander gerissen, was zusammengehört. Daß Bebel übrigens
die Austeilung sub utraque für dies Jahr 1524 notiert, ist nicht irrig;
denn diejenige Kommunion unter beiderlei Gestalt, welche bei der
Trauung Zells am 3. Dez. 1523 stattgefunden hat, muß als eine Art
Privatkommunion der Eheleute (in der Traumesse) betrachtet werden.

Endlich liegt aber noch ein gewichtiges Zeugnis vor. Wir
haben von der ersten, in Straßburg stattgehabten deutschen Messe noch
eine Handschrift.[4]) Und auf dieser befindet sich von der Hand

---

[1]) 16. Februar. — [2]) In der Handschrift, S. 461. Vgl. de Wette, Luther=
briefe, IV. S. 87. — [3]) Fragmente der Chroniken im Thomas=Archiv. —
[4]) Vgl. den Abdruck in der Mschr f. Gd. u. k. K., 1896, S. 4 ff.

eines Zeitgenossen auf der erſten Seite folgende Bemerkung: „Uff diſſe nachgeſchriben weiß ward die Form kinde zu teüffen nach lüt der latheiniſchen Form von wort zů wort durch Theobald Nigri, der zeit helffer von S. Lorentzen, durch welchen auch die meß zu dem Erſten zu beütſch gehalten ward, act. anno 1524. Aber darnach im rat aller pfarher iſt alles kirchengebreng vnd übung von dage zu dage gebeſſert vnd der geſchrift gemeſſer geordnet worden.‟

Nach alledem beſteht kein Zweifel, daß am 16. Febr. 1524 in der Johanneskapelle, der „Gruft‟, ſeitlich zwiſchen der Lorenzkapelle und dem Hochchor des Münſters gelegen, der erſte Straßburger evangeliſch-deutſche Meßgottesdienſt vor ſich gegangen iſt.

6. Überſicht über die Entwickelung der Dinge bis 1526.

Schwarz hat die Meſſe in der Mehrzahl der aufgenommenen Stücke, vielleicht aus dem 1520 in Hagenau erſchienenen Miſſale, über-ſetzt. Ob dieſe Überſetzung ſogleich in dem erwähnten erſten Gottes-dienſt gebraucht worden, iſt nicht unbedingt gewiß. Die Auslaſſung der Wechſelſtücke im Text iſt kein Gegenbeweis, die ſorgſame Nieder-ſchrift ſpricht jedoch für die Annahme der Abſicht, der entſcheidenden That nachträglich ein Denkmal zu ſetzen. Es ſcheint, daß unſere Hand-ſchrift lange und viel benutzt worden iſt. Die Größe der That liegt aber nicht in der Originalität der Arbeit. Die Beſeitigung ſpezifiſch katholiſcher Momente iſt noch nicht folgerichtig durchgeführt.[1] Eigen-artig iſt die Einfügung von 1. Tim. 1, 15 vor der Abſolution, das Offertorium mit der Anrede an Brüder und Schweſtern (an Röm. 12, 1 klingt auch der römiſche Kanon an), die Fürbitte für den Rat der Stadt[2], die hymnenartige, der Elevation folgende und dieſe erläuternde Überleitung zum Gebet des Herrn. Die „Ermahnung‟ hat übrigens in der lateiniſchen Vorlage ihren Anhalt.[3] Aber die Freimütigkeit der ſelbſtändigen Unternehmung unſeres Schwarz erhellt ſchon daraus, daß Luthers Formula missae (mit der Jahreszahl 1523, vermutlich anfangs 1524 bei Köpfl in Straßburg gedruckt) auf den Helfer an

---

[1] Auslaſſungen bedeutſamer Art im Qui pridie fallen in die Augen, vor allem die des (handſchriftlich ſpäter beigefügten) mysterium fidei. Frei umſchrieben ſind in den Zuſätzen die Stücke Unde et memores und Supra quae, im Original das Supplices te rogamus und Nobis quoque peccatori-bus, besgleichen das Audemus dicere und das Libera. Beſonders wichtig iſt in dem zweiten Domine Jesu Christe die Erſetzung des Singular der redenden Perſon durch den Plural, ferner die Kürzung und Änderung des Perceptio corporis; der Gedanke der Nießung zum Gericht iſt gefallen. — [2] Vgl. Zwinglis Formular vom Auguſt 1523. — [3] Sie lautet: Habete vin-culum pacis et charitatis, ut apti sitis sacrosanctis mysteriis Dei. Amen. Nach Rietſchel, a. a. O., S. 69, ſcheint es, als hätte ſich die Einrichtung einer Admonition erſt in Nürnberg eingeſtellt.

St. Lorenz keinen Einfluß geübt hat. Besonders bemerkenswert ist, daß diese erste deutsche Meßordnung Straßburgs weder eine Predigt noch irgend welchen Gesang vorsieht, während einige Bestandteile des römischen Rituals wie liturgische Wendungen, Händewaschen, Kreuz= schlagen beibehalten sind.

Also die Grundlage der Straßburger Gottesdienstordnungen ist im wesentlichen eine Übersetzung. Hiermit hängt es zusammen, daß das, was wir zunächst in dem Formular suchen, die Kommunion unter beiderlei Gestalt, gar nicht zum Vorschein kommt.[1]) Ferner aber, daß die An= schauung vom Kultus und speziell vom Abendmahl, welche im Hintergrunde des Unternehmens steht, eine lutherische heißen kann, wie denn Luthers Einfluß ursprünglich in Straßburg der in jeder Beziehung maßgebende gewesen ist. Man wird übrigens nicht verkennen, in welchem Maße es dem Übersetzer gelungen ist, seinem Formular einen warmen und kraftvollen Gebetsgeist einzuhauchen. Ist nun hiernach der Charakter der ältesten Gestalt der Straßburger deutschen Messe in etwa zu be= stimmen als der einer gereinigten, aber pietätvollen Wiedergabe des Ererbten in gemeinverständlicher Sprache, so vollzieht sich im Laufe von kaum zwei Jahren eine tiefgehende Veränderung der Auffassung wie der Formen, und zwar in der Richtung, die sich theologisch und liturgisch nicht anders als mit dem Namen „Straßburgisch“ bezeichnen läßt. Auch „reformiert“ (im Sinne Zwinglischen, besser Butzerschen Geistes) mag man sie nennen. Und das Ergebnis dieser Entwickelung tritt am Ende des hier in Rede stehenden Zeitabschnittes bereits deutlich und scharf hervor.

Allerdings hat innerhalb dieser Jahre einmal ein Einfluß von außen her sich geltend gemacht. Wir gedachten früher eines Straß= burger Druckes der Messe von Kantz[2]), und diese Ordnung ist es, die mehr als nur vorübergehend den Lauf der Dinge, wenigstens form= gebend, mitbestimmt hat. Das Meiste, was auf diesem Wege von aus= wärts nach Straßburg eindrang, hat sich freilich schnell wieder verloren. Und wenn man gegen einander abwägt, was empfangen und was ge= geben worden, so stellt sich nach Seiten der Produktivität der Kirche Straßburgs ein sehr erhebliches Plus heraus. Leider ist bald eine Zeit gefolgt, welche für die eigenartigen Gedanken und Schöpfungen dieser großen Gemeinschaft keinen Blick besessen hat, und heute muß deren Bedeutung geradezu neu entdeckt werden. Die vorliegenden Mitteilungen möchten die Aufmerksamkeit der Fachgenossen vor allem auf jene Programmschrift hinlenken, die, heute fast unbekannt, ohne Zweifel die bedeutendste grundsätzliche Äußerung in Sachen des Gottes= dienstes darstellt, welche das Zeitalter der Reformation hervorgebracht hat. Es ist die Schrift „Grund und Ursach“ von Martin Butzer.[3])

---

[1]) Sie geschah jedenfalls im Anschluß an den Meßtext, also: Corpus Domini nostri etc. — [2]) S. oben S. 83 ff. — [3]) Grund vñ vrsach ausz got= licher schrifft d' neüwerungen | an dem nachtmal des herren | so man

Sie enthält 11 Abschnitte, von denen die sieben ersten die Feier des Abendmahls behandeln (Der Name „Messe". Kein Opfer. Die Elevation. Die Kleider. Andere Äußerlichkeiten. Das Abendmahl als sonntägliche Feier und nur für Kommunikanten bestimmt. Die Straßburger Form), während die übrigen die Taufe, die Feiertage, die Bilder, Gesang und Gebet zum Gegenstande haben.

Eine eigentliche Theorie wird ja niemand in dem Buche vermuten, systematisch ist nicht einmal die äußere Anordnung. Aber es ist durchaus nicht schwer, aus den gelehrten wie den praktischen Erörterungen die leitenden Grundgedanken zu entnehmen, und diese sind von überraschender Klarheit und Energie, ja gutenteils von eigentümlich modernem Geist. Zwingli und Luther sind dem Verfasser gleichermaßen gefeierte Namen; aber was er vorträgt, ist kein Gemisch aus zweierlei Urteil und Anschauung, sondern eine selbständige Stellungnahme zu der Frage: Wie soll die evangelische Gemeinde ihren Gottesdienst gestalten?

Wie nicht anders zu erwarten, tritt bei Lösung dieser Frage die Autorität der Schrift in den Vordergrund. Weichen muß, was vor ihr nicht besteht. Doch Norm ist nicht das Alte Testament, das zwar gelegentlich zu polemischem Zwecke benutzt wird, dessen Opferbegriff indessen schon dazu nötigt, sich auf die Bücher des Neuen Bundes zurückzuziehen. Auch hier aber handelt es sich nicht um ein billiges Hantieren mit Bibelsprüchen; vielmehr wird z. B. die Kampfstellung der damaligen Zeit mit der des Paulus gegenüber den Judaisten verglichen, doch so, daß der Gesetzesgeist bei denen, die innerhalb der Gemeinschaft des Neuen Testaments geboren sind, sogleich als doppelt unnatürlich und verwerflich bezeichnet wird.[1]) Was man in Straßburg aufrichtet, das ist die Rückkehr zu dem, „das alt, recht und ewig". Auch von den Vätern sagt man sich nicht los; im Gegenteil, man kehrt zu ihren Gedanken vom Opfer zurück[2]), ohne doch

___

die Mess nennet | Tauff | Feyrtagen | bildern vñ gesang | in der gemein Christi | wañ die züsamen kompt | durch vnnd auff das wort gottes | zů Strassburg fürgenomen. — Ein sendtbrieff an den durchleüchtigen hochgeboren fürsten vnd herrn | Fridreich Pfaltzgraue ꝛc. in dem ein jede Christliche oberkeit ermanet würt | den genanten geistlichen keins wegs gehellē | einig leer oder predig | so man sich vff die schrifft berůfft | vnuerhört | zů verdammen | mitt ablenung irer losen nichtigē einreden. Martinus Butzer. — 15 Bogen 4⁰. — Der Sendbrief ist datiert vom 26. Dez. 1524; die Schrift selbst unterzeichnet: Wolffgangus Capito. Caspar Hedio. Mattheus Zell. Symphorian Pollio. Theobaldus Niger. Jo. Latomus. Antonius Firn. Martinus Hag. Martinus Butzer. — Vgl. Walch, XX. S. 458 ff.; Scultet., ad an. 1524; Gerdesius, mon. eccl. ref., II. p. III; docum., p. 69; J. C. Fuesslin, Beiträge V. 107 u. Vorrede S. XII ff. — Zwei Exemplare von „Grund und Ursach" in der Bibl. d. Thomasstifts, Straßburg. — Genannt wird das Buch von Th. Harnack, Kliefoth, Zezschwitz, H. A. Köstlin. — [1]) Für die Apostolizität des Hebräerbriefs tritt unsre Schrift in die Schranken, aber ohne auf jene entscheidendes Gewicht zu legen („dem sey wie jm wöll"). — [2]) Auch hier der Gedanke, daß die Alten das Abend-

darum die später beigemischten Opfervorstellungen der Heiden zu er=
neuern. Auch alte Sitten wie das Kreuzschlagen und dergleichen verachtet
man nicht; wir sollen nur dabei der Zeiten gedenken, in denen der
Brauch ein Bekenntnis war, weil man das Kreuz zur selben Stunde
schlug und trug.

Soweit Gebundenheit an das, was gewesen; aber daneben völlige
Freiheit. Was wir jetzt ins Leben rufen nach Gottes Wort und
Willen, ist nichts Vollkommenes. Allen Einrichtungen haftet etwas
Vergängliches an; daher selbst die Sakramente, als Satzung notwendig,
so lange wir im Leibe wohnen, nicht ewig sind; ewig ist allein das
göttliche Wort. Wie vielmehr wird unsre kirchliche Ordnung immer=
fort der Reinigung und Erneuerung bedürfen. Darum freie Bahn
für immer neue Formen und Weisen. Zu den Satzungen gehört aber
auch das, was Menschen über Gottes Rat und Christi Wort denken
und reden. Man soll, vor allem im Gottesdienst, nicht fragen, was
das Sakrament sei, sondern was es uns sei und wozu es uns gegeben
worden. Vor allem wollen wir frei sein von den abergläubischen
Meinungen, die Gottes Werk und Wort verunreinigen und seine Ehre
vermindern. In diesem Zusammenhange steht sogar die polemische
These: Nur Gott soll von uns angebetet sein; Christus hat sich den
Weg zu Gott genannt, und Paulus ihn als den Mittler bezeichnet.[1])
Kraft solcher Freiheit von dem, was gewesen, wollen wir auch die als
unsre Brüder ansehen, welche Bedenken tragen, ihre Kinder zur Taufe
zu bringen, da doch Christus die Kindertaufe nicht geboten hat.[2])
Aber erst recht soll uns dazu die Liebe leiten.

Und diese, die Bruderliebe, ist auch für den öffentlichen Gottes=
dienst von grundlegender Bedeutung. Gott zu Ehren singen wir mit
dem Herzen, der Gemeinde zur Erbauung auch mit dem Munde.[3])
Das ist ein Grundfehler an den römischen Messen, daß man meint,
Gott dienen zu dürfen auf Kosten der Brüder. Oder warum behängt
man Altar und Priester mit kostbaren Gewanden, derweil Christus
hungrig, durstig und nackend durch unsre Gassen geht? Aber die
Unsittlichkeit der Priester macht den schönen Mantel nötig und den

---

mahl in demselben Sinne ein Opfer genannt, wie sie das Christfest den Tag
der Geburt Christi hießen. Vgl. oben S. 64. — [1]) Diese Anschauung wird bald
praktisch in der konsequenten Beziehung aller Gebete und Lieder auf den Vater
(s. Ordnung F.). — [2]) Röhrich, Zur Geschichte der straßb. Wiedertäufer, a. a. O.,
S. 4. Hier wird mit Recht der Einfluß der Wiedertäufer auf die Straßburger
Kirche erst spät datiert. — Vgl. Rathgeber, S. 103 ff. — [3]) Dieser Gedanke
ist Luthern fremd. Auch nach seiner Meinung singt man mit dem Munde
dem Nächsten zur Besserung; aber dem, der draußen ist und der dadurch be=
wogen werden soll herein zu kommen. Im übrigen wird man ja viel von
Luthers Geist schon in diesen Andeutungen spüren, vor allem von dem Geist
jener Schrift „Von der Freiheit eines Christenmenschen", zu welcher Butzers
Büchlein Das jm selbs niemant, sondern andern leben soll, und wie der
Mensch dahin kummen mög. 1523, das wenig bekannte, aber würdige
Seitenstück bildet (Weller 2377).

geheimnisvollen Schein unentbehrlich. Indessen die Schwachen haben
Anspruch auf Schonung. Darum mag man im Gottesdienst den Chor=
rock behalten und alles dulden, was nicht ärgert oder reizt. Die Fest=
tage der alten Kirche sind aber nicht zu dulden, weil sie das arme,
bethörte Volk schädigen und vor anderen Sündentage sind. Wiederum
der Sonntag soll bleiben, vor allem um der Geringen willen, die ihr
Recht haben sollen. Nur daß die Gemeinde auch die Schwachen zu
erziehen und die Lasterhaften von sich auszuschließen hat. Es ist nicht
recht, wenn man zum Abendmahl geht ohne Glauben und Brüderlich=
keit; es ist aber gerade so verwerflich, zur Predigt zu kommen und
mit dem Munde zu bekennen, wenn das Herz ferne ist. Darum wäre
es gut, wenn man nur selten Abendmahl hielte, und dann alle ins=
gesamt; aber besser noch wäre es, wenn die Gemeinde die Bösen
bannte, damit nicht, wie heute viele ohne Fug zur Kirche gehen, und
„rups und raps durcheinander" zum Tische Christi läuft.

Daß der Gottesdienst wahr sei, der zutreffende Ausdruck für
das, was im Menschen ist, das gilt's. Wir müssen heraus aus dem
erkünstelten Gebärdenspiel der alten Kirche, da die Priester und mit
ihnen das Volk gezwungen sind zu heucheln und wie zerknirschte Büßer
sich zu geben, während sie es anders meinen. „Ach, ein ellender batz
allein kann solche andacht und rew in sie bringen."

Im ganzen eilt, wie man sieht, Butzers Schrift den praktischen
Ordnungen dieser Jahre voraus. Mit reizvollem Humor und ver=
wegener Siegesgewißheit geschrieben, kann sie noch heute, als überaus
reich an wertvollen Anregungen und zu idealen Zielen weisend, wahr=
haft evangelische Frucht schaffen. Noch eins ist hervorzuheben. In
„Grund und Ursach" wird auch die Ordnung des Straßburger Gottes=
dienstes mitgeteilt. Es ist aber bezeichnend, daß die Angaben mit dem
vorliegenden liturgischen Material nicht stimmen, wie denn auch die
Beschreibung der Prädikanten in ihrem Brief an Luther[1]) mit keinem
der uns bekannten Formulare genau übereinkommen. Auch die meisten
der von verschiedenen Geistlichen in die handschriftliche Messe des
Theobald Schwarz eingetragenen Zusätze und Änderungen begegnen
uns sonst nicht wieder. Es spricht auch aus diesen Differenzen der
ausgeprägt freiheitliche Sinn der Straßburger und ihre Abneigung
gegen alle statutarischen Bestimmungen. Für das Folgende wird man
aber im Sinne behalten, daß fortdauernd mancherlei Formen der
Messe neben einander bestanden haben müssen.

7. Die ältesten gedruckten Ordnungen.

Die Urgestalt der deutschen Messe von Schwarz kehrt zunächst im
großen und ganzen wieder. Gefallen ist nur das Händewaschen, ge=
blieben dagegen der Altar, die Elevation, das Kreuzschlagen. Introitus,

---

[1]) Z. B. Kapp, S. 345 ff.

Kollekte und Lektionen werden in den mit A bezeichneten Formularen im Wortlaut mitgeteilt. Der Introitus hat[1] in A¹ und A⁴ auf das Abendmahl Bezug gehabt, in A² und A³ ist er allgemeinen Inhalts. Die Kollekte ist sehr lange in Gebrauch geblieben, eine polemische Spitze in ihr bewahrt die Erinnerung an die Anfangszeit. Die Epistel, freigewählt (Gal. 3, 8—14), verdankt ihre Aufnahme dem die Rechtfertigung durch den Glauben verkündigenden Inhalt; das Evangelium (Joh. 6, 41—58) ist die Gründonnerstagsperikope. Beide begegnen uns in wesentlich Lutherscher Gestalt. In dem Kanongebet finden sich zwei Lücken, die aus dem Formular Nigris ergänzt werden müssen.[2] Jetzt wird die Distribution ausdrücklich hervorgehoben und bemerkt, daß sich die Kommunikanten zuvor „anzeigen". Eine Notiz, die nach „Grund und Ursach"[3] befremden muß und vielleicht nur einen Wunsch andeutet, übrigens nebenbei praktisch begründet ist in der durch die Kommunion unter beiderlei Gestalt notwendig gewordenen Vorsorge für den darzubietenden Wein. Eine Spendeformel haben weder A¹ noch A², wogegen die vierte Ausgabe dieser Ordnung die biblischen Worte: „Nehmet hin" enthalten hat.[4] Endlich ist zu bemerken, daß A² und A³ am Schluß fünf Ersatzstücke für die Präfation bieten.[5] Hierbei sind berücksichtigt Weihnachten, Epiphanias, Ostern, Himmelfahrt, Pfingsten; die Passionsformel steht noch im Haupttext. Diese Feste und Festzeiten werden also noch eingehalten, obwohl „Grund und Ursach" reine Bahn zu machen gedenkt, sobald das Volk genügend in der Schrift gegründet ist.

Die Vorrede läßt keinen Zweifel darüber, daß die nachfolgende Ordnung kein Gesetz sein will. Aber auch diese selbst giebt das deutlich zu erkennen durch die Bemerkungen, mit welchen die Worte der Einsetzung umgeben werden: „Anfang der rechten, waren Meß" und „Ende der Meß oder des nachtmals Christi. Dann vor und nachgeende wort seind alle zu bewegung und zu erfrischen den glauben, und nit als hauptstück der meß eingefürt, wöliche auch yedes andacht nach mögen geendert oder gar underlassen werden." Diese Eigentümlichkeit bleibt den ältesten Ordnungen gemeinsam. Ihre Bedeutung wird daran ermessen, daß Luther auf den zweiten, eucharistischen Teil des überkommenen Ordo, die Missa fidelium, den Namen „Messe" beschränken will[6], während Kantz, der auch seinerseits den Anfang der evangelischen Messe, nicht ihr Ende, hervorhebt, das aus dem Ordo entnommene Konsekrationsgebet mit zu der Messe im engsten Sinne rechnet.[7] In der That ist alles Andere in Straßburg wandelbar geblieben.

---

[1] Nach Herrenschneider, S. 17. — [2] S. oben S. 131. 133. — [3] S. oben S. 150: rups und raps durch einander. — [4] Butzer schreibt an Jakob Meyer in Basel am 23. Jan. 1531, daß sie diese Worte nicht gebrauchten, um irrige Auffassungen fern zu halten (Thes. Baum. IV. 14). — [5] Die dritte versehentlich ohne Überschrift, was B hernach verbessert. — [6] S. oben S. 80, A. 1. — [7] S. oben S. 75 und unten B.

Über den Eindruck der erſten deutſchen Meſſen auf die Bevölke=
rung in Stadt und Land, über den gewaltigen Zudrang und die
muſterhafte Haltung der Kirchgänger geben uns zeitgenöſſiſche Berichte
vielſeitigen Aufſchluß.[1]) Wie die Haltung des Rats durch dieſe Vor=
gänge beeinflußt worden, wird bald noch klarer erkannt werden.[2])

8. Die erſte Umgeſtaltung.

Wie ſchon erwähnt, iſt die Kantzſche Meſſe außer der Verbindung
mit der Lutherſchen Formula missae[3]) gleichzeitig noch eine andere
eingegangen, nämlich mit der Straßburger Ordnung. Das Ergebnis
dieſer Union iſt aber ein recht verwickeltes, weil der Urheber zugleich
noch andere Elemente hinzugethan und wohl auch Eigenes beigemiſcht
hat. Das Formular B iſt undatiert, gehört aber jedenfalls dem Jahre
1524 an, da es im folgenden Jahre nicht mehr untergebracht werden
kann. Es hat die nämliche Vorrede wie A², auf welches Büchlein
auch der Titel Bezug nimmt. Trotz ſo mannigfacher Änderungen und
Zuſätze iſt die Schwarzſche Meſſe als Vorlage noch immer deutlich
zu erkennen. Noch iſt der Altar in Gebrauch, dem entſprechen die
liturgiſchen Wendungen. Der Geiſtliche wird Prieſter genannt. Er
ſchlägt das Kreuz bei der Abſolution und (dreimal) beim Segen,
nimmt auch die Elevation vor und wäſcht zuvor die Hände. Aus der
Meſſe von Schwarz, bezw. aus A², ſtammt je ein Introitus, eine
Kollekte, ein Kredo, ein Kanon= und das Konſekrationsgebet, je ein
Sermon, Schlußgebet, Segen, fünf Erſatzſtücke für die Feſtpräfationen.
In der angefügten Veſperordnung ſteht noch das Ave Maria, wie es
ſich entſprechend im Taufformular bei Schwarz findet.

Neben dieſen Beſtandteilen werden aber ſolche bemerkbar, welche B
mit der Kantzſchen Meſſe[4]) und zugleich mit der dem Bugenhagen zu=
geſchriebenen Form der letzteren gemein hat. Das gilt im allgemeinen
von der ganzen Kommunionhandlung, die künſtlicher, dem Ordo ſtark
angenähert iſt; ſpeziell vom Schluß des Vaterunſers, dem Konſe=
krationsgebet, der Formel bei Vorzeigung der Elemente („Secht, aller=
liebſten, das iſt warlich ꝛc.“), der Spendeformel, der (neuen) Schluß=
kollekte. — Indeſſen harmoniert B teilweiſe nur mit Kantz, teils
wieder nur mit Pſeudo=Bugenhagen. Mit erſterem in der Aufforde=
rung des Prieſters an das Volk, für ihn um Vergebung zu bitten
(„Auch, ihr allerliebſten, dieweil ich auch ꝛc.“); ferner in dem deutſchen
Nunc dimittis und dem Gebet an die Dreifaltigkeit; vor allem aber
in der Eingangs=Klammer („Hie facht an die recht, Chriſtlich meß“)

---

[1]) Vgl. die Ausführungen bei Röhrich, Jung und J. W. Baum. — Desgl.
Kapp, II. S. 601. — [2]) Die Darſtellung Ad. Baums ſieht mannigfacher Er=
gänzung entgegen durch das demnächſt im Druck erſcheinende, in Abſchrift neu
gefundene Tagebuch Seb. Brants. — [3]) S. oben S. 86 ff. — [4]) Es ſei an deren
Straßburger Druck erinnert. S. oben S. 83 ff.

vor den Einsetzungsworten, die wegen eines Wechselstückes noch einmal
wiederkehrt, der jedoch auffallenderweise keine entsprechende Schluß=
klammer („Ende der waren Meß“) folgt. Allerdings stehen die erst=
bezeichneten Worte bei Kanß bereits vor dem Konsekrationsgebet, hier
(wie in A²) unmittelbar vor den Verba testamenti. — Andererseits
kommt B wieder allein mit „Bugenhagen“ überein im Graduale mit
Alleluja, in der feierlichen Zurüstung von Brot und Wein und in der
einen Segensformel (Numeri 6). Und zu dem allen treten nun noch ganz
eigenartige Züge: ein zweiter Introitus, eine zweite Kollekte, neben dem
Nizänum das Apostolikum¹), ein neues Kanongebet (beiden Formen
wird das Konsekrationsgebet unmittelbar angefügt), ein neuer Sermon;
ein merkwürdig ausgeschmücktes Agnus dei, ein gesprochenes „Gott sey
gelobet“ und die Vorschrift, daß der Priester nach dem Volke kom=
munizieren soll. Vielleicht ist das Bedeutsamste an all dem Neuen
das Auftreten des Apostolikums, das wohl hier zum ersten Mal im
evangelischen Hauptgottesdienste erscheint; vormals hatte es nebst anderen
Lehrstücken seinen Ort hinter der Predigt.

Alles in allem ist B ein um vieles reicheres Gebilde, wie man
sieht, als wir bisher in Straßburg angetroffen haben. In der Haupt=
sache eine doppelte Form, wie die lange Reihe paralleler Stücke zeigt,
bei deren Einstellung fast immer das neue Ersatzstück den ersten Platz
erhalten hat.

Was von der ganzen Ordnung dauernd geblieben ist, werden wir
sehen. Was sich bald wieder verloren hat, das lag auf einer rückläufigen
Linie. Selbst jene Aufforderung an das Volk, für seinen Priester zu
beten, läßt mindestens eine echt katholische Deutung zu. Schon die
Zweiteilung der gottesdienstlichen Versammlung, welche dadurch be=
kundet wird, ist der älteren Straßburger Form fremd. Vollends aber
die Sorge um einen korrekten Vollzug des Offiziums läßt das ver=
sammelte Volk und sein kultisches Erlebnis abhängig erscheinen von
dem Thun und Lassen des amtierenden Geistlichen. Im übrigen ist ja
das Sündenbekenntnis des Priesters nichts von dem alten Herkommen
Abweichendes. Es findet nicht nur im Konfiteor und im Offertorium
seinen regelmäßigen Ausdruck, sondern bei Handhabung der der vor=
reformatorischen Kirche entstammenden „offenen beicht“ oder „offenen
schuld“²) tritt die Wendung „Bitten Gott für mich; das will ich auch
thun für euch (im ampt der heiligen Meß)“ regelmäßig am Schlusse
auf. Von da ist es auch in die Vesperordnungen der Straßburger
evangelischen Gemeinden eingedrungen.

Wenn man der damaligen Lage der Dinge in der Stadt nach=
denkt, kann man zu der Annahme gelangen, B sei ein Produkt der

---

¹) Da die vorliegende Ordnung (wie auch D) unmöglich von Bußer
stammen kann, ist die Angabe bei Achelis, Prakt. Theol., II. S. 145; Grund=
riß, S. 190 nicht richtig. — ²) Z. B. Surgant, Manuale Curat., 1502,
lib. II. cons. 6. — Exequiale Argent., 1513, letztes Blatt.

Kreise, denen an der Verbindung der Kirche Straßburgs mit Luther,
d. h. an ihrem Gehorsam gegen den Gewaltigen, alles gelegen war,
und als deren Haupt wir uns Nikolaus Gerbel zu denken haben.
Der Versuch, die Straßburger Messe mit der Formula missae in Har=
monie zu bringen, ob auch unter Beibehaltung lokaler Eigenheiten,
liegt am Tage. Glücklich kann man ihn hier so wenig nennen, wie
zuvor. Es ist zweierlei Geist und, wie früher gezeigt worden, über=
ladene Form. So konnte die Entwickelung nicht weiter gehen, oder
alle gesunden Gedanken in „Grund und Ursach" hätten preisgegeben
werden müssen.

9. Rückbildung und Fortschritt.

Auch das „Teutsch Kirchenampt" (C) ist in den meisten Aus=
gaben undatiert. Es hat aber noch die alte Vorrede, und mit jenen gehört
es noch in das Jahr 1524.[1]) Die Ordnung lenkt in wesentlichen Stücken
wieder zum Anfang zurück. Die älteren, einfacheren Gebetsformen
kehren wieder; auch der Ritus ist, sogar über A hinaus reduziert:
weder Händewaschen, noch Kreuzeszeichen sind geblieben. Die Schluß=
klammer hinter den Einsetzungsworten hat wieder ihre Stelle gefunden;
die Festpräfationen sind dagegen verschwunden. Noch wirkt die vorhin
dargestellte Form B in einigen Stücken nach. Das Gradual, zwei
Glaubensbekenntnisse, das „Gott sei gelobet" sind geblieben; das Apostoli=
kum hat sogar den ersten Platz erhalten. Die Spendeformel ist
die biblische, wozu B („Secht, allerliebsten, das ist warlich . . . .
Nemen hyn und essen ju rc.") immerhin die Vorstufe bildete. Auch
sind beide Formen des Segens geblieben.

Dazu treten aber ganz neue Momente. Dem Confiteor ist der
Spruch Psf. 32, 5 voraufgeschickt, und in C⁴ eine zweite Form, auch
eine zwiesache Absolution gegeben; hier ist die Kollekte sogar gänzlich
freigestellt. An die Stelle des Introitus können Psalmen treten, an die
der Perikopen epistolische und evangelische Abschnitte. Letzterer Einschub
geschieht mit Hinweis auf mancherlei Gewöhnung. Zu den Einsetzungs=
worten ist als Wort Christi 1. Cor. 11, 26 hinzugefügt. Man beachte
die referierende Gestalt der Spendeworte in C⁴. Überhaupt sind die
in Betracht kommenden Ausgaben, zumal in der Kommunion=
handlung, recht verschieden. C⁴ ist B ähnlicher. Aber zweierlei Neue=
rungen bedeuten einen gewaltigen Fortschritt. Einmal begegnet uns
hier zuerst Gemeindegesang; vierzehn — in der Messe sechs —
Stücke im ganzen, von denen nur zwei Wittenbergischen Ursprungs
sind[2]), treten in Musiknoten auf, darunter auch das Apostolikum. Bei
weitem wichtiger noch und folgenreicher ist das erstmalige Hervortreten
der Predigt in der deutschen Messe. An sich nichts Neues, aber

---

[1]) Vgl. C¹. S. 124. — [2]) Vgl. Zahn, VI. S. 5.

bisher offenbar durch die Ermahnung an die Kommunikanten ersetzt, kehrt sie jetzt in den Rahmen des veränderten Ordo als ständiges Glied zurück. Man sieht voraus, daß sie jenen auseinander sprengen wird. Vorläufig wird sie es nicht thun, zumal ihr ein kommunion= loser Gemeindegottesdienst neben Messe und Vesper als selbständige Domäne bleibt, der gerade im „Teutsch Kirchenampt" ebenfalls seine mit Psalmengesang geschmückte Ordnung empfängt. Besonders merk= würdig ist die fortan der Straßburger Messe eigentümliche Stellung der Predigt zwischen Evangelium und Kredo. Daß diese auffallende Anordnung der im Grunde einfachen Überlegung entspringt, die Pre= digt sei Auslegung und Anwendung des Evangeliums, leuchtet ohne weiteres ein.[1] Daher ist nicht nötig, an die erwähnte Verwendung der Lehrstücke hinter der Predigt zu vorreformatorischer Zeit zu er= innern[2]), wenngleich diese Sitte, vermutlich dem deutschen Südwesten vormals eigen, die Neuordnung erleichtert haben mag. Nebenbei ist diese eins der augenfälligsten Kennzeichen bei Beurteilung der Ab= hängigkeit auswärtiger Gottesdienstordnungen von den Straßburgischen.[3])

Wenn jetzt die zeitliche Ausdehnung der ganzen Meßfeier eine Re= duktion der übrigen Bestandteile zur Notwendigkeit macht, werden wir uns nicht wundern. Schon verrät sich, wie darin, so auch in anderen Beziehungen ein unlutherischer, auf Butzer zurückzuführender Einfluß. Der Psalmengesang beginnt die Herrschaft anzutreten, und des Kirchen= jahres Bedeutung verblaßt.[4])

10. Zunahme der Lehrhaftigkeit.

Die bei Schwan gedruckte „Ordnung des Herrn Nachtmal" (D) meldet in der Vorrede, daß man in Gebärden, Kleidung und anderen Zeremonien nunmehr zur Abstellung geschritten sei. Ein Gesetz solle auch die hier angezeigte Form des Gottesdienstes nicht sein. Immerhin nennt man das Nachtmahl nicht mehr „die Meß", der Priestername ist auch dahin. Die ältesten Formulare A, B, C hatten den letzteren innerhalb des Formulars unbefangen beibehalten, während sie im Titel von „Evangelisten und christlichen Pfarrherrn" (A und B) oder von der „Gemein" bzw. der „Kirch" (C) redeten. Jetzt sprechen Titel, Vor=

---

[1]) So hat offenbar schon Zwingli (De canone missae epichiresis, August 1523) gedacht und die gleiche Anordnung vorgeschlagen. Vgl. die gekünstelte Erklärung der nämlichen Eigentümlichkeit bei der kurpfälz. Ordnung (1556), die Bassermann giebt (Gesch. d. bad. KOD., S. 40). — [2]) Surgant, Man. Cur., lib. II, cons. 5. — [3]) Vgl. Braunschweig 1528. Hamburg 1529. Württem= berg 1536. Köln. Ref. 1543. Württemberg 1547 und 1553. Ottheinrich 1554 (1556). Liturg. sacra, Francof. 1554. Bad. KO. 1556. Württemb. Sum. Begr. 1559. Pfalz 1563. Hanau 1573 (Hering, Hülfsbuch, S. 296; 296 f.; Richter, I. S. 268; II. 42 f.; 94; 137; 146; 177; 178; 198; 264; 506. Vgl. außerdem Richter, II. S. 222 (bis); 224; 347. — [4]) Im ganzen stimmt zu der vorstehend beschriebenen Ordnung die Schrift von Capito „Was man halten und antworten soll" vom Oktober 1524.

rede und Ordnung nur noch vom „Diener“. In Äußerlichkeiten ist der bedeutsamste Fortschritt der Wegfall des Altars und seine Ersetzung durch den Tisch, genauer die Aufstellung eines Tisches zwischen Altar und Gemeinde.[1]) Nun tritt der Diener hinter den Tisch, und die liturgischen Wendungen haben ein Ende, desgleichen die damit zu= sammenhängenden Salutationen. Die Reinigung der Feier „nach der geschrift“ zeigt sich in der biblischen Doxologie des Unser Vaters (!), der Korrektur des Qui pridie („Der Herr Jesus, in der nacht“[2]), der ausschließlichen Beibehaltung des aaronitischen Segens. Ganz neu ist dagegen die Distributionsformel: „Gedenkent, glaubent, verkündent, daß Christus für euch gestorben ist.“[3]) Reicher ist die Ausstattung mit Psalmengesang. Gleich an den Anfang des Gottesdienstes tritt ein Psalm, an die Stelle des Graduals ein deutsches Lied. Aber mehr als dies alles fällt in die Augen der Zug zur Lehrhaftigkeit. Bereits der Introituspsalm kann, die Epistel soll ausgelegt werden. Die Ver= lesung des Evangeliums geschieht auf der Kanzel. Trotz der Predigt bleibt die Ermahnung der Kommunikanten bestehen. Bei solcher Überhandnahme des freien Wortes müssen die übrigen Bestandteile der Ordnung weiteren Rückgang erfahren. Und so werden denn Kyrie und Gloria vorläufig als entbehrlich bezeichnet. Dieser Schritt ist nicht unüberlegt. Neben dem Confiteor mit Absolution, und von diesen durch den Introitus getrennt, noch jene beiden Stücke festzuhalten, war zum mindesten nicht nötig. Luthers Verfahren in der Formula missae, dem Vorbereitungsdienste des Priesters und der Ministranten überhaupt keinen Raum zu geben, war geschichtlich und grundsätzlich berechtigt; hier fanden und behielten Kyrie und Gloria ihr Recht. Es ist aber bezeichnend, daß in Straßburg gerade diese Stücke weichen müssen, und man dagegen die auf die Gemeinde bezogene Eingangsgruppe, Sünden= bekenntnis und Absolution, dauernd beibehält. Das entspricht dem sich immer mehr geltend machenden ethischen Charakter der Straßburger Ordnungen.

Im ganzen steht auf diesem Grunde die Beschreibung des Gottes= dienstes, welche uns in dem Briefe der Straßburger an Luther[4]) be=

---

[1]) Nach Jung, S. 318, Anm. 7; 326 ff., hat, zunächst aus akustischen Gründen, diese Maßregel Firn für St. Thomas am 20. Nov. 1524, Capito für Jung St. Peter acht Tage später, fast gleichzeitig Zell für das Münster getroffen. Hans, Der prot. Kultus, 1890, S. 34, Anm. 1 erwähnt eine ähn= liche Anordnung als in Augsburg vorgenommen, nämlich die Trennung des Altartisches von der zugehörigen Rückwand und die Stellung des Geistlichen zwischen diesen beiden. Kliefoth (VII. S. 135 ff.) vermag solche Einrichtungen nur aus der Absicht, das Abendmahl herabzusetzen, zu erklären. — [2]) Vgl. die „Ermahnung“! — [3]) Vgl. die Spendeformel der Waldecker KO. von 1556 (Hering, Hülfsbuch, S. 189) und Erbach 1560 (Richter, II. S. 223) sowie die der Münsterischen Wiedertäufer: „Nemet und esset und verkündigt den tod des Herrn“ ꝛc. Vgl. Newe zeytung von den Widertauffern zu Münster etc. 1535, Bl. A II. — K. Hase, Neue Propheten, 2. Aufl. 1861. 3. S. 116. — [4]) Dogmatisch bedeutsam ist dieser Brief bekanntlich, weil die Straßburger

gegnet. Daß neben dem Confiteor die Absolution nicht ausdrücklich genannt wird, hat kein Gewicht. In einigen Stücken erscheinen hier aber bereits die Formen, deren wir erst hernach gedenken werden, so in Sachen der epistolischen Lektion; andererseits treten einige, in D bereits verschwundene Stücke auf, die vorläufig beibehaltene Elevation und das Libera. Ganz fremd und keiner der Ordnungen, die wir kennen, entsprechend ist der Gesang der zehn Gebote, der, mit Psalmengesang wechselnd, dem Evangelium voraufgeht.[1]

In „Grund und Ursach“ fehlt das Kyrie und Gloria ganz; der Glaube hat die Form der drei Artikel. Der Kanon gedenkt der Kommunikanten, was wieder gänzlich neu ist. Die Abendmahlsordnung ist im übrigen mehr die der sogleich zu beschreibenden Gestalt.[2] Daß der genannte Brief, abweichend von unsrer Programmschrift, der Kommunion des Geistlichen nicht gedenkt, ist jedenfalls beachtenswert.

11. Vorläufiger Abschluß der Entwickelung.

Von den beiden noch erübrigenden Formularen unsres Zeitabschnitts ist zunächst zu bemerken, daß sie nicht mehr, wie die bisherigen, ohne Einwilligung der Pfarrer gedruckt worden sind, demnach einen mehr offiziellen Wert beanspruchen können. Die eine, „Straßburger Kirchenampt“ (E), ist verloren. Sie muß aber den „Psalmen“ (F) in einigen wichtigen Bestimmungen gleichlautend gewesen sein[3], zumal beide Ordnungen sich als der Jung St. Peter-Kirche zugehörig ausweisen, deren Pfarrer, Capito, vielleicht seinem Vetter Köpfl das Material zum Druck übergeben hat. Eine der Vorreden war in beiden Büchern wesentlich gleichlautend. Dagegen sind auch bezeichnende Abweichungen anzunehmen.

---

bekennen, ihre Abweichung von Luthers Gedanken über das Abendmahl der Gemeinde nicht länger verbergen zu können. Liturgisch verrät sich diese Thatsache bereits in dem Formular des Theobald Schwarz. Dort hat eine Theologenhand die Worte nach der Elevation: „das du .... uns zu einer versicherung verloßen den leib und blut unsers Herren Jesu Christi under dem brot und weyn“ abgeändert in: „zu einer versicherung verloßen die gedechtniß des leibs und bluts ꝛc.“ — Vgl. Mschr. f. Gd. u. t. K., 1. S. 8. — Ob und wieweit die Straßburger hierbei von den Taufgesinnten beeinflußt oder gedrängt worden, ist noch nicht erforscht (vgl. D. zur Linden, Melchior Hofmann, 1885. S. 186. 217 f. — [1] Vgl. Erichson, S. 14, wo, im Interesse der Gleichsetzung des Psalters von 1539 mit der Genfer Ordnung, das „geistig (geistlich) Lied“ mit dem Dekalog anscheinend gewaltsam identifiziert wird. — [2] Besonders interessant ist die von der Vermahnung handelnde Stelle: „darauf ermahnet er die, so mit jm das Nachtmal Christi halten wöllen, das sye jren sünden abzusterben, ihr kreuz willig zu tragen, den nechsten in warheit zu lieben, im glauben gesterkt werden. Das dann geschehen musz, wo wir mit gläubigem herzen erachten, was unmesziger Gnad und Gutthat Christus uns bewiesen hat, indem das er sein leyb und blut am kreuz für uns dem vater aufgeopfert hat.“ — [3] Jung, S. 322 ff.; Herrenschneider, a. a. O. S. 4. 15. 17 ff. 25 ff.

Neu ist in E, daß die Kollekte mit der Predigt in Beziehung gesetzt wird; daß an die Stelle der Epistel prophetische Stücke treten können, und zwar mit summarischer Auslegung; daß statt des Apostolikums Luthers „Wir glauben all" angestimmt werden kann. Gefallen sind Präfation und Sanktus; dem Unser Vater folgt eine versifizierte Form desselben Gebets von Symphorianus Pollio. Der Inhalt der Ermahnung greift auf die Predigt zurück. Nicht neu ist die referierende Spendeformel.[1]

In den „Psalmen" begegnet uns ein sinniger Zusatz zur herkömmlichen Absolution, ein dogmatischer in dem übrigens freigestellten Offertorium. Die Epistel kann durch ein beliebiges Stück des Alten Testaments ersetzt werden. Im Kanongebet wird des Kaisers nicht mehr gedacht.[2] Die wörtlich mitgeteilte Ermahnung von Capito ist besonders wertvoll. Als notwendig gilt dieses Stück nicht. Neu sind außerdem außer den wiedergekehrten Salutationen die Schlußkollekten. Neu ist vor allem, daß nunmehr auch die Epistel bereits auf der Kanzel verlesen wird.

Aus den, beiden Formularen voraufgeschickten Bemerkungen entnimmt man die sich steigernde Menge der Predigtgottesdienste; dort täglich 2, hier 4 Predigten und am Sonntag 6, die noch dazu so geordnet sind, daß einer sie zur Not sämtlich hören kann![3] Rührend ist die besondere Rücksichtnahme auf die dienende Klasse. Verständlich, daß die anfangs große Befriedigung des Volks[4] sich allmählich in Überdruß verwandelt[5], wenn auch zumal auf Fremde das kirchliche Leben, vor allem der Gesang[6], noch nach zwanzig Jahren einen imponierenden Eindruck machen konnte.[7]

Zweierlei ist es jedoch, was fortan den eigentümlichen Charakter des Straßburger Gottesdienstes bestimmt. Einerseits die planmäßige Unterordnung des Sakraments unter das Wort. Hatte man früher besonders großen Anstoß genommen an einer Messe, deren Hauptstück nicht die Kommunion war, so wird jetzt gar nicht mehr gewünscht, daß gar zu viele zum Sakrament kommen.[8] Sie können ja mit Glauben und Andacht der Handlung folgen, so haben sie des Segens genug. Man sieht, daß die Entwickelung der Dinge auf eine seltenere Kom-

---

[1] Achelis, Prakt. Theol., II. S. 185; Grundriß, S. 208 f. Was hier von E gesagt ist, gilt schon von C⁴. — [2] Vgl. B. — [3] Noch 1713 wird in Straßburg jährlich 3787 mal gepredigt, also in jeder der 7 Kirchen 541 mal! Vgl. Uhlhorn, Die christl. Liebesthätigkeit. III². S. 637. Anm. 2. — [4] Jung, S. 347. Kapp, S. 601 (Nik. Gerbel an Justus Jonas, Dienstag nach Lätare 1524). — [5] Ad. Baum, S. 76, Anm. 1. Vgl. Janssen, Gesch. d. d. Volks, III. 7. Aufl. S. 94. — Wie die Taufgesinnten über die fruchtlose Thätigkeit der Prädikanten gedacht, s. bei zur Linden, Melch. Hofmann. Z. B. S. 6. 23. — [6] Über den Reichtum der Lieder in den Straßburger Ordnungen giebt Wackernagel, Bibliogr., a. a. O. alle Auskunft. Die ihm unbekannten „Psalmen" von 1526 enthalten 5 Lieder- und 27 Psalmentexte mit im ganzen 25 Melodien. — [7] A. Erichson, l'église française de Strasbourg. Paris 1886. p. 21 ss. — [8] Vgl. oben S. 141 f. die naiven Äußerungen Capitos, und daneben die Anschauungen bei Strauß und Kantz, S. 30 ff. bezw. S. 40.

munionfeier hindrängt. Zwar wird das sonntägliche Abendmahl noch
nicht aufgegeben; aber man umhegt es in Gebet und Vermahnung mit
schützenden Schranken, warnt eindringlicher und breiter vor Mißbrauch
und bahnt damit jene Handhabung der Kommunion an, die wir heute
die spezifisch reformierte nennen.[1] Auf das Hören des Wortes legt
man alles Gewicht, und die Zurückdrängung des Sakraments kann nicht
aus besonders hoher Schätzung hergeleitet werden. Daneben kommt
doch auch das Gebet, und zwar das in breitem, ruhigem Fluß sich
ergießende, zu seinem Recht. Was B und D an etwas überladenen
Formen eingebracht, ist auf die Dauer nicht schädlich geworden. An
Würde und Wucht der Sprache suchen die Gebete der Straßburger
Ordnungen ihresgleichen.

Noch auffallender ist die Stellung zum Kirchenjahre. Die Ord=
nung F ist auf den Sonntag Reminiscere zugeschnitten; aber die Peri=
kopen haben nichts mit diesem Tage zu thun. Die „Psalmen" ent=
halten gegen 40 Gesangstücke, allermeist Straßburgisches Gut; aber
kein Festlied ist darunter bemerkbar. Und es bleibt so bis 1538.
Mit dem Wegfall der Festlieder und der Ausscheidung von Kyrie,
Gloria, Benediktus, Agnus verschwindet aus dem Gottesdienst jede
Anrufung Christi, zu welcher der Gebrauch der Psalmen, abgesehen
von dem gewohnheitsmäßig beibehaltenen Gloria patri et filio etc.,
ohnehin keinen Anlaß bietet.[2] Und wieder werden wir geneigt sein,
diesen Verzicht auf den originellen Wechsel des Kirchenjahres „refor=
miert" zu nennen. Was sollen denn besondere Festtage, wenn man
täglich unter allen Umständen vier Predigten hören kann? Man mag
darin vom modernen Standpunkte aus eine Verkennung des geschicht=
lichen Charakters der christlichen Religion rügen, — ein starkes ethisches
Motiv ist überall zu erkennen. Wie man in Sachen des Abendmahls
vor allem die Unbrüderlichkeit und daneben andere Mangelhaftigkeit
als tobbringende Versündigung zu betrachten beginnt, so ist auch die
Menge der Feste als sittlicher Schade erkannt worden.[3] Allerdings
ist zuzugeben, daß gerade dies starke Interesse an der Sittlichkeit des
Volks sich verbindet mit einer ungerechtfertigten Unterschätzung der
Volkssitte und damit der wertvollen Bande, welche, das Gemütsleben
in unvergleichlicher Weise befriedigend und leitend, sich um Volk und
Kirche schlingen zu beiderseitigem Segen.

Alles in allem wird das Urteil erlaubt sein, daß die Straßburger
Messe und was aus ihr geworden, zu den eigenartigsten kultischen Er=
scheinungen in diesen ersten Jahren gehört. Es ist im Rahmen dieser

---

[1] Ob nicht auch darin Straßburg für Calvin bedeutsam geworden ist? —
[2] Den bezüglichen Einfluß dieser Ordnungen auf die der badisch=pfälzischen
Lande hat Baffermann, Gesch. d. evg. GOO. in badischen Landen, S. 125 f.,
erkannt, wenn er ihn auch nur bis auf die KO. Straßburgs von 1598 zurück=
verfolgt. — [3] Für die soziale Schätzung des Straßburgischen Gottesdienstes
bietet das Thomasarchiv reiche Belege (z. B. Sammlung Wenk., I. 105. 107).

Unterſuchungen nicht möglich, der Entwickelung weiter zu folgen, die gründlicher darzuſtellen und in ihrem Zuſammenhange mit den gleich=zeitigen und ſpäteren Bewegungen in anderen deutſchen Landen zu würdigen[1]), eine der wichtigſten Arbeiten auf dem Gebiet der pro=teſtantiſchen Kultusgeſchichte ſein würde. Was bisher über die älteren Straßburger Formulare verbreitet worden iſt, muß ſchon jetzt als nicht mehr haltbar angeſehen werden.[2])

Siebentes Kapitel.

Die Nürnberger Meſſen. 1524—1526.

1. Litteratur.

Unter den uns beſchäftigenden Meſſen gehören die von Nürn=berg zu den verhältnismäßig bekannteren. Hier die wichtigeren Quellen und die den Gegenſtand behandelnden Werke:

Die Artickel | so Bischoff von Bamberg die zween Bröbſt vñ den Prior Aug. Ordens zu Nüremberg | gefragt | als ſie von jm citirt ſeyn worden | Und der Bröbſt und Priors Antwort. 12. Sept. 1524. Jar | in Bamberg. — 1 B. 4⁰, letztes Blatt leer. Titelblatt ohne Schmuck. — Weller 2770 ff. — — Appellation vnnd Beruffung der Pröbſt vnnd des Auguſtiner Priors zu Nüremberg. M. D. xxiiii. Actum d. 13. Okt. 1524. — 2 B. 4⁰; letztes Blatt leer. Auf dem Titelblatt ein architektoniſches Motiv wie ein Portal. Unter der Konſole zwei Phantaſiefiſche, mit dem Rücken nach unten. Hölzel'ſcher Druck. — — Grundt vnnd vrſach auss der heiligen ſchrifft | wie vñ warumb | die Eerwirdigen herrē | beider pfarkirchen S. Sebalt | vñ Sant Laurentzen pröbſt zu Nürnberg | die misspreüch bey der heyligen Messz | Jartäg | Geweycht Saltz | vñ Wasser | ſampt ettlichen anderen

---

[1]) Nur ein frühes Zeugnis jener Zuſammenhänge ſei hier angeführt. „Martini Buceri Ratſchlag des Gottesdienſts halber 1526" (Wenkeriana im Thomas=Archiv, I. S. 130): „Doch ſo halt mans vor langeſt zu Wittem=berg auch alſo, zu Wiſſenburg und andern orten mer. Nüremberg iſt am nechſten, desgleichen Norlingen, welche alle auch unſer fürnemen vor langeſt ſchriftlich aprobiret haben und verheiszen, uns ſo bald jn immer möglich nachzukommen." — [2]) Kliefoth, VII. S. 41 ff. führt ſie auf Karlſtadts Vorbild zurück, kennt aber die alten Ordnungen ſo wenig, daß er die von 1524 und die von 1598 für „im ganzen" identiſch hält. Gegen die erſtere Vorſtellung vgl. J. W. Baum, Capito und Butzer, S. 280 ff. — Unrichtig, bzw. unzulänglich ſind die Angaben von Rietſchel, a. a. O., S. 67 ff. — H. A. Köſtlin, Geſch. d. chriſtl. Gds., S. 176. — Daß W. Caſpari, D. geſchichtl. Grundlage des gegenwärtigen evg. Gemeindelebens, 1894, keine Kenntnis der liturgiſchen Vergangenheit Straßburgs verrät, hat ihm Achelis (Th. L.Ztg., 1894. Nr. 18) nicht ganz mit Recht übel genommen.

Ceremonıen abgestelt vndterlassen vñ geendert haben. Nürmberg. — Am Ende: Getruckt zů Nürmberg durch Hieronymū Höltzel | im Jar M.D.xxiiij aussgangen. 23. Octobris. Das Vorwort datiert vom 21. des Weynmonats. 13 B. 4°; ein leeres Blatt am Ende. Titel ohne Schmuck. — Weller (Suppl.) 3090 f. 3801 f. Diese drei Schriften in einem Bande (194. 4. Th.) der Wolfenbüttler Bibliothek. Abdruck der beiden ersteren bei Strobel, Misc., III. S. 57 ff. 62 ff. Von der letztgenannten giebt Strobel, III. S. 89 sieben verschiedene Ausgaben an, darunter auch den niederdeutschen Druck, betitelt: Grund unde Orsacke | ut der Schrifft | wo unde warum de Miszbrucke by der hilgen Mysse | Jahr-Tyden | geweyedem Solte unde Water | samt etlicken anderen Ceremonien, by den von Nörenberg nagelaten syn. Wittenberg 1525. — 8°. (Wolfenbüttel.) — Vgl. b. d. Hardt, I. S. 222. Eine hochdeutsche Ausgabe in einzelnen getrennten Heften ſ. unten 2. (V.)

Ordnũg wie man Tauffet | biszher im Latein gehalten | verteutscht. Hierinn ist | ausz etlichen vrsachen | was die andern | als vberflüssig | veracht haben | nicht auszgelassen. Andreas Osiander. Nürnberg. 1524. Mit dem Wappen der Stadt. — Straßb. Univ.=Bibl. 2 B. 4°. — Weller 3082. 3084.

Wie alle Closter vnd sonderlich Junck frawen Clöster in ain Christlichs wesen möchten durch gottes gnaden gebracht werden. Noricus Philadelphus. M.D.xxiiii. 12 Bl. 4°. d. d. Mis. Dom. 1524. (o. Ort u. Drucker.) Nach Titelbordüre und Typen von Fr. Peypus in Nürnberg gedruckt. Panzer II. S. 306 (2430). Nach A. Kuczynski, Thesaurus S. 192 ist der mutmaßliche Verfasser Bilib. Pirckheimer, der um dieselbe Zeit unter dem Namen Cottalembergius gegen Eck schrieb. — Straßb. Univ.=Bibl.

Volumen Diverses, IV. No. 45, im Thomas=Archiv. (Abdruck folgt unten.) Thes. Baumianus in der Straßb. Univ.=Bibl. — G. G. Zeltner, Kurze Erläuterung der Nürnberg. Schul= und Reformationsgeschichte. 1732. — Quellen=angaben bei J. E. Kapp, Kleine Nachlese ꝛc. 1727. I. vor allem S. 626 f. 627 ff. 634 ff. — H. von der Hardt, Autogr. Lutheri etc. 1690. I. S. 168. 222 und 1693. III. S. 84. 139. — J. B. Riederer, Abh. von Einführung des teutschen Gesangs ꝛc. 1759. S. 180 ff. — Derselbe, Abhandlungen ꝛc. 1768. 1769. S. 311 ff., vor allem 322. — — J. G. Schelhorn, Am. litt., IV. 1725. — J. W. v. d. Lith, Erläuterung der Ref.=Historien von 1524—1528. 1733. — G. Th. Strobel, Miscellaneen, III. 1780. S. 47 ff. IV. 1781. S. 171 ff.

Neuere Darstellungen der geschichtlichen Vorgänge: E. F. H. Medicus, Geschichte der evang. Kirche in Bayern. Erlangen 1863. — W. Löhe, Erinnerungen aus der Reformationsgeschichte in Franken. Nürnberg 1847. — W. Möller, Andreas Osiander. 1870; derselbe, Art. A. Osiander in Herzogs Real=Enz. XI. 1883. S. 120 ff. — F. Frhr. von Soden, Beiträge zur Geschichte der Reformation und der Sitten jener Zeit. 1855. — Ab. Baum, Magistrat und Reformation in Straßburg. 1887. —

A. L. Richter, Die evg. KOO., I. 1846. S. 207. 268. — W. Löhe, Sammlung liturg. Formulare. III. Heft, Nördlingen 1842. — H. Wassermann, Geschichte der evg. GOO. ꝛc., 1891. S. 40 ff. — K. Göbeke, Grundriß zur Geschichte der deutschen Dichtung. II². 1886. S. 162. — Th. Kolde, Die erste Nürnberger evang. Gottesdienstordnung (Studien und Kritiken 1883, S. 602 ff.). — M. Herold, Alt=Nürnberg in seinen Gottesdiensten. 1890. — Derselbe, Die erste evang. deutsche Messe mit Musiknoten. 1525. (Siona, 1894. S. 1 ff.) — Ph. Wackernagel, Bibliographie ꝛc. 1855. — Derselbe, Das deutsche Kirchenlied. 1841. — W. Walther, Die Nürnberger deutsche Messe im Jahre 1526. (Siona. 1896. Nr. 7.) — J. Zahn, Die Melodien ꝛc. I.—VI. 1889—93. — H. v. Schubert wird über die älteste evg. Gottesdienstordnung Nürnbergs in den Herbst=Nummern der „Monatschrift f. Gd. u. kirchl. Kunst" neue Materialien veröffentlichen.

2. Die Ausgaben der Nürnberger Gottesdienst-ordnungen.

A. Beschreibungen.
  1. Die lat. Ordnung in der Hof- und Staatsbibliothek zu München, abgedruckt von Kolde a. a. O.
  2. Die entsprechende, hernach abzudruckende deutsche Beschreibung aus den Akten des Thomas-Archivs (s. u. S. 170 ff.).

B. Gedruckte Messen.
(I.) Uon der Euangelischen Mesz | wie sie zů Nürnberg | im Newen Spital | durch Andream Döber | gehalten würdt | Caplan doselbst. 1525. Am Ende: Gedruckt zů Nürmberg durch Hanss Hergot. — 11 Bl. ll. 8°; das letzte Blatt leer. Titelblatt schmucklos. — Dresden, öffentl. Bibl. — Abgedruckt bei Rieberer, Abhandlung von Einführung ꝛc., S. 219 ff. — Vgl. Löhe (a. a. O.) — Weller 3401.

(II.) Form vnd ordnung eyner Christlichen Mesz | so zu Nürnberg im Newen Spital im brauch ist. — Am Schluß: Getrückt zů Nürmberg | durch Hansz Hergot | im jar M.D.xxv. — 9 Bl. 4°. Titelblatt ohne Schmuck. — Weller 3400. Öffentl. Bibl., München. Univ.-Bibl., Straßburg. Stadtbibl., Nürnberg.
Ein späterer Druck (1527), bei Rieberer, a. a. O., S. 221 ff. vermerkt, beschrieben bei Wackernagel, Bibl., S. 99.

(III.) Form vnd Ordnung des ampts der Mesz Teûtsch. Auch dabey das handtbüchleyn Christlicher gesenge | die man am Sůntag oder feyrtag im ampt der Mesz | deszgleychen vor vñ nach der predig im newen Spital zů Nüremberg im brauch helt. M.D.xxvj. — Am Ende: Gedruckt zů Nüremberg durch Hans Herrgott | im jar M.D.xxvj. — 40 Blätter 8°. Auf dem Titelblatt zwei Säulen von Kugeln geknüpt, auf welchen je ein Engel; zwischen diesen eine Traube mit Blattwerk; unten eine Birne. Vgl. Siona. 1896. Nr. 7. Weller 3789. Münchener Hof- und Staats-Bibl.

(IV.) Das Teutsch gesang so in der Mesz gesungen wirdt | zů nutz vnd gůt den jungen kindern Gedruckt. 1526. — 2 Bogen 8°. Titelblatt wie auf der „Wittenberger" Ausgabe, bzw. Überarbeitung der Messe von Kantz (s. o. S. 39, Anm. 2) und der mit B bezeichneten Ausgabe des „Testaments" von Ökolampad (s. o. S. 50). Weller 3795 f. Nürnberger Stadtbibliothek. — Vgl. Rieberer, Abhandl. von Einführung ꝛc. S. 229. — Wackernagel, Bibl., S. 84, Nr. CCXVI. Nach Rieberer (S. 228) und Wackernagel (S. 77, bis) ist vorstehendes Büchlein ein Neudruck des Originals von 1525. (2 Ausgaben.) Gödeke, S. 162. Weller 3409. Eine andere Ausgabe dieses Nachdrucks bei Panzer 2990. Bei Gödeke auch eine Ausgabe von 1528 (Georg Wachter).

(V.) Ein vermanung der Seelsorger an das volck czu Noremberg | ehe dan man yhnen das Sacrament reycht vñ ein kurtz ordnung der Mesz | daselbs. 1½ Bogen (9 Bl.) 8°; der Rest fehlt. Angeheftet sind „Grundt vnd vrsach | warumb die czu Noremberg das geweycht Saltz vnd wasser haben abgethan. 4 Bl. 8°. Am Ende: Czu Königszberg hat gedruckt mich Hans Weynreych fleyssiglich In der aldestadt bey der schlosz treppen (dem schloszgarten?) Da wil er der Koffleûtte wartten. Ferner: Grundt vnd vrsach warumb die czu Noremberg | die Seelmesz Vigilien | vñ der verstorbenen Jartage | haben abgethan. 1½ Bogen (6 + 4 Bl.) 8°. Die Bezeichnung der zu den verschiedenen Büchlein gehörigen Blätter ist verschieden. Es scheint aber alles zu einem Ganzen zu gehören. Am Ende des letzten

der Büchlein: Gedruckt czu Königszberg yn Preussen. — **Weller**
(Suppl.) 4019. Dort in das Jahr 1526 verlegt. Nürnberger Stadtbibl.
(VI.) **Vermanung an die | vmbstehenden bey dem heiligen | Ampt der
Messe. v. O. u. J.** — Nach **Weller** 3668 in Straßburg von Joh. Knob-
louch ca. 1525 gedruckt. 4 Bl. 4⁰ mit Titelholzschnitt. Diese Schrift
konnte ich in Augsburg, wo sie nach **Weller** sein soll, nicht erhalten.
Sie enthält vermutlich die nämliche Admonition wie der vorgenannte Druck.

3. Von der Euangelischen Meß ꝛc. (I). 1525.[1])

Mit ersten, wenn der priester über altar kumbt und den kelch
aus dem sack gethon hat, kert er sich zum volk und spricht laut wie
~~hernach~~ volgt (auch alle wort, die in der ganzen Meß sind), so das
er doch verstentlich sey den zuhörern: Meyn aller liebsten in Got,
eröffent eror herzen und last uns Got unser fünd bekennen, und
sprecht mir nach mit herzlicher begird. — Jm namen des vatters und
des suns und des heylgen geysts. A.[2])

Jn dem knyet der Priester nyder für den altar und spricht seyn
lanksam wie hernach volgt[3]): Unser hilf sey im namen des Herren,
der erschaffen hat hymel und erden. Bekennet dem Herren; dann[4])
er ist gut, und seyn barmherzigkeit ist ewich. Und ich armer, sündiger
mensch bekenn Got dem allmechtigen, meynem schöpfer und erlöser,
das ich nit[5]) alleyn gesündiget hab mit gedanken, worten oder werken,
sonder auch in sünden empfangen und geborn, also das alle meyn
natur und wesen vor seyner gerechtigkeyt streflich und verdamlich[6])
ist. Darumb fleuhe ich zu seyner gruntlosen barmherzikeyt, such und
bit genad.[7]) Herr, bis genedich mir armen sünder. Der barmherzig
Got wöl sich unser erbarmen und uns unsere sünd verzeihen und den
heyligen geyst geben, das wir durch jn seynen götlichen willen erfüllen und das ewig leben empfangen. Amen.

Die Absolution. Spricht der Priester: Neygt eror herz zu Got.[8])
Der almechtich, barmherzig Got hat sich unser erbarmet und seynen
eynigen sun für unser sünd in tod geben und umb seynet willen uns
verzihen, auch allen den, die an seynen heyligen namen glauben,
Gottes kinder zu werden gewalt geben und den heyligen geyst verheißen. Wer glaubt und getauft würt, der sol selig seyn. Das verleyhe uns Got allen. Amen. Und eynem yglichen[9]) geschehe nach
seynem glauben.[10]) — Jn dem, do er spricht: Bit Got für mich, des-

---

[1]) Form und Ordnung (II. III) beginnt: Confiteor. Mit ersten,
wenn der priester herab will gehn für den altar, spricht er also. — —
[2]) II. III: ✠. — [3]) II. III: Also knyet er für den altar und spricht. —
[4]) II. III: denn. — [5]) II. III: nicht. — [6]) II. III: verdömlich. —
[7]) II. III: beger gnad. — [8]) II. III: Absolution. Der barmherzig
Gott etc. — [9]) II: ytlichen; III: yeglichen. — [10]) II. III: Bitt Gott für
mich, desselben gleichen will jch auch für euch thun. — Alles Weitere
bis zum Kyrie fehlt; dafür folgt Introitus oder eyngang der Mesz. II: Nun
bitten wir den heyligen geyst, vier Strophen mit Noten. (Wackernagel 208. Zahn 2029.) III: Singt der Chor den CXXIX. Psalm, De

selben gleychen will ich auch thun, — stehet er auf für den altar und spricht für das volk (auch mag das volk mit jm beten) also: Kum, heyliger geyst, erfülle die herzen deyner glaubigen und entzünde yn jhnen das fewer deyner götlichen lieb, der du durch mancherley zungen hast gesammelt die völker der ganzen welt in eynigkeyt des glaubens. Got sey gelobet.

Nu soll der priester das volk underrichten, eynmal oder zwey[1]), wenn er spricht: Laßt uns bitten, das jm das volk nach sprech aus grund seynes herzen und mit jm zu Got schreyen (seyn gemehlich), das jn Got jr herz wöll eröffnen, das sie jre sünd erkennen und nach seyner barmherzigkeyt schreyen:

O Herr, almechtiger Got, hilf, das bey uns sey und wone deyn heyliger geyst, das er uns erleucht und lerne alle warheyt, beschütze unde sterke in aller widerwerdigkeyt. Durch Christum, unsern Herrn. Amen.[2])

Darnach nymbt der priester eyn Psalm zum eyngang der Meß.[3]) (So der Psalm zu lang ist, mag er jn teylen. Aber nach meynem gutdünken neme ich disen Psalm: Lobe, oder danke dem Herren, meyne seele ꝛc. Am 103. bis ans ende ꝛc.) Es soll auch der priester das volk ermanen und abweysen van den teufels leren, so jn geprediget ist worden durch die falschen propheten und werkheyligen, als nemlich: die heyligen anrufen, die vertrauung in die werk, zu den heyligen laufen, dis gebet und jhenes sprechen, clöster stiften, in welchen nichts anders seyn und ziehen dann faule bäuch; denn sie dienen Got nicht, sondern dem teufel und jrem bauch, welcher jr got ist. Auch sol er sie abweisen von der teuflischen papistischen meß, dieweyl sie ein opfer daraus machen wöllen.

Introitus, Psal. C. III: Danke dem herren, mein seele, und alle meyn inwendigs seynem heyligen namen. Lobe den herren ꝛc. Glory und ehr sey dem vatter und dem sun und dem heyligen geyst ymmer und ewiglich. Amen.

Das Kyrieleyson[4]): Herr, erbarm dich unser. Christe, erbarm dich unser. Herr, erbarm dich unser. — Gloria in excelsis deo[5]): Ehre sey got in den höhen.[6]) Das Et in terra[7]): Und frid auf erden und den menschen ein wolgefallen. Wir loben dich, wir preysen[8]) dich[9]),

---

profundis. Chor: Aus tiefer Not schrey ich zu dir (Wackernagel 188); ohne Noten. — [1]) Verweist wohl auf die Neueinführung dieser Ordnung, zu deren rechtem Gebrauch das Volk vorerst erzogen werden muß. — [2]) Genau dasselbe Gebet bei Kantz 1522 (s. oben S. 74. 91). — [3]) IV setzt erst hier ein: Volgt yetzund der eingang in der Mesz nach menschlicher satzung. Im anfang der Mesz wirt ein Psalm gesungen: De profundis, Aus tiefer not etc. (Wackernagel 188). Herre, erbarm dich unser etc. — [4]) II. III: Volgt das Kyrieleyson. In Noten. (Zahn 8616.) — [5]) II. III. IV: Die lat. überschrift fehlt. — IV: Der diener singt: Ere sey etc. — [6]) II. III. IV: in der höhe. — [7]) Fehlt in II. III. IV. — [8]) II. III. IV: benedeyen. — [9]) II. III. IV: wir anbeten dich, wir ehren dich, wir etc.

wir ſagen dir dank umb deiner großen ehren. O herr got, himliſcher könig, Got vater almechtiger. O herr allerhochſter, eingeborner ſun Jheſu Chriſte. Herr[1]) got, lamb gotes, ein ſun des vaters, der du weg[2]) nymbſt die ſünd der welt, erbarm dich unſer; der du weg nymbſt die ſünd der welt, nym auf unſer furbittung. Der du ſitzeſt zu der gerechten des vatters, erbarm dich unſer. Wann[3]) du biſt alleyn heylig, biſt alleyn der herr, du biſt allein der aller höchſt, Jheſu Chriſte, mit dem heyligen geyſt yn der ehre gotes des[4]) vatters. Amen.

Nach diſem wendt[5]) ſich der prieſter zum volk und ſpricht: Der Herr ſey mit euch. So ſoll das volk antworten: Und mit deynem geyſt.[6]) Darnach ſpricht der prieſter: Laſt uns bitten[7]): O Got vatter, verleyhe uns eynen beſtendigen glauben in Chriſtum, eyn unerſchrockene hoffnung in dein barmherzigkeit wider alle blödigkeit unſers ſüntlichen gewiſſens, eyn gruntgütige lyeb zu dir und allen menſchen. Amen.[8]) Nach diſer Collect kert ſich der prieſter zum volk und liſt die Epiſtel zun Römern am 5. Capi. gar hinaus.[9]) Nach der epiſtel[10]) volgt das Gradual. Nach demſelben bereyt der prieſter den kelch mit ſambt dem brot. Das Gradual: Es hat der Herr gemacht ein gedechtnus ſeyner wunderwerk, der do genedig und barmherzig iſt. Er hat gegeben ſpeys allen die jn förchten. Er wirt gedenken ſeynes punds und die kraft ſeyner werk eröffnen ſeynem volk. Nun volgt hernach das Alleluia.[11]) Lobt Got im hymel. Singet dem herren ein new geſang, ſein lob in der ſamlung der heyligen; dann er hat ein gefallen an ſeinem volk und die ſenftmütigen zum heyl erhaben. Alleluia. Nach dem Alleluia fragt der prieſter den miniſtranten, ob ſich yemant hab angeſagt, das heilig ſacrament zu empfahen. Darauf bereyt er zu, und ſo daſſelbig geſchehen iſt, wendt er ſich zum volk oder legts buch aufs pult und liſts Evangelion Johan. 6: Do murreden die Juden darüber ꝛc. bis daher: der wirt leben in ewikeyt. Darnach ſpricht er: Das ſeyn die wort des heyligen Evangelii, da durch uns Got wöl verzeihen all unſer ſünd. Und das volk ſol Amen ſprechen.

Darnach hebt er den glauben an, den langen oder kürzern, wie dann hernach volgt.[12]) Das Credo: Ich vertraw in Got alleyn, den

---

[1]) II. III: O herr. — [2]) II. III: weck; IV: wegk. — [3]) II. III. IV: Wenn. — [4]) Fehlt in II. III. IV. — [5]) II. III: Zu end dis lobgesangs kert. — [6]) II. III: singt: Dominus vobiscum. Der Chor: Et cum spiritu tuo. — IV: Der diener singt: Der herr sey mit euch. Und mit seinem (!) geyst. Lasst uns bitten (folgt Kollekte aus Straßburg A; ſ. o. S. 127 f.). — [7]) II. III: Collecten. — [8]) Dieſe Kollekte findet ſich wörtlich bereits in der Schrift Eynn trostliche disputation. 1524. (Vgl. oben S. 37, Anm. 2.) — [9]) II. III: Nach der Collecten liſt eyner ein Capitel aus Sanct Pauls Episteln. II: Fur das Halleluia: Es ist das heyl (14 Strophen in Noten). Wackernagel 223; Zahn 4430. III: Für das Alleluja singt der Chor die zehen gepott, wie hernach volgt. Dis sind die heiligen (Wackernagel 190, ohne Noten). — [10]) IV: Nach der Epistel: Mitten wir im leben sein (Wackernagel 191). — [11]) II: Halleluja. — [12]) Statt alles Voraufgehenden haben II. III nur: Nun liſst eyner das Evangelion, ein ganz Capitel. Nach dem Evangelio

almechtigen vatter, ſchöpfer himels und der erden, aller ſichtigen und unſichtigen dinge. Und den eynigen herrn Jheſum Chriſtum, Gottes eyngebornen ſun, geborn vom vatter vor aller zeyt, ein got von got, ein licht vom licht, ein warer got vom waren got; geborn und nit erſchaffen, ein weſen mit dem vatter, durch den alles iſt gemacht. Der von wegen unſer und unſer ſeligkeyt herab iſt geſtigen von den hymeln und durch den heyligen geyſt das fleyſch an ſich hat genummen aus Maria der junkfrawen und alſo menſch iſt worden; gecreuzigt auch für uns und under Pontio Pilato getödet und begraben iſt, und am dritten tag nach laut der ſchrift iſt wider auferſtanden und aufgefaren zu hymel, ſitzt zur gerechten des vatters, und iſt wider künftig mit großer herrlicheyt, zu richten lebendig und tod; des reych keyn end nymbt. Und in heyligen geyſt, der herre iſt und lebendig macht; der aus dem vatter und ſun entſpringt und mit dem vatter und ſun zugleych wirt angebet und geehret, der durch die propheten geredt hat. Ich glaub ein eynige, heylige, gemeyne und apoſtoliſche kirchen; ich bekenn ein eynige tauf zur vergebung der ſünden, und ich wart einer auferſtehung der toten und ein leben in der zukünftigen welt. Amen.

Das gemeyn Credo: Ich glaub in Got vatter, almechtigen ſchöpfer hymels und der erden. Und in Jheſum Chriſtum, ſeynen eyngebornen ſun, unſern herrn, der empfangen iſt von dem heyligen geyſt, geborn aus Maria, der junkfrawen, geliten unter Pontio Pilato, gecreuzigt, geſtorben und begraben; abſteyg zu den hellen, am dritten tag wider auferſtund von den toten, auffur zu den hymeln, ſitzet zu der gerechten des vatters, davon er wider zukünftig iſt, zu richten die lebendigen und die toten. Ich glaub in den heyligen geyſt, ein eynige, heylige, gemeyn und apoſtoliſche kirchen; ich bekenn ein eynige tauf zur verzeyhung der ſünden und ich wart einer auferſtehung der toten und das leben in der zukünftigen welt. A.[1]

Nach dem hebt der prieſter die Prefation an[2]): Der Herr ſey

<hr>

schweigt der priester still, und der Chor hebt das Credo an, wie hernach volgt. Wyr glauben all an einen Got (3 Strophen in Noten). Wackernagel 203; Zahn 7971. — IV: Volgt hernach das Evangelion. Darnach der Glauben: Wir glauben all (Wa. 203). — [1]) II und III: Alles Voraufgehende fehlt. — [2]) II. III: dominicaliter: Dominus vobiscum. Chorus: Et cum etc. Sursum corda etc. bis daher: Per Christum, dominum nostrum. Darnach hebt er das Qui pridie an. Und als bald der priester elevirt hat, hebt der Chor das Sanctus an. Nach demselben singt der priester das Pater noster mit dem Anfang Oremus preceptis salutaribus etc. Nach dem Pater noster lisst der priester oder ministrant die Exhortation gegen dem volk: Meyn aller liebsten in Got etc. So dasselbig ein end hat, kert sich der priester gegen dem volk und singt: Pax domini sit semper vobiscum. Chorus: Et cum etc. Darnach hebt der Chor das Agnus dei an, wie dann hernach volgt. Dieweil communicirt der priester das volk und spricht mit ersten: Der leyb unsers herrn Jhesu Christi bewar deyn seel zum ewigen leben. Darnach: Das blut unsers herrn Jhesu Christi beware dein seel zum ewigen

mit euch. Das volk: Und mit deynem geyſt. Der prieſter: Erhebet ewer herzen zu Got. Das volk: Wir haben unſer herzen erhaben. Der prieſter: Laſt uns dankſagen Got, unſerm herrn. Das volk: Es iſt billich und recht. Der prieſter: Ja warlich, es iſt billich und recht, auch heylſam, das wir an allen orten dir, herr, heyliger vatter, almechtiger ewiger Gott, dank ſagen, durch Chriſtum, unſern herren. Amen.

Darnach ſpricht der prieſter und nymbts brod in die hend: Welcher in der nacht, do er verraten ward, nam er das brot in ſein heylige hend, ſaget dank ſeinem hymliſchen vatter, ſegnets, brachs und gabs ſeynen jüngern und ſprach zu jnen: Nembt hin und eſſet; das iſt mein leyb, der für euch dargeben würt. Das thut zu meyner gedechtnus. Und zeygts dem volk. Nun nymbt er den kelch in die hand: Desgleychen auch nam er den kelch in ſein heylige hånd, ſaget dank ſeynem hymliſchen vatter, ſegnets und gabs ſeynen jüngern und ſprach: Nembt hin und drinkt aus diſem alle; das iſt der kelch des Newen Teſtaments mit meynem plut, das für euch und für vil vergoſſen wirt zur verzeyhung der ſünden. Alſo oft jr das thut, ſo thuts zu meyner gedechtnus.

Und zeygts dem volk.[1] Nach diſem ſpricht er das Sanctus, wie hernach volgt.

Das Sanctus[2]: Heyliger, heyliger, heyliger herr got Sabaoth. Vol ſind[3] die hymel und ertrich[4] deyner glory[5] und herrlicheyt. Ach mach uns ſelig in der höhe. Gebenedeyet[6] ſey, der do kumbt im namen des herrn. Selig mach uns in den höhen.[7] Darnach[8] ſoll der prieſter ſprechen, wie Matthei am 6. ſtehet: Als die jüngern zu dem herrn Jheſu kamen, baten jn, er ſolt ſie beten leren, do ſprach er: Wenn ihr beten wölt, ſo ſolt jr nit vil plappern, wie die heuchler thun; denn ſie meynen, wenn ſie vil wort machen, ſo werden ſie erhört. Sonder ſprecht alſo — wie denn hernach volgt: Vatter unſer, der du biſt in den himeln, geheyliget werd dein name, zukum uns dein reych, dein wil geſchehe als im hymel und auf erden. Unſer

---

leben. — IV: Der diener ſingt: Derr herr ſey mit euch. Und mit ſeinem (!) geyſt. Erhebet ewre herzen. Zu Got unſerm herren. Saget dank dem herren unſerm Got. Es iſt billich und recht etc. (wie oben) herren. Welcher in der nacht (wie oben). — [1] II. III: Alles Voraufgehende fehlt. IV bringt die Worte wie oben, aber ohne Vorzeigen. — [2] II. III: Volgt das Sanctus etc. III: Heyliger etc. — [3] II. III. IV: ſeyn. — [4] II. IV: erdreych. — [5] II. III. IV: ehren. Selig mach uns in den höhen. — [6] II. III. IV: Benedeyet. — [7] II. III: Das Agnus dei: Lamb Gottes (wie oben). — Nach dem Agnus dei von ſtund an hebt der Chor ein Pſalm an für das Commun oder ſunſt ein lied. Nach demſelbigen beſchleuszt der prieſter die Meſz mit eyner Collecten, darnach mit dem Benedicamus domino, dominicaliter. Es wöll uns Got genedig ſeyn (3 Strophen in Noten). Wackernagel 189; Zahn 7247 (Straßburger Melodie). — [8] IV: ſingt der diener das Vater unſer. Nachmals ſpricht er die vermanung (das Agnus folgt erſt ſpäter).

teglich brot gib uns heut, und vergibe uns unsere schuld, als und wir vergeben unsern schuldigern. Und nit eynfür uns in verfuchung, sonder erlös uns von übel. A. Und spricht weyter: O herr, erlös uns von allen sichtigen und unsichtigen feynden, von dem teufel, von der welt, von unserm eygen fleysch, durch Christum Jhesum, unsern herren. Amen. Darnach wendt sich der priester zum volk und spricht: Der herr sey mit euch. Das volk: Und mit deinem geyst. Nach dem spricht der priester: Du lamb Gottes, das du weck nymbst die fünd der welt, erbarm dich unfer. Du lamb Gottes, das du weck nymbst die fünd der welt, gib uns den frid.

Nach difem wendt sich der priester zum volk und spricht die erhortation wie dann hernach volgt. Die erhortation: Mein[1] aller liebsten in Gott. Diewoyl wir ytzo[2] das abenteffen[3] unsers lieben herren Jhefu Christi wöllen bedenken und halten, darin uns fein fleysch und blut zur speys und zu einem getrank[4], nicht des leybs, funder der seelen gegeben wirt: sollen wir billich mit großem fleyß ein yglicher[5] sich felbs brüfen[6], wie Paulus sagt, und als dann von difem brot essen und von dem[7] kelch drinken. Dann es fol nicht; dann nur ein hungeriche feel, die ire fünd[8] erkennt, Gottes zorn und den tod förcht, und nach der gerechtigkeyt hungerich und dürstig ist, dis heylig facrament empfahen. So wir aber uns felbs brüfen[9], finden wir nichts ins uns dann fünd und tod, können auch uns felbs in keynem weg daraus helfen. Darumb hat unfer lieber herr Jhefus Christus sich über uns erbarmet, ist umb unfernt[9] willen mensch worden, das er für uns das gefetz erfüllet und lid[10], was wir mit unfern fünden verschuldt hetten. Und das wir das ye festiglich glauben und uns frölich darauf verlassen möchten, nam er nach dem abenteffen das brot, faget dank, brachs und sprach: Nembt hin und effet; das ist mein leyb, der für euch dargeben[11] würt. Als wolt er fagen: Das ich mensch bin worden und alles das ich thue und leyd, das ist alles ewer eygen, für euch und euch zu gut geschehen. Des zu worzeychen[12] gib ich euch meyn leyb zur speys. Desgleychen auch den kelch und sprach: Nembt hin und drinkt aus difem alle; das ist der kelch des newen testaments mit meynem blut, das für euch und für vil vergossen wirt zur verzeyhung[13] der fünde. Als oft jr das thut, fo thuts zu meyner gedechtnus. Als wölt er sprechen: Diewoyl ich mich ewr angenumen und ewr fünd auf mich geladen hab, will ich mich felbs für die fünd opfern[14], meyn blut vergießen, gnad

---

[1] IV. V: Ir. — [2] V: ytzund. — [3] IV: abentmal. — [4] IV: trank; V: zum drank. — [5] III: yeklicher; V: yeglicher. — [6] V: prüfen. — [7] V: dysem. — [8] V: sund ... forcht ... dorstigk. — [9] V: unsert. — [10] V: lyde. — [11] V: dargegeben. — [12] wort-zeychen. In der damaligen Litteratur oft (vgl. z. B. oben S. 35) so abgeteilt, daß man an verbum visibile zu denken veranlaßt wird. — V: warzeychen gebe. — [13] V: vergebung der sund. So oft yr das thut, sölt yr mein darbey gedenken. — [14] V: fur die sund in den tot opferen.

und vergebung der fünd. erwerben und also ein new testament aufrichten, darin der fünd ewig nicht sol gedacht[1] werden. Des zu[2]
worzeychen gib ich euch meyn blut zu drinken. Wer nun also von
disem brot ißt und aus[3] disem kelch drinkt, das ist: wer disen worten,
die er hört, und disen zeychen, die er empfecht[4], festiglich glaubt, der
bleybt in[5] Christo, und Christus in jm, und lebt[6] ewiglich. Darbey
söllen wir nun[7] seynes tods gedenken und jm[8] dank sagen, ein
yeglicher sein creuz auf sich nemen und dem herren nachvolgen, und
zuvor einer den andern liebhaben, wie auch er[9] uns geliebt hat.
Dann wir vil sein ein brot und ein leyb, die wir alle eynes brots
teylhafftig sein und aus eynem kelch drinken.[10] Das verleyhe uns
Got allen, das wirs wirdiglich empfahen. Amen. Nach diser erhortation wendt sich der priester zum altar und spricht zum volk:
Sprecht mir nach: O herr Jhesu Christe, du ewigs wort des vatters,
du heyland der welt, du warer, lebendiger Got und mensch, erlöse
uns durch deynen heyligen fronleychnam und rosenfarbes blut von
allen fünden. Hilf, das wir erfüllen deyne gebot zu allen zeyten und
von dir nicht gescheyden werden in ewigkeyt. Amen.

    Nun communicirt er das volk von erften, ob er will, und so er
jn den leyb Christi dar reycht, spricht er zu jn: Der leib Christi bewar
dein seel zum ewigen leben. Desgleychen spricht er auch, wenn ers
nymbt. Und darnach nymbt er den kelch und spricht: Das blut
unfers herrn Jhefu Christi bewar dein seel zum ewigen leben. Darnach, wenn er das blut Christi nymbt, spricht er: Das blut unfers
lieben herren Jhefu Christi, das für mich und für euch vergoffen ist
in vergebung der fünde, bewar mein seel zum ewigen leben. Und
wenn er summirt hat, bindt er den kelch eyn. Nach demselben spricht
er zum volk: Sprecht mir nach: O Herr, nun laß im frid deinen

---

[1] V: gedocht. — [2] V: einem gewissen … gebe. — [3] V: von. —
[4] V: entpfahet. — Vgl. vorhin Anmerkung 12. — [5] V: dem herren
Christo. — [6] V: also. — [7] V: nu. — [8] V: yhm darumb. — [9] V: er
auch. — [10] III: trinken (das folgende fehlt). Nach dem singt man: Lamb
Gottes, das du weck nimbst (zweimal) … gib uns den frid (vgl. II.).
Commun: Es wöl uns Got (Wackernagel 189). Ein ander geystlich
gesang: Nun bitten wir (Wa. 208). Ein psalm etc. (Wa. 196. 233. 192.
522. 190. 521. 803. 526. 527. 528. 529. 530. 531. 532. 533. 261. 207. 185.
279). Sodann folgender Beschlusz: Zu letzt sagen wir, das mans brauchen
mag, wie man wil. Es ist hie kain gesetz, sunder yderman frey. Allain
das es geschehe Got zu lob und eer, auch zur besserung der ganzen
gemain. Dann es sol und musz in der versamlung nichts gelert, gebet
und gepredigt werden, es verstee es dann yederman und sprech Amen,
wie Paulus lernt. Darumb bitten wir ganz herzlich und vermanen
brüderlich alle die, so kinder under jrer zucht haben, das sie mit fleysz
die kinder von den schnöden liedern ab ziehen und darfür solche Psalm,
auch geystliche lieder sie lernen wöllen, damit Got in all weg gelobt
und gepreyst werd. Dann solcher dienst Got am maisten gefelt, wie
dann auch Christus, do er zu Hierusalem einreyt, von den Kindern gelobt ward, sprechend: Gebenedeyt sey, der da kumbt im namen des
herren. Amen.

diener nach deinem wort; dann unsere augen haben gesehen deinen
heyland, welchen du bereitet hast vor dem angesicht aller völker, ein
liecht zu erleuchten die heyden und zu einer glori deines volks Israhel.
Dir sey lob, ehr und dank, o du heylige, gebenedeyte, herliche drey-
feldigkeit, Got vatter, Got sun und heyliger geyst. Amen.

Nach disem kert sich der priester zu dem volk und spricht also:
Der Herr sey mit euch. Das volk: Und mit deynem geyst. Darnach
die Collecten. Spricht zum volk: Last uns bitten. O herr, allmechtiger Got, verleyh uns in unser gemüt und hertzen, das wir durch den
zeytlichen tod deines suns, welche dise wirdige geheimnus bedeuten,
das wir getrawen, das du uns geben hast das ewig leben durch den
Christum, unsern herrn. Amen.

Zu dem letzten kert er sich umb zum volk und spricht: Der Herr
sey mit euch. Das volk: Und mit deynem geyst. Der priester: Saget
dank dem herren. Das volk: Got sey lob und dank. Der priester:
Reygt ewr hertz zu Got, so wil ich euch den segen geben. Und spricht:
Der herr gebenedey dich und behüt dich, und erleucht sein angesicht
über dich und erbarm sich dein, und wend sein angesicht zu dir und
geb dir den ewigen frid. Im namen des vatters und suns und des
heyligen geysts. Amen. Gehet hin im fryd des Herren.

Nun gehet der priester hinweg vom altar. So habt jr das end
diser Evangelischen Meß. Got wöl uns verleyhen, was uns nütz sey
zu seel und leyb. Amen.

Es volgt eyn gemeyn gebet, an einem feyertag zu sprechen,
wenn vil volks da ist. Nach der Prefation oder für das Sanctus,
wie man wil.

Almechtiger, ewiger Got und barmhertziger vatter, dieweyl dein
sun ꝛc.[1] Nach disem volgt das Qui pridie. Gott sey lob.

4. Verzaichnus der geenderten Mißbreuch und Cere-
monien, so in kraft des worts gottis zu Nürnbergk
abgestelt und gebessert seyen.

„Erstlich hat ein erber Rate daselbst die furnemsten pfarren,
kirchen und frauen Closter[2] mit christenlichen, gelerten mennern erbers
geruchts und wandels, der auch in der Zal acht seien, versehen, die
das wort gottis und heylig Evangelion dem volk rain, lauter und
christenlich predigen und furtragen, zu denen das maiste tayl alles
volks in Nürmbergk, auch aus den nahendgelegenen dorfern umb die
stat pfligt zulaufen, die auch aus solcher verkundung des heiligen Evan=
gelion und kreftiger mitwirkung und erleuchtung gottlicher gnaden der
maßen unterrichtet werden, das nachvolgend alle andere christenliche

---

[1] Genau wie Straßburg A. s. oben S. 131 ff. — [2] Vgl. die Schrift
von Noricus Philadelphus unten S. 176.

enbrung und ordnungen defter leichter volgen. Dan rechte vorkundung des gottlichen worts ift das haubtftück und der grund unferes chriften= tumbs, daran es auch alles gelegen ift. Und diefe prediger alle pre= digen auch alle fontag und feiertag famentlich; etliche frue, etliche darnach, und dann etliche derfelben nach volbrachter malzeyt, alfo das nit allain die hausväter, fonder auch jre weyber, kinder, meyd und knecht, ob fie wollen, unvorhindert der zeit und hausgefcheft das wort gottis heren mogen. Desgleichen find auch außerhalb der feyertag die predigen und vorkundung des gottlichen worts durch die ganzen wochen ausgetheylt, alfo das alle werkentag wochenlich jn einer kirchen umb die andern chriftenliche predig von den obgemelten acht predigern befcheen." — Der Rat hält mehrerlei Predigt für Verwirrung und Unfrieden ftiftend und hat daher die Geiftlichen und Ordensleute zufammen be= rufen, daß fie erklärten, was ihre Meinung fei, was fie bisher gelehrt hätten und ferner zu lehren gedächten. Das Verhör follte auf Grund vorher feftgefetzter Artikel gefchehen. Die Ordensleute find aber nicht erfchienen und haben fich fomit geweigert, ihre Sache mit Gründen der Schrift zu verteidigen. Daher der Rat ihnen vorerft „aus tapfern, guten gründen" das Predigen unterfagt. So ift nun einhellige Pre= bigt, und das ift fehr nötig, insbefondere der Schwärmer wegen, welche auch in der Stadt ihr Wefen haben und die Sakramente der Taufe und des Nachtmals antaften. Auch in die dem Rate unter= ftehenden Dörfer find evangelifche Prediger entfandt, zuvor examiniert von den Geiftlichen der Stadt, vor allem auch daraufhin, ob fie „den fchwermereyen und fecten der rottengeifter und widertaufer nit ver= wandt und vom facrament des leybs und pluts Chrifti rechten ver= ftand haben". Das meifte Unheil und Zertrennung ftammt aus dem Irrfal des Sakraments, das des Teufels Prediger, die ihrer Vernunft und nicht den einfältigen Worten Chrifti gefolgt find, angeftiftet haben. Daraus ift das Wiedertaufen hervorgegangen; daraus die übrigen Irr= lehren, daß Chriftus nur ein Menfch, daß er in Sünden empfangen, daß er für die Sünden der Menfchen nicht genug gethan, daß keine Obrigkeit chriftlich fein kann, daß Gott wieder leiblich herniederkommen und ein fichtbares Reich aufrichten werde, daß alle Dinge gemeinfam fein follen 2c. Diefen Geiftern ift der Aufenthalt in der Stadt ver= boten, ihre Schriften find niemandem zu drucken oder feil zu halten erlaubt. Nicht als wollte der Rat auf diefem Wege jemandes Glauben Gewalt anthun; aber er leidet nicht, daß einer den andern mit feiner Irrung vergiftet. —

„Item in allen kirchen der ftat Nürmbergk ift abgeftellt der er= fchrocklich bishere gehalten mißbrauch der Meßen, darinnen man nit allein für lebendig und tot geopfert, auch daraus ein unverfchempt, leichtvertige krämerey umb gelt gemacht, fonder auch Chriftum unfern feligmacher, der durch das einig opfer feines fterbens und plutver= gießens am creuz für alle unfere fund bezalt und gnug gethan hat, wiederumb zu opfern unterstanden und vil ander greulicher gotslesterung darinnen geubt hat. Und wurt an stat derselben messen das Nacht=mal Christi zur gedechtnus seines heiligen leidens also gepraucht, das man frue zu der zeit vorgehaltener fruemeß und dan zum tagampt zwey gesungene ampt mit einem priester und zweyen leviten oder kirchendienern helt. In solchem ampt wurt anfangs der Introitus, allein von der zeit und keinem heiligen, gesungen; und nach dem vers des Introitus singt man den ganzen Psalm von anfang bis zum ende, aus welchem der Introitus genommen ist, alles in demselben tono, darin derselb vers des Introitus gesungen wurt. Und dan das Kyrieleison, Gloria in excelsis deo, Et in terra pax, sampt einer christenlichen oration, die man Collecte nennt. Nach solchem tritt der leviten einer uf den predigstul und list an stat der Lection ein ganz capitel aus s. peters, s. paulsen oder s. johansen epistel, wie dieselben capitel nacheinander geen, alle tag eins derselben und thut darauf ein kurze Erclerung, wie solche lection zu versteen und was daraus zu lernen sey, alles in teutschem gezung, das solchs yderman versteen und begreifen mag. Dan singet man das Gradual, das ist abermals ein vers oder zwen aus dem psalter; oder einem andern buch des alten testaments, in seinem darzu gemachten tono. Nach solchem list der ander levit ein teutsch capitel aus einem der vier Evangelien, wie die in jrer ordnung nacheinander geen. Darauf volgt der Apostel Glaub, so man das patrem nent. Dan die Prefation bis auf die wort: per Christum, dominum nostrum. Uf diese wort volget das Nacht=mal des herren, und facht der priester ob dem altar mit hoher stymm an zusingen in dem tono oder melodj der prefation: Qui pridie quam pateretur — bis zum ende der wort des herren Nachtmals, unterlest aber alle andere vor und nachgeende wort des gotlosen Canons, darin got und sein heiligs wort, auch das werk unser erlösung so hoch ge=schmecht und verlestert wurt. Nach solchem singt der priester die wort: Oremus preceptis salutaribus moniti — bis zum ende des Pater nosters. Darauf alsbald tritt der leviten einer für den altar und thut in teutscher sprach ein christenlich Ermanung, was man bey diesem Nachtmal des herren bedenken, wie man sich der wort und zeichens desselben Nachtmals heylsamlich gebrauchen und zu solchem schicken soll. Auch ein offenliche Beicht oder Bekantnus, darzu ein Trostung und Absolution mit dem wort gottis. Dan fächt der priester ob dem altar an zusingen: Pax domini sit semper vobiscum, und raicht darauf allen denen, so des begern (wie dan zu allen ämpten täglich derselben hungerigen und bgerenden personen voraugen sein) den leyb und das plut christi in bederley gestalt, wie es Christus zu=nießen bevolhen hat. Unter des singen die andern priester das Agnus dei. Dan nach volbrachtem Nachtmal beschleust der priester dasselb mit einer christenlichen Collecten und dem segen. — Und wiewol diese weys des Nachtmals, zuvor die täglichen zwo meß, so man helt, dem

rechten geprauch der anfenklichen christenlichen kirchen nit gleich sein
mag, auch außerhalb der wort des herren Nachtmals, auch alle andere
gepreuch der meß, alle gesang, klaidung und andere ceremonien allein
zusetze, die darzu nit notturftig seyen, noch dan werden sie (weyl sie
im wort gottis nit verpoten oder wider den glauben oder die liebe
des nechsten seien) umb der schwachen willen (und diweil es in bil
wege beschwerlich ist, alle ordnungen und kirchengepreuchen uf ein mal
und so gehe abzustellen und umbzukeren, zuvor wo sie gottis wort
nit offentlich widerstreben) noch der zeyt gebuldet.

Am sontag oder andern christenlichen festen wurt nach dem ersten
ampt, so an stat der fruhe meß gehalten wurt, alsbald ein Psalm,
zwen oder brey, zuvor aber der Glaub athanasij: Quicunque vult
salvus esse, gesungen. Dan tritt ein priester uf den predigstul, list
eine Lection oder capitel aus dem alten testament mit einer kurzen
Erclerung, wie solche lection zu versteen und was christenlichen ver=
stands daraus zufassen sey. Dan list er die Zehen gepot, den Glauben,
Vater unser und Englischen gruß, und thut darauf ein christenliche
Ermanung zu allem volk, wie sie fur alle obrigkaiten, fur alle un=
glaubigen, fur die schwachen im glauben, fur die geengstigten, fur
sunder und sunderin got getreulich bitten und jn umb erhaltung seins
gottlichen worts flehen, und manen, auch jr handreichung zu dem ge=
meinen großen almusen geben sollen. Alles in teutscher sprach. Darauf
wurt ein Collecten oder oration gesungen und die recht Predig, die
ungeferlich auf ein stund weret, angefangen. So die vollendet ist,
wurt das tagampt, wie oben gemelt, gesungen gehalten. — Und außer=
halb dieser zweyer tagampt wurd weder feyertag oder werkentag ainich
ander heimlich oder offenlich meß singen oder lesen nit gestattet, uf
das nit, wie hievor bescheen, der erschrocklich mißbrauch und jarmarkt
der bilfeltigen messen zuverletzung des glaubens und liebe wiederumb
einprechen; dan was hat schwerers in der ganzen christenheit bishero
mogen fürgenomen werden, dan das man aus dem heilsamen testa=
ment Christi ein gut werk, damit wir got dienen sollen, gemacht.
Diese gotslesterung, wie gemelt, damit geubt, und des rechten geprauchs
des Nachtmals Christi (darin uns got, und nit wir jm was geben
und dienen) ganz vergessen hat. Desgleichen werden auch an den
feyertagen vor und nach den predigen zu etlichen kirchen christenliche
teutsche Lieder und Psalmen durch alles volk gesungen, damit es zu
erhebung jres gemuts und glauben gegen got dester statlicher an=
gezundet und ermant werden.

Item die probst beder pfarrkirchen zu Nürmberg haben auch aus
christenlichen guten ursachen, dero grund sie hivor in druck haben
offenlich ausgehen lassen, abgestellt, das die letaney, auch das kirchenferten
und wandern in der creuz wochen und andere bergleichen offenliche
procession, in den man die heiligen, die uns allein zum exempel und
fürbild des glaubens und der liebe furgestelt sind, zu furbittern ge=

macht und angerufen, und also fur Christum, als den ainigen mitler, hohen priester und furbitter, gesetzt hat, nit mer gehalten werden. Man weihet das wasser, salz, tauf, wurz, wachs, palmen und flaben nit mere, diweil die alle zuvor durch das wort gottis als seine creaturen, die dem menschen zu gut geschaffen, geweicht seien. Das gaukelspiel mit dem hergot und esel am palmtag, die passionspil am karfreytag werden nit mer gespilt; das grab in der kirchen, das gespött mit der urstend Christi wurt nit mer furgenommen, desgleichen das feuer am osterabet nit mer gesegnet.[1]

Man tregt auch das sacrament des leibs und pluts christi zu dem fest Corporis christi nit mer also umb wie hivor mit vil geprengs, hochfart, seiten spilen und großen uncosten, so umb wachs und anders ausgeben, bescheen ist, dardurch man dan Christum zu einem spilman gemacht hat. Desgleichen wurt auch die ganz histori dieses fests, die hirzu erdicht und wider den rechten verstand der schrift mit gewalt gezogen ist, ganz unterlassen; dan Christus hat nit bevolhen, seinen leychnam in einer puchsen, gleich einem tyriak umbzutragen und in ein geheus zusperren und also unter eynem schein großer eererpietung der becken zuspilen; sonder zu seiner gedechtnus zuentpfahen 2c. Und so ein kranker dises sacraments begert, wurt es nit uber die gassen getragen, damit die kranken der heilsamen wort des Nachtmals, daran es mer dan an den eußerlichen zeichen gelegen ist, unterrichtet und in yrem glauben gesterkt werden. So werden auch s. sebalts und s. deocarus heyltumb in jren silbern sarchen, wie hivor an jren tägen mit großem geprenge bescheen, nit mer umbgetragen.

Die krämerey der seelmessen, vigilien, jartäg und was dergleichen in einem schein, den todten damit zuhilf zu kommen und fur sie zu bitten, bishero gepraucht, ist ganz abgestellt; nicht allein als unnutz und vergebens, sunder auch als offenlich wider das wort Gottis. Man macht auch mit den verstorben, als billig, kein gepreng. Dan wer im glauben stirbt, bedarf des nit; wer im unglauben stirbt, den hilft es nit, dan der ist schon verurteilt, darumb das er (wie Christus spricht) nit traut in den son Gottis." —

Die Vesper ist wie in Straßburg geordnet, Complet und Metten als „unnütz geplerr" abgeschafft; „das Salve Regina, darin die heyligst Junkfraw und muter gottis für unser leben, süßigkeit, fürsprecherin und hoffnung genent und also got und sein werde muter zum hechsten gelestert worden, ganz abgethan." Bei der Taufe sind öl, crosen, salz und dergl. als kindischer mißbrauch und selberdichtete gaukerlei geendert. Die Kinder werden im Beisein vieler nach schönen gebeten und ermanungen in teutscher sprache getauft. Auch die Eheschließung ist neu geordnet, die Ohrenbeichte aufgehoben. —

---

[1] Die meisten dieser Bräuche scheint der Rat bereits 1523 abgestellt zu haben. Vgl. Strobel, III. S. 52.

„Dieweil auch aus den vilfeltigen feyertagen vil großes übel mit gotslesterung, eepruch, zutrinken, spilen, verwundung, totschlagen und andern lastern ervolgt, und der gemein man, der mit vil kinden und ehalten uberladen gewest ist, aus solchen feyern ganz werklos worden und in abwunung seiner narung gewachsen ist, hat ein rate außerhalb der furnembsten seste Christi als: seyner menschwerdung, welchs wir annuntiationis Marie heyßen, seyner geburt, beschneidung, obersten, ostertag, lichtmeß und der zwelf boten fest, auch visitationis Marie (die got und marie zu eren, auch von des gemeinen volks willen noch gebulbet werden); alle andere feyertag ganz abgestellt." —

Es folgt die Ordnung eines gemeinen Kastens. Verhandlung mit den Vorstehern und Convent der vier Klöster (Benediktiner, Augustiner, Karthäuser, Frauenbrüder). Regelung des Armenwesens. Aufrichtung christlicher Schulen. Das Schriftstück schließt:

Nisi dominus edificaverit domum,
In fanum laboraverunt, qui edificant eam.

5. Die Sachlage in Nürnberg.

Fünf Männer sind es vor allen, mit deren Thätigkeit die Erneuerung des Gottesdienstes in Nürnberg zusammenhängt. Andreas Osiander, seit 1522 Prediger an St. Lorenz, Andreas Döber, Caplan am neuen Spital, Wolfgang Volprecht († 1528), Prior des Augustiner-Klosters, sowie die beiden seit 1521 im Amt befindlichen, seit 1522 in evangelischem Geiste wirkenden Pröbste von St. Lorenz und St. Sebald, Hektor Bömer (Pömer, † 1541) und Georg Beßler († 1536). Mehr im Hintergrunde stehen die Augustiner Dominikus Sleupner an St. Sebald, Thomas Venatorius am Spital und der Augustiner Carolus (wie Rieberer[1] vermutet) Reß. Von den fünf Erstgenannten hat Osiander in Sachen der Messe höchstens ein litterarisches und repräsentatives Verdienst; praktisch vorgegangen sind die vier anderen, doch auch diese nicht mit der gleichen Energie. In den „Artickeln, so Bischoff von Bamberg die zween Pröbst vñ den Prior Augustiner Ordens gefragt"[2], er-

---

[1] Von Einführung ꝛc. S. 197 f. — [2] 3. Item, ob sie allen layen das heilig Sacrament beyde leybs und bluts Christi reychen oder dar reychen lassen. — Antw: Allen, die es begeren, reychen wir das ganz Sacrament, wie es Christus verordnet hat und unser conscienz auch also bevolhen hat zu reychen. 4. Item, ob auch die, so das Sacrament empfahen, also vor vermanet werden zu der Peycht etc. — Antw: Alle werden durch eyn christlich vermanung durch unsere mit helfer vor der empfahung der Sacrament vermanet, ob orenpeycht vorgegangen oder nicht. 5. Item, warumb sie den langen hergebrachten brauch der Mesz verwandelt haben und das Evangelium und Epistel teutsch lesen lassen. — Antw: Wir lassen auch das Evangelium und Epistel teutsch lesen (der prior: und ich die Mesz gar teutsch) damit es die umbstehenden mügen

fahren wir, daß die Pröbſte bis dahin (12. Sept. 1524) nur deutſche
Lektionen in der Meſſe gehalten haben, während Volprecht bereits den
ganzen Meßgottesdienſt in verdeutſchter Geſtalt hielt. Nach v. d. Lith[1])
hat dieſer in der Karwoche 1524 in der Kloſterkirche mit der deutſchen
Ordnung den Anfang gemacht. Döber dagegen[2]) wurde am 10. p. Trin.
(31. Juli) deſſelben Jahres von ſeinem Kuſtos in der Sakriſtei der
Spitalkirche zur Verantwortung gezogen, warum er den Kanon, die
Fürbitte für die Verſtorbenen und die Anrufung der Heiligen in der
Meſſe unterlaſſe. In ſeiner Verteidigung bekennt ſich auch Döber
damals bereits zu einer völlig deutſchen Ordnung. Nimmt man
hierzu die kurz nach Oſtern ergehende Forderung des Noricus Phila-
delphus[3]), daß die Nonnen zu Nürnberg nun auch die deutſche
Meſſe annehmen möchten, ſo iſt wohl jene Angabe Riederers
zur Genüge bekräftigt und der Beginn deutſcher Ordnungen in
Nürnberg vor Oſtern 1524 anzuſetzen. Allerdings hat die lateiniſche
Meſſe mit (nur) deutſchen Lektionen offenbar eine Zeitlang daneben
fortbeſtanden. Aber es iſt nicht ausgemacht, daß dieſe Geſtalt des
Gottesdienſtes die ältere geweſen. Sie kann ſehr wohl auch als eine
bis dahin keineswegs unerhörte Vermittelungs-Maßnahme verſtanden
werden, mag aber hier zuerſt zur Erörterung kommen.

6. Die lateiniſche Meſſe mit deutſchen Lektionen.

An drei Orten wird uns von dieſer Form des Gottesdienſtes
Kunde: in der von Kolde[4]) veröffentlichten Handſchrift der Münchener
Hof- und Staats-Bibliothek, in der Schrift „Grund und Urſache“
und in der Beſchreibung „Verzeichniß der geenderten mißbreuch“.[5])
Ein Grundſtock iſt allen dieſen Berichten eigen. Doch treten zugleich
eigentümliche Unterſchiede hervor. Das Nähere erſieht man aus
folgender Tabelle.

---

verstehn. 13. Item, ob sie nach ordnung der kirchen zu briester geweyhet worden seyn. — Antw: Nach ordnung der kirchen seyn wir zu
briester geweyhet (prior sagt: Leyder, Got erbarms). — [1]) a. a. O.
S. 92. Vgl. Zeltner, a. a. O., S. 11; und die bedeutſame auf das Oſter-
feſt zielende Notiz in Spalatins Annalen, zuerſt abgedruckt bei Schelhorn,
IV. S. 413; Kapp, I (2), S. 634. Möller, Oſiander, S. 17. — [2]) Riederer,
a. a. O., S. 181 ff.; 212 ff. — [3]) Datiert von Mis. Dom. 1524. Dort heißt
es S. 4: Zum Sybenden: wolt Gott, das die armen Nonnen die teutschen
Mess auch annemen, auch kain lieszen halten, denn wenn etlich Communicanten vorhanden weren. Aus vil ursachen, sonderlich in Doctor
Martinus buch, das man die winkel Mess abthun soll, genugsam begriffen etc. Daß der Verfaſſer dieſer vortrefflichen Schrift ſich ſoweit der
Ausbrucksweiſe der Wittenberger ſollte angeſchloſſen haben, die lateiniſche Form
mit deutſcher Predigt (bezw. Lektionen) eine „deutſche Meſſe“ zu nennen, iſt
nicht anzunehmen. — [4]) a. a. O. — [5]) Thomas-Archiv, ſ. oben S. 170 ff.

Lat. Formular 5/6. 1524.	Grund und Ursach 21/10. 1524.	Deutscher Bericht (undatiert).
I. Chorus: Introitus, Gloria patri.	I. Introitus, Psalmus, Gloria patri. Während dessen bereitet der Priester den Altar.	I. Introitus (mit ganzem Psalm).
Chorus: Kyrie. Celebr: Gloria in. Chorus: Et in. Celebr: orationem dominic. cantat.	Kyrie und Gloria. Collecte.	Kyrie, Gloria, Et in terra. Oration (Collecte).
Minister canit caput epistolae (deutsch) — mit vorgeschriebener Einleitung.	Lection aus Paulus' Episteln; deutsch.	Levit 1 list uf dem predigstul ein ganz capitel aus s. peters, s. paulsen, s. johansen epistel.
Graduale et Alleluja.	Gradual.	Kurze Erclerung.(Alles teutsch.) Gradual.
Diaconus cantat caput evangelii germanice — mit vorgeschriebener Einleitung.	Evangelische Lection; deutsch.	Levit 2 list ein capitel aus den Evangelisten (teutsch).
Celebrans canit Credo. Chorus: Patrem dominicale.	Credo.	Apostel glaub, so man das Patrem nent.
Celebr: Salutatio. Prefatio. Chorus: Sanctus.	Diener singt die Prefation. „Alsdann fahet sich erst recht die Meß an, wie sy Christus eingesetzt hat ɔc."	Priester: Prefation bis: per Chr., dom. nostr.
Celebr: Qui pridie — mit zweimaliger Elevation. Chorus: Osanna.	Consecration.	Priester: Qui pridie.
Celebr: Oremes praec. salut. mon. Pater noster. Admonitio.	Pater noster. Verkündigung des Todes Christi (Ermahnung).	Priester: Oremus ..... Pater noster. Levit 1: teutsche Ermanung. Peicht und Trostung.
Celebr: Pax .. Chorus: Et cum. Communio. Celebr: panem, Minister: calicem prebet. Chorus: Agnus et communionem. Si quid superest, a Celebrante et ministrantibus sumitur. Oratio.	Communion. . Collecte und Segen (Num. 6).	Priester singt: Pax. Communion durch den Priester. Die andern Priester: Agnus. Oration und Segen.
II. Tres psalmi cum Antiphona. Regens: ad aram Joannis: Aliches Capitel cum prefatione. Regens in choro cantat: Salutationem, Orationem dominic. Benedicamus.	II. Vacat.	II. Symb. Quicumque. 1—3 Psalmen. Priester vom predigtstul: A. Tl. Capitel mit kurzer Erclerung.

Lat. Formular 5/6. 1524.	Grund und Urſach 21/10. 1524.	Deutſcher Bericht (undatiert).
Presbyter ascendit contionem predicens populo: Orat. dom., Salut. ang., Symb., decem precepta, festa Sanctorum in septimanam fut. incid. Ecclesiastes: sermonem. — Publ. officium.		Zehen gepot, Glaube, Vater unser, Engl. grusz. Ermanung zur Fürbitte und zur Wolthätigkeit. Gesungene Collecte. Predigt. — Zweites Amt.

In ihrer Art iſt die lateiniſche Konſtitution das vollſtändigſte der Formulare. Es bietet zwei geſungene Ämter dar, verteilt genau die Rollen der drei Geiſtlichen und des Chores, giebt den erſteren genaue Vorſchrift und beſtimmt ſogar, daß ſie die Reſte von Brot und Wein verzehren ſollen. In der Hauptmeſſe iſt beſonders bemerkenswert die Stellung des Prieſters bei der altteſtamentlichen Lektion (ad aram Joannis) und hernach bei der Eingangskollekte (in choro). Unter den der Predigt voraufgehenden Leſeſtücken ſchließt ſich dem Dekalog die Ankündigung der in der kommenden Woche zu feiernden Heiligentage an. Die Predigt geht dem eigentlichen Officium voran, und zwar allem Anſchein nach regelmäßig.[1]

Die Schrift „Grund und Urſach"[2] giebt weſentlich das ſelbe Schema an, beſchreibt aber nur eine Meſſe, und zwar, wenn ich recht ſehe, ſogleich das Hauptamt. Die Beſonderheiten dieſer Ordnung ſind folgende. Vom Chor iſt keine Rede. Der Geſang des ganzen Introitus=Pſalms an Stelle des Verſes wird ohne Bezeichnung einer beſtimmten Nummer (dort: Pſ. 17) unter Hinweis auf die „faulhait" des bisherigen Uſus und damit begründet, daß, während „der prieſter ſich rüſtet, den altar bereytet und hynein tritt", die Gemeinde nicht feiern ſoll. Eigentümlich iſt aber, daß nach Nennung des Credo die Bemerkung Platz greift: „Alsdann fahet ſich erſt recht die Meß an, wie ſy Chriſtus eingeſetzt hat, da wir kain menſchlichen zuſatz haben, dann ein wenig wort, die der Diener ſingt und wirt die Prefation genannt." Der Anfang dieſer auffallenden Wendung iſt uns auf anderem Boden bereits verſchiedentlich begegnet, nämlich bei Kantz[3] und in den älteren Straßburger Ordnungen.[4] Hier könnte demnach ein Anſchluß an das eine oder das andere Vorbild zu Tage liegen, und zwar eher an das Straßburgiſche, weil man in Nördlingen ſchon mit dem Vorbereitungsgebet („O aller gütigiſter vatter") die eigentliche

---

[1] Die Koldeſche Erklärung des Subinde ecclesiastes sermonem facit (S. 609) als „wiederholentlich, öfters, von Zeit zu Zeit" ſcheint mir weder „nach dem Zuſammenhang" noch nach dem übrigen Sprachgebrauch des Schriftſtücks (vgl. Subinde diaconus cantare orditur) gerechtfertigt. Auch die Koldeſche Deutung der betr. Stelle in „Grund und Urſach" dürfte unzutreffend ſein (ſ. u.) — [2] Bogen H. Vgl. auch in der Schrift Ein Vermanung etc. (oben S. 162 V.) das entſprechende Stück Bl. 3 ff. — [3] Vgl. oben S. 75. — [4] Oben S. 133 f.

Messe beginnen ließ. Doch wird wohl Luthers bezügliche Bemerkung[1] den Verfassern vorschweben. Bei der Kommunion wird nicht ausdrücklich des Priesters und des Volks unterschiedlich gedacht. Daß der Segen in biblischer Form erwähnt wird (Num. 6), kann ebenfalls auf den Vorgang Straßburgs zurückgehen, wo nicht auf Luthers Formula missae. Die Einsetzungsworte werden Konsekration genannt, die Vermahnung als „Verkündigung des Todes Christi" bezeichnet. Im ganzen ist die Aufstellung summarischer als in dem lateinischen Formular. Die Predigt ist offenbar als dem Officium vorausgehend gedacht[2], was ebenfalls auf Luthers Weisung führen würde. Das Abendmahl unter beiderlei Gestalt, die Möglichkeit der von Paulus empfohlenen Prüfung auf Grund einer deutschen Ermahnung, die Beseitigung derjenigen Meßstücke, welche die Ehre Christi herabsetzen, — das ist es, was diese Schrift für unerläßlich erklärt. Dabei wird zugleich bekannt, daß eine völlig deutsche Messe noch zu erstreben sei.

.In charakteristischer Weise bekundet sich unsre dritte Quelle als die jüngste.[3] Auch hier wird keines Chores gedacht. Das Agnus singen die „andern Priester". In beiden Ämtern folgt dagegen der ersten Lektion, in der Frühmesse dem epistolischen Abschnitt, in dem Hauptamt der Verlesung aus dem Alten Testament, eine kurze Erklärung. Zugleich sind den Paulusbriefen die des Petrus und Johannes ausdrücklich an die Seite gestellt. Die Predigt steht am selben Ort, wo wir sie vorhin gefunden haben. Ganz eigentümlich aber ist diesem Bericht die Einschiebung eines Sündenbekenntnisses mit Absolution hinter der Vermahnung. Bekanntlich haben diese Stücke im Ordo nicht hier ihre Stelle, sondern nach der Kommunion des Priesters. Den Wortlaut der deutschen Formeln teilt unser Gewährsmann nicht mit, möglicherweise ist er uns in den „Kirchengesängen" von 1531 erhalten[4], deren bezügliche Worte uns in den späteren Ordnungen

---

[1] Vgl. oben S. 80. — [2] Vgl. unten S. 185 die die Vermahnung begründenden Sätze. — [3] Sie nimmt Bezug auf die eben genannte Schrift, kennt ebenfalls keine deutsche Messe. Die wiederholte Bezugnahme auf die Schwärmer weist vielleicht auf den Ausgang des Jahres 1524, in dessen Herbst Karlstadt und die Seinen nach Nürnberg kamen. — [4] Kirchē gesenge | mit vil schönen Psalmen vnnd Melodey | gantz geendert vn̄ gemert. 1531. Vgl. Wackernagel, IV. S. 1119. Zahn, VI. S. 11 f. Im Besitz von Pfr. Auberlen in Haßfelden. — Hier folgt (S. 13 f.) unmittelbar auf „Die vermanung zu dem Abentmal Christi" Folgendes: Die offene Beycht. Ir aller liebsten in Christo. Tröst ewer gewissen vor Gott, erindert euch selbst, gebt Gott die eer mit demütiger bekantnus ewer sünd, und sprechet mir nach die offene beycht: Ich armer sünder bekenn dem allmechtigen, barmherzigen Gott und euch lieben brüdern in Christo alle meine sünd, wie sie der ewig Gott an mir erkent; nemlich meinen unglauben, das ich den pund meiner Tauf nicht fest und trewlich gehalten hab, sunder der angeporen erbsünd mit mancherley bösen gedanken, worten und werken darwider zuhandlen raum und stat geben hab; die betrowung götlicher schrift und verheyszung meines herren Jesu Christi verachtet und nicht mit forcht und begirde daran fest gehalten. Wie mich nun Gott streflich

nicht wieder begegnen; vielleicht ist auch nur an eine aus der alten
Kirche überkommene Form zu denken[1]) oder an die der Döberschen
Messe.[2]) Auch hier wird das Amt mit dem Segen beschlossen. In
der zweiten Messe geschieht die alttestamentliche Lektion vom Predigt=
stuhle aus. Dieser folgen, mit Weglassung der Salutation, der Kol=
lekte, des Benedikamus und der Heiligentage, sofort die Lehrstücke, und
zwar in anderer Ordnung, als sie die lateinische Vorschrift angiebt;
der englische Gruß fehlt auch hier nicht. Neu ist die Ermahnung
zur Fürbitte und zur Wohlthätigkeit. Eine gesungene Kollekte leitet
zur Predigt über.

Überblicken wir diese drei Formen der lateinischen Messe mit
deutschen Lesestücken, so ist offenbar, daß sie sämtlich auf Luthers
Weisungen in der Formula missae beruhen, die sie nur in den
deutschen Bestandteilen verlassen und vor allen in jener Vermahnung,
von der noch eingehender gehandelt werden soll.[3]) Wie lange diese
Gestalt des Gottesdienstes bestanden hat, ist wohl nicht mehr festzu=
stellen. Sie hat für die beiden Pfarrkirchen Geltung gehabt[4]) und
ist nachweisbar neben der deutschen Messe in Nürnberg im Gebrauch
gewesen. Daß sie die ältere Form darstelle, ist, wie gesagt, nicht zu
erweisen. Verhältnismäßig spät stoßen wir noch in Regensburg auf
einen ihrer Ableger.[5])

7. Die deutschen Messen.

Um diejenigen Nürnberger Formulare, welche durchweg in deutscher
Sprache abgefaßt sind, zu würdigen, wird man die Beziehungen Nürn=

weysz, so bekenn ichs auf sein barmherzigkeyt und bitt gnad. O Gott,
bis gnedig mir armen sünder. Bitt euch auch, lieben brüder, umb verzeyhung und umb ein christlich fürbitt und entpindung. — Stellet ewer
herz auf Gottes gnedige verheyszung, darauf ich euch zusag Gottes gnad
und vergebung der sünd durch das verdienst unsers herren Jesu Christi
und entpind euch von ewern sünden in dem namen des vaters, suns und
des heyligen geysts. Amen. — [1]) Vgl. unten S. 214 f.: Basel. — [2]) S. oben
S. 163. — Vgl. übrigens Bassermann, a. a. O., S. 42, Anm. 1. — [3]) Dieser
Meßform konnte im übrigen als freilich überkühnes Vorbild dienen das Buch
Evangelia und Episteln teutsch über das gantze Jahr | allenthalben dabey
der Anfang der Psalmen | und die Collect einer jeglichen Messen | nach
Ordnung der christlichen Kirchen. Nürnberg 1523. Fol. — Vgl.
v. d. Hardt, III. S. 84. — [4]) Vgl. die lat. Handschrift: Nurnberge in ec-
clesijs parochialibus inceptus est ordo subsequens. — [5]) Warhafftiger
Bericht eines Erbern Camerers vnd Rats der Stat Regenspurg | Warumb
vnd aus was vrsachen sie des herrn Abentmal | nach der einsatzung
Christi | bey jhnen | fur genommen vnd auffgericht | auch mit was form |
weyse vnd ordnung das selbig gehalten wirdet. — — Gedruckt zu
Regenspurg durch Hansen Khol am zehendē tag Octobris Anno 1542. —
3 B. 4⁰. Auf dem Titelblatt das Stadtwappen. Nirgend aufgeführt! —
(Wolfenbüttel). — Auch hier tritt der Priester mit zwei Leviten auf. Der
Chor singt in zwei Gruppen. Zwei Kredo stehen neben einander. Deutsch
ist nur, neben den beiden Lektionen, die Vermahnung an die Abendmahlsgäste.

bergs zu einigen der Städte in Betracht nehmen müssen, deren Boden
wir bereits betreten haben. Politisch mit Ulm, Augsburg, Straßburg
im Einverständnis[1]), aber vor allem dem letzteren Gemeinwesen gegen=
über durch seinen minder mutigen und energischen Rat, wie übrigens
auch durch seine geographische Lage, die mehrfachen Reichstage rc. im
Nachteil, sehen wir Nürnbergs evangelische Bürgerschaft mit Bewun=
derung und Verlangen nach Straßburg hinüber blicken. Es war zwar
ein gegenseitiges Sichstützen. So konnte sich Butzer für seine Heirat
auf das Exempel von Worms und Nürnberg berufen.[2]) Hier wie in
Straßburg scheint man gleichzeitig mit besonders anstößigen Bräuchen
der alten Kirche gebrochen[3]) und um dieselbe Zeit die deutsche Form
der Taufe eingeführt zu haben.[4]) Wie viel oder wenig aber auch in
Nürnberg geschah, Straßburg blieb vorerst das Vorbild, dem man
nachzustreben trachtete.[5]) Indes muß daneben namentlich Nördlingen
im Vordergrunde des Interesses gestanden haben. Dies ergiebt sich
mit Notwendigkeit aus den deutschen Formularen.

Auf den ersten Blick sieht man, daß diese deutschen Messen auf
einer neuen[6]) Kombination mit der Kantzschen Ordnung beruhen.
Von dort her, vielleicht unter Mitwirkung der dem Bugenhagen zu=
geschriebenen Form, wird das gesprochene „Komm, heiliger Geist", bzw.
das gesungene „Nun bitten wir den heiligen Geist", stammen, das sich
der nunmehr an die Spitze getretenen Gruppe Konfiteor (mit Bitte
für den Priester) und Absolution anschließt und (in der Döberschen (I)
Gestalt) gefolgt ist von der zugehörigen, auch Kantz und „Bugenhagen"
eigenen Kollekte. Eine Abweichung von dem Schema Luthers zeigt
sich auf seiten von I ferner in der Zurüstung von Brot und Wein
nach dem Gradual. An Kantz lehnt sich dort die Vorzeigung der
Elemente, wenn diese nicht einfach als Elevation zu verstehen ist; an
„Bugenhagen" die Stellung des Sanktus hinter den Einsetzungsworten.
Endlich geht auf diese Quelle wohl auch die Schlußpartie: Kollekte,
Kommunion des Volks und des Priesters, Simeonlied, Lobpreis der
Dreifaltigkeit, Schlußkollekte, zurück. Man beachte auch die Überein=
stimmung mit Kantz in dem Titel des ganzen Formulars. Die For=
men II, III und IV haben an dieser Abhängigkeit geringeren Anteil.

Zu diesen fremden Einflüssen treten nun solche, die sich nur

---

[1]) Vgl. A. Baum, S. 43 f. — [2]) Verantwortung an den Rat. Juni
oder Juli 1523. Thes. Baum. II. 17 ff. — [3]) Vgl. im Verzeichnus der
geenderten Miszbreuch den Absatz über die Weihung von Nahrungs=
mitteln u. dgl. Dazu die Straßburger Maßregel, oben S. 143, Anm. 3. — [4]) Ordnũg
wie man Tauffet etc. (s. o.). — Vgl. das Meßformular von Schwarz, oben
S. 123. — [5]) Der (Straßburger) predicanten Ratschlag, 3. Mai 1525: Die
von Nürnberg und anderen Statt, do man das Evangelium predigt, bekennen, das unser weis der schrift am gemeszesten ist. Darumb sy jren
prauch auch besseren noch alle tag, und was wir jetzund fürnemen,
werden sy mit der Zyt, will Gott, auch understön (Thes. Baum. II. 208). —
[6]) Dritten! Vgl. Straßburg B, oben S. 152 ff. und Pseudo=Bugenhagen, S. 86 ff.

aus der Kenntnis der Straßburger Ordnungen erklären lassen. Daß Sündenbekenntnis und Absolution am Eingang auch dorther stammen können, zumal ihnen, abweichend von Nördlingen, Kyrie und Gloria folgen, sei nur im Vorübergehen bemerkt. Deutlicher ist der Anschluß an Straßburg darin zu erkennen, daß I die nämliche evangelische Perikope hat wie die dortigen älteren Formulare; daß es zwei Symbole bietet (wie Straßburg B und C); daß es die Einsetzungsworte in biblischer Form einleitet (Straßburg D), dem Libera wiederum Raum giebt und die Vermahnung nunmehr dem Agnus folgen läßt. Am Schluß von I findet sich dann noch ein Kanon-Gebet, das wörtlich so schon in der Messe von Schwarz steht und lange im Gebrauch geblieben ist.

Auch hier hält die Form II sich verhältnismäßig frei von den angedeuteten Anleihen. Aber von ihren vier Liedern weisen drei ebenfalls auf Straßburg zurück: „Nun bitten wir" und „Es wolle Gott" (dies mit Straßburgischer Melodie) auf C, „Wir glauben all" auf E.

Das Formular von 1526 (III) hält sich mit Ausnahme von zwei Liedertexten, deren Wahl wiederum auf Straßburg weist, an die Vorläuferin. Die Ordnung IV konnte nicht entstehen ohne Rücksicht auf das Straßburger Kirchenamt vom selben Jahre (E), mit dem es fast genau die Lieder-Verteilung gemein hat, während es mit dem voraufgehenden Schwanschen Formular (D) die ständige Bezeichnung „Diener" teilt. Von den 24 Gesängen, deren Texte das Buch bietet, stammen 13 aus Straßburg. Eigentümlich ist übrigens dieser Form eine gewisse Vermittelung zwischen den überkommenen und von I beibehaltenen kurzen Wechselstücken einerseits und deren straßburgischer Vereinfachung andererseits. In Straßburg ist die Salutation nur einseitig, und der Eingang zur Präfation ist es ebenfalls. Unsre Ordnung (IV) aber legt die unverkürzten Wechselstücke zusammen in den Mund des „Dieners". Er singt: „Erhebet eure Herzen zu Gott, unserm Herren. Saget Dank ꝛc." Ja er singt auch (zweimal!): „Der Herr sey mit euch und mit seinem (!) Geyste." Letztere Kombination mutet mich als Preußen seltsam modern und heimatlich an. Sonst macht Form IV den Eindruck einer etwas vereinfachten Wiedergabe von II.

Fragt man nach dem Verhältnis der beiden, in derselben Kirche im Gebrauch gewesenen und mit dem nämlichen Jahre datierten Formulare, so möchte ich gegen Kolde[1]) die Verschiedenartigkeit der letzteren hervorheben und gegen Herold[2]) das vermutlich höhere Alter der mit dem Namen Döbers bezeichneten Gestalt. Ersteres hat schon die vorstehende Ausführung herausgestellt. Letzteres ergiebt sich zur Genüge, wenn man sich nicht beirren läßt durch die zum Teil noch lateinischen Stücke der Form II. Zunächst ist die Döbersche Messe, wie man aus

---

[1]) a. a. O., S. 602. — [2]) Siona 19, S. 2. Die Ordnung II für das älteste evangelische Formular mit Noten zu erklären, ist nur möglich, wenn man die Straßburger Messen C und D für jünger hält, was mindestens betreffs C nicht möglich ist, und die Messen von Münzer ignoriert.

den angegebenen Perikopen sieht, für einen bestimmten Tag gearbeitet, während ihre Schwester allgemein ein ganzes Kapitel aus St. Pauls Episteln und aus dem Evangelium vermerkt. Daneben mag man beachten, daß „Form und Ordnung" gewisse Dinge dem Priester nimmt und dem Chorgesange vorbehält, so das Bekenntnis des Glaubens und das Sanktus. Wo hier wieder der Chor handelt, trat freilich sonst schon „das Volk" ein. Und dies rührt nicht nur daher, daß I überhaupt ein gesprochenes, II ein gesungenes Amt ist. Entscheidend scheint mir der Umstand, daß sich in II vier reformatorische Lieder finden, die an die Stelle des Introitus, des Graduals, des Kredo und des Kommunion=Gebets getreten sind. Ferner aber, daß die Formulare von 1526 im ganzen durchaus die Ordnung II darstellen.[1]) Ich möchte der Vermutung Raum geben, daß I im wesentlichen bereits dem Frühjahre 1524 entstammt, also uns eine Vorstellung giebt von der Messe, wie sie Volprecht „gar teutsch" gehalten. Von dem (2.) Amt der Pfarrkirchen sind beide, I und II, vor allem auch dadurch unterschieden, daß sie keine Predigt vorsehen; II hat dafür in der „Vermahnung", I außerdem auch in der beim Introitus erwähnten Ansprache einen Ersatz.

Ganz eigenartige Züge, nur dieser Gestalt (I) zugehörig, sollen noch hervorgehoben sein. Es ist die biblisch=protestantische Einleitung zum Vaterunser und jene ebenfalls polemische Mahnung, welche dem Introitus voraufgeschickt ist; beide wieder Kennzeichen des höheren Alters dieser Form. Die Bibelübersetzung (beachte Pf. 103!) kann ich mit den S. 58 bezeichneten Mitteln nicht rekognoszieren.

8. Die Bedeutung des Nürnbergischen „Grund und Ursach".

Die viel gedruckte, weit verbreitete[2]) und viel angefochtene[3]) Verantwortung der Pröbste, deren Titel, damals sehr beliebt, uns an die gleichnamige Straßburger Schrift erinnert, ist zwei Monate und drei Tage älter als jene. Inhaltlich ist sie bescheidenern Wertes, doch enthält sie immerhin wertvolle und zu dieser Zeit bemerkenswerte Gedanken. Ob die Behauptung Niederers[4]) und Möllers[5]), Osiander habe die Pröbste bei Abfassung der Schrift unterstützt oder diese geradezu verfaßt, richtig ist, vermag ich nicht zu entscheiden; jedenfalls beruht die Voraussetzung, „Grund und Ursach" sei die Verantwortung der Pröbste

---

[1]) Zu dem gleichen Ergebnis kommt, wie ich nachträglich sehe, W. Walther, a. a. O. S. 127 f. Die Nachschrift der Siona=Redaktion entkräftet Walthers Argumente nicht. Besonders wertvoll erscheint mir des letzteren Bemerkung, daß das gleichzeitige Nebeneinander verschiedenartiger Formen am selben Ort, namentlich rein deutscher und lateinisch=deutscher Formen, sich aus der Nötigung erkläre, um der Schwachen willen „zurückzukriechen". — [2]) S. oben S. 162 (V). — [3]) Vgl. Strobel, III. S. 90. — [4]) Abhandlungen, S. 318. — [5]) a. a. O., S. 120. (R.=E.) — Osiander nimmt, wo er sich auf „Grund und Ursach" bezieht, keinen Anteil an der Schrift in Anspruch.

vor dem Bamberger Bischof[1]), auf einer Verwechselung. Das Vor=
wort giebt bereits an, daß es sich früher für die Verfasser um eine
Rechtfertigung auf Antrag des Rates gehandelt habe, ein Hinweis auf
jene „Ratschläge", wie sie[2]) aus Anlaß des Nürnberger Reichstags
1523—24 in größerer Zahl dem dortigen Magistrat vorgelegt worden.
Jetzt haben die Pröbste den Bitten vieler ihrer Mitbürger Folge ge=
geben und sich entschlossen, was der Bischof entgegen zu nehmen sich
geweigert, hier ausführlich darzulegen.

Das Buch enthält fünf an Länge und Bedeutung sehr verschiedene
Kapitel: „Warumb man die Meß geendert hab"; „Warumb wir die
Seelmessen und der Verstorbenen Jartäg abgethan"; „Warumb man
das Salve regina[3]) abgelegt"; „Warumb wir das geweyht Salz und
Wasser haben abgethan"; „Warumb wir Metten und Complet under=
lassen haben". Der Charakter der Ausführungen ist ein biblisch=
theologischer. Mit klarem Urteil wird in dem ersten, wichtigsten
Kapitel auf Grund von Jer. 31 dem alten Bunde der neue entgegen
gestellt. Geschickt und siegreich werden die einzelnen Bestandteile des
überlieferten Meßkanons bekämpft. Diese Ausführungen zeugen von
Temperament und warmer Begeisterung. Der christlichen Freiheit wird
ihr Recht. Diese kann auch in Sachen des Kultus allerlei Dinge
tragen und dulden. Und niemand soll etwas abstellen oder dem ge=
meinen Manne nehmen, er habe denn zuvor evangelischer Erkenntnis
Bahn gebrochen. Doch wenn man menschliche Satzung für verbindlich
erklärt und den Christen aufzwingen will, so muß sie fallen. Be=
sonders interessant und geradezu den Ansatz zu einer Art von Theorie
enthaltend ist der Gedanke, daß man in christlichen Dingen zweierlei
zu unterscheiden habe: das, womit Gott uns dient, und das, womit
wir ihm dienen sollen. Auf jene Seite wird u. a. Predigt und Sakra=
ment gestellt, auf diese die brüderliche Liebe und Lobgesang. Das sei
der schlimmste Fehler am alten Brauch, daß man mit der Messe habe
Gott etwas geben wollen, statt von ihm zu nehmen. In den Aus=
führungen über die alte Form der Messe findet sich ein frei geschaffenes,
evangelisches Offertorium=Gebet.[4]) Für das Recht der deutschen Sprache
nehmen die Pröbste energisch Stellung, wenn auch bisher bei ihnen
nur deutsche Lektionen üblich sind. Merkwürdig ist, daß sie meinen,
nur das Alte Testament bedürfe im Gottesdienst der Auslegung, das
Neue sei in sich selbst verständlich und klar. Mit großem Ernst
wendet sich der Schluß, unter wörtlichem Abdruck von Deut. 28, an
die Obrigkeit, daß sie dem Evangelium gehorsam sei und statt des
Fluches Segen erlange.

Die Stellung des Rates war eine schwankende. Wie es scheint,
stand für ihn die Frage der sittlichen Reform des Volkslebens im

---

[1]) Ebenda. — [2]) Vgl. Riederer, a. a. O., S. 311 ff. — [3]) Eine auf
diese Maßnahme bezügliche Streitschrift wider die gewesenen Pröbste 2c.
v. d. Hardt, III. S. 139. — S. oben S. 84 ff. — [4]) Bogen F iii b.

Vordergrunde. Unter Berufung auf die Verführung zu Müßiggang, Völlerei und andern Lastern erließ er am 24. Mai 1525 sein Mandat in Sachen der Feste. Bleiben sollten alle Sonntage; je zwei Festtage zu Weihnachten, Ostern, Pfingsten; Himmelfahrt Christi; Mariä Verkündigung, Lichtmeß, Heimsuchung; Johannis des Täufers und aller Boten Feste.[1]

9. Die Nürnberger Abendmahls-Vermahnung.

Das berühmteste Stück der Nürnberger Ordnungen ist jene Admonition, die sich in der Döberschen Messe[2], ferner dem mit III bezeichneten Formular, in der lateinischen Konstitution[3], in der Schrift „Grund und Ursach"[4] und der „Vermanung der Seelsorger"[5] findet, während sie in der angeführten deutschen Beschreibung[6] nur kurz umschrieben wird. Kolde hat einige der Texte verglichen.[7] Zur Ergänzung sei bemerkt, daß am erstbezeichneten Ort die Vermahnung, abweichend von den andern Relationen, den Schlußsatz bietet: „Das verleyhe uns Gott allen, das wirs wirdiglich empfahen. Amen." — In „Grund und Ursach" wird der Gebrauch des Stückes in kennzeichnender Weise begründet.[8]

Wie früher bemerkt, enthielten auch vorreformatorische Missalien eine Art von Ermahnung[9], und ehe Nürnberg diese deutsche Gestalt einer solchen schuf, war Straßburg voraufgegangen. Allein die hier vorliegende Form ist von solchem Wert und hat einen solchen Siegeszug durch die evangelischen Agenden gehalten, daß wir bei ihr noch verweilen müssen. Als ihr Verfasser wird seit alters teils Volprecht[10], teils Osiander[11] angesehen. Die Frage wird nicht mehr mit Gewißheit zu lösen sein. Der dritte Teil jenes an den Rat gerichteten und von Osiander abgefaßten Ratschlags[12] klingt in einer einzelnen Wen-

---

[1] v. Soden, a.a.O., S. 248. — [2] Vgl. Riederer, a.a.O., S. 321 ff. — [3] Kolde, a.a.O., 607 f. — [4] Bogen G ii. — [5] S. oben S. 162. — [6] S. oben S. 170 ff. — [7] a. a. O. — [8] Dieweil die ordenlich predig nicht allemal vom tod Christi lautet, haben wir ain kurze vermanung an das volk verordnet, darinnen begriffen, wie und warumb Christus gestorben sey, was wir dadurch erlangt haben, und was wir hernach zuthun schuldig sein. Denn das wort Christi und Pauli tringt hart: man musz sein gedenken, seinen tod verkündigen, so oft man das thut. Desgleichen, dieweyl der herr spricht: Das fleysch ist kain nütz, die wort, die ich red, die sein geyst und leben, — haben wir seine wort, damit er das haylig, hochwirdig Sacrament eingesetzt hat, die verporgen gewest, wider eröffnet und yedermann frey verkündigt und ausgelegt. Wöllen auch sölchs für und für im prauch behalten; dann wo seine wort verporgen sein, da ist das heylig Sacrament schon kayn nütz mer. Das ist aber die vermanung an das volk, ehe dann man jnen das Sacrament raycht. — [9] S. oben S. 146. — [10] Löhe im Anschluß an Zeltner, S. 126. — [11] S. Möller (a. a. O.). — [12] Eynn vnterricht vnd getrewer rathschlag etc., 1524 und 1525 außerhalb Nürnbergs gedruckt. Vgl. Riederer, Abhandlungen, S. 312. Eine Ausgabe 4 Bogen 8° 1525. (Weller 3660) z. B. Wolfenbüttel. In

bung deutlich an zwei Stellen der Vermahnung an, was immerhin stilistische Eigentümlichkeit sein könnte.[1]

Wiewohl der Vermahnung ein lehrhafter Zug eignet, weht doch, von der Schönheit der Sprache abgesehen, durch ihr ebenmäßiges Gefüge ein Hauch reinster Frömmigkeit. Und eine mustergültige Verbindung von volkstümlicher Kraft und biblischer Einfalt erhebt das Stück zu hoher kirchlicher Würde. Daß die Vorstellung von der Abendmahlsfeier, die ihm zu Grunde liegt, einen leiblichen Genuß geflissentlich und in aller Form ausschließt, ist ein Beweis für den ursprünglich keineswegs legitim-lutherischen Charakter der Nürnberger Kirche. Diese hat auch den betreffenden, bedenklichsten Passus „darin uns sein fleysch und blut zur speys und zu einem getrank, nicht des leybs, sunder der seelen gegeben wirt" — später durch einen anderen („den glauben darmit zu sterken") ersetzt. Daneben sind auch andere Änderungen beliebt worden.[2] Aber die Vermahnung bleibt dennoch ein vornehmes Denkmal aus jenen Tagen, in denen die Abendmahlsfeier, zwar nicht von lehrhaftem Beigeschmack, aber doch von dogmatistischer Unbrüderlichkeit frei war. Ihren Wert zu erkennen, vergleiche die preußische Admonition.[3]

Unser liturgisches Stück hat sehr weite Verbreitung gefunden. Ein seltener Druck von 1525 ist zu Breslau[4], einer von 1526 zu Königsberg[5] hergestellt. Vor allem wohl durch die Brandenburgisch-Nürnbergische Kirchenordnung (1533) und dann vermittelst der badisch-pfälzischen Agenden[6] ist es Gemeingut Vieler geworden. In den letzteren verbindet sich der Vermahnung ein eigenartiger Schluß, dessen an die Didache gemahnender Wortlaut von Bassermann mitgeteilt wird und auch hier seine Stelle finden mag: „Dann zu gleicher weis, wie aus vil berlin zusammen gekeltert ein wein und ein trank fleußt und sich in einander menget, und aus vil körnlin ein Mel gemalet, ein brot und kuchen gebacken würt, also sollen wir alle, so durch den Glauben Christo eingeleipt sein, durch brüderliche lieb umb Christus, unsers liebsten hailants willen, der uns zuvor so hoch geliebet hat, alle ein leib, trank, kuchen und brot werden, und sölches gegen einander nicht allein mit leren worten, sonder mit der that und warheit, wie Johannes leret, one allen trug, trewlich gegen einander beweisen. Das helf uns der Allmächtig 2c."

Derselbe Gedanke tritt uns in jener „tröstlichen Disputation" von 1524 entgegen, deren früher gedacht worden ist.[7] Noch ausführlicher bei der Abendmahlsfeier der Münsterischen Wiedertäufer[8].

____

Sachen des Abendmahls wird der geistliche Genuß als das Wesentliche stark betont. — [1] Riederer, a. a. O., S. 322. Vgl. die ähnlichen Sätze in der Admonition. — [2] Vgl. Richter, I. S. 207. — [3] S. S. 188. — [4] Vgl. Eyn gesang Buchlien etc., Bl. E II und III. Wackernagel, Bibl., S. 70 f.; J. Köstlin, Johann Heß (Ztschr. d. Vs. f. Gesch. u. Alterth. Schlesiens. 1864. S. 208 f.). — [5] S. oben S. 162 (V). — [6] Bassermann, a. a. O., S. 40 ff. — [7] S. oben S. 37 f. — [8] Newe zeytung von den Widertaufferen zu Münster etc. 1535. Bl. A ii (Bibl. des Thomasstifts): Nach dem essen hat der könig und königin

10. Gesamt=Eindruck.

Gegenüber dem, was man den südwestdeutschen Typus nennen darf, zeigen die deutschen Ordnungen Nürnbergs, trotz der auch hier bemerkbaren relativen Unabhängigkeit von Luthers Autorität, eine bedeutsame, wenn auch eklektische Selbständigkeit. Diese beruht eben wesentlich auf einer konservativeren Haltung gegenüber dem Überkommenen[1]), nicht auf eigener Produktion. Und nicht diese Formen haben großen Einfluß auf den Gang der Dinge in Deutschland ausgeübt[2]), sondern die Gestalt, welche 1533 ihre gesetzliche Geltung erhielt. Aus ihr stammen jene aus dem Lateinischen frei übersetzten Kollekten[3]), die eins der wesentlichsten Kennzeichen der späteren Nürnberger Form sind. Die alten Ordnungen haben, von der Vermahnung abgesehen, ihren Hauptschmuck in den reformatorischen Liedern. Doch hat auch hierin Nürnberg vorerst bei weitem nicht die Schaffenskraft bewiesen, wie sie der Straßburger Kirche von Anfang an eigen gewesen ist. Der Ruhm der ältesten deutschen Meßfeier kommt Nürnberg erst recht nicht zu.[4])

weyzen kuchen genommen, gebrochen und den andern gegeben mit solchen worten: Nemet und esset und verkündigt den tod des Herrn. Desgleichen auch ein kannen mit wein, mit den selbigen worten: Nemet und trinket alle daraus und verkündigt den tod des Herren. Die gemeyne aber hat fortan eyner dem anderen die kuchen gebrochen mit solchen worten: Bruder und schwester, nim hin und isz davon. Wie sich Christus für mich gegeben hat, also wil ich mich für dich geben; und als die weyzen körnlein in einander gebacken und die trauben zusam getruckt, also seind wir auch in ein. — Solchs alles treiben sie am tisch mit vermanen, das nichts unnützes, sonder das gesetze des Herrn aus jrem munde gehe, und darnach dem Herren danken; erstlich mit gebetten, darnach mit singen, sonderlich den gesang: Alleyn Gott in der höhe sey ehre. — Vgl. auch K. Hase, Neue Propheten II. 1861. 3. Heft, S. 116: Bruder, Schwester .... und wie der Wein aus villen Trauben und Beeren zusammengedrückt ist, also sind auch wir ein Leib und eine Seele etc. — [1]) Der Entwurf zur Kirchenordnung von 1533 (Bl. 23) enthielt einen Hinweis auf das Crede et manducasti Augustins. Er mußte fallen. Die Verfasser der Schrift „Die verenderung der vorgestellten KO belangend“ erwarteten von diesem Wort nur Schwärmerei und Sakramentsverachtung. Strobel, Misc. II. S. 150 ff. Dementsprechend hat Nürnberg, selbst wider Luthers Rat, lange die tägliche Messe beibehalten, auch ohne Kommunikanten. Osiander war es, der sie trotz allem Widerspruch aufrecht erhielt. Vgl. Möller, a. a. O. S. 113. — Die Elevation wurde erst 1543 durch Veit Dietrich abgestellt (vgl. den betr. Brief von Heß: Strobel, II. S. 152 f.). — In Nürnberg, wo er sich 1525—27 aufhielt, scheint der wackere Franz Kolb neu das Abc gelernt zu haben, das er (am 7. Jan. 1528) auf der Berner Disputation sprach. Vgl. Eissenlöffel, a. a. O., S. 63. — M. Herold, Kultus=Bilder aus vier Jahrh., 1896. S. 37, meint allerdings: „Der englische Gruß und der Rosenkranz mußten natürlich (!) fallen!“ Vgl. dagegen S. 84 ff. — [2]) Wie sich Magdeburg (August 1524) der Nürnberger Ordnungen wegen an den dortigen Rat gewendet hat, s. bei Förstemann, Neues Urkundenbuch. 1842. S. 213. — [3]) Richter, I. S. 204 ff. — [4]) Herold, Altnürnberg 2c. S. 95.

Anhang.

Leseſtücke aus der Preußiſchen Meſſe von 1525.[1]

Von derjenigen Gottesdienſtordnung, auf deren Entſtehung die Nürnberger Meſſen entſcheidenden Einfluß ausgeübt haben, von der preußiſchen, hat Richter[2] die intereſſanteſten Stücke dem Wortlaute nach nicht mitgeteilt. Sie folgen hier, mit Ausſchluß der 67 Kollekten, die den Komplenden voraufgehen und ſich auffallend wenig mit denen der Brandenburg-Nürnbergiſchen Kirchenordnung[3] berühren. Die 25 Kollekten der letzteren ſind nicht wie die preußiſchen lediglich Überſetzungen. Sie ſind mehr als um das Doppelte länger, ſprachlich ſchöner und im Tone wärmer, dem evangeliſchen Glauben ungleich entſprechender. Wie man aus der Zahl der preußiſchen Gebete ſieht, iſt hier noch ein reicher Feſtkalender vorausgeſetzt. So iſt der Aſchermittwoch noch in Kraft. Die Faſtengebete erwähnen deſſen, daß der Chriſt ſich jetzt „mit ſchwechung des fleyſches caſteyet". Maria wird die „Gottesgebärerin" genannt ꝛc. Die zur Preußiſchen Meſſe gehörigen Abſätze entnehme ich dem älteſten erhaltenen Druck.[4]

Die vorede des Vater unſers in der Meſſe.

Laſſet uns herzlichen beten; dann Chriſtus hat uns geheyßen und daruber ſelbſt gelernet zubeten, auch haben wyr gewyſſe zuſagung unſers Gottes, das er aus gnaden und warheit uns, ſo wyr bitten, erhoren wil.

Vormanung fur dem Altar zu den Communicanten.

Jhr lieben ꝛc. Dieweyl euch hungert und durſtet nach der barmherzigkeyt Gottes, und herzlichen begeret vorgebung ewer ſunden, ſo hat unſer heylant Chriſtus ſeinen leib vnd blut fur euch gegeben, das euch ewere ſunden ſollen abgewaſchen ſein, ſo vil ewer ſeint, die ſolches glewben. Und hat derhalben auch hieher geſtellet zum zeichen ſeyn fleyſch und blut, damit yhr verſichert ſeyt, gleych wie es ytlicher fur ſich entpfehet, das er ſich auch alſo für ſich des Evangelion und eyns gnedigen, voreynigten Gotes zu troſten und anzunemen habe.

---

[1] Vgl. oben S. 9 f. — [2] I. S. 33. — [3] Vgl. Richter I. S. 204 ff. — [4] Artickel der Ceremonien vnd anderer Kirchen Ordnung. — Volgen die Formen vnd anleytung yn vor angeczeygter Ordnung vor meldet vnnd vorheyschen. — 2½ und 3 Bogen 4º. Ohne Ort und Jahr (1525). Auf den übereinſtimmenden Titelblättern rechts und links vierkantige Marmorſäulen. In der Oberleiſte rechts und links ein Kind, das rechte mit einem Säbel; dazwiſchen Rankenwerk und in der Mitte der Oberkörper eines Faun. Unten zwei Engel mit leerem Wappenſchilde. — Univ.-Bibl., Königsberg.

So richtet nu ewere herzen auf mit starker hoffnung und herzlicher zuvorsicht, und entpfahet das hochwirdige geheymnus. Wie yhr glewbet, so geschicht euch.

Im darreychen: Nym hyn und yß ꝛc. Vt supra.

Form eyner kurzen furgeßenden Underrichtung um Befragung der yenigen, so communiciren wöllen.

Zum ersten: das man sie underrichte, wie es nicht genug sey, zu glewben, das unter dem brot sey der leyb Christi, und unter dem weyn seyn warhaftig blut; sonder das vil eyn hoher und großer glauben darzu gehore. Nemlichen, das du glauben solt, das dir deyn herre Christus ym Sacrament durch seyn wort trostlich zusagt, das sein leyb und blut deyn eygen sey; ja, das dyr alles geschenkt sey, was die wort yn sich haben; nemlichen: vorgebung deyner sunden und eyn gnediger Gott.

Zum andern, das man yhnen die wort furhalte, yn welchen Christus das Sacrament gegeben hat, nemlichen: Nemet hyn und esset. Math. 26. Mar. 14. Luce 22. 1. Cor. 11.

Zum dritten, das man yhnen anzeyge, wie yn den selben worten die ganze macht, nutz und frucht lygt, so sie mit dem glauben yn das herz gefasset werden.

Item, wie der glaube an dieselben worte die rechtschaffene bereytung sey, wen dich deyn sunde trucket und gnade begerest.

Die Fragen oder verßore.

Es geburt eynem Christen, das er rechenschaft und antwort geben kan, so man yhn fraget, warumb er das Sacrament begere und neme; denn wo man nicht wüst, wo zu man es begert, ist besser, davon zubleyben.

Frag: ob er eynen rechtschaffen glauben habe, und was das Sacrament sey. Antwort: das die wort Christi: Nemet hyn ꝛc. und der leyb und blut Christi unter dem brot und weyn das Sacrament sey.

Frage: was er da suche ym Sacrament, und warzu ers gebrauchen wil. Antwort: das er darynne suche, seynen glauben an das wort zusterken und sein gewyssen zutrosten.

Frage: ob sie aus gewonheyt, altem brauch, gesetz des Babsts, zwang der eltern oder yhrer herren oder dergleychen darzu vorursacht, wollen zum Sacrament gehen, — sie davor zu warnen. Antwort: das sie durchs Evangelion gelernet, von yhn selbst, freywillig, aus hunger und glauben herzu kommen.

Item: Ob er eynen ernsten vordrys habe uber sein voriges sunthaftigs leben und eyn herzlich begyrde, eyn rechtschaffen Christlich wesen hynfurter zufuren, und hierzu sterke suche ym wort und Sacrament ꝛc.

Form der offnen Beycht nach der predigt.

Dieweyl wyr nu das heylig Gottis wort gehort haben, welchs ym glauben gefaßt reyniget die herzen: so lasset uns unser sunde und myssetat bekennen, das wir es nicht ane frucht faren lassen. Und seyntemal eyn yeglicher sich yn sunden findet, so muß er bekennen und sprechen: Ach herre, gerechter und barmherziger Got, ych bekenne, das alle meyn wesen und leben ynnerlich und eußerlich nichts dann sunde ist, und alle meyn gedanken, worte und werke aus myr selber nichtis anders dann lauter ubel und myssetat. Derhalben begere ich gnade durch Jhesum Christ, deynen lieben sohn. Erbarme dich meyn umb seynen willen, den du myr zu eynem Hohenpriester und mitteler gestellet hast.

Volgen zwo gemeyne Collecten oder Complenden zum Beschluß der Messen uber das ganze Jar abzuwechßeln.

O allmechtiger Gott, wir bitten demütigklichen, mache uns rechtschaffene gelyder unsers herrn und heubts, Jhesu Christi, das wir yn seynen geystlichen leyb, das ist yn die unzerteylte gemeynschaft Christi und aller seyner heyligen, warhaftig gezogen werden, gleych wie wir dis Sacrament des leybs und bluts desselbigen unsers heylands haben zu uns genommen. Und eben wie er seyn leben und leyden fur uns dürftige sunder hat gegeben, und unser sunde auf sich geladen, also vorleyhe uns gnediglich, das wir auch durch solche unzerteylete eynleybung und vereynigung yn alle güter, gnad und gerechtigkeit Christi und seyner gleubigen warhaftig mit gleübigem herzen gesetzt und genommen werden. Durch denselbigen unsern herrn Jesum Christ, deynen Sohn, der mit dir herschet und lebt ꝛc.

Alia: O warhaftiger Got, barmherziger vater, wir bitten dich herzlich, laß uns dürftigen des heyligen leydens unsers herrn nutz und frucht, das ist: gnade und vergebung unser sunde, mit gleübigem herzen rechtschaffen ergreyfen, gleych wie wir durch deynes heyligen Sohnes wort seynen heyligen leyb und seyn theures blut, welche er für uns gegeben und vergossen hat, under dem brot und weyn warlich haben entpfangen. Durch denselben unsern herrn Jesum Christum, deynen Sohn ꝛc.

Achtes Kapitel

Die Züricher Abendmahlsordnung.

1. Litteratur.

Missale Constantiense. 1485 (Straßb. Univ.-Bibl.). — L. Lavater, De ritibus et institutis eccles. Tigurinae. 1559 (1702). — Huldrici Zuinglii opera (M. Schuler et Jo. Schulthess). Vol. III. 1832. Vol. IV. 1841. Vol. VII. 1830. — Huldreich Zwinglis Werke (M. Sch. u. Joh. Sch.) 2. Bd. 2. Abt. 1832. — Miscellanea Tigurina. III. 1724. — J. H. Wirz, Histor. Darstellung der urkundl. Verordnungen, welche die Geschichte des Kirchen- und Schulwesens in Zürich .... betreffen. I. 1798. — J. L. Heß, Lebens- beschreibung M. Ulrich Zwinglis. 1811. Mit hist.-lit. Anhang von Usteri. — H. Bullinger, Reformationsgeschichte (J. J. Hottinger und H. H. Vögeli) I. 1838. — J. C. Mörikofer, Ulrich Zwingli. I. 1867. II. 1869. — R. Stähelin, Art. „Zwingli" in Herzogs R.-E.² Bd. 17. S. 584 ff. — J. R. Wolfensberger, Die Zürcher Kirchengebete in ihrer geschichtlichen Ent- wickelung dargelegt. 1868. — H. Weber, Der Kirchengesang Zürichs, sein Wesen 2c. 1868. — J. J. Mezger, Geschichte der Deutschen Bibelübersetzungen in der schweizerisch-reformierten Kirche. 1876. — Ph. Wolfrum, Die Ent- stehung und erste Entwickelung des deutschen evangelischen Kirchenliedes in musikalischer Beziehung. 1890. — A. L. Richter, Kirchenordnungen I. 1846. — H. A. Köstlin, Geschichte des christl. Gottesdienstes. 1887. — H. Hering, Hülfsbuch. 1888. — H. A. Daniel, Cod. liturg. III. 1851. — Th. Klie- foth, Lit. Abhandlungen. VII. 1861. — A. Ebrard, Reformirtes Kirchen- buch. 1847. — P. Grünberg, Die reformatorischen Ansichten und Bestrebungen Luthers und Zwinglis in Bezug auf den Gottesdienst. (Studien und Kritiken 1888, S. 409 ff.). — A. Zahn, Die reformierte Abendmahlsfeier. 1867. — C. J. Nitzsch, Prakt. Theologie. II. 1851. — K. R. Hagenbach, Grund- linien der Liturgik und Homiletik. 1863. — Th. Harnack, Prakt. Theologie. 1877. — C. A. G. v. Zezschwitz, System der Prakt. Theologie. 1878. — A. Krauß, Lehrbuch der Prakt. Theologie. I. 1890. — E. Chr. Achelis, Prakt. Theologie. II. 1891. — H. Bassermann, Entwurf eines Systems evang. Liturgik. 1888. — J. Hans, Der protestantische Kultus. 1890. — H. Alt, Der christl. Cultus. I. 1851. — Vgl. auch Kap. III und IX.

2. Ausgaben, bzw. Abdrucke.

I. Ausgaben. a) ACtion oder Bruch des Nachtmals | Gedechtnus | oder Danksagung Christi | wie sy vff Osteren zů Zürich angehebt wirt | jm jar als man zalt M.D.XXV.

Holzschnitt, das Abendmahl darstellend.[1] Darunter: Christus Matth. VI.

---

[1] Derselbe Holzschnitt z. B. auch auf der Schrift Ettlich Sermones von dem Nachtmal Christi | Geprediget durch M. Mihaelen (!) Keller | Predicanten bey den Parfüssern zů Augspurg. M.D.xxv. Des Monats May. (Kirchenbibl., Basel.)

Kummend zů mir alle die arbeytend vnd beladen sind | vnd ich wil
üch růw geben.[1]) — 16 unpaginierte Seiten 4⁰; die beiden letzten leer.
Am Schluß: Getruckt zu Zürich durch Christophorum Froschouer vff
den VI. tag Aprel | jm jar M.D.xxv. — Auf S. 7 sind vier Zeilen auf
dem Kopf stehenden Drucks überklebt, die einem Versehen des Druckers
ihre Aufnahme danken.

Usteri, 42. a. Panzer, 2913. — Basel (Kirchenbibl.). Straßburg
(Univ.-Bibl.). Zürich (Stadtbibl.).[2]) München (Univ.-Bibl.). Einsiedeln.

b) ACtiō oder Brauch des Nachtmals | Gedechtnus | oder Danck-
sagung Christi wie sy auff Ostern zů Zürich angehebt wirt | jm jar
alls man zalt M.D.xxv.

Holzschnitt (wie oben). Darunter: Kummend zů mir alle die arbayttend
vnnd beladen sind | vnnd ich will euch růw geben. — 16 unpaginierte
Seiten 4⁰; die beiden letzten leer. Ohne Angabe von Druckjahr, Druckort
und Drucker.

Usteri, 42. b. Panzer, 2914. (Katalog:) 10728. — Stadtbibl., Zürich.
Nur in der Orthographie von b abweichend.[3]) Vgl. die lateinische
Übersetzung am Ende der Christianae fidei expositio (Opp. IV, p. 74 ss.)
und deren Abweichungen (Werke II. 2. S. 235 ff.), sowie die deutsche
Wiedergabe jener von Leo Judä (ebenda). Die Differenzen gegenüber
der „Aktion" werden unten mit E wiedergegeben.

II. Abbrucke: Schuler und Schultheß II. 2. S. 282 ff. — Misc.
Tigur. III. p. 139 ss. (noch ohne den Zusatz am Schluß). — Ferner die
Ausgaben der „Ordnung":

a) Ordnung der Christenlichenn Kilchenn zů Zürich. Kinder ze
touffen. Die Ee zebestäten. Die Predig anzefahen vnd zů enden.
Gedächtnus der abgestorbnē. Das Nachtmal Christi zů begon. Getruckt zů Zürich durch Christoffel Froschouer. 48 unpaginierte Seiten 4⁰.
Ohne Druckjahr. - 1525 (?). Stadtbibl., Zürich.

Richter, I. S. 134 ff. (vgl. S. 20); dort mit 1529 datiert.

b) Christenlich ordnung vnd brůch der Kilchen Zürich. 1. Corinth. 14.
Alle Ding söllend erberlich mit zucht vnd ordnung beschähen.
M.D.xxxv. — Am Schluß (S.71): Getruckt Zürich durch Christ. Frosch.
Anno M.D.xxxv. 72 unpaginierte Seiten in Quart. Stadtbibl., Zürich.

3. Die Gebete aus der Epichiresis 1523.

Te igitur, clementissime terque sancte pater, qui hominem ab
initio creasti, ut hic paradiso, post vero Te frueretur, a qua ipse
gratia sua culpa excidit, quapropter et morti juste adjudicatus est,
qua omnem deinde posteritatem ita vitiavit, ut vitae prorsus nulla spes
esset reliqua, nisi tu, qui solus bonus es, bonitate tua ejus aerumnas
levare statuisses, qua etiam semen promisisti, quod malesuadi se-
ductoris caput contereret, ne miser homo perpetua desperatione
contabesceret, promissumque semen, cum tempore per te designata
complerentur, filium tuum, dominum nostrum, Jesum Christum,

---

[1]) Zwinglis Motto. Vgl. z. B. De canone missae epichiresis. (Opp. III.
p. 83.) — [2]) In diesem Exemplar auf S. 15 der Zusatz „Nůn gedenkend 2c."
von Zwinglis Hand, der sich in der „Ordnung" (s. u.) bereits gedruckt findet
und seither geblieben ist. — [3]) Bei v. d. Hardt, II. p. 129 ist irriger Weise
der Titel von b mit dem der Schrift Andreas Osianders wider Caspar Schatz-
geyer (1525) vermischt worden.

carne per illabatam perpetuamque virginem Mariam adsumpta, praestitisti, ut immaculatus pro nobis sacerdos fieret, quem hostia nimirum nulla nisi immaculatissima decebat, quam cum ex omni hominum coetu inveniri non possit, seipsum praebuit pro deploratis mactandum: neque hoc contentus, seipsum quoque, ne nobis quicquam deesset, in cibum potumque donavit; Te, inquam, benignissime pater, obsecramus, ut laus bonitatis tuae de ore nostro nunquam deficiat, et quamvis gratitudo nostra, etiam si summa esset, beneficentiae tuae respondere nunquam posset, Te tamen, qui idem es bonitatisque sinum nunquam contrahis, dignos oramus ut nos facias, qui laudem tuam corde, opere oreque decantemus et aliena a bonitate tua nunquam petamus. Quod nimirum tunc adsequemur, cum eis te verbis et laudabimus et orabimus, quibus te convenire docuit dilectissimus filius tuus, dominus noster, Jesus Christus. Ejus itaque praecepto moniti audemus dicere: Pater noster etc.

Deus, qui non modo hominem a juventute pascis, sed et omne animal vivens, te obsecramus, ut esurientes animas nostras coelesti cibo pascas! Tu enim es, qui esurientes bonis impleas. Anima nostra spiritus est, tua manu ad imaginem tuam factus, unde alio cibo quam spiritali refici non potest. Is autem solo verbo oris tui administrari potest. Sermo enim tuus est veritas: nam tu veritas es, ex qua nihil nisi verum, sanctum, firmum impollutumque prodire potest. Oramus igitur, o domine, ut verbi tui cibo nos nunquam destituas, sed continua bonitate pascas! Ipsum enim panis est, qui dat vitam mundo: frustra enim carnem filii tui et sanguinem edemus et bibemus, nisi per fidem verbi tui hoc ante omnia firmiter credamus, quod idem filius tuus, dominus noster, Jesus Christus, pro nobis cruci adfixus praevaricationem totius mundi expiarit. Nam ipse dixit, carnem nihil prodesse, spiritum esse, qui vivificet. Ut igitur spiritu tuo vivificemur, ne quaeso verbum tuum a nobis unquam auferas! Eo enim veluti vehiculo spiritus tuus trahitur: nam ipsum otiosum ad te non revertitur. Eo uno soloque humana mens libera fit: ipsum enim solum verum est, et tu per filium tuum pollicitus es, quod si veritas nos liberaverit, vere liberi simus. Da igitur, ut verbi tui cibus nunquam nobis desit, quo uno liberi et securi salutis reddimur. Per dominum nostrum etc.

Tuo igitur, o domine, verbo docti, coelum et terram potius perire quam verbum tuum, firmiter credimus, ne apicem quidem ullum unquam casurum. Quo fit, ut sicut filium tuum pro nobis semel oblatum patri reconciliasse credimus, ita quoque firmiter credamus, eundem sese nobis animae cibum sub speciebus panis et vini praebuisse, ut liberalis facti memoria nunquam aboleretur. Tu tamen, si fides uspiam labascit, auge nobis fidem et da, ut sicut filius tuus per crucis contumeliam et amaritudinem in gratiam tuam nos reduxit, deliciasque nobis aeternas peperit, ita nos quoque, dum carnem ejus edimus et sanguinem bibimus, ad ejus exemplum hujus mundi aerumnas et afflictiones eo duce et protectore vincamus. Ad hunc enim usum se in cibum dedit, ut quandoquidem ipse vicerat mundum, nos quoque, cum eo vesceremur, ad vincendum mundum animaremur. Frustra jactabimus nos ejus memoriam facere, quod ipse fecit, si verbo solum hoc praedicemus. Tu igitur, clementissime pater, per Christum filium tuum, dominum nostrum, per quem omnia vivificas, instauras et moderaris, da ut factis eum exprimamus, ut in Adam olim obliterata imago hac via speciem suam recipiat. Quod, ut efficacius firmiusque nobis contingat, da, ut quotquot ex hujus filii tui corporis sanguinisque cibo participaturi sunt, unum solumque spirent et exprimant, ac in eo, qui tecum unus est, ipsi unum fiant. Per eundem etc.

Deus, qui per eum, quo major inter natos mulierum non surrexit, manifestare dignatus es, quod filius tuus agnus esset, qui peccata nostra tolleret, nunc quoque per eum agnum invocari patere, et cum clamamus: Agne dei, qui tollis peccata mundi, miserere nobis! tu benignus culpam omnem dona. In hoc enim passus est, ut per ipsum perpetuo ad te accederemus; in hoc infirmitate nostra amiciri voluit, ut nos in eo roboraremur; in hoc se in cibum praebuit, ut ejus alimento in virum perfectum plenae aetatis suae augesceremus. Trahe, domine, pectus nostrum tui luminis gratia, ut digne, hoc est: ea fide, qua oportet, ad hoc sacrosanctum filii tui convivium accedamus, cujus ipse et hospes est et epulum.

4. Aktion oder Bruch. 1525 (Ia).

Allen Christglöübigen enbütend wir, die zu Zürich das wort Gottes zudienend, und Hirten, Gnad und Fryd von Gott.

N[1]ach langem irrsal und finsternus fröuwend wir uns, allerliebsten brüder, des rechten wägs und liechts, das uns Gott, unser himmelischer vatter, durch syn gnad eroffnet hat. Welches ouch von uns so vil höher geachtet, mit so vil größeren begirden angenommen und umbfangen wirt, so vil und der jrrsal schädlicher und gefarlicher gsyn ist. Wie wol aber sich unzalich vil jrrsals bishar mit schaden des Gloubens und Liebe zugetragen hat, ist doch, als uns bedunkt, nit der minst in mißbruch difes Nachtmals beschähen. Welches wir nach langer gefenknus, glych als die kinder Israels zu den zyten Ezechie und Josie der küngen das Osterlamb, durch hilf Gottes, als wir hoffend, wider erobret und in sinen rechten bruch gesetzt habend: und dis, so vil das Nachtmal in jm selbs betrifft. Dann der mit-

---

[1]) Großer Jnitial: Josua und Kaleb, auf einem Stecken die Riesentraube tragend.

loufenden ceremonien halb möchtind wir villicht etlichen zevil, etlichen
zelützel gethon haben, geachtet werden. In disem aber habe eine
yetliche Kilch jr meinung; dann wir deshalb mit nieman zanken
wöllend. Dann was schaden und abfürungen von Gott us vile der
ceremonien bishar erwachsen sygind, wüssend alle glöubigen one
zwyfel wol. Deshalb uns bedücht hat, unserem volk im bruch difes
Nachtmals (weliches dann ouch ein ceremony, doch von Christo yngesetzt, ist) so wenig wir ymer möchtind, ceremonyen und kilchen gepreng fürzeschryben, damit nit dem alten irrsal mit der zyt wyderstatt
geben wurde: doch damit die sach nit gar dürr und rouw verhandlet,
und der menschlichen blödikeit ouch etwas zuggeben wurde, habend
wir (wie sy hie bestimpt) söliche ceremonien zu der sach dienende
verordnet, die wir zu geistlicher des tods Christi gedächtnus, zu merung des gloubens und brüderlicher trüw[1]), zu besserung des läbens
und verhütung der lastren, des menschen herz etlicher maß zereizen
fürdertich und geschickt sin, gemeint habend. Indem wir aber andrer
kilchen mee ceremonien (als villicht jnen füglich und zu andacht
fürderlich), als da sind gesang und anders, gar nit verworfen haben
wellend: dann wir hoffend, alle wächter an allen orten sygind dem
herren zebuwen und vil volks zegewinnen allwäg beflissen. Wir
hand ouch (diewyl diser gedächtnus des lydens Christi und danksagung sines tods, ein gemeinsame der Christen und unschuldig,
fromm läben nachfolgen soll) von difem Nachtmal us Götlichem an-
gäben in willen, alle die, so den lyb Christi mit unlydlichen mosen
und maklen verunreynend, uszeschließen. In was gstalt aber sölichs
geschähen werde, (die wyl die zyt uns yetz zekurz worden ist) wirt
härnach in einem funderen büchlin[2]) zeverston geben werden. Die
Gnad Christi sye mit üch allen.

Ein Vorred.

S[3])ydmal ein lange zyt har us Gottes wort stark und klar gnug
härfür bracht, daß das Nachtmal Christi treffenlich mißbrucht ist: so
wirt not sin, daß alles, so dem Götlichen wort unglychförmig, dannen
gethan werde. Und so dife widergedächtnus eyn danksagung und
frolocken ist dem Allmechtigen Gott umb die guthät, die er uns durch
sinen sun bewifen hat: und welcher in difem fäst, mal oder danksagung erschynt, sich bezügt, daß er deren sye, die da gloubend, daß
sy mit dem tod und blut unsers Herren Jesu Christi erlöst sind: so
söllend sich uf den Hohen donstag das jüngste volk, das yetz glöubig
und in erkantnus Gottes und sines worts kommen und dife danksagung und nachtmal began wil, in das gesletz, so zwüschend dem
Chor und dem durchgang ist, fügen: die mansbild zu der gerechten,

---

die wybsbild zu der linken hand, und die andren sich uf dem Ge-
welb, borkilchen und an anderen orten enthalten. Und so die predig
beschicht, wirt man ungeheblet brot und wyn ze vorderst im Gesletz
uf einem Tisch haben, und demnach den vergriff und handlung
Christi, wie er dise widergedächtnus yngesetzt hat, mit offenlichen,
verstentlichen tütschen worten (wie härnach volgt) erzellen: und demnach durch verordnete diener das brot in hölzenen, breiten schüfflen
harumb tragen, von einem sitz zu dem anderen, und da einen yeden
mit siner hand lassen einen bitz oder mundvoll abbrechen und essen.
Ouch demnach mit dem wyn glycherwys harumb gan: also daß sich
nieman ab sinem ort muß bewegen. Und so das beschähen ist, wirt
man mit offnen, hällen worten Gott lob und dank sagen, mit hoher,
verstentlicher stimm: da soll dann die ganze mengy und gemeynd zu
end des beschluß Amen sprechen. Am Karfrytag söllend sich die, so
mittels Alters sind, an das genant ort des Gefletzes fügen, und die
danksagung glycherwys beschähen: doch wyb und man geteylt wie
obstat. Am Ostertag der glychen die aller eltisten. Die schüfflen und
bächer sind hölzin, damit der bracht nit widerkömme.

Und dise ordnung werdend wir, sover es unseren Kilchen gefallen
wirt, viermal im jar bruchen, zu Ostren, Pfingsten, Herbst, Wienacht.

Action oder Bruch des Nachtmals, Gedechtnus oder Dankfagung Christi, wie sy uf Osteren zu Zürich angesetzt wird[1], im jar M.D.XXV.

Der[2] Wechter oder Pfarrer kere sich gegen dem volk, und mit
luter, verstentlicher stimm bätte er dis nachvolgend gebett.

Ein Gebett: O Allmechtiger, ewiger Gott, den alle geschöpften
billich eerend, anbättend und lobend als jren werkmeister, schöpfer
und vatter[3], verlyh uns armen sünderen, daß wir din lob und
danksagung, die din eingeborner Sun, unser Herr und erlöser Jesus
Christus, uns glöubigen zu gedächtnus sines tods zethun geheyßen
hat, mit rechter trüw und glouben[4] vollbringend. Durch denselben
unseren Herren Jesum Christum, dinen Sun, der mit dir läbt und
rychßnet in einigkeyt des heyligen Geysts, Gott in die ewigheyt.
Amen.[5]

Das alles mag der pfarrer allein thun, wo er nit geschickte
Diener hat.

---

[1] Die „Ordnung" (von 1525?) liest „ift". — [2] Nach der „Vorred"
geht die Predigt mit dem Sündenbekenntnis vorauf; E: Primo praedicatur
satis longo sermone etc. Darnach wird der Tisch aufgestellt, gedeckt und zu=
gerichtet. Dann erscheint der Geistliche mit zwei Dienern (Diakonen); alle
kehren sich der Gemeinde zu. Die früher üblich gewesenen Gewänder sind be=
seitigt. Der Geistliche spricht: „Im Namen des Vaters 2c." Die Diener ant=
worten für das Volk: Amen. Der Geistliche fordert zum Gebet auf; die
Gemeinde kniet nieder. — [3] Diese Anrede ist erst 1854 gefallen. Wolfens=
berger, S. 41. — [4] Vgl. S. 195. A. 1. — [5] Offenbar erhebt sich jetzt das
Volk von den Knieen.

Der Diener oder Lefer[1]) fpreche mit luter ftimm alfo: Das yetz geläſen wirt, ſtat in der erſten Epiſtel Pauli zun Korinth. XI. cap.

So jr zuſamen kommend an ein ort, ſo eſſend jr nit des Herren Nachtmal: denn ein yetlicher nimpt vorhyn ſyn eygen Nachtmal, indem ſo man iſſet, und einer iſt hungerig, der andre trunken: habend jr nit hüſer, darin jr eſſen und trinken mögind? oder verachtend jr die gemeind Gottes? und bringend zeſchanden, die nüt habend? Was ſol ich üch ſagen? Sol ich üch loben? Hierin lob ich üch nit: dann das ich von dem Herren empfangen und erlernet hab, des hab ich ouch üch bericht, namlich, daß der Herr Jeſus an der nacht, als er verraten und in tod hinggeben ward, brot genommen hat, und als er dank geſeyt, hat ers gebrochen und geredt: Nemend, eſſend, das iſt min lychnam, der für üch gebrochen wirt; das thund minen zugedenken. Desglychen hat er ouch (als das nachtmal geſchähen was) das trank genommen, dankgeſeyt und jnen ggeben, ſprechende: Drinkend us diſem alle, das trank das nüw Teſtament iſt in minem blut. So dick und vil jr das thund, ſo thunds minen zegedenken: dann ſo oft jr immer diſes brot eſſen werdend und von diſem trank trinken, ſöllend jr den tod des Herren uskünden und hochpryſen. Welicher nun diſes brot iſſet und von diſem trank trinket, und aber ſöllichs unwirdig thut, das iſt, nit, wie ſichs gebürt und wie man ſol[2]), der wirt ſchuldig des lybs und bluts des Herren. Deshalb ſol der menſch vor und an ſich ſelbs erfaren, erinneren und bewären, und alsdann von diſem brot eſſen und von diſem trank trinken. Dann welicher eſſen und trinken wurde unwürdig, das iſt, nit, wie ſichs gebürt und wie man ſol[2]), der iſt und trinkt jm ſelbs ein urteyl[3]) und verdamnus, ſo er den lychnam des Herren nit entſcheydet.[3])

Hie ſprechind die Diener mit der ganzen Gmeind: Gott ſye gelobt.

Jetz ſahe der Pfarrer an dem nachvolgenden Lobgeſang den erſten Vers an, und denn ſpreche das volk, man und wyb, einen Vers umb den anderen.[4])

Der Pfarrer: Eer ſye Gott in den höhinen. — Die man: Und fryd uf erden. — Die wyber: Den menſchen ein recht gmüt. — Die man: Wir lobend dich, wir bryſend dich. — Die wyber: Wir bättend dich an, wir vereerend dich. — Die man: Wir ſagend dir dank umb diner großer eeren und guthät willen. O Herr Gott, himmeliſcher künig, vatter allmechtiger. — Die wyber: O Herr, du eingeborner Sun, Jeſu Chriſte, und heiliger Geyſt. — Die man: O Herr Gott, du lamb Gottes, Sun des vatters, der du hinnympſt die ſünd der welt, erbarm dich unſer. — Die wyber: Du, der du hinnympſt die ſünd der welt, nimm an unſer gebett. — Die man: Du, der du ſitzeſt zu

---

[1]) Nach E der zur Linken (an der Epiſtelſeite) ſtehende Diakon. — [2]) Man beachte die Überſetzung! — [3]) Hier folgt die überklebte Stelle. S. oben S. 192. — [4]) E teilt das Gloria in der nämlichen Weiſe zwiſchen Paſtor und Diakonen.

der gerechten des vatters, erbarm dich unser. — Die wyber: Wann
du bist allein der heylig. — Die man: Du bist allein der Herr. —
Die wyber: Du bist allein der höchst, O Jesu Christe, mit dem
heyligen geist in der eer Gottes des vatters. — man und wyb:
Amen.[1])

Jetz spreche der Diacon oder Leser[2]): Der Herr sye mit üch.
Antwurte das Volk[3]): Und mit dinem Geyst. Der Leser spricht also:
Das harnach us dem Evangelio geläsen wirt, stat Johannis am
VI. cap. Antwurte das Volk: Gott sye Lob.

Jetzt fahe der Leser an also: Warlich, warlich, sag ich üch, welicher in mich gloubt und vertrouwt, der hat das ewig läben. Ich
bin das brot des läbens. Unsere Vätter habend das himmelbrot in
der wüste ggessen und sind gestorben: dis ist das brot, das vom
himmel kumpt, daß ein yetlicher, der davon isset, nit sterbe. Ich bin
das läbendig brot, der vom himmel härab kommen bin: welicher von
disem brot isset, wirt ewigklich läben. Und das brot, das ich geben
wird, ist min fleysch, das ich für das läben der welt geben wird.
So strittend die Juden under einandern, sprechende: Wie mag diser
uns syn fleysch zeessen geben? Jesus aber sprach zu jnen: Warlich,
warlich, sag ich üch, wo jr nit das Fleisch des suns des menschen
essend und syn blut trinkend, werdend jr kein läben in üch haben.
Der min fleysch isset und min blut trinkt. der hat ewigs läben: und
ich wird jn uferwecken an dem letsten tag. Min fleisch ist warlich
ein spys, und min blut ist warlich ein trank: der min fleisch isset
und min blut trinket, der blybt in mir, und ich in jm. Glych als
mich min läbendiger vatter gesendt hat, also läb ich ouch umb des
vatters willen: und der mich essen wirt, der wirt ouch um minen-
willen läben. Das ist das brot, das vom himmel härab kommen ist.
Nit als ürere vätter des Mann ggessen habend und sind gestorben:
welcher dises brot isset, der wird ewigklich läben.[4]) Dises hat Jesus
geredt in der versamlung, lerende zu Capernaum. Vil aber us sinen
jüngeren, als sy dises gehört, habend sy gesprochen: Das ist ein herte
red, wär mag sy hören? Jesus aber, do er by jm selbs wußt, das
sine jünger von disem murmletend, sprach er zu jnen: Verletzet üch
das? Wie dann, so jr den Sun des menschen sehen werdend hynuf
stigen an das ort, da er vor was? Der Geyst ist, der da läbendig
macht, das fleisch ist gar nüt nütz. Die wort, die ich mit üch red,
sind geyst und läben.

Dann so küsse der Leser das buch und spreche: Das sye Got ge-

---

[1]) Zwinglis Meinung von diesem Stück: Gloria in excelsis ..... prae
cunctis nobis videtur esse oratio Christiano homine dignissima: nam
symboli formam habet, encomii et precationis. — Epichiresis (opp. III),
p. 112. — [2]) Es ist der zur Rechten stehende Ministrant. — [3]) Nach E der
Pastor nebst dem andern Diakon. — [4]) Hier schließt seit 1846 das Evangelium.
Ebrard, S. 200.

lobt und gedankt, der wölle nach sinem heyligen wort uns alle sünd vergeben.[1]) Das Volk spreche[2]): Amen.

Jetzt sahe der fürnem Diener an den ersten vers[3]): Ich gloub in einen Gott. — Die man[4]): In den vatter Allmechtigen. — Die wyber: Und in Jesum Christum, sinen eingebornen Sun, unseren Herren. — Die man: Der empfangen ist von dem heyligen Geyst. — Die wyber: Geboren ist us der magt Maria. — Die man: Gelitten hat unter Pontio Pilato, crützget, gestorben und vergraben. — Die wyber: Ist hinab gefaren zu den Hellen. — Die man: Am dritten tag widerumb uferstanden von den toten. — Die wyber: Ist ufgefaren in die himmel. — Die man: Sitzt zu der gerechten Gottes, vatters allmechtigen. — Die wyber: Dannen er künftig ist, zerichten die läbendigen und die toten. — Die man: Ich gloub in den heyligen Geyst. — Die wyber: Die heylig, allgemeine, Christenlich kilchen, gemeynsame der heyligen. — Die man: Verzyhung der sünden. — Die wyber: Urstendy des lybs. — Die man: Und ewigs läben. — Man und wib: Amen. —

Dann spreche der Diener[5]): Jetz wöllend wir, lieben brüder, nach der ordnung und ynsatz unsers Herren Jesu Christi das brot essen und das trank trinken, die er geheyßen hat also bruchen zu einer widergedächtnus, zu lob und danksagung des, daß er den tod für uns erlitten und sin blut zu abwäschung unser sünd vergossen hat. Darumb erinner sich selbs eyn yeder nach dem wort Pauli, was trosts, gloubens und sicherheyt er in genanten unseren Herren Jesum Christum habe, damit sich nieman für einen glöubigen usgäbe, der es aber nit sye, und dadurch sich an dem tod des Herren verschuldige. Ouch nieman sich an der ganzen Christenlichen gemeynd (die ein lyb Christi ist) versündige. Hierumb so knüwend nider[6]) und bättend: Vatter unser[7]), der du bist in den himmlen, geheyliget wärd din nam. Zu komm din rych: din wil d'geschähe uf erden wie im himmel. Gib uns unser täglich brot: vergib uns unser schuld, als und wir vergäbend unseren schuldneren: und nit für uns in die versuchung, sunder erlös uns von übel.[8]) — Das volk[9]) spräche: Amen.

Jetz bette der diener[10]) wyter also: O Herr, Allmechtiger Gott, der uns durch dinen Geyst in eynigkeit des Gloubens zu einem, dinem lyb gemacht hast, welchen lychnam du geheyßen hast dir lob und dank sagen umb die guthät und frye gab, daß du din eingebornen sun, unseren Herren Jesum Christum, für unser sünd in den tod ggeben hast, verlych uns, daß wir das selbig so getrüwlich

---

[1]) Nach E spricht diese Worte der Pastor. Der Kuß ist nicht erwähnt. — [2]) E: Die Diakonen. — [3]) Vgl. Straßburg B, C, D, E. — S. 129. 130. 140. — [4]) Bei E die Verteilung wie vorhin. — [5]) Nach E der Pastor. — [6]) So nur bis 1675. Ebrard, a. a. O., S. 201. — [7]) So bis 1644 (als Festgebet), bzw. bis 1707 (als Sonntagsgebet). Vgl. Wolfensberger S. 63. Andere Angaben bei Wirz, S. 99. — [8]) Später: bösen. — Doxologie erst im 17. Jahrhdt. Wirz, S. 97. — [9]) Nach E die Diakonen. — [10]) E: Pastor.

tügind, daß wir mit keiner glychßnery oder valsch die unbetrognen warheyt erzürnind.[1]) Verlych uns ouch, daß wir so unschuldiklich läbind, als dinem lychnam, dinem gsind und kinderen[2]) zymme: damit ouch die unglöubigen dinen namen und eer lernind erkennen. Herr, behüt uns, daß dyn nam und eer umb unsers läbens willen nieman gschmächt werde[3]): Herr, mer uns allwäg den Glouben, das ist: das vertruwen in dich. Du, der da läbst und rychßnest, Gott in die ewigkeyt. Amen.[4])

Wie Christus dises nachtmal yngesetzt hab. Der Diener[5]) läse also: Jesus an der nacht, do er verraten und in tod hinggeben ward, hat er brod genommen[6]), und als er dankgeseyt, hat ers gebrochen und geredt: Nemmend, essend, das ist min lychnam; das thund minen zu gedenken.[7]) Desglychen hat er ouch (als das nachtmal geschähen was) das trank genommen[8]), dankgeseyt und jnen ggeben[9]), sprechende: Drinkend us disem alle, das trank das nüw Testament ist in minem blut. So dick und vil jr das tund, so tunds minen zugedenken; dann so oft jr immer dises brot essen werdend und von disem trank trinken, söllend jr den tod des Herren uskünden und hochprysen.

Demnach tragind die verordneten diener das ungeheblet brot harumb, und nemme ein yetlicher glöubiger mit siner eygnen hand einen bitz oder mundvoll darvon, oder laß jm das selbig bieten durch den diener, der das brod harumb treit.[10]) Und so die mit dem brot so vil vorgangen sind, das ein yeder sin stücklin gessen habe, so gangind die anderen diener mit dem trank hinnach und gäbind glycherwys einem yetlichen zetrinken. Und dis alles geschähe mit sölicher eer und zucht, als sich der gemeynd Gottes und dem Nachtmal Christi wol gezymme.[11])

Nach dem und man gespyst und getrenkt ist, sag man us dem bispil Christi dank mit disem CXII. Psalmen, und hebe der hirt oder pfarrer an.[12])

---

[1]) E: offendamus aut irritemus. — [2]) Vgl. in der röm. Messe: Hanc igitur oblationem servitutis nostrae, sed et cunctae familiae tuae etc. — [3]) E: Semper oramus: Domine etc. — [4]) Nach E von den Diakonen gesprochen. — Vermutlich erhebt sich jetzt die Gemeinde von den Knieen. — [5]) Gemeint ist der Pastor. So E. — [6]) Hier nimmt er das Brot (E). — [7]) Hier giebt er's den Dienern, die um den Tisch stehen, die es mit Ehrerbietung nehmen, unter sich teilen und essen. Währenddessen fährt der Pastor fort (E). — [8]) Er nimmt den Kelch (E). — [9]) Hier nehmen die Diener den Kelch und trinken (E). — [10]) Wer es nicht mit eigener Hand nehmen mag, dem giebt es der Diener (E). — [11]) Hier findet sich in der Expositio die Bitte an König Franz, sich durch die Neuerung nicht ärgern zu lassen (Opp. etc. p. 76). — Während der Austeilung verliest einer der Diakonen auf der Kanzel die Leidensgeschichte nach Johannes, mit dem 13. Kapitel anhebend. Vgl. unten S. 217 ff. die Baseler Ordnung. — [12]) Nach E: Aufforderung zum Knieen. Auch hier dieselbe Verteilung wie beim Gloria. Nach dem Psalm ist Erhebung von den Knieen anzunehmen.

Der Pfarrer: Lobend, jr diener des Herren, lobend den namen des Herren. — Die man: Gelobt ſye der nam des Herren von yetz bis in die ewigkeit. — Die wyber: Von ufgang der ſunnen bis zu jrem nidergang iſt hoch gelobt der nam des Herren. — Die man: Über alle völker iſt der Herr erhöcht, und ſin eer über die himmel. — Die wyber: Wär iſt wie der Herr unſer Gott? der ſo hoch ſitzet und harnider iſt zeſehen in himmel und erden. — Die man: Der den ſchlächten ufrichtet us dem ſtoub und erhebt den armen us dem kat. — Die wyber: Daß er jn ſetze mit den fürſten, by den fürſten ſines volks. — Die man: Der da ſetzt die unfruchtbare des huſes zu einer muter, die mit kinden fröud hat.

(Zuſatz von Zwinglis eigener Hand[1]): Nůn gedenckend lieben brůdern und Schwöſtern was wir yetz nach dem befelch des herren mit einandren geton habend mit der dankbaren gedächtnus unſers glaubens, das wir als arm ſünder aber durch den hingebnen lib und vergoſſens blůt von ſünd gereinget ſind und von dem ewigen tod erlöſt. Ouch erbotten Chriſtenliche liebe, trůw und dienſtbarkeit ye eins gegen dem andren ze halten[2] (?) So ſöllend wir got trůlich bitten, das er üns allen verlich die gedächtnus ſinens bitteren tods, mit veſtem glauben alſo zu hertzen faſſen und ſtätt by uns tragen, damit wir täglich allem böſſen abſterbind, und zu allem gůten důrch ſinen geiſt[3] geſterckt und gefürt werdint, damit got jn uns gepriſen der nechſt gebeſſert und geliebt werde. Gott ſegne und behütt üch, erlüchte ſin angſicht über üch und ſye üch gnedig.[4] Herr wir ſagend dir danck ꝛc. wie obſtad.

Demnach ſpräche der hirt: Herr, wir ſagend dir dank umb alle dine gaben und guthät, der da läbſt und rychßneſt, Gott in die ewigkeyt. — Das volk antworte: Amen.[5]
Der Hirt ſpräche: Gond hin im fryden.[6]

5. Die Vorgeſchichte der Abendmaßlsordnung Zwinglis.

Hoffentlich wird uns in kurzem von der Hand Rudolf Stähelins auch eine Darſtellung der kultiſchen Thätigkeit des Züricher Refor=mators geboten. Sie läßt ſich natürlich nicht denken ohne eine um=

---

[1]) Vgl. oben S. 192. Anm. 2. Bei Richter, I. S. 138 ſind dieſe Worte mit Ausnahme der beiden letzten, aber nach anderer Orthographie, als Beſtandteil der „Ordnung" von 1529 (!) wiedergegeben. — [2]) Es muß „halten" heißen; im Ori=ginal iſt das Wort verſchrieben. — [3]) E: gratia et munere. — [4]) E: (Paſtor ſpricht) Amen. — [5]) Vgl. die „Vorred". Nach E ſpricht dies Amen der Paſtor. — [6]) E: Amen.

faffende Würdigung der Gedanken Zwinglis über Abendmahl und Abendmahlsfeier, wie über Sinn und Wesen der chriſtlichen Gottes= verehrung überhaupt. In erſterer Hinſicht iſt die Bekanntſchaft mit der Schrift des Honius[1]) nach ſeinem eigenen Bekenntnis[2]) von ent= ſcheidender Bedeutung geweſen. Schon zuvor, am 15. Juni desſelben Jahres (1523), hatte Zwingli indeſſen ſeinem alten Lehrer Thomas Wyttenbach weſentlich die gleiche Anſchauung brieflich ausgeſprochen.[3]) Daß er hier ausdrücklich die Wirkung der Handlung auf das Gemüt als Gottes That hinſtellt, ohne den Vorgang näher beſtimmen zu wollen, iſt gewiß bedeutſam.

Dem ſelben Jahre gehören Zwinglis lateiniſche Schriften in Sachen der Meſſe an, aus deren erſter, De canone missae epichiresis[4]), im Auguſt 1523 geſchrieben, die vier Gebete mitgeteilt wurden. Es iſt bekannt, wie dieſe in vier Tagen[5]) entſtandene, geiſtreiche und ge= lehrte Schrift ihn in den Ruf des Repriſtinators gebracht hat. Und man ſtaunt in der That, zumal unter dem Eindruck einer irrigen Tradition über des Verfaſſers „von Haus aus ſtürmiſche und pietät= loſe Natur“, mit wieviel Rückſicht und Schonung er gewiſſen Äußer= lichkeiten des überlieferten Kultus, dem gregorianiſchen Geſange und der Meßkleidung, ihr geſchichtliches Recht wahrt. Seine dem Kanon nachgebildeten Meßgebete zeugen von der gleichen Beſonnenheit, nicht minder der ganze Plan der Feier, den Alt[6]) infolgedeſſen als durch Luthers Formula missae eingegeben betrachten konnte! Der Verlauf des Gottesdienſtes iſt dieſer: a) Exordium (Introitus); b) Kyrie; c) Gloria in excelsis[7]); d) Oratio[8]); e) Lectio; f) Graduale[9]); g) Hallelujah[10]); h) Sequentia[11]); i) Evangelium[12]); k) Symbolum Nicaenum[13]); l) Dominus vobiscum etc. Sursum corda etc.; m) Sanctus; n) Canon[14]); o) Verba testamenti; p) Invitatio;

---

[1]) Vgl. Werke II. 2. S. 62, Anm. — [2]) Mörikofer, II. S. 193. Vgl. oben S. 65. — [3]) Werke VII. p. 297 ss. — [4]) Mörikofer, I. S. 175 f. [5]) Werke III. p. 83 ss. — [6]) a. a. O. S. 273. — [7]) S. oben S. 198, Anm. 1. — [8]) nomine omnium Christianorum ... palam pronuncietur. — [9]) ad bre- viorem mensuram notarum stringatur; quid enim fastidiosius audiri potest, quam tot voces sub una vocali boare? — [10]) Modum vocum hic quoque ut uspiam desideramus. — [11]) ..... rythmi inurbanissimi; ab eis absti- nendum censemus. — [12]) cum in Germania latine legitur ... quid aliud agitur, quam ne intelligatur? ... Obsecro igitur omnes, qui dei sunt, ut ante omnia Evangelium Christi in ea lingua palam legant, in qua versantur: similiter Epistolam, ut vocant. Et si in utriusvis lectione aliquid occurrit intellectu difficile, brevibus pro temporis ratione ex- ponant, donec omnia tandem vulgatae linguae reddantur. Si dies do- minica sit aut aliae feriae, paulo diutius in enarratione Evangelii ver- sentur. — Der Predigt folgte (ſ. u.) das Fürbittgebet. — [13]) quod nihil aliud est quam ejus fidei, quam paulo ante in Evangelii expositione audivimus, confessio ... Cumque panem et vinum quo usus postulat locaverimns, sic ad devotionem extimulabimus. — [14]) quatuor orationes novae, formulam veterem imitantes.

q) Distributio[1]); r) Sumtio (ministri); s) Gratias[2]); t) Nunc dimittis; u) Complementa[3]); v) Dominus vobiscum. Benedictio.[4])

Wiewohl es nicht ganz klar wird, ob dieser Entwurf als Grundlage der in Aussicht genommenen, völlig deutschen Meßordnung betrachtet sein will, gehört seine Würdigung durchaus in diesen Zusammenhang. An jenen lateinischen Gebeten läßt sich Zwinglis liturgisches Können bereits deutlich wahrnehmen. Sie sind nicht nur von besserem Latein als der Ordo, sondern eine auf sorgsamer Benutzung des Herkömmlichen beruhende Nachbildung, aus neuem Geist heraus geschaffen. Natürlich ergiebt die Aufeinanderfolge von vier Lesestücken eine Mißlichkeit, die Zwingli nicht empfunden zu haben scheint. Übrigens ist das Ganze reicher gedacht, als sein eigenes Schema merken läßt; denn er will der Predigt, wie er nebenbei am Schlusse der Schrift bemerkt, die Fürbitten für Obrigkeit und Kirche angeschlossen wissen. Auch setzt der Wortlaut des vierten Original-Stückes den unveränderten Gebrauch des Agnus voraus. Bedenklicher ist, daß namentlich dem ersten unter jenen[5]) ein rein lehrhafter Inhalt eignet, der dem Verfasser besonders wichtig scheint und den er mit Hilfe beigesetzter Ziffern hernach systematisch zusammenfaßt.[6]) Die eigentlichen Gebete beziehen sich auf die Speisung der Seele mit dem göttlichen Wort, auf den Glauben und seine Frucht, auf einen würdigen Genuß des Abendmahls. Die Eigenart seines Geistes läßt der Verfasser dabei im günstigsten Lichte sehen. Nicht nur, daß die geistliche Speisung und die Mehrung des Glaubens betont werden: die sittliche Frucht ist es, die ihm am meisten gilt, vor allem Friede und brüderliche Einigkeit. Daß sich die Gebete alle an den Vater richten, entspricht im ganzen der Vorlage; daß aber auch dem Agnus und dem Worte Luk. 21, 33 eine solche Wendung gegeben wird, ist wohl nicht zufällig. Die sehr starke Betonung der Freiheit in Sachen des Gottesdienstes, soweit es sich nicht um überlieferte Christusworte handelt, sowie der Wunsch, daß jede christliche Gemeinde ihre eigenen Gebete haben möge, sind weitere Zeugnisse für den spezifisch Zürcherischen Geist der Schrift, die doch nur die Bedeutung eines vorbereitenden Schrittes beanspruchen konnte, wie denn die lehrhafte Art der Gebete sich nebenbei aus der Bestimmung des Traktats zur Belehrung der Gesinnungsgenossen erklärt.

Man weiß, daß diese Absicht nur teilweise gelungen ist.[7]) Heftige Angriffe nötigten Zwingli, bereits am 9. Oktober jene zweite Veröffentlichung folgen zu lassen, die Schrift De canone missae libelli apologia.[8]) Sie nimmt in aller Form zurück, was zuvor in Sachen

---

[1]) Venite igitur omnes, qui laboratis et onerati estis etc. Zwinglis Losung! — [2]) Corpus (sanguis) domini nostri Jesu Christi prosit tibi ad (in) vitam aeternam. — [3]) Gratias agimus tibi, domine, pro universis donis tuis, qui vivis et regnas etc — [4]) Si gratiarum actio sint, dicantur. — [5]) Es hat eigentlich Offertorium-Charakter. — [6]) l. l., p. 116. — [7]) Mörikofer, I. S. 196 f. — [8]) Opp. III. p. 177 ss.

der Priesterkleidung, des Gesanges, sowie einzelner Bestandteile des Ordo der Vergangenheit zugestanden worden war. Dabei erweckt vor allem die Ausweisung des Gesanges Bedenken — um ihrer Begründung willen: Paulus habe nur ein Singen im Herzen anempfohlen. Verständiger dagegen und auch nach Zwinglis eigenen Voraussetzungen nicht anfechtbar ist dies, daß er für die von ihm geschaffenen Gebete mutig eintritt, auf deren Schriftgemäßheit verweist und einem engherzigen Biblizismus nicht Raum geben will. Immerhin hatte er den ersten Vorschlag nun selbst zurückgenommen, er hat ihn später geradezu bereut.[1]

Inzwischen waren zu Zürich auch deutsche Ordnungen ins Leben getreten. Im Sommer 1523 hatte Leo Judä im Einverständnis mit Zwingli eine deutsche Taufordnung, „Eine kurze und gemeine Form", veröffentlicht[2]); am 10. August wurde nach diesem Formular im Großmünster die erste Taufe vollzogen. Dieses Büchlein enthielt nebenbei außer einer Trauformel auch drei Stücke für den Sonntagsgottesdienst, darunter „Ein gemein gebet am sunntag", auf welches sich die kurze Bemerkung am Schlusse der Epichiresis[3]) zu beziehen scheint. Wir werden diesem Kirchengebet noch wieder begegnen. Es hat samt seinen Begleitern in der „Ordnung" (1525?) einige Erweiterung erfahren und bildet auch für das heute im Gebrauch befindliche Formular noch immer die erkennbare Grundlage.[4]

Zu einer deutschen Abendmahlsfeier sollte es jedoch auch im folgenden Jahre noch nicht kommen. Zwar wurde im Mai 1524 zum letztenmal Prozession nach dem Lindenhof gehalten und bei dieser Gelegenheit das Hochamt durch Predigt und deutsches Gebet ersetzt.[5]) Dagegen hatte Zwinglis Gutachten in Sachen der Messe zu Pfingsten nicht den gewünschten Erfolg, und der Vorschlag, künftige Weihnachten die Stiftung Christi schriftgemäß zu feiern, fand keine Annahme.[6]) Ohne besonderes Aufsehen scheint im Herbst der gregorianische Gesang verklungen[7]), die Messe selbst an der Jahreswende in Abgang gekommen zu sein.

Erst die Karwoche des Jahres 1525 brachte aber den lang gewünschten Ersatz. Die Verhandlungen vor dem Rat am 11. und 12. April sind oft beschrieben worden.[8]) Zwingli war des Ausgangs so gewiß, daß er das Formular für die österlichen Kommunionen bereits am 6. des Monats hatte drucken lassen.

---

[1]) Opp. III. p. 593. — [2]) Werke II. 2. S. 224 ff. Vgl. Wolfensberger, S. 59 ff. Weller 2425 f. 2878. — [3]) Orationem pro potestatibus proque Ecclesia hic de industria omisimus, ne quaestui ulla rima pateat. Prius enim, cum Evangelium exponeretur, palam ex more hoc factum esse opportuit. — Dies die Notiz, welche Hans, S. 41, Anm. 4, nicht gesehen hat. — [4]) Wolfensberger, S. 63 ff. — [5]) Mörikofer, I. S. 228. — [6]) Bullinger, I. S. 112. 163 ff. — Gegen Grünberg, a. a. O., S. 495. — [7]) Bullinger, I. S. 291. — [8]) Z. B. Mörikofer, I. S. 275 ff.

6. Die neue Ordnung.

Was an anderen Orten, wie namentlich im befreundeten Straß=
burg, als Ergebnis einer mehrjährigen Entwickelung zu Stand und
Wesen kam, bildet in Zürich den lange geplanten, reiflich überlegten und
obrigkeitlich genehmigten, offiziellen Eröffnungsakt. Der erste praktische
Schritt ist auch sozusagen der letzte. Dem imposanten Eindruck dieser
Thatsache kann man sich nicht entziehen. Nichts erinnert in. störender
Art an die Übermacht der Vergangenheit; nichts erscheint als lediglich
provisorisch oder als Ausdruck der Unbestimmtheit, des Schwankens
zwischen Pietät und Freiheit.

Die Abendmahlsfeier Zwinglis ist losgelöst vom sonntäglichen
Gottesdienst. Sie soll nur viermal im Jahre stattfinden: zu Weih=
nachten, Ostern, Pfingsten und im Herbst. Von diesen Terminen hat sich,
um das sogleich hier mitzuteilen, der letzte lange Zeit nicht einbürgern
wollen; die Herbstkommunion fand am Bettage oder dem diesem vorauf=
gehenden Sonntag statt.[1] Übrigens war wenigstens das österliche
Abendmahl von Anfang an nicht als eine einzige Austeilung gedacht;
Gründonnerstag, Karfreitag und Ostern wurden gleicherweise durch
Kommunionen ausgezeichnet. Es war eine pädagogisch richtige An=
ordnung, daß Zwingli den Neukommunikanten den Vortritt ließ, und
ein sinniger Gedanke, zur Feier der Alten das Osterfest zu bestimmen.
Eine starke, fast allgemeine Beteiligung an diesen ersten Veranstaltungen
wird ausdrücklich bezeugt.[2]

Fragen wir nach dem Gesamtcharakter der vorliegenden
Schöpfung, so ist es zu allererst die Kühnheit des Unternehmens als
solchen, was in die Augen fällt. Die Beschränkung der Abendmahls=
feier auf Vierteljahrskommunionen ist ein unerhörter Schritt. Was
bis dahin als der unentbehrliche Mittelpunkt des sonntäglichen Gottes=
dienstes betrachtet worden, kommt nunmehr ausschließlich als Schmuck
der Hochfeste in Betracht, wird damit aber auch um seine, den Gottes=
dienst bedingende, grundlegende Bedeutung gebracht, so daß man die
Wahl hat, darin eine Auszeichnung oder eine Herabsetzung der Sakra=
ments=Feier zu sehen. Es liegt auch eben beides darin: Wortgottes=
dienst und Abendmahlshandlung treten unter neuer Verteilung ihrer
Rechte in ein neues Verhältnis. Allein fast kühner noch als dieser
Entschluß ist die Selbständigkeit des Planes, der der „Aktion“ Zwinglis
zu Grunde liegt. Nirgend hat man, bei entschiedener Wertlegung auf
ein künstlerisch befriedigendes Gefüge, so freimütig mit dem Erbe der
Vorzeit geschaltet; nirgend, bei hoher Auffassung von der zu lösenden
Aufgabe, so frisch und fröhlich gewagt. Wir würden vom Standpunkt
der heutigen Erkenntnis und Gewöhnung aus von einem wirklichen
Wagnis reden dürfen, entsprächen nicht der Kühnheit Begabung und

---

[1] Wirz, I. S. 85 ff. — [2] Mörikofer, I. S. 277.

Geſchick. Die Linien dieſer Konſtruktion ſind mit der Sicherheit einer
Meiſterhand gezogen. Und, wie es auf dieſem Gebiete nicht anders
ſein kann, ſo iſt die Seele der ganzen Unternehmung lebendige
Frömmigkeit, erhöht zu wahrhaft kirchlichem Empfinden.

Es ſind ausgeſprochen evangeliſche Grundgedanken, auf denen
das Werk ruht. Das zeigt ſich ſchon in dem überraſchenden Verzicht —
nicht nur auf den Namen der „Meſſe“, ſondern auch auf Namen und
Begriff des „Sakraments“. Zwinglis Abneigung gegen beide iſt be=
kannt.[1]) Ihm iſt Alles Sakrament; aber in dem Terminus wittert er,
auch darin ein Moderner, römiſches Weſen, und er möchte von dieſem
Heiligtum lieber in den Lauten der Mutterſprache reden. Evangeliſch
iſt jedoch vor allem das Hervortreten des Schriftwortes gegenüber den
kirchlich überkommenen oder frei geſchaffenen Beſtandteilen der Hand=
lung. Die beiden Lektionen, die Stiftungsworte, der Paſſah=Pſalm
nehmen den breiteſten Raum ein. Das Zeremoniell iſt beſchränkt, die
Pracht der Meſſe verſchwunden und an ihre Stelle eine häuslich=ſittige
Einfalt der Formen getreten, die ſich doch frei hält von unfeſtlicher
Nüchternheit. Was der Holzſchnitt auf ihrem Titelblatte zu rührendem
Ausdruck bringt, das läßt die Handlung zur Wahrheit werden. Es
iſt die Familie, die feſtlich ſich vereinigt hat um ihres Herrn Tiſch,
aber die Familie als große, geſchloſſene, jeden Gedanken einer bloßen
Gruppenbildung fernhaltende, kirchliche Gemeinſchaft. Das prieſter=
liche Volk tritt hervor, die Hochfeier des Neuen Bundes zu halten.
Aus einer unmündigen Maſſe von hierarchiſch Geleiteten iſt eine
im Glauben gewiſſe, fröhlich ihr Dankopfer darbringende Gemeinde
geworden.

Und doch, ſo revolutionär das ganze Unterfangen dem Gegner
immer erſcheinen mochte, wie konſervativ iſt im Grunde der in der
„Aktion“ ſich offenbarende Sinn! Gegen die Umſtürzler hat Zwingli
bekanntermaßen genau die nämliche Haltung eingenommen, wie Luther.
Die Erhaltung deſſen, was, ohne Schaden ſtiften zu können, die Herzen
zu erheben geeignet ſchien, war ihm Bedürfnis. Was wir an den
lateiniſch formulierten Gebeten der Epichireſis erkannten, das tritt
auch hier wohlthuend hervor: der Freiheit vom Schema verbindet ſich
eine, vielfach auch dem Wortlaut des alten Ordo pietätvoll zugewandte
Anhänglichkeit. Dieſe gilt allerdings nicht der Vulgata, deren Latein
ſchon dem Humaniſten zu anſtößig iſt; in der Fidei Christianae Expositio zitiert er bezeichnenderweiſe die Einſetzungsworte weder nach
dem Meßtext noch nach der Vulgata.[2]) Sie gilt auch nicht, wie
Ebrard annahm, irgend einer beſtimmten Geſtalt der römiſchen Meſſe

____

[1]) A. Baur, a. a. O., I. S. 227 ff. Man ſollte bei Beurteilung deſſen
ſich gelegentlich erinnern, daß Luther geſagt hat: „Es iſt ein groß und ſelten
Ding um einen Chriſtenmenſchen, und Gott mehr an ihm denn am Sakra=
ment gelegen.“ — Von beider Geſtalt des Sakraments zu nehmen und ander
Neurung 1522. E. A. 28. S. 295. — [2]) Vgl. a. a. O. p. 76.

als solcher.[1]) Unbefangen wird dagegen hier wie dort die Salutation fest=
gehalten, die unverändert wenigstens einmal zur Verwendung kommt;
die Lektionen der Gründonnerstagsmesse sind in Geltung geblieben[2]); die
Form der Kollekten ist noch die herkömmliche; dem Evangelium folgt, wie
in Nürnberg, das verdeutschte Per evangelica dicta deleantur nostra de-
licta und der Kuß. Aber auch der Einzelausdruck in den Gebeten klingt
mannigfach an die schönsten Bestandteile der alten Ordnung an. So=
gleich die Eingangskollekte erinnert gleichzeitig an feierliche Klänge des
Offertoriums[3]) wie an wahrscheinlich vorreformatorische, in Luthers
Abendmahlslied aufgenommene Wendungen.[4]) Das Kommuniongebet
übersetzt geradezu das bekannte, schöne (hanc igitur oblationem) servitutis nostrae, sed et cunctae familiae tuae.[5]) Ebendort bietet der
Eingang einen deutlichen Hinweis auf das Veni, sanctificator der
Messe. Aber wie das Gebet am Anfang, so mahnt der Psalm am
Ende der Feier an uralte Vorbilder, auf welche auch die Didache
zurückgreift. Aus dem allen ergiebt sich ein wahrhaft ökumenischer
Geist, der nicht nur Zwinglis Abendmahlshandlung beherrscht, der
seiner Gottes= und Weltanschauung entspricht.[6])

Es ist richtig, daß in der „Aktion" das Gebet nicht im Vorder=
grunde steht. Aber das ist auch in Luthers „deutscher Messe" nicht der
Fall. Daher es nicht zutrifft, wenn man sagt, die mündliche Formulierung des Gebets sei für den „Spiritualisten nebensächlicher als
für Luther", der gottesdienstliche Gebetsakt sei ihm „unwichtig", er
habe das gemeinsame Gebet überhaupt mehr „geduldet" als befördert,
ihm wohl im Grunde nur erziehlichen Wert beigemessen.[7]) Das alles
ließe sich mit gleichem Rechte Luthern nachsagen, wenigstens für eine
entsprechende Reihe von Jahren. Zweifellos hat Zwingli sein Interesse
an formuliertem liturgischem Gebet viel deutlicher zu erkennen gegeben
als Luther.

Seine Stellung zu den Perikopen ersieht man nicht aus der
„Aktion". Zwingli ist ihr Feind. Wie er sich bereits in der Epichiresis für ihre regelmäßige Auslegung ausspricht, so bald darauf für
reichere Verwendung der heiligen Schrift.[8]) An der Predigt des
Wortes Gottes ist ihm im übrigen alles gelegen.[9])

---

[1]) Ebrard, a. a. O., S. 198. — [2]) Ihre Wahl verträgt daher eine tief=
sinnige Deutung so wenig, wie ihre Aufeinanderfolge (H. A. Köstlin, S. 202 f.).
Natürlich war das Evangelium den Zürichern besonders wert. — [3]) Suscipe,
sancte pater omnipotens etc. — Ebrards Meinung, hier liege der Introitus des gregorianischen Meßkanons vor, ist irrig. Vgl. auch Daniel,
S. 149. — [4]) „mit rechter trüw und glouben etc." Siehe auch die Wid=
mung: „Zu merung des gloubens und brüderlicher trüw" (vgl. oben S. 44,
Anm. 13). — [5]) „(Verlych uns auch, das wir so unschuldiklich läbind,
als) dinem lychnam, dinem gsind und kinderen zymme". — [6]) Merk=
würdigerweise urteilt Krauß, S. 156: „In dieser Liturgie ist alles, was an
die römische Messe erinnern könnte, gründlich abgethan." — [7]) Grünberg,
a. a. O. S. 475 f. — [8]) Vgl. die Nachweise bei Grünberg, S. 455. —
[9]) Werke I. S. 207 ff.

Bei Würdigung des Aufbaues der Feier darf man die von An=
fang an bestandene Anordnung nicht übersehen, daß a) Predigt und
Sündenbekenntnis die Handlung eröffnen.[1]) Auf diese folgt b) ein
vorbereitender Akt, wesentlich der ersten Hälfte der Messe entsprechend.
Hier überrascht vor allem die Stellung des Gloria, das, herbeigeführt
durch das Laus Deo, als ein großes Halleluja verstanden sein will,
während das Glaubensbekenntnis die Antwort auf das vernommene
Evangelium bedeutet.[2]) Nun schließt sich c) die eigentliche Kommunion=
feier an. Exhortation, Vaterunser, Gebet um Segen, Einsetzungsworte
leiten sie ein; die Vorlesung der Leidensgeschichte begleitet (später)
die Austeilung; der 113. Psalm folgt ihr nach. Endlich bilden d) eine
Mahnung zur Dankbarkeit, die in Segensform endet[3]), eine kurze
Kollekte und das „Geht hin in Frieden“ den Beschluß.

Es ist billig, diesen Grundriß ohne Rücksicht auf die Formen
der Ausführung zu beurteilen. Wen letztere in ihrer gesanglosen
Kahlheit zu einem ablehnenden Urteil verführen möchten, der bedenke,
daß die Konstruktion als solche die Ersetzung gesprochener Stücke durch
Lieder und liturgische Gesänge nicht ausschließt.[4]) Nimmt man ferner
an, daß die Predigt am Eingang in guten Grenzen bleibt, so eignen
dem Ganzen ein schönes Ebenmaß der Gliederung, übersichtliche An=
ordnung, reicher Wechsel und vor allem Feierlichkeit der Sprache wie
der Handlung.

Eine ungemeine Lebendigkeit des Flusses wird namentlich dadurch
herbeigeführt, daß nicht nur die einzelnen Bestandteile in glücklichster
Weise korrespondieren, — Predigt und offene Schuld, Epistel und
Gloria, Evangelium und Glaubensbekenntnis, Psalm und Schluß=
ermahnung (hier eine sinnvolle Inversion), — sondern auch dreimal
eine Wechselrede von größerem Umfange eingreift; Gloria, Kredo und
Psalm werden gruppenweise antiphonisch gesprochen[5]), — ein in jedem
Falle auf vortrefflicher liturgischer Überlegung beruhender Griff.

---

[1]) Das Schema bei Köstlin, a.a.O., S. 202 f. Hans, S. 43 f. Achelis,
S. 186 und Hering, S. 290 ist hiernach zu vervollständigen. Vgl. oben „Ein
Vorred“; dort wird der Predigt ausdrücklich Erwähnung gethan. — [2]) Vgl.
die Ausführungen Zwinglis in der Epichiresis (s. oben S. 202, A. 13). —
Daß Ebrard das Kyrie vermißt (S. 198), zeugt von Mißverständnis. Auch
Grünberg hat die Anordnung nicht verstanden (S. 484. 496). — Daß
Zwingli das Apostolikum an die Stelle des Nizänum stellt, kann man nicht
auf das Konstanzer Missale zurückführen. Denn das letztere schreibt (Bl. 71)
im Ordo allerdings das „Symbolum Apostolorum“ vor, bietet aber als dessen
Wortlaut das Nizänum. — [3]) Diese ein späterer Zusatz Zwinglis (s. o.). —
[4]) „Indem wir aber andrer kilchen mee ceremonien (als vilicht jnen
fuglich und zu andacht fürderlich), als da sind gesang und anders, gar
nit verworfen haben wellend“ (Widmung, s. oben S. 195). Vgl. Mörikofer, I.
S. 92 ff. Grünbergs Ausdruck „Der gesangfeindliche Zwingli“ (S. 481) ist
im wesentlichen auf Opp. I. S. 373 ff. gegründet und für die spätere Zeit
jedenfalls unzutreffend; vgl. a. a. O. S. 474. 480 ff. Billiger beurteilt er des
Reformators Stellung zu den Bildern, unter Berufung auf I. S. 561.
II. 1. S. 26. 46. III. S. 318. IV. S. 15. — [5]) Dies Chorsprechen soll

Hierzu kommt eine mannigfaltige und wohldurchdachte Aktion. Die sogenannte „sitzende Kommunion“, durch welche ein Moment der Bewegung preisgegeben ist, bringt doch durch die gesteigerte Thätigkeit der Diener in die Feier wiederum Handlung hinein. Aber auch sonst wird der Ausfall reichlich ausgeglichen. Vor allem schon der Umstand, daß erst nach Predigt und Sündenbekenntnis der Tisch feierlich aufgestellt, gedeckt und zugerüstet wird[1]), giebt dem Eingang zur Eucharistie eine sinnreiche und wertvolle Ausstattung. Sodann ist mit dem Auftreten der drei Geistlichen und dem Wechsel ihrer Funktionen ein belebendes Element gewonnen, bzw. bewahrt. Die Gemeinde kniet zu dreien Malen[2]) nieder — Eingangsgebet, Vaterunser, Lobpsalm — und erhebt sich darnach. Man sieht, daß sich aus der Vereinigung aller dieser Anordnungen ein lebensvolles Ganze ergeben muß. Dazu kommt die schlichte, aber eindrückliche Symbolik: der Leser küßt das Evangelienbuch, der Pfarrer nimmt Brot und Kelch und hebt sie auf[3]), auch die Kommunikanten nehmen Brot und Kelch in ihre Hand.

Man sagt, die communio sedentaria sei im Gegensatz zu der ambulatoria der Ausdruck der Gemeinschaft der Gläubigen unter einander, nicht der des Verlangens nach Gemeinschaft mit dem Herrn.[4]) Für Zwingli ist schwerlich eine Überlegung dieser Art maßgebend gewesen, sondern statt dessen die Vorstellung des Vorganges am Abend der Stiftung. Dafür empfängt seine Ordnung von Kliefoth den Titel einer „Karrikatur“.[5]) Unbewußt mag bei Zwingli daneben das ethisch-soziale Interesse mitgesprochen haben, das in Zürich auch die gottesdienstlichen Maßnahmen sichtlich stark beeinflußt hat. Männer und Weiber haben getrennte Plätze. Wir beachten auch die ernste Ermahnung und Warnung vor Heuchelei und Ärgernis, sowie das Kommuniongebet mit seinen Bitten um Unschuld, vorbildlichen Wandel, Verherrlichung Gottes durch beide.[6])

Eine Bibelübersetzung, welcher Zwinglis Formular folgt, wird man vermutlich nicht finden. Zwingli hatte nachweisbar in Besitz die

---

schon zu Zwinglis Lebzeiten auf ein bloßes Amen der Gemeinde beschränkt worden sein. Mörikofer I. S. 291. Vgl. oben die Bestimmungen der Expositio. Wahrscheinlich bewährte sich der anfängliche Brauch nicht. — [1]) So wenigstens nach der Expositio (s. o.). — [2]) So nach E; die „Aktion“ verzeichnet die Aufforderung dazu nur vor dem Vaterunser. Das Knieen blieb in Zürich lange üblich (Ebrard, VIII.). — [3]) Nach der Expositio wird das Brot auch feierlich gebrochen. — [4]) Hagenbach, — Grundlinien, S. 153 — der dies hervorhebt, meint doch, daß bei jeder der beiden Einrichtungen auch der andere Gedanke zu seinem Rechte kommen könne. — Ihre Verbindung darf man in der Anordnung a Laskos finden: gruppenweises Kommen und Sichniederlassen (Ordnung der Niederländisch-Reformierten. London 1550). — [5]) a. a. O., S. 38: „Die karrikirte Form eines Gemeindemahles“. Und das, obwohl auch Luther gesagt hat: „Jhe neher nu unsere Messe der ersten Mesz Christi sein, yhe besser sie on zweyfel sein, und yhe weyter davon, yhe ferlicher.“ Sermon vom Neuen Testament. 1520. W. A. B. 6. S. 355. — [6]) Vgl. auch die Form „die Predig anzefahen und zu enden“.

Froschouerschen Folio=Ausgaben „Das Alt Testament dütsch ꝛc." von
1525 und „Das ganz Nüw Testament ꝛc." von 1524.[1]) Diese Aus=
gaben vermochte ich nicht einzusehen, wohl dagegen „Das dritt teyl
des Alten Testaments ... Getruckt zu Zürich by Christoffel Froschouer"
und „Das Neu Testament Grundlich und recht Verteutscht Getruckt
zuo Zürich bey Christoffel Froschouver", beide ohne Jahresangabe, aber
vermutlich 1527 in Sedez gedruckt.[2])

Mit diesen Ausgaben verglichen, zeigt die „Aktion", sowohl was
den Psalmtext, wie was die neutestamentlichen Perikopen betrifft, keine
erhebliche Übereinstimmung. Ich vermute, daß Zwingli alle diese
Stücke nach freier und neuer Übersetzung wiedergegeben hat, ohne sich
an irgend eine Vorlage zu binden. Vor allem die Wiedergabe von
1. Kor. 11 ist in einzelnen Partieen so frei und originell[3]), wie es
wohl keine Bibelübersetzung der Welt sein wird. Der Text der an=
geführten Züricher Bibel=Ausgaben ist überall dem Luthertexte viel
näher, als es der Wortlaut der „Aktion" ist.

Die liturgischen Grundsätze, welche Zwingli in Widmung
und Vorrede der „Aktion" niedergelegt hat, sind vorherrschend negativ
formuliert. Daß er die Schriftmäßigkeit nicht im Sinne biblizistischer
Unfreiheit gemeint, zeigt bereits die „Apologie" (1523) und erst recht
unsere Abendmahlsordnung. Wenn er der „menschlichen Blödigkeit"
einigen Schmuck des Gottesdienstes zugesteht, so thut er's doch nicht
ungern; denn „dürr und rauh" mag auch er selbst es nicht. Aber
die Rücksicht auf die Schwachen findet überhaupt stets ihre gebührende
Ergänzung in der Zurückweisung jeglicher Herrschaft der „Schwachen".[4])
Diese sollen vielmehr zu besserer Erkenntnis geführt und innerlich
gestärkt werden.

Es scheint mir gewagt, aus Zwinglis Sakramentsbegriff oder
=Nichtbegriff seine Anschauung vom Gottesdienst herleiten zu wollen.
Ist doch die Kommunionfeier gerade für ihn nicht das, was den Gottes=
dienst ausmacht. Daß er im Abendmahl nur ein handelndes Subjekt,
die Gemeinde, anzuerkennen scheint, wird zwar mit seiner Gesamtauf=
fassung vom Walten Gottes zusammenhängen, der alles in allem er=
füllt und mit dessen ganzer Schöpfung sich die Gemeinde der Frommen
in Lob und Dank vereint, wie ihm denn andererseits der Glaube nicht
vorherrschend als religiöse Empfänglichkeit, sondern mehr als lebendige
Kraft in Betracht kommt.[5]) Im übrigen läßt die Zürcher Sonntags=
feier eine ganz andere Auffassung erkennen. Hier ist die Gemeinde
lediglich das Objekt für die pädagogische Thätigkeit des Geistlichen.
Es ist der Predigtgottesdienst der alten Kirche, so schmucklos wie dieser

---

[1]) Vgl. Mezger, S. 44 und 69. — [2]) Vgl. Mezger, S. 73 und 73 f. —
Beide im Besitz der Straßb. Univ.=Bibl. — [3]) Vgl. in V. 27 und 29 die vor=
sorgliche Umschreibung des Begriffes „unwürdig"! — [4]) Vgl. Art. 48 in
„Uslegen und gründ", I. S. 376 ff.; ferner III. p. 113. 118. — [5]) Stähelin,
a. a. O., S. 634.

und wesentlich von der gleichen Tendenz[1]), obwohl natürlich andern
Geistes. Erst in der Abendmahlshandlung offenbart sich dieser in
reiner Form. Gewiß giebt sich auch Zwinglis Theologie in unserm
Formular mit einiger Deutlichkeit zu erkennen. So wird man trotz
des übernommenen Gloria und der trinitarischen Gebetsschlüsse den Zug
zum Unitarismus bemerken, der sich in der Vermeidung der Gebetswendung an Christus und in der Umrahmung der Kommunion mit
Hinweisen auf den Schöpfer und Regierer der Welt[2]) bekundet, wie
er bereits in den älteren, die Messe behandelnden Schriften sich Ausdruck verschafft. Aber auch dies ist unverkennbar, daß Zwingli mit
Glück jeden, die Feier störenden Einfluß lehrhafter Art in der „Aktion"
vermeidet. Und am deutlichsten verrät sich wohl seine Stellung zu
der Frage des Gottesdienstes darin, daß er es ablehnt, der Zeremonien
wegen mit irgend jemandem zu zanken. Mag jede Gemeinde und
Kirche sich ihre eigene Ordnung schaffen. Diese wird ihren Zweck erfüllen, wenn sie der Schrift nicht widerstreitet und „dem Herrn viel
Volks zu gewinnen" geeignet ist.

Die Einzigartigkeit der Erscheinung, daß eine Gottesdienstordnung
von solcher Eigentümlichkeit sich im wesentlichen bis zu dieser Stunde
in Geltung erhalten hat, ist ein Zeugnis der Geschichte, dem die
liturgische Forschung durchgängig zustimmen mußte. Der erste Eindruck
der Züricher Abendmahlsfeier hat sich siegreich behauptet. An eine weite
Verbreitung war freilich nicht zu denken. Nicht nur Zwinglis Eigenart, sondern auch die der Schweizer überhaupt hatte in dem Formular
ihre Ausprägung gefunden. Der Reformator selbst bezeichnet in der
Expositio als solche Städte, die sich wesentlich derselben Ordnung
bedienten, außer Zürich nur Bern und Basel.[3]) Und selbst diese
sind nicht dauernd bei jener Form geblieben; um so treuer Zürich
selbst. Nur war es vom Übel, daß man, die Einrichtung Zwinglis[4])
für unübertrefflich haltend, sich bis zum Ende des Jahrhunderts der
Einführung des Kirchengesangs widersetzte, während Basel schon 1526
mit dieser Maßnahme vorging.

Fast übereinstimmendes Lob zollen der That des Züricher Reformators die neueren Liturgiker.[5]) Daß Kliefoth hiervon eine Ausnahme
macht, bedarf der Erwähnung nicht. Von ihm erhält Zwingli lediglich
das Dienstbotenzeugnis, daß er „sich Mühe gegeben". „Liturgische
Handlung hineinzubringen und die Gemeinde mitthätig zu machen"[6]),
und zwar von evangelischen Gedanken aus, ohne sklavische Abhängigkeit

---

[1]) Hans, S. 35 ff. — [2]) Vgl. Eingangsgebet und Schlußpsalm. Bei
Ablehnung der Adoration der Hostie hat Zwingli die Anbetung des Menschen
in Christus ausdrücklich abgelehnt. Vgl. III. 270 und oben S. 149. —
[3]) Opp. IV. p. 74. — [4]) Im wesentlichen richtig, doch im Ausdruck mißver-
ständlich dargestellt bei Wolfrum, a. a. O., S. 91 ff.; treffender noch bei Hans,
S. 37 ff. — [5]) So Nitzsch, S. 285 f.; Ebrard, S. VIII; Bassermann,
S. 22 ff.; Köstlin, S. 196 ff.; Hans, S. 35 ff. — [6]) a. a. O. S. 34. —
Ähnlich urteilt unter ausdrücklicher Zustimmung Alt, S. 303 f.

von dem, was einmal gewesen, das war am Ende etwas größeren Respektes
wert. Aber auch sonst atmet die gesamte Darstellung des Lutheraners
eine geflissentliche Geringschätzung[1]), um nicht zu sagen: Gehässigkeit.
Selbstverständlich ist die Forderung folgerichtiger, grundsätzlicher Er=
örterungen dem Reformator gegenüber nicht am Platze. Es ist genug,
daß der Vielbeschäftigte auch auf diesem Felde praktischer Arbeit etwas
Bleibendes geleistet hat. Daß er die Abendmahlsfeier vom Sonntags=
gottesdienste getrennt, darin ist schließlich wohl mehr als die Hälfte
der evangelischen Christenheit ihm gefolgt. Daß er die Kommunion=
handlung nach andern Voraussetzungen geschaffen als die regelmäßige
Predigtversammlung, erklärt sich aus den Zeitverhältnissen und schmä=
lert sein Verdienst nicht. Daß er mit kühnem Sinn und gutem
liturgischem Geschmack, unter pietätvoller Mitverwendung ererbter kulti=
scher Mittel, die einzige original zu nennende Schöpfung gottesdienst=
licher Art im Zeitalter der Reformation hervorgebracht hat, kann nie=
mand bestreiten.[2]) Doch soll auch dies nicht unbeachtet bleiben, wie
warm und fromm dem Zwingli Leo Judä in liturgischen Dingen zur
Seite gestanden hat. Mit rühmlicher Pietät schließt sich dessen „kurze
und gemeine Form“[3]) dem Herkommen an; doch giebt sich, zumal in
den für den Sonntagsgottesdienst bestimmten Stücken, — „Ein erma=
nung zu dem volk, so eins gestorben ist“ — vortreffliche selbständige
Gabe zu erkennen. Daß durch das Zusammenwirken dieser Freunde
noch viel Gutes und Großes für das kirchliche Leben der deutschen
Schweiz würde zu stande gebracht sein, ist mehr als bloße Vermutung
oder kindischer Rettungsversuch.

-----

[1]) Charakteristisch ist z. B. folgender Satz Kliefoths: „Als hierüber
(deutsche Taufe!) kein Aufruhr entstand, — das war in der Schweiz das Maß
des Gebührlichen — schrieb Zwingli . . . rasch seine Schrift De canone
missae etc.“ (S. 29 f.). — [2]) Unverständlich ist mir nach alledem, wie Grün=
berg (S. 424. 430. 448. 482) in Zwinglis gottesdienstlichen Unternehmungen
auf Schritt und Tritt die „spiritualistische“ Art des Reformators glaubt er=
kennen zu können. Die kühne Produktion Zwinglis widerspricht dem ganz
und gar. Auch die Behauptung, alles, was gottesdienstliche Handlung be=
deute, sei in Zürich verpönt worden (S. 469. 485), läßt sich nicht halten.
Überhaupt hat Grünberg bei Darstellung der Zwinglischen Gedanken und
Unternehmungen Früheres und Späteres nicht überall hinreichend deutlich ge=
schieden. — [3]) Zwinglis Werke, II. 2. S. 224 ff.

Neuntes Kapitel

Die Baseler Abendmahlsordnung.

— — —

1. Ausgaßen.

(I.) Form vnd gstalt Wie das Herren Nachtmal | Der kinder Tauff | Der Krancken haymsůchung | zů Basel gebraucht vnd gehalten werden. — Die warhait bleybt Ewig. — o. J. — 2 B. und 5 Bl. gr. 8⁰. Titel mit einem einfachen kantigen Sternenband umzogen. Baseler Univ.=Bibl. und Ratsschulbibl., Zwickau. — Weller 3790.

(II.) Form vnd gstalt wie der kinder tauff | Des herren Nachtmal | vnd der Krancken heymsůchung | jetz zů Basel von etlichē Predicanten gehaltē werden. — Die warheyt bleybt ewig. M.D.xxvi.[1] — 4 Bogen, der letzte von nur 7 Bl., gr. 8⁰. Das Titelblatt besteht aus vier Leisten; an der oberen ein Engelkopf mit weit gespreizten Flügeln, an der unteren zwei geflügelte männliche Wesen einen runden Gegenstand haltend. Die Säulen rechts und links sind verschieden, mannigfach ge= schmückt; an der rechten unten eine nackte Kindergestalt. Univ.=Bibl., Basel.

Dort auch eine Reihe späterer Ausgaben: 1529a: Agendbüchlin der Kirchen zu Basel mit dem Abschnitt „Ordnung des herrn Nacht- mals". (Erst hier Gesangstücke: Pf. 130; ein oder zwei Psalmen während der Austeilung; am Schluß „Es wöll uns Gott". Die Spendeformel etwas berändert.) 1529b: Bekanndtnus vnsers heiligen Christenlichen glaubens, wie es die kirch zu Basel haltet mit dem Abschnitt wie vorhin. Erst die Ordnung von 1529 bei Richter, I. S. 120 ff. Aus= gaben von 1537. 1569. 1572. 1578. 1584. 1591. 1666. 1701 geben immer noch wesentlich die gleiche Form.

— — — — —

[1] Diese Ausgabe bietet folgende Vorrede: Lieber christlicher leser, lasz dich nit ergern, das dise form der alten und etlicher kirchen ge- wonheit nit ganz gemesz. Es ist ye und ye das der ynsatzung Christi und der erbauwung des nechsten nit zůwider, untadlich gwesen, wie auch alhie zůerfinden. Auch seind die kirchenbrüch zu keiner zeit von apostolen her in allen christlichen gemeinden ganz gleych gebrucht worden, on zweyfel aus göttlicher schickung, damit den gutherzigen merer erkantnůs christenlicher freyheit, so den Ceremonien unverbunden, angezeygt und nit zerruttung der lieb gebracht wurt. Dann so die in- satzung Christi unverletzt bleibt, ergeret sich kein Christenlich gemeind von der ander, ob die sich schon in Ceremonien nit ganz gleichformig hilte, wie dann etlich unruwig, die mer yfers dann göttlicher kunst hand, unbillich zürnen und murmlen. Aber du, nach dem rat Pauli, yfer nach den besten gaben, ja eben nach dem kostbarlichsten weg der liebe, welche allzeyt sucht, was zu der eer Christi und zu gutem dem nechsten dienet, und sucht nit das jr, vertregt alles und ergert nütz. Bin on- gezwyfelt, du wirst auch hierin sehen, das es dir und andren zur besserung würt dienen. Das wölle Gott. Amen.

2. Litteratur.

K. R. Hagenbach, Kirchliche Denkwürdigkeiten zur Geschichte Basels. I. 1827. — G. E. v. Haller, Schweizerbibliothek. III. 1786. (Nr. 755. 756.) — P. Ochs, Geschichte der Stadt und Landschaft Basel. V. 1821. — H. Bullingers Reformationsgeschichte, nach dem Autographon herausgegeben von J. J. Hottinger und H. H. Vögeli. II. 1838. — H. Zwinglis Werke (M. Schuler u. Joh. Schultheß). II. 2. 1832. — Epistolae Oecolampadii et Zuinglii. Bas. 1591. — J. J. Herzog, Das Leben Johannes Ökolampads und die Reformation der Kirche zu Basel. I. 1843. — Derselbe, Art. „Öko- lampad" in Herzogs Real-Encyklopädie. X.² S. 708 ff. — K. R. Hagenbach, Johann Ökolampad und Oswald Mykonius. 1859. — S. Heß, Lebensgeschichte D. Joh. Ökolampads, Reformators der Kirche in Basel. 1793. — J. Riggen- bach, Der Kirchengesang in Basel seit der Reformation. 1870. — J. J. Mezger, Geschichte der deutschen Bibelübersetzungen in der schweizerisch-reformirten Kirche. 1876. — H. Weber, Geschichte des Kirchengesanges in der deutschen refor- mirten Schweiz seit der Reformation. 1876. — J. Alzog, Die deutschen Plenarien (Handpostillen) des 15. und zu Anfang des 16. Jahrhunderts. 1874. — L. Keller, Die Reformation und die älteren Reformparteien. 1885. — M. Graf, Geschichte der Kirchenverbesserung zu Mühlhausen im Elsasse. 1818. — G. Veesenmeyer, Denkmal der einheimischen und fremden Theologen, welche in Ulm zu der wirklichen Einführung der Reformation daselbst 1531 gebraucht wurden. 1831. — J. C. Schmid und J. C. Pfister, Denkwürdigkeiten der Würtembergischen und Schwäbischen Reformationsgeschichte. 1817. 2. — H. A. Köstlin, Geschichte des christl. Gottesdienstes. 1887. — Th. Kliefoth, Liturgische Abhandlungen. VII. 1861. — A. L. Richter, Kirchenordnungen. I. 1846. — Th. Harnack, Praktische Theologie. 1877. — C. A. G. v. Zezschwitz, System der Praktischen Theologie. 1878. — R. Cruel, Geschichte der deutschen Predigt im Mittelalter. 1879. — A. Baur, Zwinglis Theologie. I. 1885. II. 1889. — Vgl. auch oben Kapp I. III. VIII.

---

3. Form und gstalt wie das Herren Nachtmal ꝛc. zu Basel gebraucht und gehalten werden (I).
Die warhait blepßt ewig.

---

¹) Grauch zu rapchen die hapfigen Sacrament des lepbs und bluts Christi.

Nach verkündung des Gotswortes in der Predig sagt der Pre- dicant soliche warnung:

Alle die jhene, die da begeren die Sacrament zu empfahen, er- mane ich durch die lieb Christi, das sy sich vorhin beweren, ob sy

---

¹) II läßt Folgendes voraufgehen: Ein ermanung und offen Beicht vor der predig. Ich armer sünder bekenn mich gott dem almächtigen, das ich leyder vil gesündt hab und mich in sünden also verdieft und verderbt, das ich mein sünd und sündlich leben noch erkenn noch be- weyn genugsamlich. Darumb, almächtiger gott, ein vatter alles trostes, ich bitt dich, du wöllest mit mir thun nit nach der vile meiner sünd, sunder nach deiner manigfeltige barmherzigkeit, und send mir zu dein heyligen geyst in verkündung deynes wortes, damit ich kumm zu er- kantnüsz meiner sünd und sündlichen lebens, mög mich warlich de-

wiſſen und haben die gehaymnus des Sacraments, damit die berlin[1] nit fürgeworfen den ſewen, und ſy ſchuldig des leibs und bluts Chriſti werden.

Unſer gehaimnus iſt, das Chriſtus uns iſt das brot des lebens, das wir mit dankſagung bey diſem Sacramentlichen brot bezeügen. Darumb vor allem ainen yeden mitgnoſſen des Nachtmals zu wiſſen, das jm ſeyn ſünd durch das leyden Chriſti verzygen ſeind. Er ſoll auch in jm briefen, das ſolicher glaub und vertrawen jn yetz treyb zu ainem newen, frydſamen, gotsforchtſamen leben. Fürter bezeügen wir uns hie verainigt ſein in ain leyb Chriſti, ſo in ainigkait des glaubens erfunden, und iſt inhalt unſers glaubens ſolicher:

Wir glauben in ainen Gott, vatter, almechtigen, ſchöpfer hymelreychs und erdreychs. Wir glauben in ſeyn ſun, unſeren herren Jheſum Chriſtum, der empfangen vom hayligen gayſt, geboren von der Junkfrawen Maria, der gelitten under dem richter Pontio Pilato, gecreüziget ward, ſtarb und begraben wurd; der da abfur zu der hell, am dritten tag auferſtund von den toten, auffur in den hymel, der da[2] ſitzt zu der rechten ſeines himeliſchen vaters, davon er zukünftig, zu richten uber die lebendigen und toten. Wir glauben in hailigen gayſt, wir glauben ain Chriſtenlich Kirch, das iſt gemainſchaft der hailigen; wir glauben nachlaſſung der ſünd, auferſtentnus des flayſch und nach diſem leben das ewig leben.

Bey diſem Artikel laſſen wir es bleyben, nyemand anderſach halben[3] frevenlich urtaylen.[4] Desgleychen haben wir auch allain die verbant, die durch das wort Gottes verbant ſeyn und die da ſüchen[5] den leyb Chriſti als ungeſunden und dürren[6] glyderen. Wir ſollen und künden nit gemaynſchaft hon hie in diſem Nachtmal mit den abgöttern, zauberer, gots leſterer oder durchächter des wort Gottes und der hailigen Sacrament des Taufs und des herren Nachtmals. Verbant ſeyn uns die, die vatter und mutter nit in eeren hond, die ungehorſam ſein weltlicher Oberkait, aufrüriſch und ſich wideren jrer zyns und zols ꝛc., die da ſich in den ſachen des glaubens nit wöllen mit dem wort richten lon. Verbant ſein[7] all totſchleger und die jren neyd nit abſtellen; alle, die aus mutwillen kriegen, hurer, eebrecher, zuſaufer und braſſer, dieb, rauber, wucherer, oder[8] unzymlich

---

mütigen, dich in warheit suchen und in den tröstliche zusagungen in unserem herren Jesu mein herz und conscienz zu friden stellen. Und, o herr Jesu Christe, meyn erlöser, ich bitt dich durch dein bitter sterben und leiden, das du wöllest sein mein fürbitter und mitler bey Gott, deinem hymelischen vatter, und mit deiner gerechtigkeyt und onschuld vertretten meyn sünd und bosheit. Darzu verleich mir, nit allein zu hören das wort, sunder auch des im herzen zu behalten und darnach zu leben. Amen. Sprechet ein Pater noster. — [1] = Perlen. — [2] II: da er. — [3] 1529a: Niemand, der söliche glaubt. — [4] II: urteylend. — [5] II: schmähen. — [6] II: ungesunde und dürre. — [7] II: sind. — [8] II: oder die, so.

gwyn, hantier und gwerb treyben, die nit zu geben oder nemen[1]); myeßiggenger, die ain uberbürden mit jrer faulhait den nächsten. Verbant seyn all falsch zungen und undertrucker der gerechtigkait. Dan die all hoben kain glauben und seynd verspotter Gottes, der da will ain hailig, dapfer volk haben. Es begeb sich auch ain yeder, wa er fürthyn in dero und deren gleychen laster begryffen wurde, das er brüderlich straf in gutem aufnemen wöll, und so er ain gemain geergert, sich wöll mit ainem newen leben mit dero verfienen.

Ytzund vorhin sollen wir bitten für alles, des befohlen ainer Christenlichen gmain. Zum ersten, das Gott seyn Kirch und volk begab, regier und beschirm mit dem gayst der weyshait, der sterke und gottseliger kunst und erkantnus unsers herren Jesu. Bittent auch für ain gemayne Oberkait, nemlich für ain ganz gemayn Aydgnoschaft, für den Ersamen Burgenmayster, Zunftmayster, Rat und gmayn stat und land Basel, das sy Got all nach seynem willen weysen und layten wöll, das wir mit ainander ain gottsförchtig, frydsam und christlich leben füren mögend und nach disem leben das ewig leben erlangen. Lassend euch auch befohlen seyn alle, die umb seines worts willen geängstigt seyn und genötigt werden, das jn Got beystand, damit sy in verjehung der warhait besteen. Auch das er uns aus seyner barmherzigkait gnedigklich zu dienen wöll alle notdurft zu leib und seel. Amen.

Sprecht ain vatter unser.

Hernach vor dem altar, so da berayt brot und weyn[2]), mit angezündten kerzen, on all weyter Ceremonien: Jr lieben in Christo, das wir dester nutzbarer die heiligen Sacrament des leybs und bluts Christi in dankbarkeit entphahen, wöllen wir zum ersten unser schuld verjehen: O almechtiger Gott und hymelischer vatter, wir armen, ellenden sünder bekennen uns von unser kindhait an bis auf die stund gesündt haben (!) wider dein gebot in bösen gedanken, worten, willen und werken, die wir nit erzelen mögen, und zuvorab in großem unglauben. Darumb wir nit wirdig, deine kinder genant werden oder unser augen in hymel aufzuheben. Ach Gott und vatter, das wir dich nye erzyrnet hetten. Wir bitten dich, wöllest uns durch dein barmherzigkait und eere deines namens willen mit verzeyhung unser sünd zu deiner gnad aufnemen.

Höret ain Psalm: Aus tyefem herzen[3]) ryef ich zu dir. O herr, o herr, hör mein stymm. Laß deyn oren auf merken auf die stymm meins flehenden bittens. Woltestu acht haben auf myssethat, o herr, wer wurd beston? Ist doch bey dir verzeyhung, das man dich fürcht. Ich wart des herren, mein seel wartet, und ich wart auf seyn wort. Mein seel, wart auf den herren von ainem morgen zu dem andern.

---

[1]) = die nicht aufzutragen noch zu übernehmen sind. — [2]) Jn II fehlen die folgenden Worte. Statt dessen: spricht er also: Ir lieben etc. — [3]) Dies Wort, in dem Baseler Exemplar von I gelöscht, fehlt in II.

Israel wartet auf den herren; dann es ist barmherzigkait bey dem herren und große erlösung bey jm. Und er wirt Israel erlösen von allen sünden. Herr, erbarm dich, Christe, erbarm dich, o herr, erbarm dich und sey uns gnedig ymmer und ewigklich.

Höret Absolution: Es wirt sich unser erbarmen der Almechtig Gott, der uns seynen sun zu aynem gewissen underpfand gesendt hat in die welt, der als das unschuldig lemblin geopfert wurd, unser sünd trug und für sy genug thet. In wölichem unsern herren Christum wer da glaubt, wurd hon verzeyhung seyner sünd und das ewig leben. So jr den glauben habt, sprich ich durch kraft solichs glaubens ledig und los von allen sünden: im namen des vatters und des suns und des hailigen gaysts. Amen.

Dieweyl in empfahung der Sacrament der fürnemlichisten stuck ains ist, ja die sach ganz, bedenken des leyden Christi: so höret und bedenket, wie das vor langer zeyt Esaias im gayst gesehen hat, der da sagt: O herr, wie gar wenig glauben diser unser red, und wie so wenig ist die sterk des arms des herrens eröffnet. Für Gott wuchs er wie ein barm und wurzel aus dürrer erden. Er het weder Gestalt noch zier, und wir haben jn gesehen. Er was als feindselig, das wir kain lust zu jm hetten. Er was verschmecht und was kayn man mee; er was ain schmerzenhaftiger man und wüst, was hieß krank sein, und wir verbargen unser angesicht vor jm. Er was verschmecht, und wir haben jm gehalten, als hab jm Got geblagt und demütigt. Und er ist geschwecht worden von unser übertrettung wegen; unser straff ist volkommen über jn kommen, und in seinem verheften ist unser wunden gehaylt worden. Wir all haben geirret als die schaff, und ain yeder hat auf seynen weg gesehen. Und der Herr hat gemacht, das unser aller sünd auf jm geplatzt ist. Er ist gebüßet und gemartert worden, und er hat sein mund nit aufgethon, wie ain schaff, das da gefürt würt zum opfer, und als ain lamb, das da verstumbt vor dem, der es schirt, und öffnet sein mund nit.[1]

Höret aus dem Evangelio Matthei und betrachtet es:

Da sy Jesum gecreuziget hetten, taylten sy seyn klayder und wurfen das los darumb, auf das da erfüllet wurd, das da gesagt ist

---

[1] II: Hie würt für die prophecey undertweil gelesen die letz aus der ersten Epistel zun Corinthern am xj. (folgt c. 11, 23—34, wesentlich nach Luther). Oder darfür wirt gelesen aus dem andern Capitel (!) zu den Corinthern (folgt 2. Cor. 5, 14—21 wie bei Luther; nur lautet V. 17: „Ist etwa ein neuwe (!), so ist das alt vergangen; siehe etc."; in V. 20: „als vermanete Gott durch uns"; zuletzt: „werd versünet mit Gott; denn er hat den, der kein sünd wüszte, etc."). Oder darfür wurt gelesen aus dem andern Capitel zu den Philippern (folgt c. 2, 5—11: „hat er es nit ein raub geachtet"; „und die gestalt eynes knechts angenommen"; „hat sich selbs ernidert und ist gehorsam worden"; „zum preis Gottes des vatters". Sonst wie Luther.) Der XXII. Psalm Davids (wie oben hernach folgt).

durch den propheten: Sy haben meyne klayder under sich getaylt und uber meyne gwand haben sy das los geworfen. Und sy saßen da und hüteten seyn und steckten oben zu seynen haupten die ursach seynes todes beschryben, nemlich: Dies ist der künig der Juden. Und da wurden zwen morder mit jm gecreuziget, ayner zur rechten, ayner zur linken. Da (!) aber fürüber giengen, lesterten jm und schüttelten die köpf und sprachen: Der du den tempel Gottes zerbrichest und barwest jn in dreyen tagen, hilf dir selber. Bistu Gottes sun, so steyg herab von dem creuz. Desgleychen auch die hohen priester spotteten seyn sampt den geschriftgelerten und eltisten, und sprachen: Anderen hat er geholfen und kan jm selber nit helfen. Ist er der künig von Israel, so steyg er nun vom creuz, so wollen wir jm glauben. Er hat Gott vertrawt, der erlös jn nun, lust es jn; dann er hat gesagt: Ich bin Gottes sun. Dasselb rupften jm auch auf die morder, die mit jm gecreuziget waren. Und von der sechsten stund an ward ain finsternus uber das ganz land bis zu der neunte stund. Und umb die neunte Stund schry Jesus laut und sprach: Eli, Eli, lama azabathani. Das ist: Mein Gott, mein Gott, warumb hastu mich verlassen? Etlich aber, da sy das horten, sprachen sy: O der rieft dem Elias. Und bald luff ainer under jnen, nam ain schwam und füllet jn mit essich und steckt jn auf ain ror und trenkt jn. Die anderen aber sprachen: Halt, laß uns sehen, ob Elias kumm und helf jm. Aber Jhesus schrey aber ain mal laut und gab sein gayst auf.[1]

[2])O jr lieben. Jr habt gehört die unaussprechlich barmherzigkait Gottes. Der hymelisch vatter hat seyn aingebornen sun für uns in den schmelichsten tod geben. Der hyrt[3] gestorben für die schäflin, der unschuldig hat laydt für den sünder, das haupt für die glyder. Der oberst priester hat sich selbs zu ainem brinnenden opfer aus unseglicher lieb dem vatter für uns aufgeopfert und mit seynem blut unser verbündnus mit Gott dem vatter genugsam[4] versichert und versiglet. Darumb laßt uns die gutthaten in ewiger, frischer gedechtnus halten. Seyn blut berier unser herz. Jm sey lob in ewigkait. Nun wöllen wir nit unser seyn, aber des Herren, und knecht und diener seiner knecht. Nun wöllen wir Christo und nit uns leben und begeren, also eingeleybt seyn jm als[5] die glyder, durch seyn blut erlöset und geraynigt. Darumb auch wir mit danksagung ingedenk sein der gutthat seynes leybs und bluts, wie er uns des aller hailigsten brauchs hat wöllen erinneren, seynes Nachtmals. Des bedenket nun, als seßet jr bey Christo und hörtes von jm.

---

[1]) II: Hie wurt für den Passion gelesen undertweil aus Marco (c. 15, 24—38: wie hernach oben) oder Luca (c. 23, 33—46: nach Luther. Nur „zur linken hand"; „gab er den geyst auf") oder Joanne (c. 19, 16 b—30: Luther. Nur „die statt war nahe bey der statt"; „Maria Kleopas und Maria Magdalene"; „und gab den geyst auf"). — [2]) II: Eyn ermanung auf die letz des passion. — [3]) II: ist. — [4]) II: gnugsamlich. — [5]) II: also.

Der am nächsten tag, ee das er[1]) leydt, nam[2]) das brot in die hend, und als er dank gesagt, hat ers gebrochen und gesagt: Nemend, essend. Das ist mein leyb, der für euch geben wirt. Das thund mein zugedenken. Desgleychen hat er auch, als das Nachtmal geschehen was, das trank genommen, dankgesagt und jnen gegeben und gesprochen: Trinken aus disem alle. Das trank des Newen Testament ist in meinem blut. So dick und vil jr das thund, so thund es mein zugedenken. Dann so oft jr ymmer dises brot essen werdent, und von disem kelch trinken, sollen jr den tod des herren verkünden und hoch preysen.

Damit aber noch warhaftiger sey unser danksagung, so laßt uns bitten: Vatter unser[3]), der du bist im hymel. Gehayliget werd deyn nam, zu kumm uns deyn reych, dein will der werd als in hymel und auf erd. Unser täglich brot gyb uns heüt, vergyb uns unser schuld, als wir vergeben unseren schuldigern. Nit einfür uns in versuchung, sonder erlös uns vom bösen. Amen.

Ain yeder bewer sich vorhin, damit er nit das urtayl empfach; dann Gott will ain hailig, dapfer volk in aller zucht und andacht. Befleyßt euch on all gleyßnerey bezeügen christlicher lieb und ainmütigkait, damit der nam Gottes durch euch gehayliget werd.

So er denen[4]) darraycht das brot, spricht er: Der ungezweyfelt glaub, so jr hond in den tod Christi, für euch in das ewig leben. Desgleychen auch mit dem weyn: Der glaub, so jr hond in das vergossen blut Jesu Christi, für dich[5]) in das ewig leben.

Lassend euch die lieb befolhen seyn under ainander, und zuvorab die armen. Der fryd Christi sey mit euch. Amen.[6])

Marci am 15:

Und da sy jn gecreuziget hetten, taylten sy seyne klayder und wurfen das los darumb, wölicher was uberköme. Und es war umb die dritten stund, und sie creuzigeten jn, und es war die ubergeschrift seyner ursach oben uber jn geschryben, nemlich: Ain künig der Juden. Und sy creuzigten mit jm zwen mörder, aynen zu seyner rechten und ainen zu seyner linken, und die schrift ist erfüllet Esai. 53, die da sagt: Er ist under die ubeltheter gerechnet. Und sy giengen fürüber und lesterten jn und schüttelten jre haupt und sprachen: Pfeü dich[7]), wie seyn zerbrichstu den tempel und bawest jn in dreyen tagen. Hilf dir nun selber und steyg herab vom creuz. Desselben gleychen die hohen priester verspotten jn under ainander sampt den schriftgelerten und sprachen: Er hat anderen geholfen und[8]) kan jm selber

---

[1]) II: Jesus. — [2]) II: er. — [3]) Die Ordnungen von 1529 haben zum erstenmal: Unser Vatter — und Vatter unser. — [4]) Dies Wort fehlt in II. — [5]) II: euch. — [6]) Die folgenden Wechselstücke sind in II an der bezeichneten Stelle eingeordnet. — [7]) II: Pfüdich. — [8]) Dies Wort fehlt in II.

nit helfen. Ach des Chriſtus und des künigs von Jsrael. Er ſteyge nun vom creuze, das wir ſehen und glauben. Und die mit jm gecreuziget waren, ſchalten jn auch. Und da es umb die ſechſten ſtund kam, ward ain finſternus uber das ganze land bis umb die neunte ſtund. Und umb die neunte ſtund ruf Jeſus laut und ſprach: Eli, Eli, lama azabthani?[1] Das iſt verdolmetſcht: Mein Gott, mein Gott, warum haſtu mich verlaſſen? Und etlich, die dabey ſtunden, da ſy das horten, ſprachen ſy: Syhe, er rieft dem Elias. Da lief ainer und füllet ain ſchwam mit eſſich und ſteckt jn auf ain ror und trenkt jn und ſprach: Halt, laß ſehen, ob Elias komme und neme jn abe. Aber Jheſus ſchrey laut und gab den gayſt auf.[2]

Ain Pfalm: Mein Gott, mein Gott, warumb haſtu mich verlaſſen? Die wort meins heulens ſeynd feren von meynem hayl. Mein Gott, des tags ryef ich, ſo antworteſt nit, und des nachts hab ich kain ruwe. Aber du biſt haylig und woneſt under dem lob Jsrael. Unſer vätter hofften auf dich, und da ſy hofften, halfeſtu jn aus. Zu dir ruften ſy und ſeynd errettet. Sie hofften auf dich und ſeynd nit zu ſchanden worden. Jch aber bin ain wurm und kayn menſch, ain ſpott der lewte und verachtung des volks. All, die mich ſehen, ſpotten meyn, ſperren das maul und ſchütteln den kopf: Er klags dem herren, der helf jm aus und errette jn, hat er luſt zu jm. Denn du haſt mich aus meyner mutter leyb gezogen. Du biſt meyne zuverſicht, da ich noch an meyner mutter bruſten war. Auf dich bin ich geworfen von mutterleyb an. Du biſt mein Gott von meiner mutter leyb an. Mach dich nit ferne von mir; denn angſt iſt nahe, denn es iſt hie kain helfer. Groß farren haben mich umbgeben, fayſte ochſen haben mich umbringet. Jren rachen ſperren ſy auf wider mich wie ain brüllender und reyßender löwe. Jch bin ausgeſchit wie waſſer, alle meyne Gebayne haben ſich zertrennet, mein herz iſt worden in meynem leybe wie zerſchmolzen wachs. Meyne krefte ſeind vertruckent wie aine ſcherbe, und meyne zunge klebt an meinem gaumen, und du legſt mich in des todes ſtaub. Denn hunde haben mich umbgeben, und der böſen rotte hat ſich umb mich gemacht, ſie haben meyne hende und füße durchgraben. Jch möcht alle meyn gebayne[3] zelen. Sie taylen meine klayder under ſich, und werfen das los umb meyne grwand.[4]

---

[1] II: asabthani. — [2] II: Und der vorhang im tempel zerrisz in zwey stuck von oben an bis unden aus. — [3] II: beine. — [4] II a. a. O.: Aber du, Herr, mach dich nicht ferre; meyn sterke, eyle mir zu helfen. Errette meine sele vom schwert, von der hand der hunde meine einsame. Hilf mir aus dem rachen des löwen und erhöre mich under den hörnern der eynhörnern. Ich wil deinen namen erzelen meinen brüdern; ich wil dich in der gemeine rümen. Rümet den Herren, die jr jn förchtet; es ere jn aller same Jacob, und vor jm schewe sich aller same Israhel. Denn er hat nicht veracht noch verschmächt das ellend des armen und sein antlitz vor jm nicht verborgen, und da er zu jm schrey,

Aus dem Evangelio Luce von dem bitteren und ſchmelichen tod Chriſti: Es ſeind mit Chriſto zwen ubeltheter gefürt worden, das ſy getödt wurden. Und da ſy kommen ſeyn zu der haupt- oder ſchedelſtat, haben ſy jn daſelbs gecreuziget und die ubeltheter, ain zur rechten, den anderen zur linken. Aber Jheſus ſprach ꝛc.

4. Die Vorgeſchichte der Baſeler Abendmahlsordnung.

Baſel iſt, wie oben bereits feſtgeſtellt wurde[1]), unter den erſten Städten geweſen, in welchen deutſche Meſſen eingerichtet oder doch ge= halten wurden. Röblin[2]) und Wiſſenburg werden als die Männer bezeichnet, die dort zuerſt in dieſer Richtung vorgegangen ſind. Fügt es ſich ſomit für die Reihe meiner Einzelunterſuchungen günſtig, daß deren Ende wieder zum Anfang zurückführt, ſo iſt es mir auch in anderer Beziehung willkommen, daß nach der chronologiſchen Ordnung Baſel an das Ende kommt, weil die dort entſtandene Form in ihrer auffallenden Unabhängigkeit vom Ordo ſchon an der Grenze oder bereits jenſeit deſſen liegt, was man „Meſſe“ nennen kann. Was übrigens auch früher in Sachen des Meßgottesdienſtes zu Baſel ver= ſucht und hergerichtet worden ſein mag, — das Verdienſt eines ordnungsmäßigen Vorgehens gebührt dem Ökolampad.

Im November 1522 iſt dieſer mit Hutten nach Baſel gekommen.[3]) Die von dem Gang der Dinge in Zürich ſo abweichende Entwickelung der Baſeler Verhältniſſe verſteht man leicht. Ein vorläufig dem Papſt= tum noch immer zuneigender Rat, eine korrekt katholiſche Univerſität, das Gewicht einer, der neuen Bewegung feindlichen, hervorragenden Perſönlichkeit, wie Erasmus; dazu unruhige Zeiten, ſtete Kriegszüge der Baſeler, — was ſollte ein Fremdling unter ſolchen Umſtänden in kurzer Friſt zu ſtande bringen? Noch zu Ende des Jahres wurde Ökolampad an St. Martin unbeſoldeter Vikar. Daß er ſich als ſolcher der Sakramentsverwaltung enthalten konnte, mußte ihm willkommen

höret ers. Von dir soll meyn dank sein in der groszen gemeine; ich wil meine gelübde zalen vor denen, die jn förchten. Las essen die ellenden, das sy satt werden und rümen des Herren, die nach jm fragen. Eüwer herze müsse leben ewiglich. Es werde gedacht aller welt ende, das sy sich zum Herren bekeren und vor jm anbetten alle geschlecht der heyden. Denn der Herre hat eyn reych, und er ist eyn herre under den heyden. Las essen und anbetten alle feysten auf erden, las knie biegen vor jm alle, die in dem staub ligen. Und der sein sele nit leben leszt, ein same wirt jm dienen, vom Herren wirt man verkündigen zu kinds kind. Sy werden kommen und seine gerechtigkeit predigen dem volk, das geborn ist, das ers thut. — [1]) Vgl. S. 4 f. — [2]) Vgl. über Röblin (Röubli, Reublin) Heß, a. a. O., S. 50 f. — A. Baur, Zwinglis Theologie I. S. 324. II. S. 13. 16 f. 51. 54. — L. Keller, a. a. O. S. 381. Anm. 3. Die Charakteriſtik des Mannes iſt bei dieſen Forſchern keineswegs übereinſtimmend. — [3]) Vgl. für das Folgende z. B. Herzog, I. S. 208 ff.

sein. Ist unsre Annahme richtig, so stand seine Ansicht in Sachen der Messe fest; in ihrer herkömmlichen Gestalt vermochte er sie nicht zu lesen. Hatte er doch bereits[1]) in seinem „Testament Jesu Christi" den Laien gezeigt, wie sie sich unter Umgehung der alten Form mit der überlieferten Feier abfinden könnten. Andererseits kam ihm alles darauf an, in Basel zunächst festen Fuß zu fassen. So überließ er das Lesen der Messe seinem Helfer Bonifazius Wolfhart.

Noch im Jahre 1522, unter dem 10. Dezember, sehen wir Ökolampad mit Zwingli anbinden, dem er sich fortan trotz Behauptung gewisser Eigentümlichkeiten wesentlich unterstellt. Daß er bereits da= mals ein berühmter Mann gewesen, ersehen wir aus dem Briefe Pirkheimers, der ihn von dem Treiben eines mit Glück operierenden Doppelgängers unterrichtet.[2]) Bald werden sich jene Abgesandten der evangelisch Gesinnten in Niederland bei ihm eingestellt haben, durch deren Vermittlung, wie wir vermuten dürfen, jenes „Testament" zu seiner so denkwürdigen holländischen Übersetzung gekommen ist.[3]) Nicht lange, und Ökolampad wird zu deutlicherer Stellungnahme gegenüber dem alten Kirchentum und Gottesdienst genötigt.

Durch einige vornehme Ratsherren erging 1523 an die Insassen des günstig inmitten der Stadt gelegenen Barfüßer=Klosters die Auf= forderung, dem Volke an Stelle der täglichen Frühmesse regelmäßige Auslegung des Neuen Testaments zu bieten. Dies scheint der Anlaß für Ökolampad geworden zu sein, im Sommer des genannten Jahres mit täglichen Bibelbetrachtungen zu beginnen. Denn da jene sich weigerten, entschloß er sich, dem vorhandenen Bedürfnis Befriedigung zu verschaffen. Diese Auslegungen, in denen er bei Ausgang des Jahres ganze biblische Schriften zu behandeln anfing, führten ihn zu öffent= lichem Angriff, auch auf den überkommenen Kultus[4]), insbesondere auf dessen lateinische Gestalt.

Inzwischen bereitet sich insofern eine wichtige Änderung der Verhältnisse vor, als der Rat der Stadt im Lauf des Jahres 1524 die volle geistliche Gewalt für seinen Amtsbereich an sich nimmt, zeit= weilig selbst von der katholischen Partei darin bestärkt. Und nun gewinnt die Reformation, wenngleich ohne jede Übereilung, wesentlich denselben Verlauf wie anderer Orten. Ein Mandat (Anfang 1524) gebietet die Verkündigung des reinen Evangeliums und stellt jeden öffentlichen Angriff auf das eine oder andere Lager unter Strafe. Es mußte sich als folgenschwer herausstellen, daß der Rat in den Predigten der Geistlichen ausdrücklich die vier Evangelisten und den Apostel Paulus behandelt wissen wollte. Wohl im Zusammenhang mit den Folgen dieser Bestimmung hat eine Disputation gestanden, welche zwischen dem altgläubigen Priester Lienhart an St. Peter und unserm Wissenburger[5]) stattgehabt hat. Ihr Verlauf ist in Dunkel

---

[1]) S. oben S. 59 ff. 67 ff. — [2]) S. oben S. 60. — [3]) S. oben S. 64 ff. — [4]) Vgl. Herzog, I. S. 262. — [5]) Vgl. oben S. 4 f.

gehüllt; doch ist u. a. über die Feier des Abendmahls verhandelt worden.[1]) Der Rat selbst hielt eine vermittelnde Stellung inne. Wie wenig man in seiner Mitte an eine Abstellung der alten Bräuche dachte, ergiebt sich daraus, daß, als anfangs 1525 das Chorherrenstift St. Bernhard sich und das Seine dem Rate ergab, für die Erhaltung der Messe von Obrigkeits wegen Sorge getragen wurde.

Der bis dahin noch immer unbesoldete Ökolampad erhielt im Februar dieses Jahres ein regelrechtes Amt als Leutpriester an St. Martin, sträubte sich aber, die Verpflichtung zur Abhaltung des Meßgottesdienstes zu übernehmen; auch wurde ihm ein neuer Helfer zugestanden. Am 24. des Monats predigte er zum erstenmal in seiner neuen Stellung. Um die Schwachen zu schonen und nicht etwa zu ihrem Ärgernis etwas umstoßen zu müssen, enthält er sich durchgängig nach wie vor aller priesterlichen Verrichtungen, die Predigt ausgenommen. Ein Beweis, daß Zwinglis Meinung von der gebotenen Stärkung und Berichtigung der Schwachen[2]) für ihn vorläufig nicht entscheidendes Gewicht besaß. Ja, Ökolampad konnte sich später sogar entschließen, aus Rücksicht auf die Zurückgebliebenen hin und wieder wirklich den Meß= dienst zu versehen. Wie er im August 1525 nach altem Ritus taufte, so ist nicht gewiß, ob er das Abendmahl in jenen Tagen unter beiderlei Gestalt ausgeteilt hat. Zwar soll er auf wirkliches Kommunizieren gedrungen haben, aber es steht fest, daß er sich auch ohne dies zu= frieden gegeben hat.

In einer Predigt (Estomihi?) über Luk. 18, 31—43 bittet er die, welche von der alten Gewohnheit bloßen Zuhörens bei der Messe nicht lassen können, daß sie wenigstens während des Sanktus Gott dank= sagen und alsdann die Worte der Einsetzung innerlich erwägen sollen, um so von einer geistlichen Kommunion allmählich zu der sakramentalen vorzudringen. Vielleicht haben die Verhandlungen des Rats mit Erasmus zu solcher Vorsicht Ökolampads mit beigetragen.[3]) Konsequenter als er verfuhr sein Amtsgenosse Imeli an St. Martin, der seit Anfang 1525 endgültig mit dem Messelesen aufgehört hatte; aber der Rat zwang ihn, damit aufs neue zu beginnen. Derselbe Rat erneuerte übrigens sein Mandat am 22. April, schärfte beiden Parteien die Beobachtung friedlichen Auftretens ein und stellte ein Religionsgespräch in Aussicht.

Und nun schlägt auch nach Basel hinein der Aufruhr der Bauern seine Wellen, die Freunde der Reformation um vieler ängstlichen Ge= müter Sympathie beraubend. Zwar geht fast gleichzeitig die Reform, bzw. Aufhebung der Klöster ihren Weg. Aber für Ökolampad wird

---

[1]) Herzog, I. S. 271 f. — [2]) Zwinglis Werke, I. S. 376 ff. — [3]) Herzog, I. S. 293. Man kann für Ökolampads Verhalten den Umstand geltend machen, daß Röblins und Farels Widerstand gegen die obrigkeitlichen Verordnungen zu nichts geführt hatte. Farel hatte Pfingsten 1524 Basel ver= lassen müssen. Auffallend ist, daß wir über Wissenburgs Stellung in der Frage nichts erfahren.

troß feiner lange bewiefenen Vorficht die Lage immer fchwieriger. Schon auf der Grenze der Jahre war Thomas Müntzer bei ihm ge= wefen, woraus ihm viel Anfechtung erwachfen follte. Jetzt kam zu fchwierigen Verhandlungen mit den Wiedertäufern (Auguft 1525) der leibige Abendmahlsftreit, von dem Ökolampad, wie man weiß, fein reichliches Teil an Widerwärtigkeit und Unglimpf hinnehmen follte.[1] Es muß hier in Erinnerung gebracht werden, daß Wiffenburg der lutherifchen Anfchauung ergeben war. Ökolampad geriet durch feine Teilnahme an dem litterarifchen Handel[2] in faft allgemeinen Miß= kredit. Seine Anficht von der Erhabenheit der gläubigen Seele über jeden fakramentalen Akt war zwar nicht unerhört[3], ebenfowenig der Gedanke der Möglichkeit und des Wertes einer „geiftlichen Kommu= nion". Bedenklicher mochte die Thefe erfcheinen, daß der Gläubige, an feinem Teil auf das Symbol nicht angewiefen, es nur um der andern willen nehme.

Unter den allgemeinen Angriffen auf Ökolampad entzieht diefem auch der Rat feine Wohlgewogenheit. Im Oktober 1525 verfällt er der Zenfur, alle feine Schriften werden in Bafel verboten. Er felbft fchwebt in großer Gefahr. Allein, obwohl ihn lockende Anerbietungen nach außen rufen, ift er entfchloffen, in Bafel zu bleiben. Mehr noch, in diefem kritifchen Augenblick erhebt fich Ökolampad zur ent= fcheidenden That.

5. Die neue Abendmahlsordnung und die erften Agendbüchlein.

Sie ift mit einem Male da, die neue Ordnung der Abendmahls= feier. Schon Ende September, Anfang Oktober 1525 fcheint Öko= lampad den Taufritus geändert zu haben. Am Allerheiligentag tritt er mit der deutfchen Meffe hervor. Aus einem Briefe an Zwingli, datiert vom 4. November, erfahren wir die Thatfache.[4] „Mit den lebendigen Heiligen" wollte er das Feft feiern. Es gefchah natürlich in der Kirche St. Martin. Aber St. Alban und St. Bernhard folgten fogleich. Und alle an der Neuerung beteiligten Geiftlichen hatten fich am 12. November vor dem Rate zu verantworten. Dort wurde ihnen auferlegt, mit der alten Form der Meffe wieder zu beginnen. Sie weigerten fich deffen, wurden aber nicht beftraft, wiewohl der Rat vorläufig eine reformationsfeindliche Haltung zeigte und bewahrte.

---

[1] De genuina verborum Domini: hoc est corpus meum, juxta vetustissimos autores expositione liber. — [2] Luther, Erl. Ausg. Bd. 28, S. 294 f.: „Denn es ift ein groß und felten Ding um einen Chriftenmenfchen, und Gott mehr an ihm denn am Sakrament gelegen." — [3] In diefer Zeit — unterm 15. Oktober — wandte fich der in Nürnberg krank liegende Jakob Strauß als Basler Kind zum erftenmal wider Ökolampad. Vgl. Herzog, II. S. 289, und oben S. 70. — [4] Zuinglii Opp. VII. p. 43 s. Vgl. oben S. 64.

Ist die Handlung sogleich in der Art vor sich gegangen, welche hernach die übliche war, so haben wir an der Beschreibung Hospinians erwünschten Anhalt: Oecolampadius hunc morem in celebratione Coenae Domini servabat. Pro suggestu legebat omnia usque ad Verba Coenae, quae ante mensam recitabat. Mox finita oratione et convocatione sequebatur Communio. Interim dum Communio fieret, plebs Psalmos vernacula lingua concinnebat. Finita Communione coetum cum exhortatione dimittebat. Aegrotis quoque, qui petebant, Eucharistiam non negabat.

Allein die Erwähnung des Psalmengesangs[1]), von welchem die alten Agenden noch nichts wissen, läßt die vorstehende Schilderung als aus späterer Zeit stammend erkennen. Der Plan der Feier ist dieser: a) Predigt mit nachfolgender Vermahnung; b) Apostolikum und Bannung; c) Fürbitte für die drei Stände und Vaterunser; d) Konfiteor mit einer Einleitung und nachfolgender Vorlesung des 130. Psalms; e) Absolution mit Vorlesung von Jes. 53; f) Stiftungsgeschichte mit Vaterunser und Einladung; g) Austeilung unter Vorlesung der Passionsgeschichte; h) Entlassung mit Mahnung zur Wohlthätigkeit. — Die (oben mit II bezeichnete) spätere Ausgabe stellt bereits vor die Predigt eine „offene Schuld" und ein Vaterunser.

Hier darf ein Wort über die beiden Ausgaben[2]) eingeflochten werden. Die undatierte ist allem Anschein nach die ältere. Das ergiebt sich nicht nur aus der Orthographie[3]), sondern auch aus mancherlei deutlicheren Anzeichen. So hat die Ausgabe von 1526 eine Reihe von Zusätzen[4]); auch ordnet sie die der Vorläuferin angehängten Wechselstücke dem Formulare ein[5]); sie erwähnt nicht mehr der alten Zeremonien, welche in der anderen ausgeschlossen werden[6]); gelegentlich wird ein in dem Baseler Exemplar des ersten Druckes mit Tinte gelöschtes Wort in der andern Ausgabe weggelassen.[7])

Was die Baseler Agenden vor allen entsprechenden Schöpfungen

---

[1]) Vgl. unten S. 233 die Worte Ökolampads, und unten S. 231 ff. — [2]) Haller, a. a. O., III. S. 248. Nr. 755. 756. — Hagenbach, a. a. O., I. S. 11 ff. 243 ff. — Bullingers Reformationsgeschichte 2c., II. S. 82 ff. — Ochs nennt und Bullinger druckt ab die Ordnung von 1529, — vgl. Richter, I. S. 120 ff. — Die beiden Bände Basler Agenden, welche mir seitens der dortigen Univ.-Bibl. zur Verfügung gestellt wurden, enthalten außer den beiden ältesten Formularen solche von 1529 (zwei). 1537. 1569. 1572. 1578. 1584. 1591. 1666. 1701. Sämtlich in 8°-Format. Haller führt a. a. O. neben einigen jener Ausgaben noch folgende auf: Müllhausen 1565 (8°). Basel 1602 (12°). Basel 1634 (8°). Basel 1752 (8°). — [3]) Ausg. o. J.: mee, ains, ryeff, lemblin, hon, süchen, nitt, schäflin, hyrt, laydt etc. — Ausg. von 1526 (durchweg glättend): me, eyns, ruff, lemlin, han, schmähen, nit, schäflein, gelitten. — [4]) S. oben S. 214 f. — [5]) S. oben S. 217 f. — [6]) S. oben S. 216. — [7]) Auch Mezger, S. 192 schreibt die undatierte Ausgabe dem Jahre 1525 zu. In einem dem Februar 1526 entstammenden Schriftstück — Thes. Baum., II. S. 226 — wird die Baseler Tauordnung und Visitation der Kranken als in Gebrauch befindlich vorausgesetzt.

der Zeit auszeichnet, ist dies, daß sie bereits ein Formular für den Krankenbesuch enthalten.[1]) Dabei ist eine Kommunionfeier vorgesehen, doch wird ausdrücklich hervorgehoben, daß diese von Rechts wegen in der Gemeinde ihren Ort habe.[2]) Die Handlung ist breit, aber ihr Inhalt von wunderbarer Kraft, Inbrunst und Schönheit. Die Litanei erinnert in keiner Beziehung an das bekannte, dem Jahre 1520 angehörige und gleichnamige Werk Ökolampads.[3]) In späterer Zeit erfährt die Ordnung des Krankenbesuchs mancherlei Änderung.[4])

Dagegen bleibt das Abendmahlsformular sich jahrhundertelang, ähnlich dem von Zürich, in allem wesentlichen gleich.

6. Charakteristik des Formulars.

Die Baseler Ordnung des Abendmahlsgottesdienstes weicht von dem Schema der Messe noch weiter ab, als dies bei Zwinglis „Aktion" der Fall ist. Sie darf wohl überhaupt nicht am Ordo gemessen werden. Trotz des Konfiteor mit Absolution, des Kredo und der Lektionen, welche Stücke doch hier in einer abweichenden Folge auftreten, liegt offenbar ein anderes Muster zu Grunde. Ist es von vornherein nicht wahrscheinlich, daß ein so wenig übersichtliches Gebilde als vollkommen original zu gelten habe, so macht uns bereits die Örtlichkeit auf ein anderes vorreformatorisches Muster als die Messe aufmerksam.

Nach Surgants Manuale Curatorum[5]) folgt der Predigt außer den drei Lehrstücken: Vaterunser (mit Ave), Apostolikum und zehn Gebote, die allgemeine Fürbitte für die Stände, die gemeine Beicht oder „offen schuld" und die Absolution.[6]) Von diesen 6 Stücken begegnen

---

[1]) Straßburg z. B. folgt darin erst 1537. — [2]) Die umständliche Ordnung ist diese: a) Gruß, Ermahnung und Aufforderung zur Privatbeichte; — die Zeugen entfernen sich. b) Offene Schuld, genau wie in der Kirche, und Absolution, dsgl.; c) Lektion von Pf. 86 oder 51 mit Bitte um Vergebung am Schluß; d) „Letaney" und stilles Vater unser, Psalmsprüche und kurzes Gebet; e) Letz aus der Passionsgeschichte: Jesu Tod, nochmalige Bitte um Vergebung; f) Ermahnung zu christl. Leiden mit Anfrage wegen der Kommunion, stilles Vater unser; g) Einsetzungsworte und Austeilung mit den Worten: „Din glaub in das stärben des leybs Christi erhalte dich in das ewig läben. Din glaub in das vergießen des bluts Christi sterk dich in das ewig läben". h) Schlußermahnung und umständlicher Segen. — [3]) Vgl. oben S. 61. — [4]) In der Ausgabe von 1537 ist die Reihenfolge der Stücke eine andere. Hier spricht der Kranke das Glaubensbekenntnis, dem eine Auslegung beigegeben wird. Bei der Frage, ob er kommunizieren wolle, wird ihm ausdrücklich gesagt, er solle das nicht für notwendig erachten, wenn er noch kürzlich Abendmahl gehalten. Diese Ausgabe bietet auch zwei Lieder dar; die von 1529 haben deren eins. — [5]) Liber II, consid. 5. Surgant beruft sich auf die Constitutiones synodales diocesis nostrae sub rubrica de officio decani, nach welchen niemand zum Abendmahl zugelassen werden soll, der nicht das Vaterunser, den Glauben und „die zehn Gebote unsres Herrn Jesu Christi" (!) kennt und versteht. Vgl. für Nürnberg: oben S. 173; für Preußen: Richter I. S. 29. — [6]) Diese meist mit sich anschließender Aufforderung zur Fürbitte für den Priester und der Versicherung des letztern, er werde im Amt,

uns hier nicht weniger als fünf. Zwei davon werden schon dem ältesten Formular zufolge nach der Predigt auf der Kanzel gesprochen; das dritte vom Volk, während der Geistliche sich zum Altar begiebt; die beiden übrigen am Altar. Später dagegen, und zwar schon nach der ersten Beschreibung, welche Ökolampad selber giebt[1]), bleibt der Geistliche während der Verlesung aller dieser Formeln auf der Kanzel. Wie es scheint, ist die vorübergehende Änderung durch die Absicht, während des Stillgebets auch den Abendmahlstisch zuzurichten, herbeigeführt worden, vielleicht auch durch die Erinnerung an Konfiteor und Absolution in ihrer Verbindung mit dem Staffelgebet.

Die Kongruenz des ersten Teils unsrer Ordnung mit jenem Brauch aus vorreformatorischer Zeit würde genügen, die Entstehung jener auf diesen zurückzuführen. Die Identität des Ortes macht diese Annahme zur Notwendigkeit. Überhaupt hat sich die schweizerisch-deutsche Kirche der ortsüblichen Gewöhnung der Väter pietätvoll angeschlossen, was sich für Zürich auch aus dem beibehaltenen Brauch, dem Gedächtnis der während der Woche Abgeschiedenen im Sonntagsgottesdienste Raum zu geben, ergiebt.[2])

Den Übergang zum Qui pridie bildet die Leidensgeschichte nach einem der vier Evangelisten. Da die Erinnerung an das Todesleiden Christi als das Wesentliche der Abendmahlshandlung hingestellt wird, so lag es nahe, auch hier auf die gute Gewohnheit der alten Kirche zurückzugreifen, der zufolge diese Lektionen in der Karwoche unter besonderer Feierlichkeit geschahen und geschehen.[3]) Was weiter folgt, ist in möglichster Verkürzung Kommunionakt und Schluß.[4])

Im einzelnen ist folgendes beachtenswert. Wenn die Ausgabe von 1526 (II) der Predigt bereits Ermahnung, offene Beicht und Vaterunser voraufgehen läßt, so ist dies entweder so zu verstehen, daß die Nichtkommunikanten nach der Predigt die Kirche verlassen; oder wahrscheinlicher so, daß dafür die entsprechenden Stücke nach der Predigt fortfallen. Bei anderer Annahme kämen wir zu einem dreimaligen Vaterunser.

---

der (jetzt folgenden) Messe, für das Volk beten. a. a. O. consid. 6. — Nach consid. 16 ist die Ordnung in St. Peter zu Groß-Basel diese: Proklamanda (u. a. Mitteilung der Todesfälle), allg. Gebet, Vater unser mit Ave, Glaube, zehn Gebote, Predigt, offene Schuld. (Absolution. Fortsetzung der Messe.) Ebenso in St. Leonhard. Alle diese Lesestücke kommen in deutscher Sprache zum Vortrag. — Vgl. R. Cruel, a. a. O., S. 220 ff. Hier werden zum Teil andere Angaben in Sachen der Lesestücke geboten, woraus sich die wesentlich lokale Bedeutung, bzw. Beschränkung der Surgantschen Beschreibung ergiebt. — [1]) Vgl. Hagenbach, a. a. O., S. 85 f. — [2]) S. oben S. 212. Vgl. Leo Judäs „Ermanung zu dem volt, so eins gestorben ist", Zwinglis Werke II. 2. S. 227 f. und Surgant, Man. Cur. II. cons. 7. — Vgl. übrigens auch die Messe von Franz Kolb, oben S. 7. — [3]) Am Palmsonntag Matthäus, am Dienstag Markus, am Mittwoch Lukas, am Freitag Johannes. So auch nach den deutschen Plenarien. Vgl. Alzog, a. a. O., S. 21. — [4]) Die Wiedergabe bei Köstlin, S. 207 f. ist hiernach zu berichtigen. Weder „Psalmengesang" noch „Dankgebet" sind der Ordnung Ökolampads eigen.

Allerdings greift auch in dem älteren Formular dreimal eine Mahnung, bzw. Warnung Platz: nach der Predigt, nach dem Glauben und unmittelbar vor der Austeilung. Der ungemeine sittliche Ernst des Ganzen tritt schon darin deutlich zu Tage. Daß da neben der Passions=Lektion noch eine Art Auslegung gegeben wird, soll vermutlich die sonst ununterbrochene Folge von Lesestücken beleben. Aber die Anrede ist von ergreifender Schönheit und Herzlichkeit, insbesondere die Wendung am Schluß: „Des bedenket nun, als seſſet jr bey Christo und hörtes von jm".

In der Bannung, einem recht nach Zwinglis Sinne beibehaltenen[1]), in der alten Kirche namentlich am Gründonnerstag üblichen Stück, fällt neben dem weitherzigen In dubiis libertas der echtbürgerliche Standpunkt auf, dem der Müßiggang ein Verbrechen ist. Übrigens ist die Abweisung der Taufverächter, der Aufrührer, der mutwillig Kriegführenden gutenteils aus örtlichen Verhältnissen zu erklären, während unser Formular das Laster des Zutrinkens gemeinsam mit anderen evangelischen Kirchenordnungen der Zeit verwirft.[2]) Wahrhaft evangelisch ist die Versicherung, daß alle diese Gebannten „keinen Glauben haben".

Daß das apostolische Glaubensbekenntnis Pluralform angenommen hat („Wir glauben"), ist zu dieser Zeit gewiß eine vereinzelte Erscheinung und ein Zeichen protestantischen Freimuts. Wie konservativ man dagegen selbst in Basel in Kleinigkeiten verfahren konnte, zeigt das Festhalten am Qui pridie („der am nächsten tag 2c."). Freimütig nimmt sich jedoch wieder die Spendeformel aus: „Der ungezweyfelt glaub, so jr hond in den tod Christi, für euch in das ewig leben 2c.", — nur ist sie kühl und mit dem Schein der Klügelei behaftet, sichtlich unter dem Einfluß der Abendmahlsstreitigkeiten geschaffen. Eigenartig erscheint die Verwendung des Stillgebets. Von ungemeiner Kürze, doch auch von wohlthuender Wärme ist der Schluß mit seinem Hinweis auf brüderliche Liebe und Wohlthätigkeit, einer sinnigen Auslegung des Friedenswunsches.

Überblickt man den Verlauf der Feier, so waltet der Eindruck der Lehrhaftigkeit vor. Auch fehlt es der langen Reihe von Lesestücken, trotz der reichlich eingestreuten freieren Bestandteile, an Gegensätzlichkeit und Leben. Zudem kommt die Gemeinde nirgend zu Worte, und nicht nur der äußere Apparat erscheint karg[3]), es fehlt auch jede Handlung, ausgenommen im Kommunionakt, bei welchem die Kommunikanten sich zum Altare hinbewegen, während (wohl von der Kanzel) die Passionsgeschichte verlesen wird. Schon darin offenbart sich die im ganzen auffallende und sicherlich zum Teil aus der Schwierigkeit der örtlichen Verhältnisse zu erklärende Unabhängigkeit von Zürich.[4])

---

[1]) Vgl. Surgant II. 15 und oben S. 195, Anm. 2. — [2]) Vgl. z. B. die Nördlinger Ordnung. — [3]) Die „aufgezündten Kerzen", zweifellos zur Erinnerung an die abendliche Stiftung beibehalten, sind schon nach Monaten beseitigt. Vgl. oben S. 216, Anm. 2. — [4]) Vorlesung der Leidensgeschichte auch dort. Vgl. oben S. 200, Anm. 11.

Zwinglis Formular hat vor dem der Baseler Kirche zweifellos viel
voraus und giebt den künstlerisch begabteren Autor zu erkennen. Aber
der Gegensatz ist ein nicht bloß formeller. Die „Aktion“ bietet mit
Bewußtsein eine Wiederholung der Gründonnerstag-Stiftung. Man
denke an die Sitzordnung, den Passahpsalm, die evangelische Perikope
(Joh. 6). Ökolampad erzielt eine Gedächtnisfeier des Todes: die Gemeinde geht zum Altar, die Lektion handelt von der Kreuzigung, auf
der Verkündigung des Todes Christi liegt alles Gewicht. Dagegen
fallen die Erinnerungen an die Stunde der Einsetzung ein wenig aus
dem Rahmen der Feier heraus. Auch sonst zeigt sich wenig Verwandtschaft mit der Zürcher Ordnung. Rigoroser ist die zu Grunde liegende
Auffassung vom „Sakrament“; auch der Name steht sogleich und wiederholt am Eingange der Handlung. Von Ökolampads Gedanken über die
Kommunion bemerke ich nichts. Die Gebetswendung an Jesus findet
sich nur in Form II.

Aber nicht nur der vorläufig noch fehlende Gesang gemahnt an
die gleichgesinnte Gemeinde Zwinglis. Auch nicht nur das Fürbitt-
Gebet, das obendrein viel weniger dem Eingange bei Leo Judä[1])
gleicht, als der späteren Zürcher Form, und dieser in vielen Einzelheiten wörtlich zu Grunde gelegt ist.[2]) Vielmehr haben die beiden
Formulare vor allem dies gemein, daß sie nur auf den Abendmahlsgottesdienst berechnet sind, und daß dieser als ein nur in gewissen
Zeitabständen wiederkehrender gedacht ist. Wie man aus der Kirchenordnung von 1529[3]) ersieht, sollte der Regel nach nur an den drei
hohen Festen Kommunion gehalten werden, daneben in Basel selbst
an jedem Sonntag in einer der Kirchen und auf dem Lande alle drei,
vier oder fünf Wochen.

7. Die Bibelübersetzung.

Schon früher ist hervorgehoben worden[4]), daß Ökolampad beim
Gebrauch von Schriftstellen stets wählerisch zu Werke gehe. Man hat
beobachtet[5]), daß er nach Belieben vorhandenen Übersetzungen folgt,
diese verändert oder ganz selbständig verfährt. Dies gilt auch von
dem Baseler Agendenbuch und nicht nur von der Gottesdienstordnung.
Ganz selbständig übertragen erscheinen die Einsetzungsworte, doch nicht[6])
aus dem lateinischen oder griechischen Text, sondern aus dem des
Missale, selbstverständlich mit Auslassung alles ihm Anstößigen. In
dem „so dick und vil jr das thund“, begegnet uns ein, auch Zwingli
eignender, merkwürdiger Zusammenklang mit der „Ordnung“ Müntzers.[7])
Ebenfalls selbständig scheint die Wiedergabe von Jes. 53 zu sein.

---

[1]) Zwinglis Werke, II. 2. S. 228. — [2]) Wolfensberger, a. a. O.,
S. 62 f. — [3]) Richter, I. S. 124. — [4]) Vgl. oben S. 58 und 61, Anm. 1.
— [5]) Mezger, a. a. O., S. 66 ff. 190 ff. — [6]) Wie Mezger a. a. O. S. 192 f.
anzunehmen scheint. — [7]) Vgl. oben S. 109: „So oft und dick yr das thut“.

In einer schweizerischen Übersetzung lag dieser Prophet noch nicht vor.
Mezger macht auf ein interessantes Versehen Ökolampads aufmerksam[1]),
das hier zwischen eingelaufen ist. Von den Psalmen gab es schon eine
Ausgabe in Zürcher Mundart, die doch wesentlich Luthers Übersetzung
wiedergab.[2]) Die Abweichungen sind allerdings charakteristisch, und
unser Formular (Pff. 130 und 22) teilt sie mit der Zürcher Vorlage.
Auch vom Neuen Testament besaß die deutsche Schweiz 1525 bereits
mehrere Ausgaben im Zürcher Dialekt, zwei von Froschouer, eine von
Johannes Hager hergestellt, sämtlich dem Jahre 1524 angehörig.[3])
Auch hier ist die Übereinstimmung mit Luther vorherrschend. Öko=
lampad schließt sich aber nicht genau an die schweizerischen Texte an,
sondern verfährt zum Teil nach freier Wahl. Die Passionsgeschichten
nach Matthäus (27, 35—50), Markus (15, 24—37), Lukas (23, 32 ff),
Johannes (19, 19b—30), sowie die epistolischen Abschnitte (1. Cor. 11,
23—34; 2. Cor. 5, 14—21; Phil. 2, 5—11) sind durchgängig nach der
Zürcher Übersetzung geboten.[4]) Unter den Abweichungen ist die vier=
malige Umgehung des „und verschied" oder „verschied er" und dessen
jedesmaliger Ersatz durch das genauere „und gab den gayst auf" zc.
bemerkenswert.

Man bemerkt bei Ökolampad seit dem in jeder Beziehung ver=
hängnisvollen Jahre 1525 einen engeren Anschluß an Zürich. Je
schroffer die Deutschen den Schweizern gegenüber treten, desto fester
verbünden sich diese. Seitdem ist nach Mezgers zuverlässigen Angaben
auch in Sachen des Gebrauchs der Bibelübersetzungen Ökolampads
Haltung eine andere. Wie Zwingli wird auch er derjenigen Luthers
gegenüber behutsamer und kritischer. Es ist verständlich, daß er sich
vor allem in seinen polemischen Schriften zur Abendmahlsfrage von
Luther frei macht. Von hier aus betrachtet, ist die Lutherfreundlich=
keit der Schrifttexte in unsrer Abendmahlsordnung besonders interessant.
Wir stehen vorläufig vor dem letzten Denkmal der Verbindung zwischen
Basel und Wittenberg, soweit diese Begriffe sich mit den Namen
Ökolampad und Luther decken. Fortan treibt jenen einerseits die anti=
reformatorische Bewegung in Basel selbst, andererseits die Feindschaft
der Lutheraner gänzlich auf Zwinglis Seite hinüber.

Möglich, daß schon die Veränderungen in der zweiten Ausgabe
des Agendenbuchs — Beseitigung der Abrenuntiation in der Tauf=
handlung und der Kerzen beim Abendmahl, sowie Beigabe einer Ver=
teidigung in Form eines Vorworts — unmittelbar auf diese Wendung
zurückzuführen sind.

---

[1]) „In seynem verheften" (ubachaburatho) statt „in seiner Verwundung".
Mezger, S. 193. Vgl. oben S. 217. — [2]) Mezger, S. 70f. — [3]) Mezger,
S. 43 ff. Vgl. oben S. 209 f. — [4]) S. oben S. 217 f. die Varianten.

8. Der Gemeindegesang und Ökolampads Auffassung vom Gottesdienst.

J. Riggenbach[1] hat die Frage Kliefoths, von woher den Baselern der Anstoß zur Pflege des Kirchengesanges zugekommen sein möge, bereits zutreffend beantwortet. Unsre Formulare von 1525 und 1526 wissen noch nichts von Gesang. Aber das letztere Jahr hat ihn in die Kirchen eingeführt.

Die Angabe früherer Forscher[2], schon 1523 sei Basel im Gefolge seiner Nachbarin Mülhausen in dieser Richtung vorgegangen, ist irrig. Das Osterfest 1526 ist wohl der Tag gewesen, an welchem der Kirchengesang sich in Basel zuerst hervorgewagt hat. Damals ist nach Ökolampads eigenen Meldungen in etlichen Pfarr= und Klosterkirchen vom Volke deutsch gesungen worden.[3] Die Obrigkeit erhob sich dawider und scheint für einige Monate ihren Willen durchgesetzt zu haben. Nicht länger; denn am 10. und 12. August erscholl der deutsche Gesang aufs neue in Ökolampads eigener Kirche, St. Martin, an der er seit dem Frühjahr als Pfarrer stand. Er hatte inzwischen ein Gesuch an den Rat um Gewährung der Erlaubnis gerichtet[4] und darin versprochen, des Gegenstandes auf der Kanzel nicht erwähnen zu wollen, aber zugleich gebeten, mit der Erlaubnis forthin auch Schutz gegen mutwillige Störung des Kirchengesangs zu bieten. Da diese undatierte Bittschrift nur das österliche Singen in Betracht zieht, wird sie älter als jene Briefe Ökolampads aus dem August sein, denen wir die mitgeteilten Angaben verdanken. Wenn er dem Rate versicherte, man werde nur solche Lieder anstimmen, die der heiligen Schrift aufs genaueste entsprächen und nicht trotzig klängen, so hielten sich seine Anhänger nicht ganz darnach, wie der Gebrauch des 10. Psalms von

---

[1] a. a. O., S. 7 ff. — [2] Hottinger, Helv. KG. III (1707). S. 118; richtig: Weber, S. 14. — [3] Zuinglii Opp. VII. p. 490. 530; vgl. Riggenbach, S. 166 f. (9. April 1526:) His diebus pascalibus plebs cecinerat Psalmos, sed prohibita a Magistratu. Recreavit Papistarum animos, quos communicantium nobis numerus plane confecerat. Sed gaudebunt ad momentum. — (12. Aug. 1526:) Hodie et in die Laurentii psalmodiae germanicae in templo meo a plebe cantatae sunt. Praesenserunt hoc Sacerdotes ex concionibus meis eventurum, eo quod de jubilis spiritus et oris quaedam ex Psalmis dixeram ad hanc rem facientia. Unde et apud Senatum egerunt, si impedire possent, et impetraverunt edictum a Senatu, ut ostiatim prohiberetur cantus, de quo ego adhuc nihil sciebam. Verum ut in vetitum nitimur omnes (!), ita ubi excusat pietas audaciores reddimur. Frustra prohibuit Senatus. Quid inde futurum sit ignoro. Pars malorum in caput meum recidet. Quae libens feram, siquidem ferenda. Nihil a me jussum est, sed ostensa gloria Domini. Quod si Dominus coeptum hoc prosperum fecerit, rei Evangelicae plurimum profore spero. Orate Dominum pro nobis. — [4] Abgedruckt bei Riggenbach, S. 166 ff.

Michael Stiefel[1] („Dein armer hauf, herr, thut klagen") anzeigt.
Dies Lied, reich an starken Invektiven gegen die alte Kirche und den
Papst, wurde zwar in das „Straßburger Kirchenampt" aufgenommen,
aber mit dem Zusatz „der doch zu Straßburg nit gesungen würt".[2]
Zwar ward dort der „Ton" Pange lingua angegeben, aber die Me=
lodie weggelassen. Man empfand offenbar in Butzers Umgebung die
Mißlichkeit, solchen Text singen zu lassen, und bot ihn nur zum Lesen
dar. Vielleicht hat auch ein Verbot der Obrigkeit vorgelegen.

Über den Eindruck der ersten Versuche mit kirchlichen Liedern auf
die Gemeinden und deren Umgebung erhalten wir zweierlei einander
widersprechende Auskunft. Teils durch den Reformator selbst. In
jener Bittschrift vergleicht er die Freude der Sänger und Hörer mit
der Gemütsbewegung der Kinder Israels beim Wiederaufbau Jeru=
salems. Vielen seien die Augen übergegangen. Der andere Zeuge ist
der Karthäuser Bruder Georg[3], der uns versichert, der Gesang, dem
Volksliede ähnlich, sei ziemlich roh. Beides mag seine Richtigkeit haben.
Volkstümlich waren jene Psalmweisen jedenfalls, und daß das Volk,
ungeübt in solcher Kunst, nicht gerade künstlerisch Befriedigendes ge=
leistet hat, läßt sich denken. Doch darf für das jeweilige Mißlingen
auch der Mutwille einer aufgestachelten Jugend gesorgt haben, dessen
Ökolampad Erwähnung thut. Der Karthäuser erzählt übrigens auch,
daß man am 15. August, dem Tage Mariä Himmelfahrt, im Münster
eines musikalischen Anschlags der „Lutheraner" gewärtig gewesen sei.
Dort sollte der Weihbischof von Freisingen die Festpredigt halten.
Und dieser sollten nach Ortsgewohnheit die Abkündigungen[4] und eine
Festmusik zu Ehren des Tages, unmittelbar nach dem Zusammen=
läuten, voraufgehen. Weil man erwartete, die Predigt werde
durch demonstrativen Gesang gestört werden, unterließ man das

---

[1] Nicht von Ökolampad, wie Herzog, II. S. 25, irre geführt durch
dessen Auslegung des 10. Psalms, dem die Dichtung Stiefels angehängt ist,
annahm. Letztere findet sich schon 1524 in Joh. Walthers Gesangbüchlein. —
[2] Riggenbach, S. 9 f. — [3] In festo S. Laurentii coeperunt Lutherani
reclamante et fortiter prohibente Senatu Psalmos rythmicos in lingua
vernacula apud Argentinam tralatos invitis magistratibus laico more
cantilenarum, sed satis incondite (Riggenbach: incondito) in templo S. Martini decantari (!). — Ecce qualis obedientia erga superiores. Veruntamen
his non obstantibus multo super hac novitate tractatu senatus habito
Lutheranis tandem sic importunis indultum fuit, quod deinceps in certis
templis hanc suae praesumptionis novitatem continuare possent. Quod
quam odiosum futurum sit devotis et sanctis cleri ceremoniis et usui
consueto contrarium, aliorum esto judicium. Et quidem justo Dei ju-
dicio; cum enim Deus cernat clerum et religiosos a germano ritu devote
festa et psalmodiam seu cantum ecclesiasticum universum celebrandi
defecisse, per laicorum ridicula conventicula clamoremque rusticum illos
vexare permisit. In omnibus his non est aversus furor Domini! Vgl.
Riggenbach, a. a. O., S. 171 f. Ochs, a. a. O., V. S. 548 f. — [4] Novae.
Der Ausdruck ist von Riggenbach richtig gedeutet als Bekanntmachung der
Sterbefälle. Vgl. oben S. 212 und 227, Anm. 2.

Feſtgeläut, den Feſtgeſang und die Feſtpredigt, beim einfachen Gottes=
dienſte verbleibend.

Es kann keinem Zweifel unterliegen, daß die in Baſel verwendeten
Pſalmen aus Straßburg ſtammten. Es ſind alſo die Lieder von
Greiter, Dachſtein, Pollio, Vogtherr und Öler geweſen, die durch die
Straßburger Lieder= und Agendenbücher bekannt geworden waren.[1]
Luthers „Es wollt uns Gott“ und „Aus tiefer Not“ mögen mit dabei
geweſen[2], vor allem werden die drei Teile des „Kirchenampts“ von
Straßburg[3] benutzt worden ſein.

Die erſte Nachricht vom Gebrauch dieſer Lieder giebt uns Öko=
lampad in dem für ſeine liturgiſche Stellung überhaupt wichtigſten,
undatierten Briefe an den Prediger Erasmus Ritter in Schaffhauſen.[4]
Hier heißt es: Pro suggestu legimus omnia usque ad verba coenae,
quae ante altarium vel mensam recitantur. Mox facta oratione et
convocatione sequitur communio. Interim dum communio fit, cantat
plebs psalmodias vernaculas. Finita autem communione dimittitur
cum exhortatiuncula. Daß der Brief nicht allzulange nach dem Er=
ſcheinen der Agendbüchlein geſchrieben iſt, ergiebt ſich aus der Mit=
teilung: Sunt quibus ecclesiae nostrae mos magis probatur, propter
exhortationes et admonitiones praecedentes, quem ex libello nostrarum ceremoniarum cognoscere potes: pauca enim mutamus adhuc in
his. Zu dieſen Veränderungen gehört auch die Einführung des Geſanges.[5]

Das Agendbüchlein von 1529 in der älteren Ausgabe[6] bezeichnet
in Übereinſtimmung mit Ökolampads Notiz, daß die Gemeinde wäh=
rend der Austeilung des Abendmahls Pſalmen ſingt, wohl die Lektion
umrahmend. Über das von Ökolampad angegebene Minimum hinaus
notiert dieſe Ordnung aber auch ſchon das Glaubensbekenntnis als zu
leſen oder zu ſingen; die ſelbe Wahl bleibt in Sachen des 130. Pſalms.
Und am Schluſſe des Gottesdienſtes erſcheint jetzt Luthers Lied (Pſalm)
„Es wollt Gott uns gnädig ſein“.

Hier iſt nun wohl der Ort, über die Auffaſſung vom Gottes=
dienſt, welche der Baſeler Reformator vertritt, ein Wort einzuflechten.
Aus dem vorhin erwähnten Briefe an Erasmns Ritter[7] werden in
dieſer Hinſicht folgende Stellen anzuführen ſein: Quod ad ceremonias
coenae Dominicae pertinet, visum est quibusdam, ut te commone-

---

[1] S. oben S. 124 f. — Bei den Pſalmen iſt natürlich nicht nur an den
kanoniſchen Pſalter, ſondern daneben auch an die neuteſtamentlichen Lieder,
Magnifikat, Gloria in excelſis ꝛc. zu denken. — [2] Beide ſchon in dem Straß=
burger Formular B, wenngleich noch ohne Noten und nur in der Veſper=
Ordnung. — [3] C und ſeine Fortſetzungen; ſ. oben S. 124 f. — [4] Epp.
Joh. Oecol. et Huldr. Zuinglii, p. 592 ss. — [5] Nicht an der Stelle, welche
Kliefoth, S. 38, markiert. — [6] Agendbüchlein der kirchen zu Basel.
1529. Darin der Abſchnitt: Ordnung des herrn Nachtmals (vgl. Straß=
burg D). — [7] Den tapferen Geiſt des Briefſchreibers kennzeichnet am beſten
der Satz: Excelso nobis opus est animo, qui totum mundum tanquam
umbras rideat.

facerem, ut relictis in totum Papisticis (quae semper pristinam superstitionem ac impietatem fovent) communes cum nobis observares. Non ita tumultuarias, ut frigidum auditorem vel spectatorem dimittant, neque ita curiosas, ut conscienciis periculosae sint. Hac sane in re cunctatior sum ad impellendum alios. Fortassis tuo sensu abundare poteris, et ego Athenas noctuam. Optarem quidem, si Ecclesiis omnibus integrum foret, ceremoniis iisdem cunctos uti; sed nemo hoc persuaserit hac tempestate, neque admodum utile esset. Denuo enim hebetiores libertatem Christianam prostituerent novumque Papatum instituerent. Viderit igitur unusquisque, ut plebi suae maxime utilia proferat, ne deteriorem relinquat quam receperit. Imo si fieri potest, nihil offendiculorum patiatur. Plurimum sane nobis est negotii, quod nec somniculosos nec meticulosos requirit. Sunt quibus Ecclesiae nostrae mos magis probatur, propter exhortationes et admonitiones praecedentes, quem ex libello nostrarum ceremoniarum cognoscere potes; pauca enim mutamus adhuc in his.[1] — Nihil ita mihi curae, quam ut plebs teneat rationem mysterii, charitatem protestetur et fidei unitatem cum Ecclesia catholica, seipsam probet, si publicis criminibus obnoxia, abstineat, peccata sua confiteatur et verbis Evangelicis absolutam se cognoscat; maxime autem memor sit passionis Dominicae et ex ejus recordatione fraterni obsequii fiat avidior et sic demum gratias agat. Haec dum nos agimus, nemini legem praescribimus, imo neque nos usum hunc pro lege suscepimus; quanto minus, nec tibi tanquam legem obtruserim.

Die Baseler Agende erfährt in diesen Worten ihres Verfassers gewiß die allerwillkommenste Erläuterung und Beleuchtung. Zugleich aber läßt sich an der Hand der mitgeteilten Sätze über Ökolampads Stellung zu der Frage des öffentlichen Gottesdienstes Folgendes feststellen. Die evangelische Freiheit gestattet in Sachen des Kultus keinerlei Gesetz, geschweige denn, daß eine Gemeinde einer andern in diesem Stücke Vorschriften zu machen hätte. Die Lokalgemeinde ist autonom. Aber zudem ist alles, was jetzt im Gedränge der Zeit entsteht, ein bloß Vorläufiges; die Frage ist die: was frommt dem Augenblick? Der pädagogische Zweck der gottesdienstlichen Versammlung tritt dabei deutlich zu Tage: das Volk soll religiös-sittlich gebildet werden.

Soweit finden wir bei Ökolampad die wesentlich übereinstimmende Anschauung aller Reformatoren. Was dem ersteren einen eigenartigen Standpunkt anweist, ist die mit vollem Bewußtsein vertretene Absicht der Vermittelung zwischen zwei Extremen. Diese sind aber, wenn ich recht sehe, nicht ganz die gleichen, gegen welche Luther Stellung nimmt[2]: Papsttum und Schwärmerei. Vielmehr ist für Ökolampad der eine

---

[1] Hier folgt die oben S. 233 abgedruckte Stelle. — [2] Vgl. oben das Zitat aus der Schrift „Wider die himmlischen Propheten": S. 116, Anm. 3.

Abweg der der radikalen Stürmer, der andere Luthers weitgehendes
Festhalten am Überlieferten. Beides erscheint ihm schädlich: das eine,
weil es erkältet[1]), das andere, weil es blendet; das eine, weil es ein=
schläfert, das andere, weil es aufregt. Das Mittelmaß ist auch in
Sachen der Zeremonien das Wahre, weil es nach beiden Rich=
tungen der Gefahr des Ärgernisses vorbeugt. Daß Ökolampad mit
dem frostigen Extrem nicht Zwinglis Ordnung hat kennzeichnen wollen,
bedarf wohl kaum der Versicherung. Wird doch in der Expositio fidei
von Zwingli selbst die Baseler Form des Gottesdienstes als der von
Zürich durchweg gleichartig aufgeführt.[2]) Daß dies übrigens nicht nur
dem Buchstaben nach bestritten werden konnte, wollen wir nicht ver=
kennen. Auch die zu Grunde liegenden Anschauungen sind nicht ganz
die gleichen. Wenn für Ökolampad die Worte mensa und altarium
dasselbe bedeuten, und er noch 1530 den Namen des „Altars“ ver=
teidigt; wenn er am Allerheiligentage 1526, ein Jahr nach erstmaliger
Verwendung seines Abendmahlsformulars, sich auf seine milde Beurteilung der Bilder berufen kann[3]), so spricht sich darin und in andern
Zügen deutlicher selbst, als in dem Verzicht auf die communio sedentaria und der Begünstigung des Kirchengesanges[4]), die abweichende und
selbständige Auffassung aus.

9. Der Einfluß Basels auf die Umgebung.

Es war, wie erwähnt, nicht die Meinung des Baseler Reforma=
tors, andern Gemeinden in Sachen der Gottesdienstfeier Weisungen
zu erteilen. Aber schon die Nachbarschaft und Freundschaft mit gleich=
gesinnten Städten mußte der schweizerischen Metropole eine vorbildliche
Stellung und Aufgabe zuweisen. So sehen wir schon früh nament=
lich Mülhausen den Bahnen Basels folgen.

Graf[5]) berichtet von einem Ratsbeschluß der Mülhauser, der im
März 1523 geschehen, demzufolge u. a. an Sonn= und Feiertagen
nach der Predigt deutsche Psalmen gesungen, das Abendmahl nur,
wenn Kommunikanten vorhanden, gefeiert und statt der täglichen Früh=
messe Gebet und Lektion gehalten werden sollten. Diese Verordnung
ist sicherlich um mehrere Jahre zu früh datiert. Bald ist jedenfalls
auch hier wie vielerorten die Bestimmung erfolgt, daß hinfort nur noch
nach dem Evangelium verfahren werde.[6]) Der Messe wegen herrscht

---

[1]) Man beachte, daß Ökolampad nicht nur von auditores, sondern auch
von spectatores im Gottesdienst redet! — [2]) Zuinglii Opp. II. 2. p. 235. —
[3]) Vgl. Hagenbach, a. a. O., S. 85 u. 100. — [4]) Die Behauptung Webers,
S. 15, daß Ökolampad in seinen gesanglichen Bestrebungen von Zwingli leb=
haft ermuntert worden sei, habe ich auf ihre Richtigkeit nicht prüfen können. —
[5]) a. a. O. S. 18 ff. — [6]) (Nach Graf) Mandat vom 25. Juli 1523. Die
Prädikanten wie andere Personen sollen auch ihres Glaubens oder Lehre halben
von niemandem angefochten werden. — Für die Besoldung des Predigers
Nikolaus Pruckner, ehemaligen Augustiner=Priors, verwenden sich anfangs 1524

lange Streit, so daß Basel seine Vermittelung anbietet. In einem
Aktenstück, „Besserung der Kirchenordnung" betreffend und dem März
1524 angehörig, erklären Bürgermeister und Rat ausdrücklich, daß die
Messe unverändert „nach altem bruch und herkomen gehalten werden"
soll. Nur in Sachen der Votivmessen will man „die Caplanen un=
beswert haben". Doch wenn sie diese Messen nicht lesen wollen, so
sollen sie die betreffenden Einkünfte dem Rate übergeben; „denn es yn
nit billig ist, die arbeit nachlassen und nut desto weniger den Lon
innemen".

Daß Zwingli den Mülhäusern seine Schrift wider den Aufruhr[1]
widmete, darf als ein bezeichnender Vorgang betrachtet werden. Ob
die für den zweiten Sonntag nach Jakobi (7. August) bestimmt
gewesene Disputation stattgefunden hat, steht nicht fest. Inzwischen
wirft der Bauernkrieg auch nach Mülhausen hinein seine Fackeln.
Im folgenden Jahre erklären sich auf dem Badener Religionsgespräch
die Mülhäuser für Ökolampad. Auf der Grenze der Jahre 1526
und 1527 soll die Mülhauser Kirchenordnung durch die dortigen
Reformatoren Jakob Augsburger[2], Otto Binder[3] und Bernhard Römer
nach dem Muster von Basel eingeführt worden sein. Die Urkunden
des Mülhauser Stadt=Archivs, denen das unten in Anmerkungen
Gebotene entnommen ist, enthalten anscheinend noch viel unbenutztes
Material, das allerdings fast ausnahmslos über die hier in Betracht
kommende Zeit hinausweist. Offenbar gehört dem Jahre 1526 das
Gutachten der drei Prädikanten an, welche für Palmsonntag und die
Karwoche deutsche Lektionen und Kollekten verlangen. Vor allem sollen
die vier Passionen deutsch gelesen werden, — hier stoßen wir auf die
Baseler Ordnung. Mit allerlei Zeremonien wünscht man jetzt aufzu=
räumen. Vor allem aber soll hinfort niemand gezwungen sein, zum
Nachtmahl des Herrn zu gehen ohne „geistlichen hunger"; und wiederum
soll niemandem, der es begehrt, die Kommunion geweigert werden.

In das Jahr 1527 führt uns wohl bereits das „Bedenken der
Prädikanten von dem uswendigen kirchprengischen Gotzdienst", ein aus=

<hr>

die sechs neuen Zunftmeister. In diesem, in Urschrift erhaltenen „Begehren"
wird neben der Bekämpfung der Unsittlichkeit und der Beteiligung der Zunft=
meister an der Besetzung der Pfründen vor allem Folgendes gefordert: „Zum
Andern ist unser Anligen und beger, das doch den Worten Christi stadt
und ort geben werdt, in dem das die papistische mesz verändert werde
us lateinischer sprach in deutsche, uf das der gemeine man wisz, was
uns Christus in solichem sigel und erbschaft vorheiszen heig und auch
verlossen. Ist uns kein zweifel, wo soliche worte als das Wort Gottes
nit annemen wollen, das soliche Christenliche mesz jm bewegen und be=
keren wurdt, als doch etliche euer Herrn wol gehört hand, solcher bruch
jenen verhast (?) bewegt hat zu einem gotzfurchtigen leben. Darumb,
lieben Herren, lönd uns die Wort Christi fur uns nemen und jnen wurken
lon, so würdt uns nümmer miszlingen". — [1] „Welche ursach gebind ze
ufrüren etc." Werke II. 1. S. 370 ff. — [2] 1525 durch Capito empfohlen. —
[3] 1526 durch Ökolampad gesandt.

führliches Schreiben von vortrefflichem Geist. Hier wird der Sonntags=
gottesdienst beschrieben: deutscher Psalm, Predigt, gemeines Gebet, Ge=
dächtnis der Leiden Christi, Abendmahlsfeier, Danksagung, ein oder
mehrere Psalmen. Erinnert diese Aufstellung durchaus an die Baseler
Kommunionfeier, so wird für Mülhausen vorgeschlagen, das Abend=
mahl alle Sonntag zu feiern oder alle vierzehn Tage oder auch jeden
Tag, wie es „die andacht der menschen erfordert". Mit starker Be=
tonung wird aber der bloß relative Wert alles äußerlichen Gottes=
dienstes bezeugt und auf den Glauben gedrungen, „der allein der
geistlich und war gotzdienst ist", „der do also wol ist mit verstand
der gnade und barmherzigkeit gottes, das er des menschen herze zu
groß ist und hat in dem selbigen nit weyl; dorumb so bleipt er nit
verporgen und vergraben im herzen, er bricht und tringt heraus in
mund und hand, in wort und leben zc." Dieses „Bedenken" gestattet
auch den Gebrauch des Salve, „wenn es auf Christum deutet".

Auch hinsichtlich Ulms liegt die Entscheidung im Sinne der
Baseler Vorlage jenseits unsrer Grenzen. Hier sei nur kurz erwähnt,
was dort der Einführung der neuen Abendmahlsordnung voraufgegangen
ist und in den Rahmen unserer Mitteilungen gehört. Der erste, dem
Rate von Ulm in aller Form vorgeschlagene evangelische Prediger ist
Johann Diepolt gewesen.[1] In seiner Umgebung finden wir
Eberlin von Günzburg, den ehemaligen Barfüßer, der, 1521 aus
der Stadt vertrieben, wiederholt dahin zurückkehrt und 1523 in Ulm
predigt.[2] Ende dieses Jahres, 9. Dezember, erläßt der Rat das Ge=
bot, daß nur noch der heiligen Epistel und dem heiligen Evangelium
gemäß geprebigt werden solle. Der Antrag von vier Bürgern um
Bewilligung von evangelischem Gottesdienst wird dagegen vom Rate
abgelehnt.[3] 1524[4] beginnt seine Thätigkeit Lizentiat Konrad Sam
(Som), in den Urkunden stets „eines Ersamen Rats Prediger" ge=
nannt. Dieser Mann, ursprünglich lutherisch gesinnt, dann zu Zwinglis
Abendmahlsanschauung übergegangen, bringt Ulm in Verbindung mit
den schweizerischen Reformatoren und führt in Gemeinschaft mit Öko=
lampad, Blaurer, Butzer, Barth. Müller aus Biberach und Symph.
Schenk aus Memmingen hernach die Ulmer Kirchenordnung[5] zu stande,
die freilich bald der Macht des eindringenden Luthertums weichen
muß. Sam hat doch ziemlich lange die überkommenen Zeremonien
bestehen lassen müssen, wiewohl das Volk sich fast einmütig z. B.
dem Avebeten widersetzte. — Im selben Geiste wie er, aber schroffer
wirkte im Gebiet der Stadt der Pfarrer Wehe zu Leipheim, der schon
1524 dem Volke unter beiderlei Gestalt das Abendmahl reichte und die

---

[1] Vgl. Pfizer und Schmid, a. a. O., S. 23 und oben S. 32 ff. 51. —
[2] Nach (Pfizer und) Schmid am 25. Okt. — [3] Mittwoch nach Helena
(25. Mai) 1524. Vgl. Schmid, S. 44 f. — [4] Montag nach Johannis Bap=
tistä (27. Juni). Über Sam vgl. Veesenmeyer, S. 20 ff. — [5] Richter, I.
S. 157 ff.; Kliefoth, a. a. O., S. 36 ff.

Messe beseitigte, dann, verjagt und vom Rate nicht geschützt, sich den Aufrührern anschloß und hingerichtet ward. Seit dem Jahre 1526[1]) wurde indessen bei Pfründenverleihungen der Ausdruck „Kirchengebräuche und Messe" weggelassen und die betreffende bis dahin üblich gewesene Wendung so umschrieben, daß der Geistliche „die Pfründe so versehen solle, wie er vermeine, Gott dem Herrn darum Antwort zu geben". — Denkwürdig bleibt die Stellung Nürnbergs, das den Ulmern in Sachen der Abendmahlslehre heftig zusetzt, vor Schwärmerei warnt und aus dem einen Irrtum alle, auch die grundstürzendsten, herzuleiten weiß.[2]) Vorerst hat das nichts gefruchtet. Der vorläufig entscheidende Tag für Ulm ist der 8. November 1530 gewesen, wo mehr als sechs Sieben= teile der Bürgerschaft sich für die Annahme der Reformation erklärten.

Zehntes Kapitel.

Rückschau.

Litteratur.

Dr. Christian Geyer, Der Hauptgottesdienst in der St. Georgskirche zu Nördlingen im Jahrhundert der Reformation (Monatsschrift f. Gottesd. u. kirchl. Kunst. 1896. 4). — Derselbe, Die Nördlinger evangelischen Kirchen= ordnungen des XVI. Jahrhunderts. 1896. — H. A. Daniel, Codex liturgi- cus I. 1847. — A. L. Richter, Die evg. Kirchenordnungen. I. 1846. — G. Kawerau, Über die liturgische Gestaltung der Konsekration in der luthe= rischen Abendmahlsfeier (Studien und Kritiken 1896. S. 356 ff.). — Luthers Werke. Erl. Ausg. Bd. 32. — Th. Kliefoth, Liturgische Abhandlungen. VII. 1861. — O. Douen, Le Psautier Huguenot. I. 1878. — Ph. Wolfrum, Die Entstehung und erste Entwickelung des deutschen evg. Kirchenliedes in musikalischer Beziehung. 1890. — J. Zahn, Die Melodien der deutschen evangelischen Kirchenlieder. II. 1890. — J. U. Surgant, Manuale cura- torum etc. 1516. — R. Cruel, Geschichte der deutschen Predigt im Mittelalter. 1879. — Luthers Werke. Weimarer Ausgabe. XII. 1891. — L. Schöber- lein, Schatz des liturgischen Chor= und Gemeindegesangs. I. 1865. — C. A. G. von Zezschwitz, System der Praktischen Theologie. 1878. — P. Grün- berg, Die reformatorischen Ansichten und Bestrebungen Luthers und Zwinglis in Bezug auf den Gottesdienst (Studien und Kritiken. 1888. S. 409 ff.). — J. C. Mörikofer, Ulrich Zwingli. II. 1869. — H. Bullinger, Refor- mationsgeschichte (J. J. Hottinger und H. H. Vögeli). I. 1838. — P. Ochs, Geschichte der Stadt und Landschaft Basel. V. 1821. — J. Gottschick, Luthers Anschauungen vom christl. Gottesdienst und seine thatsächliche Reform desselben. 1887. — J. Hans, Der protestantische Kultus. 1890. — H. A. Köstlin, Geschichte des christlichen Gottesdienstes. 1887. — E. Chr. Achelis, Praktische Theologie II. 1891. — H. Jacoby, Die Liturgik der Reformatoren. I. 1871.

---

[1]) Zum erstenmal Freitag nach Matthiä (2. März). Vgl. Schmid, S. 83. — [2]) Auffallend ist die genaue Übereinkunft dieser Beweisführung mit der im oben abgedruckten „Verzaichnus"; vgl. S. 171.

1. Übersicht.

Ungefähr zwei Dutzend verschiedene Ordnungen des Abendmahls=
gottesdienstes sind dem Leser in unserm Zeitraum entgegengetreten.
Etwa zwei Drittel davon sind ausgeführte Formulare. Die übrigen,
bloße Schemata, mögen nunmehr zunächst beiseite bleiben. Es sind
die Messe Karlstadts[1]), die deutschen Ausgaben der Formula
missae[2]) und im Wesentlichen die Preußische Abendmahlsord=
nung[3]), ferner die lateinisch=deutschen Formulare von Zürich[4]),
Nürnberg[5]) und Nördlingen[6]), die utraquistische Messe[7]), die
beiden Entwürfe von Johann Brenz[8]) und die Ordnung des Franz
Kolb.[9]) Alle diese Gestaltungen mit Ausnahme der letztgenannten
schließen sich ziemlich eng dem Gange der römischen Messe an. Der
erste Versuch von Schwäbisch=Hall und der von Wertheim stehen für
sich allein. Sie sind entweder als frei geschaffen zu betrachten, oder
aus der überkommenen Predigtordnung herzuleiten.

Auch für das Folgende sollen die eigentlichen, d. h. die im Wort=
laut überlieferten, Ordnungen im Vordergrunde bleiben und unter ver=
schiedenen Gesichtspunkten verglichen werden. Es sind außer dem, streng
genommen nicht mehr hierher gehörigen „Testament Jesu Christi“
diese: die drei hochdeutschen Formen der Messe von Kantz[10]), die
Formulare Müntzers[11]), bzw. die Erfurter Ämter[12]), die ver=
schiedenen Straßburger Messen[13]), die beiden deutschen Formen
Nürnbergs[14]), Pseudo=Bugenhagen[15]) und die Bremer Messe[16]),
endlich die definitiven Ordnungen von Zürich[17]) und Basel.[18]]

Vergleichen wir zuerst die letztgenannten Stücke hinsichtlich ihres
Verhältnisses zum Ordo Romanus.

---

2. Verhältnis zur römischen Messe.

1. Nach dem Grade ihrer Anpassung an die Ordnung der alten
Kirche scheiden sich unsre Formulare leicht in drei Gruppen. Die
eine weist lediglich Übersetzungen auf; eine zweite folgt im ganzen
dem überlieferten Schema, jedoch unter Wahrung liturgisch=bedeutsamer
Freiheiten; eine dritte verläßt gänzlich die herkömmliche Konstruktion.
Betrachten wir zunächst die erste und die letzte dieser Gruppen.

Daß eine evangelische Abendmahlsordnung aus der Meßliturgie

---

[1]) S. oben S. 3. — [2]) S. oben S. 6. — [3]) S. 9 f. 188 ff. — [4]) S. 192 ff.
201 ff. — [5]) S. 170 ff. 176 ff. — [6]) S. 8 und 82. — Vgl. die inzwischen er=
schienenen Arbeiten von Dr. Chr. Geyer: „Der Hauptgottesdienst in der
St. Georgskirche ꝛc.“ und „Die Nördlinger evangelischen Kirchenordnungen ꝛc.“
S. 4 f. — [7]) S. oben S 6 f. — [8]) S. 8 und 10 f. — [9]) S. 7. — [10]) S. 73 ff.
— [11]) S. 99 ff. — [12]) S. 118 ff. — [13]) S. 125 ff. 138 ff. — [14]) S. 163 ff.
180 ff. — [15]) S. 73 ff. 86 ff. — [16]) S. 89 ff. — [17]) S. 194 ff. — [18]) S. 214 ff.

ſtreicht, was unmittelbar gegen den Glauben und die Erkenntnis der feiernden Gemeinde verſtößt, iſt ſelbſtverſtändlich. Mit dem Wegfall der geſetzlichen Autorität der Kirche ſtellt ſich auch von ſelbſt die Mög= lichkeit ein, aus dem vorhandenen Material ohne Ängſtlichkeit das je= weilig Paſſendſte zu wählen, ja vielleicht ſogar hie und da mit leiſer Hand zu ändern. Dabei bleibt dann aber doch weſentlich die alte Form beſtehen, ſo daß man nicht nur die Vorlage ſofort erkennt, ſondern vorerſt kaum eine Abweichung von ihren Weiſungen bemerkt. Von dieſer Art iſt unter den ausgeführten Ordnungen, die wir kennen gelernt haben, nur eine. Und es giebt gewiß zu denken, daß dieſe eine diejenige Thomas Münzers iſt. Im ſelben Geiſte wie ſeine deutſch=evangeliſche Meſſe — ſeine „Ordnung“ gehört in eine andere Klaſſe hinein[1]) — ſind jene Erfurter Kirchenämter geſchaffen, die teils nur Neudrucke, teils bloße Nachbildungen der Arbeiten Münzers ſind. Es ſei ausdrücklich daran erinnert, wie konſervativ die letzteren ſich auch in muſikaliſcher Beziehung darſtellen. Und das alles, wie= wohl die tiefe Abneigung gegen die römiſche Kirche ſich bereits auf den Titeln der in Betracht kommenden Drucke in heftigſter Sprache zu erkennen giebt.

Von ganz entgegengeſetzter Haltung zeugt die dritte Gruppe, und man darf vermuten, daß ſie die ſpäteſten Erzeugniſſe dieſer Zeit in ſich ſchließen wird. Hier iſt von irgend einem Anſchluß an die römiſche Meſſe überhaupt keine Rede mehr. Es wäre aber doch auch merk= würdig, wenn nicht irgendwo der Verſuch, völlig neue Gebilde herzu= richten, angeſtellt worden wäre. Sollte ſich nicht an irgend einem Orte mit der allgemein=evangeliſchen Verwerfung des Meßopfers Kraft, Mut und Kunſt zur Aufſtellung einer ganz neuen Abendmahlsliturgie verbunden haben? Indeſſen handelt es ſich auch auf dieſer Seite nicht um originale Schöpfungen, ſondern nur um die Anlehnung an eine andere Form des überlieferten Gottesdienſtes, nämlich an die Predigt=Ordnung der alten Kirche. Und wieder iſt es nur einer, der dieſen Weg gänzlicher Entfremdung von der herkömmlichen Sakra= mentsfeier betreten hat: Johannes Ökolampad. Zurückgreifend auf unanſtößige, ja pädagogiſch und ſittlich wertvolle Elemente im Kultus der Vergangenheit, ſtellt er eine, in ihrer urſprünglichen Geſtalt ſogar des Geſanges gänzlich entkleidete Ordnung her[2]), — das vollkommenſte Gegenſtück zu den Schöpfungen deſſen, der ſich noch im Tode auf die Gunſt des Baseler Reformators berufen hat.

---

¹) Doch beachte man auch in der „Ordnung“ die eigentümlichen Züge von Mäßigung im Kampfe wider das Herkommen. S. oben S. 107. — ²) Vgl. die Ordnung von Franz Kolb: oben S. 7; dsgl. den zweiten Ent= wurf von Brenz, der, wie hier ergänzend bemerkt werden muß, dem Kirchen= gebet Vaterunſer, Glaube und zehn Gebote folgen läßt, dieſe alſo von der Predigt trennt und in die Mitte des Gottesdienſtes rückt. Hiernach iſt die Aufſtellung oben S. 10 zu vervollſtändigen.

Zwischen diesen beiden Extremen stehen als mittlere Klasse alle die Formulare, deren Entstehung sich aus dem Schoße der evangelischen Gemeinden von Nördlingen, Straßburg, Nürnberg und Zürich herschreibt. — Von diesen stehen der römischen Messe am nächsten einerseits die älteste Straßburger Liturgie, die sich in ihren mannigfachen Überarbeitungen langsam, Schritt für Schritt von der Vorlage entfernt und zur Selbständigkeit entwickelt; andererseits die Nürnberger Formulare. — Von Haus aus dem Ordo am unähnlichsten ist innerhalb dieser Gruppe Zwinglis „Aktion". Ihr Verfasser macht Gebrauch von den inzwischen gesammelten Erfahrungen gleichgesinnter Kirchengemeinschaften, giebt aber auch sein bestes Können und Wagen hinzu und erreicht auf diesem Wege den Ruhm des höchsten vorhandenen Grades liturgischer Unabhängigkeit. — Die älteste erhaltene evangelisch-deutsche Messe, die von Kantz, hält in ihren verschiedenen Ausprägungen den Zusammenhang mit dem eucharistischen Teile der lateinischen Form fest, doch umschreibt sie sogleich dessen Eingang mit solchem Freimut, daß man Mühe hat, die einander entsprechenden Stücke herauszufinden; der Lektionsteil scheint preisgegeben, bzw. durch die Predigt aufgesogen zu sein. Ob diese Form, wie Geyer[1]) annimmt, lediglich auf dem Papier geblieben, ist mir doch zweifelhaft. Vermittelungen zur Annäherung dieser weitverbreiteten Form an die Formula Missae, oder an diese und andere Liturgieen stellen die als „Pseudo-Bugenhagen" und die als „Straßburg B" bezeichnete sowie die Nürnberger Ordnung dar.

Besonders auffällig ist, daß in Nördlingen wie in Nürnberg und sogar in Straßburg dem ersten kühnen Schritte zur Reform ein leichter Rückfall folgt, der, aus einer gewissen Ängstlichkeit hervorgehend, vielleicht durch entsprechende politische Vorgänge veranlaßt, ein Einlenken bedeutet. So folgt dem ersten Kantzschen Entwurfe die als spätere Korrektur erkannte Liturgie (II), der Döberschen Messe die „Form und Ordnung", dem Formular von Theobald Schwarz „Straßburg B". In den beiden ersten Fällen bewirkt der nachträgliche Rückzug eine dauernde Entmutigung; an beiden Orten dringt die lateinische Sprache aufs neue in den Gottesdienst ein.[2]) In Straßburg dagegen handelt es sich um die Einmischung bald wieder ausgestoßener sachlicher Fremdheiten und Zusätze, die den Vereinfachungsprozeß nicht aufhalten.

2. Im einzelnen ist folgendes von Interesse. Als eines der bedenklichsten Stücke erschien den evangelisch Gesinnten von Anfang an das Offertorium. Luther beseitigt es gänzlich, während Zwingli es zunächst durch ein allgemeines Fürbittengebet ersetzt[3]), um es her-

---

[1]) Die Nördl. evg. KOO. ꝛc. S. 3. Meine Meinung in dem Aufsatz der Mschr. f. Gd. u. k. K. 1896, S. 5 bezog sich auf die der Messe voraufgestellten Stücke. — [2]) Gerade so bei Brenz; vgl. dessen ersten und zweiten Entwurf, oben S. 8 und 10. — [3]) S. oben S. 202, Anm. 12; 204, Anm. 3.

nach ganz preiszugeben. Die Nürnberger Formulare stehen auf Luthers Standpunkt; an das Glaubensbekenntnis schließt sich unmittelbar die Präfation. In allen übrigen Liturgieen wird ein Mittelweg eingeschlagen und das Offertorium entweder frei umschrieben (Kantz) oder auf einen Spruch verkürzt (Müntzers „Messe") oder durch eine Anrede ersetzt (Straßburg) oder mit einem Liede vertauscht (Müntzers „Ordnung" und die Erfurter Ämter).

Große Verschiedenheit herrscht in der Wiedergabe der Einsetzungsworte. Aber an den Meßtext klingen irgendwie alle Relationen an, selbst Zwingli und Ökolampad nicht ausgenommen. Straßburg allein ändert das Qui pridie schon früh (D) in schriftmäßiger Weise um. Die meisten Formulare lassen Jesum das Brot und den Kelch „segnen", meist indem sie die Danksagung daneben stehen lassen. So Kantz, Müntzer, Straßburg, Nürnberg. Andere, nämlich die Bremer Messe und die beiden Schweizer Reformatoren, halten sich darin an die biblischen Berichte.[1]) Müntzer bewahrt auch noch das mysterium fidei, das von zeitgenössischer Hand der Agende von Schwarz nachträglich eingeschoben ist.

Den Einsetzungsworten folgt, entsprechend der römischen Messe, in fast allen Ordnungen das Vaterunser. Die Bemerkung Kawerraus[2]), daß alle lutherischen Formulare der Reformationszeit bis auf Luthers „Deutsche Messe" diese Folge der Stücke darbieten, bestätigt sich, wenn es auch schwer sein wird, die von ihm aufgezählten Liturgieen sämtlich für die lutherische Kirche in Anspruch zu nehmen. Auch Basel schließt sich hier den meisten deutschen Ordnungen an. Dagegen zeigen die Straßburger Messen D. E. F. die umgekehrte Reihenfolge; das Unser Vater geht den Verba testamenti vorauf. Dasselbe Verfahren finden wir bei Zwingli und Brenz.[3]) Ob dieser Änderung ein besonderes liturgisches oder dogmatisches Interesse zu Grunde liegt, vermag ich nicht zu erkennen.

Eine Art Ermahnung vor der Austeilung des Abendmahls war der alten Kirche nicht fremd.[4]) Luther giebt erst später und Müntzer überhaupt nicht einem besonderen Stücke dieses Inhalts Raum, Kantz stellt es an die Spitze der gesamten Feier. In Straßburg und Nürnberg, sowie im Herzogtum Preußen dagegen legt man Gewicht auf den regelmäßigen und besonderen Appell an die Kommunikanten.[5]) Wie man weiß, ist die Nürnberger Admonition später Gemeingut vieler Kirchen geworden, so offenbar bereits zu dieser Zeit in Breslau.[6])

---

[1]) So anscheinend auch Franz Kolb: nuda Christi verba. Vgl. oben S. 7. — [2]) a. a. O. S. 364. — [3]) S. oben S. 10. — Das „andächtige, innerliche Gebet" vertritt hier die Stelle des Vaterunsers. — [4]) Vgl. oben S. 146, Anm. 3. Nach Daniel, Cod. lit. I. p. 143, steht die Formel Habete etc. u. a. bereits im Ordo Coloniensis des 14. Jahrhunderts. — [5]) So auch Brenz. S. oben S. 8 und 10. — [6]) Vgl. die Mitteilungen über Breslau und Königsberg auf S. 162 f., 186, und Richter, I. S. 33.

Das Waschen der Hände tritt nur noch in zwei älteren Straß=
burger Formularen auf[1]); der Kuß auf das Evangelienbuch nur in
Zürich. Dagegen ist die Kniebeugung noch in den verschiedensten
Ordnungen vorgesehen. Bei Kantz kniet der Priester oder dessen Stell=
vertreter zu dem „Komm, heiliger Geist" nieder und zum Nunc dimittis. Die Bremer Messe schreibt es nur an erstgedachter Stelle
vor, und zwar ohne Befehlsform. Möglicherweise ist an dem be=
treffenden Ort in den Erfurter Ämtern das Verfahren das gleiche. —
In den Nürnberger deutschen Gottesdiensten spricht der Priester knieend
das Sündenbekenntnis; so wohl auch bei Pseudo=Bugenhagen. —
Brenz wiederum ordnet nur für die Gemeinde diese Äußerung der Reve=
renz an, und zwar in seinem ersten Entwurf für den Moment der
Rezitation der Einsetzungsworte, in dem zweiten Formular auch zum
Kyrie. Die Preußische Liturgie zeichnet sich aus durch Festhalten
an dem Schellenzeichen; also wird die Kniebeugung während der
„Konsekration" nicht gefehlt haben. Zwingli ließ das Volk dreimal,
beim Eingangsgebet, beim Vaterunser und beim Dankpsalm, nieder=
knieen. In Straßburg endlich wird anfangs von Priester und Volk
knieend das Konfiteor gesprochen.[2]) Hier wird in dem ältesten For=
mular auch das Emporheben der Hände beim Kanongebet verzeichnet
(si placet). — Daß da, wo nicht ausdrücklich das Gegenteil bezeugt
wird, das Volk bei der Kommunion knieend zu denken ist, bedarf kaum
der Erwähnung. Bei allen unsern Formularen, ausgenommen die
straßburgischen und die schweizerischen, dauern die liturgischen
Wendungen an; in Straßburg sind sie noch im Jahre 1524 be=
seitigt worden.[3]) Nürnberg zeichnet sich durch zeitweiliges Festhalten
am Levitenamt aus; doch läßt auch Müntzer, wenigstens in Vesper
und Mette mehrere Geistliche auftreten. Ja, auch in Zürich treten
drei Diener hinter den Tisch.

Die Elevation fällt für Luther mit der Konsekration zusammen.[4])
Geradeso ist es bei Müntzer.[5]) Unsre Formulare behalten sie zum
Teil unbefangen bei (Straßburg A. B. C. D.) oder stellen sie wieder
her („Form und Ordnung" in Nürnberg). Aber in einigen der
Liturgieen wird etwas anderes an ihre Stelle gesetzt, nämlich die Vor=
zeigung der Elemente, begleitet von demonstrierenden Worten. So ist
es bei Kantz, so in der Döberschen Messe, doch mit dem Unter=
schied, daß sich dort mit der Demonstration unmittelbar die Austeilung
verbindet, während hier von jener die Stelle der alten Elevation ein=
genommen ist. Eine ungerechtfertigte Häufung bewirken Pseudo=
Bugenhagen und Straßburg B, indem sie zu der Elevation, die
am gewöhnlichen Platze stattfindet, die Demonstration der Elemente
hinzufügen, was sich nur aus der Verschmelzung verschiedener Ordnungen

---

[1]) Bei Nigri und in Form B. — [2]) Formular D stellt dem Diener die
Wahl frei, zu knieen oder zu stehen. — [3]) S. o. S. 156. — [4]) Vgl. Kawerau,
a. a. O., und Luthers Werke, E. A. 32. S. 421. — [5]) Vgl. oben S. 108 f.

erklärt. In Straßburg wird die Elevation, abweichend von Zürich, im Jahre 1525 (E) beseitigt; wie lange sie sich in Nürnberg nach ihrer Wiedereinführung behauptet hat, ist bereits verzeichnet worden.[1] Karlstadt hat frühzeitig mit ihr aufgeräumt[2]; auch Kolb[3] und Brenz[4] verschmähen sie. Im Herzogtum Preußen wird sie hingegen unter Schellenklang vorgenommen.[5]

Auch in Sachen des Kreuzschlagens ist Münzer der Vertreter der Tradition. Er ist es in dem Grade, daß er allein die Konsekration unter dreimaligem Signieren vornimmt[6], was, wie früher bemerkt, den evangelischen Ordnungen des ganzen Zeitalters fremd ist und nach Kawerau erst im 17. Jahrhundert bei uns Eingang gefunden hat.[7] Übrigens ist nicht unmöglich, daß auch in Alstedt der Brauch nur in der Theorie bestanden hat; denn die Messen wissen nichts von ihm, auch die Erfurter Ämter nichts. Letztere haben dagegen das Kreuzschlagen vorgesehen beim Segen. Dort findet es sich auch in den ältesten Straßburger Formularen (A und B), ja in diesen auch bei der Absolution; in einigen Nürnberger Ordnungen beim In nomine patris. Daß Zwingli und die Straßburger Reformatoren nicht grundsätzliche Feinde der Sitte gewesen, ist bekannt.[8]

Die Meßgewänder werden vielerorten wie in Nürnberg vorerst geblieben sein. Jedes Priesterkleid scheinen verworfen zu haben die Augustiner in Wittenberg, Kolb und, nach anfänglichem Zögern, Zwingli. Einen bloßen Chormantel gestatten der zweite Entwurf von Brenz und die späteren Straßburger Formulare; am letztgenannten Orte trifft die Schrift „Grund und Ursach" schon früh Vorkehrung zur Beseitigung der kostbaren Gewänder. Ergötzlich ist, wie Kliefoth hier Butzern gleichzeitig der Gefolgschaft Zwinglis und der Inkonsequenz zeiht.[9]

3. Auf andere Bestandteile des Ordo denke ich hernach ausführlicher einzugehen und für jetzt nur noch eine allgemeinere Frage zu erörtern. Kennzeichnend ist auch die Stellung unsrer verschiedenen Ordnungen zu dem Namen und Begriff der „Messe". Die ältesten Formulare tragen den Namen alle in voller Unbefangenheit. So Kantz, Münzer, Franz Kolb, die älteren Straßburger und die Nürnberger Liturgieen, die Preußische Landesordnung.[10] Es liegt nahe, in einigen dieser Fälle an den Einfluß der Sprache Luthers zu denken. In Straßburg scheint der Name zuerst beanstandet worden zu sein. Butzers Schrift „Grund und Ursach"[11] verwirft ihn als schriftwidrig und unverständlich; man soll vom „Nachtmal des Herrn"

---

[1] S. oben S. 187. Dort auch die Angaben inbetreff Wittenbergs. —
[2] S. oben S. 3. — [3] S. 7. — [4] S. oben S. 8 und 10. — [5] S. 9. —
[6] S. oben S. 109 und 112. — [7] a. a. O. S. 366 ff. — [8] S. oben S. 149.
202. — Vgl. Kliefoth über der Reformierten „widerwärtig incerimoniöses
Wesen" a. a. O. S. 239. — [9] a. a. O. S. 306. — [10] Richter I. S. 29. —
[11] S. oben S. 147, Anm. 3. — Blatt C III b und ff.

reden, wie Paulus thut. Doch soll man auch nicht zanken mit solchen, denen die alte Bezeichnung noch geläufig ist. So trägt in Straßburg noch die Form D den Titel „Ordnung des Herren Nachtmal, so man die Meß nennet"; von da an verschwindet auch diese Erinnerung. Dagegen behauptet sich die Verdeutschung „Amt", die bis heute in dem Namen „Amtpredigt" (= Hauptpredigt) fortlebt. Auch in Erfurt wird Müntzers Messe zum „Amt". Gänzlich ablehnend verhalten sich in diesem Betracht die großen Schweizerstädte.[1]

Noch ehe der Name an den genannten Orten verschwand, hatte sich natürlich der Begriff der Messe gewandelt. Man verstand darunter zunächst den gereinigten Abendmahlsgottesdienst. Doch ging dieser Einschränkung auch sofort die Erkenntnis zur Seite, daß die Messe, vormals als heilsnotwendiger Akt, jetzt als von Christus gebotene Feier verstanden, nicht der zutreffende Ausdruck für das überkommene, ob auch gesäuberte Ganze; sondern daß der eigentliche und unverlierbare Wert in den Stiftungsworten Christi gelegen sei. Konsequenter als Luther beschränkt daher Kaspar Kantz den Begriff Messe auf das Herz der Abendmahlsliturgie[2], so zwar, daß für ihn das alte, verkürzte Konsekrationsgebet (Quam oblationem), die Einsetzungsworte und wohl auch das Vaterunser zu diesem Bereiche gehören. Noch deutlicher umgrenzen die Straßburger Formulare[3] das Heiligtum, indem sie[4] den Verba testamenti den Titel der „rechten, wahren Meß" geben und unmittelbar hinter diesen die Klammer schließen. Bald hört übrigens diese Umschirmung auf, weil der Name überhaupt gefallen ist.

4. Aber das vorläufige Verbleiben des Namens hatte am Ende doch seine Wirkung gehabt. Wie wir sehen, gehen eigentlich alle evangelischen Messen oder deren Verfasser von der Anschauung aus, daß man aus dem Kommunion-Gottesdienste der alten Kirche auf sehr einfache Weise den rechten und wahren herstellen kann. Man subtrahiere nur, was schriftwidrig ist, und der Rest ist das evangelische Abendmahl. Diese Rechnung ist in damaliger Zeit durchaus verständlich. Zu irgend einer streng grundsätzlichen Überlegung fehlten Neigung und Kraft. Auf liturgischem Gebiete, wenn man darunter die ererbten Formeln der Gottesdienstordnung versteht, ist die Reformation bis zu Thomas Müntzer hin, von den pietätvollen Schweizern ganz zu geschweigen, vielmehr auf Erhaltung des Bestehenden bedacht gewesen, als manchem heute geläufig ist.

Aber wie die Reformatoren, zu neuen Kirchengründungen ge=

---

[1] Schon Ökolampads „Testament Jesu Christi" kennt den Titel „Messe" nur noch als früher in Gebrauch gewesen. Vgl. oben S. 49 f. Der Name „Neues Testament" für Messe wird auf Luther zurückgehen. — [2] Die Präfation ist ihm „Vorrede der Meß", vgl. oben S. 75. — [3] Vielleicht schon vor ihnen Klaus Krumbach in seiner Ausgabe der Kantzschen Messe. Vgl. oben S. 75. Anm. 8. Über Müntzers Stellung s. oben S. 99. Über Nürnberg S. 177. — [4] A und C; B richtet sich nach der Vorlage von Kantz.

drängt, den Zusammenhang mit der apostolischen und katholischen Kirche
festzuhalten meinten, wenn sie nach Ausscheidung späterer Irrlehren
den angeblichen Kern des christlichen Glaubens, wie ihn die alten
Symbole bestimmen, festhielten: genau ebenso schien ihnen nach Be=
seitigung der Opferpartieen, der Wendung an die Heiligen ꝛc. der
rechte Abendmahlsgottesdienst erreicht. Und nur eins sicherte auf
diesem Boden den neuen Kirchen die Möglichkeit lebendiger Entwicke=
lung. Das war die seltene Einstimmigkeit in der Ablehnung jedes
gesetzlichen Zwanges, dem sie in Sachen der altkirchlichen Dogmatik
sich beugten und wohl beugen mußten. Es ist der nämliche Stand=
punkt, wenn heute der gotische Dom in jeder Größe nach Entfernung
gewisser Ärgernisse für das rechte evangelische Kirchengebäude, der
Paläſtrinaſche Meßgesang nach Unterlegung eines deutschen Textes für
das Muster protestantischer Kirchenmusik ausgegeben wird. Der Unter=
schied zwischen den beiden großen Kirchen erschöpft sich ja angeblich
in den „Unterscheidungslehren“, und die Differenz der beiden Bekennt=
nisse läßt sich quantitativ bestimmen. Aber seit dem Beginn der Re=
formation sind doch nun bald vier Jahrhunderte vergangen.

5. Schließlich erwähne ich noch, daß unsre Ordnungen gutenteils
auch solche Bestandteile in den Abendmahlsgottesdienst aufnehmen, die
der römischen Messe fremd sind. Dazu gehört vor allem das Nunc
dimittis, das dem Completorium der alten Kirche angehört und von
dort her in die Liturgieen von Kantz[1]), Müntzer[2]), Straßburg B
und C[3]), „Bugenhagen“[4]) und Döber[5]) übergegangen ist. Daß
der Wortlaut des Simeonliedes zu der Abendmahls=Auffassung der
meisten dieser Formulare im ganzen stimmt, ist zugegeben. Aber es
ist denkbar, daß die besagten Ordnungen das Stück lediglich um des=
willen aufgenommen haben, weil es ihrer Messe die Abrundung zu
geben versprach, zu welcher der althergebrachte Abendgottesdienst das
unverfängliche, biblische Mittel bot. Vielleicht haben die französischen
Liturgieen auch das Nunc dimittis von Straßburg her erhalten.[6])
Auch an die Einführung der ebenfalls vorreformatorischen Bannung
in die Baseler Feier sei hier erinnert.[7])

3. Die Diſtribution.

Die Spendeformel wird in manchen der uns beschäftigenden
Ordnungen übergangen. Kolb scheint ohne Formel ausgeteilt zu haben,

---

[1]) Vgl. oben S. 77. — [2]) S. 110 — (?). — [3]) S. 135, Anm. 6 und 136.
— [4]) S. 77. — [5]) S. 169 f. — [6]) Wohl durch Calvins Liturgie bewogen, dichtete
Clement Marot auch das Simeonlied und veröffentlichte es 1543. Vier Jahre
später erscheint der Text Or laisse Createur in einem figurierten Satze von
Louis Bourgeois mit der bekannten gefälligen Melodie. Douen, Clement
Marot ꝛc. 1542. I. 632 giebt den Text Maintenant Seigneur Dieu. Vgl.
Wolfrum, a. a. O., S. 124; Zahn 2126. — Das Nunc dimittis steht auch
in der Zwinglischen Ordnung nach der Epichiresis. S. oben S. 203. —
[7]) S. oben S. 215 f. 228. — Vgl. Surgant, Man. cur. II. cons. 15.

desgleichen Zwingli. Brenzens Gewohnheit während unsres Zeit=
raums steht nicht fest. Auch Müntzer und die älteste Straßburger
Form geben nichts an, so daß die verdeutschte Formel der Messe als
im Brauch befindlich anzusehen ist.

Hiernach bleibt noch folgende Zusammenstellung übrig: Karl=
stadt (1522) wiederholt zum Kelch die Konsekrationsworte der Messe
auf deutsch, wird also wohl auch beim Brote so verfahren sein.

Kantz I und „Bugenhagen": „Secht, allerliebsten, das ist
warlich der heylig leychnam unsers herren Jhesu Christi, der für euch
gelitten hat den bittern tod. Nement hyn und essent yn, das er euch
speys, neer und beware in das ewige leben. Amen. Der frib sey
mit euch allen. — Laßt uns auch trinken den kelch des heyls und
anrufen den namen unsers herren. — Secht, das ist warlich der teür
schatz des kostbarlichen bluts unsers herren Jhesu Christi, damit jr er=
kauft seyt. Nement hyn und teylents mit einander zu abwäschung
ewer sünden".[1]

Bremer Messe: „Wes getrostet. Wente siet, dit is dat licham
unses heren Jesu Christi, dat vor iuw geleben heft den bitteren doet.
Nemet hen unde etet, uppe dat et iuw spise unde beware in dat
ewige levent. — Nu wil wy oek drinken den kellick des heils unde
anropen den name des heren. Siet, gy bedrofde, sundige herten, unde
weset getrostet. Wente dit is de durbar, kostelicke schat des blobes
unses heren Jesu Christi, darmede gy gekoft sint. Nemet dit un belet
under malkanderen to afwaschinge iuwer sunden."

Straßburg B: „Secht, aller liebsten ꝛc. — Der leib des herren
Jesu Christi bewar deyn seel in das ewig leben. Der fryd sei mit
dir. — Laßt uns trinken auch den kelch des heyls und anrüfen den
namen des herren. — Secht, das ist ꝛc. — Nemen hyn und teylens
under eüch zu abwäschung eüwer sünd."

Nürnberg I und II: „Der leyb unsers herrn Jhesu Christi be=
war dein seel zum ewigen leben.[2] — Das blut unsers ... leben".[3]

Preußen: „Nym hyn und yß; das ist der leyb, der für dich
gegeben ist. — Nym hyn und trink; das ist das blut, das für dich
vergossen ist."

Straßburg C[3]: Die biblische Formel aus den Evangelisten
oder Paulus (1. Cor. 11).

---

[1] Kantz III bietet dieselbe Formel, aber mit der singularischen Anrede
und der ausdrücklichen Angabe: „Dysse wort sprech der Priester zu eynem
yeden, dem er das sacrament reichet". Beim Kelche heißt es: „Nement
hyn und drinket al und teylents etc." — [2] I: „Desgleychen spricht er
auch, wenn ers nymbt". — [3] I: „Darnach wenn er das blut Christi
nymbt, spricht er: Das blut unsers lieben Herren Jhesu Christi, das für
mich und für euch vergossen ist in vergebung der sünde, bewar mein
seel zum ewigen leben". — Vgl. mit dieser Form die im „Testament" von
Ökolampad, s. oben S. 56; sowie die von Nikolaus Krumbach, s. oben
S. 75, Anm. 10 und S. 77, Anm. 2.

Straßburg C⁴: „Unser herr Jesus Christus sprach zu sein lieben jüngern: Nement hyn und esset; diß ist mein leib, der für euch geben würt 2c."

Straßburg DEF: „Gedenkent, glaubent, verkündent, das Christus für euch gestorben ist".

Basel: „Der ungezweyfelt glaub, so jr hond in den tod Christi, für euch in das ewig leben. — Der glaub, so jr hond in das ver= gossen blut Jesu Christi, für dich in das ewig leben."

Von diesen Distributionsformeln sind die Nürnbergische und im ganzen auch die von Straßburg B der römischen Messe ent= sprechend erweitert. Karlstadt spricht die Konsekrationsworte bei der Austeilung. Kantz verbindet Elevation und Distribution, wozu „Bugen= hagen" die alte Elevation an ihrem Orte beließ. Verschiedene Grade von extremen Gegensätzen zum Herkommen bilden die beiden Gruppen von späteren Straßburger Ordnungen und die von Basel.

Bemerkenswert ist ferner, daß sich die spätere Kantzsche Liturgie, die von Preußen und vielleicht auch die von Basel an jeden ein= zelnen Kommunikanten wendet.

In welcher Reihenfolge kommunizieren Priester und Volk? Kantz und „Bugenhagen" lassen sie alternierend die Elemente nehmen, wobei jedesmal der Priester den Vortritt hat. Straßburg B und Nürn= berg lassen umgekehrt die Gemeinde dem Priester voraufgehen. Die späteren Straßburger Ordnungen geben die Reihenfolge, zum Teil ausdrücklich, frei. In allen übrigen Fällen läßt sich die Ordnung nicht mehr feststellen. Einige Formulare, bzw. Entwürfe enthalten nichts über die Kommunion des Priesters; in der Bremer Messe fällt dies, der Vorlage wegen, besonders auf.

4. Die biblischen Lesestücke und die Sprachenfrage.

1. Eine Dreizahl von Gebrauchsweisen läßt sich auch hinsichtlich der Lektionen bei unsern Gottesdienstordnungen feststellen. Nur müssen wir zuvor ausscheiden, was eine Vergleichung mit den übrigen For= mularen nicht verträgt. Zwingli behält für seine Kommunionfeiern die ihm begreiflicherweise sehr teuern alten Gründonnerstags=Perikopen bei. Daraus zu schließen, daß ihm ein feststehender Gebrauch be= stimmter biblischer Abschnitte richtig erschienen sei, wäre natürlich vor= eilig. Auch die Baseler Liturgie muß hier beiseite gelassen werden, da auch sie keine regelmäßige Sonntagsfeier zum Gegenstande hat, sondern die seltenere Abendmahlshandlung. Übrigens sieht sie auch für diese allerlei Wechsel in den Lesestücken vor; nur der 130. Psalm scheint ständig dem Sündenbekenntnis zu folgen, wie andererseits die Verlesung der Passionsgeschichte zum eisernen Bestande der Kommunion= feier gehört. — Andere Formulare sind offenbar für den Tag gearbeitet, so daß man aus der Wahl der betreffenden Abschnitte keine Schlüsse

ziehen kann. So ist es bei der ältesten Straßburger Form wie bei der Döberschen Messe. Eine ganz vereinzelte Stellung nimmt endlich die Ordnung von Kantz ein, welche irgend eine Lektion überhaupt nicht vorsieht.[1]

2. Läßt man also die vorhin genannten Formulare aus dem Spiel, so gruppiert sich der Rest folgendermaßen. Bei der alten Perikopenordnung verbleibt unverrückt Müntzer. Zwar zeigt er in seiner „Ordnung“[2], daß er grundsätzlich gegen das Stückwerk des alten Herkommens ist. Aber in der Praxis siegt bei ihm wie bei Luther die Tradition. Auf denselben Standpunkt stellen sich die Erfurter Ämter, doch sonst nur Pseudo-Bugenhagen.[3]

Ihnen gegenüber treten die sonst einander so unähnlichen späteren Liturgieen von Nördlingen, Straßburg, Nürnberg, sowie die des Herzogtums Preußen. Selbst die sonst durchaus rückschrittliche Billikan'sche Renovatio will in den Lektionen jährlich die ganze Schrift zum Vortrag bringen; die preußische Ordnung verlangt statt der hergebrachten Abschnitte je ein ganzes oder halbes Kapitel. Ein ganzes verlangen auch Nürnberg (II) und die späteren Straßburger Formulare. Und hier ist die Entwickelung wieder am eigentümlichsten, sofern zuerst die Wahl der Stücke dem Leser überlassen scheint (B. C[3]), oder doch diese Freiheit als von „etlichen“ beansprucht hingestellt wird. Immer größer wird die Unabhängigkeit in der Wahl, aber zugleich immer strenger das Gebot der sofortigen Auslegung.[4]

Über das ganze Herkommen sucht sich Brenz in seinem zweiten Entwurfe hinweg zu setzen, indem er nur eine Lektion, die evangelische, beibehält; wahrscheinlich ist dabei nicht an die alten Perikopen zu denken.

Dafür, daß auch das „Stückwerk“ des Introitus früh und vielfach Anstoß erregt hat, so daß man die betreffenden Psalmenstellen möglichst im Zusammenhange einstellte, wohl auch auslegte, ist uns manches Beispiel begegnet.[5]

3. Interessant ist die Verschiedenheit der Ordnungen in ihrer Stellung zur Sprachenfrage. Wie wir gesehen haben, ist die Forderung deutscher Lektionen an vielen Orten — so in Wittenberg, Zürich, Nürnberg — früher erhoben und durchgedrungen als die radikalere nach gänzlicher Verdeutschung der Messe. So verständlich wie dies ist die Thatsache, daß sich die überwiegende Mehrzahl der Liturgieen von Anfang an für die Verlesung der Schrift in der Landessprache entscheidet. Streng genommen, war dies nur ein vorreformatorischer Standpunkt; denn die Perikopen wurden vielfach auch zu mittelalterlicher Zeit beide auf der Kanzel deutsch vorgetragen.[6] In

---

[1] Über den Sinn dieser Lücke vgl. oben S. 80. — [2] S. oben S. 107. — [3] S. 73, Anm. 1. — [4] Vgl. oben S. 156. — [5] Vgl. über Straßburg (C[3]) S. 127; Müntzer S. 99. 106; Nürnberg S. 172; auch Ökolampads „Testament“ S. 52. Dagegen bleiben beim Herkommen die ältesten Straßburger, S. 126 f., und „Bugenhagen“, S. 73. — [6] Vgl. das unbetitelte Gebetbuch aus dem 15. Jahrh. in der Nürnb. Stadtbibl. 2827. 2518.

Nördlingen erfolgt aber bald der Rückfall: Billikan fügt in die Feier die Übersetzung aus dem Lateinischen ein; dasselbe wagt Brenz in seinem zweiten Entwurfe.

Aber sieht man von den Lektionen ab, so ist die Zahl der deutsch-lateinischen Messen größer. Einerseits fügen die beiden späteren Liturgieen von Nördlingen und Nürnberg einem rein deutschen ersten Teile des Gottesdienstes einen lateinischen Schluß hinzu. In Nördlingen besteht dieser aus Nunc dimittis mit Gloria patri, Te deum und Magnificat; in Nürnberg aus der ganzen eucharistischen Hälfte der Messe, in welche nur selbständige deutsche Gesänge eingreifen, während die responsorischen, vom Chor angestimmten Stücke ebenfalls lateinisch sind. Drei andere Formen sind ganz mit lateinischen Bestandteilen durchsetzt. So ist es bei Billikans Ordnung, in der zu den zweisprachigen Lektionen lateinischer Gesang hinzutritt und wohl auch ebensolche Gebete.[1]) Ganz buntscheckig nimmt sich Brenzens zweiter Entwurf aus, der entweder dieselben liturgischen Stücke in beiden Sprachen auf einander folgen läßt, oder der fremden den Vorrang giebt.[2]) Von ähnlicher Doppelzüngigkeit ist die Preußische Gottesdienstordnung, die in vier Stücken die Wahl läßt, die aber auch zu ihrer eigenen Rechtfertigung geltend macht, daß für Slaven, Esthen und Letten beide Sprachen gleich unverständlich sind.

4. Daß man sich in Nürnberg wie in Wittenberg des Lateinischen wegen auf die Jugend beruft, braucht nicht als politischer Vorwand zu gelten. Auch darf selbstverständlich irgend eine neuere Theorie der damaligen Zeit den pädagogischen Gesichtspunkt nicht zum Vorwurf machen. Aber das wird doch einleuchtend sein, daß gerade die Erkenntnis der sittlich-religiösen Mangelhaftigkeit des Volks den Gebrauch einer für viele unverständlichen Sprache im Gottesdienst mindestens als einen unerlaubten Luxus erscheinen lassen mußte. Luthers Einwand, man solle ihm nicht zur Sünde machen, was keine Sünde sei[3]), verliert bei dieser Überlegung den letzten Rest von Berechtigung. Allerdings mochten Münzers Messen, gegen die sich jene Wendung richtete, umkleidet vom althergebrachten Kirchengesang und in manchen Teilen in ein keineswegs mustergültiges Deutsch gebracht, ebenfalls vielen Geringen wie eine tote Sprache klingen. Allein der gute Wille war doch vorhanden, und jene Mängel der Münzerschen Ordnungen lassen sich in irgend einem Maße jeder statutarisch festgelegten Gottesdienstform nachsagen, wie niemand klarer erkannt hat als Luther selbst. Nicht umsonst haben in jenen Tagen alle in Betracht kommenden Stimmen die Agende als Gesetz entschieden abgelehnt. Auch Münzer macht darin keine Ausnahme.

---

[1]) Vgl. Geyer, Die Nördlinger evg. KOO., S. 4. — [2]) S. oben S. 10. — [3]) Vgl. oben S. 116 f. Kliefoth sieht hierin nur den „universellen Blick Luthers" und rühmt die „reizvolle liturgische Abwechselung". a. a. O. S. 246 f.

5. Predigt und Glaubensbekenntnis.

1. Wie bekannt, wurde in vorreformatorischer Zeit in der Haupt=
messe am Sonntag, wenn auch keine allgemeine Verpflichtung vorlag,
doch an den meisten Orten regelmäßig gepredigt.[1]) Darum kann es
uns auffallen, daß in manchen der deutschen Messen die freie Rede
entweder überhaupt keine Stätte gefunden oder doch nicht die Stellung
und Ausdehnung der Predigt behauptet hat. Und man wird hin und
wieder auf die Meinung geführt, als sei in den evangelischen Ord=
nungen, entsprechend den Missalien, was nicht zum eigentlichen Abend=
mahlsritus gehört, als selbstverständlich vorausgesetzt und daher über=
gangen worden. Aber mit dieser Voraussetzung läßt sich in der Mehr=
zahl der Fälle nicht auskommen.

Ein halbes Dutzend unsrer Formulare und Entwürfe weiß von
einer Predigt nichts. Brenz giebt in der älteren Gestalt seiner
Abendmahlsfeier[2]) wenigstens eine Ansprache vom Altare aus. Die
Nürnberger deutschen Liturgieen enthalten die bekannte Admonition.[3])
Die ersten Ordnungen von Straßburg[4]) bieten ebenfalls einigen
Ersatz. Müntzers[5]) Messen dagegen geben gar keinen, und die
Agende für Preußen[6]) nur wenig Raum für ein freies Wort.
Soweit sind alle diese Formulare der römischen Durchschnitts=Messe
gleich, deren Handlung von einer Kanzelrede nicht durchbrochen wird.
Es wird auch zuzugeben sein, daß durch das Zwischeneintreten einer
solchen der Fluß der Meßfeier in ästhetisch befremdlicher Weise ge=
hemmt wird. Zumal bei längerer Ausdehnung kommt in das Ganze
ein störender Riß. War nun an den genannten Orten und von den
in Betracht kommenden reformatorischen Persönlichkeiten für die evan=
gelische Predigt in anderem Zusammenhange genügend gesorgt, so
konnte man ihrer in der Messe entraten. Ja, das Nebeneinander von
Predigt und Abendmahlsansprache in ein und derselben Feier mußte
sich als wenig sinnreich und praktisch bedenklich herausstellen. Zu be=
achten ist namentlich die bedeutende Verlängerung des Gottesdienstes,
welche das bis dahin ungewöhnliche, regelmäßige Kommunizieren ganzer
Massen mit sich brachte; eine Verlängerung, die durch mancherlei
Streichungen im Ordo nicht ausgeglichen wurde. Man bedenke auch,
daß, was vormals in schnellem Tempo vom Priester gemurmelt worden
war, nunmehr laut und langsam verkündet wurde. Zudem waren
manche Bestandteile der Messe — namentlich die Lektionen — jetzt
vielfach zu größerer Ausdehnung gediehen.

Ob viele in der That diese Schwierigkeiten sofort empfunden
haben, ist wohl schwer festzustellen. Daß manchen solche Empfindungen

____

[1]) Vgl. z. B. Cruel, a. a. O., S. 208 ff. — [2]) Oben S. 8. — [3]) Oben
S. 168 f. 185 f. — [4]) Oben S. 150 ff. — [5]) Oben S. 111 ff. — [6]) Oben
S. 9 f. 188 f.

nicht nahe getreten sind, liegt am Tage. Immerhin ist es bemerkens=
wert, daß in fünf Fällen unsre Liturgieen die Predigt an die Spitze
der Handlung stellen. Für die Baseler Ordnung machte sich
das freilich von selbst, weil die der Predigt folgenden Lesestücke die
Feier einleiten sollten. Der zweite Entwurf von Brenz und der von
Kolb verfahren vielleicht auf Anregung von Luthers Formula missae
so[1]); letzterer verbindet mit der Predigt die Vermahnung, während
Brenz diese erst später folgen läßt. Kantz läßt am Eingang seiner
Handlung die Wahl zwischen Predigt und Ansprache. Auch bei dieser
Anordnung empfängt man, eine wirkliche Predigt vorausgesetzt, wenig=
stens in dem Falle den Eindruck eines unharmonischen Aufbaues, wenn
der Sakraments=Akt ein ausgedehnter und schwerfälliger ist. Das trifft
vor allem die Ordnung Ökolampads und das zweite Formular von
Brenz, während diejenigen von Zwingli, Kantz und Kolb ein
günstigeres Vorurteil erwecken.

Ganz auf dem Boden der Tradition steht auch hier Münzers
„Ordnung".[2]) Ihr folgen die Erfurter Kirchenämter.[3]) Ebenso
stellt sich Pseudo=Bugenhagen.[4]) Die Predigt folgt hier dem
Glaubensbekenntnis, nimmt also auf der Grenze zwischen Wortteil und
Sakramentsteil ihren Platz ein. Münzer weiß sie hier mit praktischen
Gründen zu rechtfertigen. Sie soll dem Volke deuten, was die vor=
aufgehenden Stücke der Messe in sich schließen. Das kann aber nur
heißen, daß in der Predigt die Lektionen ausgelegt werden; denn die
übrigen Bestandteile der Handlung, die sich im wesentlichen gleich
bleiben — sie wechseln nach Münzers Willen nur fünfmal im Jahre
— können nicht stets aufs neue erklärt werden. Also begegnet uns
hier das gleiche Interesse wie in Straßburg, wo man zeitweilig keine
Schriftvorlesung ohne sofortige Erläuterung zugelassen hat.[5])

Straßburgs Stellung zu unsrer Frage ist, wie früher bereits
bemerkt worden, die eigenartigste. Nachdem die ersten Formulare von
der freien Rede — die Vermahnung ausgenommen — abgesehen, tritt
die Predigt in den Rahmen der Feier ein, um diese allmählich umzu=
gestalten und endlich hier zur Abendmahlsrede zu werden und als eigent=
liche Predigt außerhalb der Kommunionhandlung ihr Recht zu finden.
Wie erwähnt, ist die Predigt zu Straßburg von Anfang an als Ver=
kündigung des Evangeliums verstanden worden. Demgemäß schließt sie
sich in dem hergebrachten Schema der Vorlesung dieses Stückes un=
mittelbar an, das Kredo der Gemeinde als Frucht des dargebotenen
Wortes hervorrufend. Mit dieser Auffassung scheint Zwingli[6]) den
Straßburgern voraufgegangen, Billikanus[7]) ihnen gefolgt zu sein. Nach

<hr>

¹) Luther selbst predigte in Wittenberg stets nach dem Symbolum.
W. A. XII. S. 211. — ²) Oben S. 107. — ³) Oben S. 118 ff. — ⁴) Oben
S. 73 f. 86 ff. — ⁵) Oben S. 156. — ⁶) Oben S. 202. Anm. 12 u. 13. —
⁷) Renovatio ecclesiae Nordlingiacensis. Doch scheint nach Billikans Be=
schreibung der Glaube nicht unmittelbar auf die Predigt gefolgt zu sein. Vgl

Schöberlein[1]) hat schon die mittelalterliche Kirche in der Einfügung der Predigt geschwankt und sie entweder an die Spitze des Gottes=dienstes oder hinter das Evangelium oder hinter das Kredo gestellt.

2. Es erscheint nicht müßig, der Frage nachzugehen, welche Reihenfolge — die Meßordnung einmal als unabänderlich hingenom=men — evangelischen Grundsätzen entsprechender ist, die Predigt dem Glaubensbekenntnis voraufzuschicken oder sie ihm folgen zu lassen. Daß das verkündete Schriftwort Glauben weckt und zum Bekenntnis des Glaubens bewegt, ist an und für sich ein so einfacher, schrift=mäßiger und einleuchtender Gedanke, daß die Frage auf den ersten Blick erledigt scheint. Und wenn die Predigt sich dabei unmittelbar an das Evangelium lehnt, so spricht sich vollends darin eine echt evangelische Auffassung aus. Ist doch die freie Aussprache des geist=lichen Redners der Ausdruck seines Bibelverständnisses, umgesetzt in die Sprache von seiner und seiner Hörer Erfahrung. — Allein zunächst wird man es für unnatürlich und gerade evangelischem Verständnis ferngelegen erklären müssen, wenn auf die, heute diese und morgen jene Seite des Evangeliums behandelnde, bald so und bald anders zu=gespitzte Predigt stets mit der nämlichen Formel Bescheid gegeben wird. Dies Bedenken bleibt freilich auch dann bestehen, wenn das Bekenntnis in stereotyper Wiederkehr als die passendste Antwort auf die Lektionen von allerlei Inhalt angesehen werden soll, die der Gemeinde dargeboten wurden. Nur läßt sich das Bekenntnis, zwischen Schriftverlesung und Predigt gestellt, auch in anderer Weise motivieren. Ist das Bibel=wort der Ausdruck für das Heilsbewußtsein der ersten Zeugen Christi, die Predigt dagegen die Äußerung der modernen christlichen Erkenntnis und Erfahrung, so schlägt das dazwischen tretende Symbolum die Brücke, indem es, ein geschichtliches Denkmal der Vergangenheit, zeigt, wie aus dem urchristlichen Zeugnis durch Vermittelung der Konfessions=kirche der Glaube der Gemeinde und ihres Predigers geworden ist. Und wenn nun bei dieser Reihenfolge der Stücke obendrein die Mög=lichkeit gewonnen wird, der Gemeinde zu einer, der vernommenen Predigt angemessenen, d. h. freien, eigentümlichen und besonderen Zu=stimmung das Wort zu geben, so ist damit das Festhalten der Mehr=zahl deutscher Meßliturgieen an der überlieferten Ordnung als grund=sätzlich richtig zu bezeichnen, womit natürlich nicht behauptet werden soll, diese Überlegung sei mehr als ein, den Urhebern jener Formulare gänzlich fremdgebliebener, nachträglicher Kommentar.

Übrigens mag hier noch gesagt werden, daß ein formuliertes Bekennt=nis, wie es den allermeisten unsrer Liturgieen eigen ist, — nur Kantz und Brenz (I) übergehen es — auch heute noch, so gut wie das Konfiteor, im

---

Geyer, Die Nördlinger evg. KOO., S. 5. — [1]) a. a. O., I. S. 294. Hier=mit verlöre das Kriterium der Abhängigkeit evangelischer Ordnungen von Straßburg (s. oben S. 155) viel von seiner Kraft. Eine Nachprüfung der Angabe Schöberleins ist mir bisher nicht gelungen.

evangelischen Gottesdienste seine Stelle hat. Aber es sollte nicht ein und dasselbe, Sonntag für Sonntag verlesene Formular sein, sondern in mannigfachster Weise Gestalt gewinnen. Immer als ein Zeugnis der Vergangenheit, aber je nach Eigenart der Feier als ökumenisches oder reformatorisches, als konfessionelles oder landeskirchliches. Doch in dieser solennen Form nur an den historisch bedeutsamen Tagen, der Regel nach in Gestalt eines der großen Glaubenslieder unsrer Väter.

Die Predigt hat als selbständige Größe im Abendmahlsgottesdienst nicht Raum. Sie wird zur Vorbereitungsrede und hört ebendamit auf, Predigt zu sein.

6. Die Gebetsformen.

Zu allen Verschiedenheiten, die an den mancherlei Gebilden, von denen hier die Rede ist, hervortreten, kommt ein sehr bedeutsamer Abstand hinzu, wenn man auf das Maß von Gebetsgeist achtet, das unsern Liturgieen eigen ist. Eine mannigfache Abstufung, von ausgesprochener Armut und Kargheit an bis zu großer Kraft, Lebendigkeit und Eigenart, wird da offenbar; aber im ganzen wird sich das günstige Urteil bewahrheitet haben, das beim Eintritt in diese Untersuchungen ausgesprochen wurde.[1]) Von den verschiedenen Formen des Gebets tritt das gesprochene und das (im Liede) gesungene deutlich in den Vordergrund, das Stillgebet dagegen ebenso deutlich zurück.

1. Auch in den Gebeten handelt es sich bei unsern Abendmahlsordnungen vielfach um bloße Übersetzungen aus den Missalien. Am unerfreulichsten zeigt sich dies Abhängigkeitsverhältnis in Münzers Messen. Hier fehlt trotz gelegentlicher Korrekturen und kleiner Zusätze jede Originalität. Es sind die knappen Sätze der altkirchlichen Kollekten. Und wenn man erwägt, was bereits die vorreformatorische Zeit an freieren Erzeugnissen frommer Inbrunst zum Gebrauch der Laien im Meßgottesdienst geschaffen hatte[2]), so bedeuten die Leistungen Münzers einen entschiedenen Abfall und Rückschritt. Die Erfurter Kirchenämter geben sich auch in diesem Stück als bloße Nachbildungen zu erkennen, doch sind die Gebete hier zum Teil unabhängiger und biblischer, vor allem auch sprachlich gebildeter und anmutender.

Die Messe von Kantz ist in den zur Verwendung kommenden Gebetsformen — Konsekrations- und Kommuniongebet, am Schlusse zwei Kollekten — ebenfalls durchgängig Übersetzung. Aus diesen Proben allein würde man nicht zu erkennen vermögen, welche Kraft und Innigkeit der unmittelbaren Andachtsäußerung unserm Kantz eigen gewesen ist. Aber sein eigentümlich frommer Geist verrät sich doch auch in diesen kurzen Ansätzen, und der Anschluß an die fremde Vorlage hindert ihn nicht, von seinem Eigensten hinein zu legen, wenn er

---

[1]) Vgl. oben S. 14. — [2]) Vgl. oben S. 19 ff.

„den heiligen fronleichnam und das rosenfarben blut" des Erlösers im
Gebete feiert. In das innerste Heiligtum seines Verkehrs mit Christus
und Gott führt Kantz freilich nicht in den Meßgebeten den Leser ein,
sondern in jenen freigeschaffenen oder doch jedenfalls zum Teil selbst=
verfaßten Stücken, die in den meisten Ausgaben seiner Messe den Ein=
gang bilden.[1]) Die beiden letzten der vier Stücke, wiewohl von ent=
zückender Schönheit im einzelnen, tragen am meisten den Charakter
der Zeit an sich; aber vor allem, was ihnen voraufgeht, das Sünden=
bekenntnis, wird man zu dem Schönsten und Besten rechnen dürfen,
was die evangelische Erbauungslitteratur jener Tage in diesem Be=
tracht aufzuweisen hat. Für den heutigen Kirchengebrauch würde man
natürlich nicht nur sprachlich, sondern auch inhaltlich ändernd eingreifen
müssen. Und so läßt man es lieber an seinem Orte unberührt.

Theobald Schwarz ist ebenfalls mehr als Übersetzer gewesen.
Sein Formular ist nicht nur als Sprachdenkmal, sondern ebenso als
Kirchenagende dem Werke Münzers überlegen, selbst da, wo er nur
übersetzt. Und dasselbe gilt von den Nürnberger deutschen Formu=
laren, die doch in allen ihren Gebeten unselbständig sind und anschei=
nend nichts Eigenes bieten; denn die Kollekte ist von Luther, Konfiteor
und Schlußkollekte in ihrem Grundstock vorreformatorisch, das „Fest=
gebet" (im Anhang der Döberschen Messe) wörtlich von Straßburg
herübergenommen.

Verhältnismäßig dürftig nimmt sich auch der Gebetsinhalt der
Baseler Ordnung aus. In dem Kirchengebet herrscht die Form der
Prosphonese vor. Zwei= (oder drei=)mal kommt das Vaterunser zum
Vortrag. Und als ein selbständig geschaffenes Gebet erscheint nur das
kurze und würdige Sündenbekenntnis. Im übrigen erdrückt und hin=
dert die Menge der Lesestücke, vor allem der vielen biblischen Lektionen,
wie jede Handlung, so auch die ruhige Entfaltung der Gebetsschwingen.

Größer ist Zwinglis Gabe, auch in dieser Richtung. Daß ihm
an der Formulierung eines liturgischen Gebets wenig gelegen gewesen[2]),
vermag ich nicht zu glauben, da er sich so gut darauf verstanden hat.
Wenigstens zeugen die beiden Gebete, mit denen er einerseits die ganze
Abendmahlsfeier, andererseits die eigentliche Kommunionhandlung er=
öffnet, von gutem liturgischen Geschmack, von schlichter Würde und
Herzlichkeit. Wir haben von Luther nichts Gleichwertiges empfangen.

Ein Rückblick auf die Abendmahlsgebete der ungebundeneren Art,
von welcher früher[3]) zahlreiche Beispiele gegeben wurden, macht aller=
dings fast allen diesen Ordnungen gegenüber einen Abstand fühlbar,
der uns die Entstehung fester liturgischer Formen auch als eine Ver=
armung erkennen lehrt. Auch nach dieser Seite hin nehmen die
Straßburger Agenden unter ihren Schwestern den ersten Platz in

---

[1]) Vgl. oben S. 41 ff. — [2]) Grünberg, a. a. O., S. 475. — [3]) Vgl.
oben S. 20 ff.

Anspruch. Schon Schwarzens Messe bietet in dem Kanongebet wie in dem Sermon Ausgezeichnetes. Und mit jeder neuen Gestalt mehrt sich der Reichtum an Gebetsformen von mustergültiger kirchlicher Haltung. Hier ist nichts mehr von der engbrüstigen Kürze der überkommenen Formeln mit ihren stereotypen Wendungen und ihrer leblosen Stilgerechtigkeit. Man hört die ruhigen Atemzüge gesunder Frömmigkeit, und etwas von der subjektiven Freiheit evangelischen Glaubens verbindet sich dem, gleichwohl einer großen Versammlung wohl angemessenen, kirchlich=objektiven, stets biblisch gearteten, frommen Erguß. Die Selbstständigkeit und der hohe Rang, der dem Gebet der Gemeinde im Gottesdienst zukommt[1]), wird hier zuerst und wahrhaft vorbildlich erkannt. Den mit dieser Art liturgischer Produktion verbundenen, naheliegenden Gefahren scheinen die ältesten Straßburger Liturgieen, die letzte hier mitgeteilte nicht ausgenommen, glücklich entgangen zu sein.

2. Den Inhalt der Gebete bilden fast überall Bitte und Fürbitte. Sieht man ab von denjenigen überlieferten Bestandteilen der gottesdienstlichen Handlung, welche wie das zwiefache Gloria (Müntzer, Straßburg, Nürnberg, Zürich, Erfurter Kirchenämter, Preußen), das Tedeum (Kantz) oder das Lob der Dreifaltigkeit am Ende der Messe (Kantz, Straßburg B, Nürnberg) unmittelbar danksagenden oder lobpreisenden Charakters sind, so fehlt den gesprochenen Gebeten beinahe gänzlich dieser Ton. Ausnahmen sind in der Hinsicht die Straßburger und die Zürcher Ordnung. Die erstere enthält in ihren ältesten Ausgaben[2]) jene Sermone, welche, die Elevation mit feierlichen, zum Teil frei geschaffenen Worten deutend, zum Gebet des Herrn überleiten. Zwingli, wiewohl er das große Gloria beibehalten und das Tedeum durch seinen Passahpsalm ersetzt hat, läßt doch auch durch die eigenen Gebete am Anfang wie am Schluß der Feier die Verherrlichung Gottes hindurchklingen nicht ganz auf Kosten des sündigen Menschen.

Wenn Grünberg[3]) bemerkt, für Luther sei im Gottesdienst das Bittgebet die Hauptsache gewesen, so entspricht dem die Formula missae jedenfalls nicht; denn dieser sind alle jene Stücke eigen, in denen die Eucharistie im Sinne der Dankesfeier zum Ausdruck kommt. Und man sollte erwarten, daß sich hierneben zur Ausgleichung das neu formulierte Gebet vorherrschend als Bitte gestalten werde. Indessen ist die Produktion in dieser Beziehung bei Luther wie in den meisten unserer Formulare nur schwach. Doch wird bei Luther, worauf auch Grünberg mit Recht aufmerksam macht[4]), der Mangel gedeckt durch das Eintreten des deutschen Liedes. Und in diesem kommt neben der Bitte auch wieder der freudige Dank zu seiner festlichen Aussprache.

3. In den meisten der Ordnungen behauptet das überlieferte Kollektengebet zwar nicht den größten Raum, aber doch beherrschende Be=

---

[1]) Vgl. Zezschwitz, a. a. O. S. 399. — [2]) Bis C einschließlich. — [3]) a. a. O. S. 473. — [4]) a. a. O. S. 474.

deutung. Wie bekannt, richtet sich die altkirchliche Kollekte fast aus=
schließlich an den Vater.[1]) So ist es auch der Regel nach in unsern
Liturgieen. Eine Ausnahme bildet das Erfurter Kirchenamt
von 1526, in dessen Fronleichnams=Gottesdienst die Kollekte sich
an Christus wendet.[2]) Im übrigen ist in der römischen Messe die
Wendung an den Sohn durch gewisse Stücke wie Kyrie, Gloria und
Agnus von selbst gegeben; und die deutschen Messen schließen sich
hier durchgängig einfach dem Herkommen an. Aber auch das Kom=
muniongebet „O Jesu Christe“[3]) geht in mehrere unsrer Ordnungen
über. So haben es Kantz, Straßburg (A bis C) und Nürnberg.
Zu der Kantzschen Messe ist aber zu bemerken, daß, während die ihr
voraufgestellten Gebete den Sohn mit dem Vater vollständig vertau=
schen[4]), dies in der Messe selbst nirgend geschieht.

Eine andere Stellung nehmen zur Sache die späteren Straß=
burger[5]) und die Zwinglischen Formulare ein. Hier wird die
Wendung an den Sohn, zumal in den frei geschaffenen Gebeten, durch=
aus vermieden, was für ersteren Ort die Schrift „Grund und Ursach“
bereits frühzeitig ankündigt.[6]) Es liegen dem offenbar auch dogmatische
Anschauungen zu Grunde.[7]) Auch das Lied, soweit es in die hier in
Betracht kommenden Ordnungen Eingang gefunden hat, nimmt an der
Beschränkung der Gebete auf den Vater Teil.[8]) Anders Basel (II).[9])

Die evangelische Christenheit wird sich das Recht, sich in ihrer
öffentlichen Gebetsübung an ihr erhöhtes Haupt zu wenden, nicht
nehmen lassen. Wie sie außer stande ist und sein soll, sich ihren Gott
unter völligem Absehen von der Gestalt Christi vorzustellen oder zu
vergegenwärtigen (Joh. 14, 9), so sucht sie auch im Gebet des Vaters An=
gesicht vorzugsweise auf dem Wege des Durchgangs durch die Erkenntnis
des Sohnes (Joh. 14, 6). Doch ist der Stellungnahme der eben genannten
Liturgieen ebenfalls ein gewisses Recht zuzuerkennen. Die alte Kirche hat
nicht ohne Grund gewisse Hauptgebete im Kultus ein für allemal dem
Vater zugewiesen. Daß ihr daneben in der Messe als der Wiederholung
des Opfers Christi die Wendung an das numen praesens besonders nahe
gelegt wird, ist durchaus verständlich. Und gerade im Abendmahlsgottes=
dienst ist die Beziehung auf Christus auch der evangelischen Ge=
meinde durchaus natürlich. Allein wie die Messe des Kaspar Kantz

---

[1]) Vgl. z. B. Sacrae ecclesiae orationes, quas vulgo collectas voca-
mus etc. Impressa Argentinae per Joānem Knoblouch Chalcographum,
anno dñi M.D.xvi, quarta feria post festum Mathiae Apostoli. (Straßb.
Univ.=Bibl.). Dort heißt es im Exhortamentum, conclusio septima: Omnis
enim Oratio ad patrem regulariter dirigitur ac in nati nomine finitur.
Nulla tamen ad spiritum sanctum deflectitur, cum donum sit et a dono
non petitur donum, sed potius a doni largitore. Die Pfingstkollekten der
alten Kirche bilden hierin trotz des filioque keine Ausnahme. — [2]) S. oben
S. 121. — [3]) Die zweite der preces ante communionem im Ordo. — [4]) Vgl.
oben S. 40 und 43. — [5]) Von D an. — [6]) S. oben S. 149. — [7]) S. oben, was
Zwingli betrifft, S. 203 und 211. — [8]) S. oben S. 159. — [9]) S. oben S. 214 f.

sich von dessen freien Gebeten unterscheidet, so die Gebetsübung der Kirche von der des Konventikels, für den die Herrschaft des Vaters einen ebenso fremdartigen Gedanken bedeutet, wie ihm das Gebet aller Gebete nicht mehr das natürlichste und teuerste ist. Ferner wird man zugeben müssen, daß nicht in jeder Feier die an Christus gerichtete Bitte gleich nahe liegt; daß z. B. in einem Erntefestgottesdienst allemal die zweifelhafte Berechtigung des Kinder=Tischgebets „Komm, Herr Jesu, sei unser Gast und segne, was du uns bescheeret hast", deutlich zu Tage treten wird und muß. Überhaupt wird in den ge= sprochenen Gebeten die Wendung an den Vater immer die Regel bleiben. Das Lied, als poetische Form der Äußerung des frommen Bewußtseins, hat zwar auch hierin größere Bewegungsfreiheit, zumal an den Christus=Festen.

4. Von dem gesungenen Gebete soll hernach ausführlicher die Rede sein. Die dritte Form der unmittelbaren gottesdienstlichen Aktion, das Stillgebet, hat im Meßgottesdienst zu ihrer Entfaltung reiche Gelegenheit, und zwar ebensowohl als den gesamten Kultus erfüllende, einzige und ununterbrochene Thätigkeit des Volks, wie als Einzelakt des Priesters an bestimmten Punkten der Handlung. Was das erstere anlangt, so diente und dient dem Bedürfnis der Masse der Andächtigen jene Gebetbuch=Litteratur, von der oben die Rede war[1]); der Priester hält sich natürlich auch hier an die Vorschrift des Missale.

In unsern Ordnungen ist das Stillgebet überall da als in der Ausübung begriffen vorausgesetzt, wo einer für sie alle an Gott sich wendet. Aber da dieser Eine stets in verständlicher Sprache und mit erhobener Stimme spricht, so hat in der deutschen Messe der Notbehelf eines die gottesdienstliche Handlung in freier Anpassung begleitenden Erbauungsbuches ein Ende. Das Volk betet mit, was sein Diener redet. Dazu wollte es allerdings, als zu etwas, wenigstens in der Feier der Messe Ungewohntem, angeleitet sein. Daher in der Messe von Kantz die ausdrückliche Aufforderung, mit dem Vorbeter „heimlich" das „Komm, heiliger Geist" zu sprechen.[2]) Ebenso erklärt sich die Weisung in dem älteren Nürnberger deutschen Formular, daß der Priester die Umstehenden ein= oder zweimal zu solchem Mitbeten mahnen soll.[3]) Natürlich ist die nämliche Mitthätigkeit der Gemeinde auch dort vor= ausgesetzt, wo der Priester die Gebete singt.[4])

Anders stellt sich die Sache in den Fällen, wo der handelnde Geistliche schweigt und nunmehr in dem Kirchenraume völlige Stille herrscht. Erst hier tritt dasjenige ein, was man im Vollsinne „Still= gebet" nennen kann. Zwei unsrer Ordnungen schreiben dem Priester solches gänzliche Schweigen an mehreren Stellen vor.[5]) Ja dort, wo

---

[1]) Vgl. oben S. 12 ff. — [2]) Vgl. oben S. 74. — [3]) Oben S. 164. — [4]) Nürnberg II. Form, s. oben S. 166. — [5]) Pseudo=Bugenhagen: nach Pre= digt oder Evangelium bei Zurüstung von Brot und Wein, sowie vor dem Qui pridie. Vgl. oben S. 74. — Straßburg B: bei Bereitung des Kelchs. Vgl.

dieser selbst kommuniziert, was in den meisten Fällen zutrifft, muß wenigstens während dieser Augenblicke völlige Stille herrschen. Die Züricher Sitte, den Abendmahlstisch im Beisein der Gemeinde erst aufzustellen und zu decken[1]), setzt ebenfalls ein begleitendes Stillgebet dieser voraus. Aber nur an zwei Orten in dem Bereich unsrer Ordnungen wird dem Volke zu solchem ganz selbständigen Beten der Auftrag gegeben. Es ist einmal die Baseler Liturgie, die, während der Geistliche von der Kanzel zum Altare geht, die Gemeinde ein stilles Vaterunser beten heißt.[2]) Wäre schon Psalmengesang erlaubt oder üblich gewesen, so würde Ökolampad diesem die Ausfüllung der Lücke aufgegeben haben, zumal das Vaterunser noch einmal oder gar zweimal außer an dieser Stelle zur Verwendung kommt. Kaum anders gemeint will mir das „innerliche, andächtige Gebet" erscheinen, das uns im zweiten Entwurf von Brenz begegnet. Dort muß die Lücke zwischen Ansprache und Konsekration auf diese Weise ausgefüllt werden.[3])

Bekanntlich hat Luther[4]) das liturgische Gebet im Gottesdienst als einen unzulänglichen Ersatz für das selbständige und doch gemeinsame Gebet aller gehalten, das er sich als ein halblautes Sprechen der ganzen Versammlung gedacht zu haben scheint. Die praktische Unausführbarkeit hat ihm natürlich früh eingeleuchtet. Und Zwinglis Auffassung von dem innerlichen Gebet[5]) landet bei der nämlichen Erkenntnis. Viel natürlicher als der Gedanke an ein gleichzeitiges Durcheinandersprechen aller dünkt uns heute die Vorstellung, die volle Freiheit des Christen auch hier in gewissen Grenzen zu wahren und die Seele im Gottesdienst hin und wieder einmal ganz zu sich selbst, d. h. zu eigenstem und freiestem Verkehr mit Gott, gelangen zu lassen. Daß bei der ganz vorherrschend pädagogischen Grundanschauung der Reformatoren und ihrer Zeitgenossen vom Wesen des christlichen Kultus dieser Gedanke nicht auftauchen, geschweige Gestalt gewinnen konnte, leuchtet ein. In unsern Tagen sollte aber die Vorstellung des von dem berufenen Leiter zu leitenden Volks nicht mehr dermaßen die Vorherrschaft haben. Wir sollten uns nicht gar zu ängstlich fürchten vor der Seelengefahr und dem Mißbrauch solcher Ruhepausen im Gottesdienst, während welcher völlige Stille im Hause herrscht. Unser Orgelspiel und selbst Akte einer deutlicheren Frömmigkeitsäußerung pflegen erfahrungsmäßig gegen allerlei Auswüchse roher Ungebundenheit im Kultus auch keinen Schutz zu bieten. Neuerdings scheint gerade die Abendmahlsfeier an manchen Orten den Versuch nahe zu legen, in unser kirchliches Leben jene Pausen einer stillen Betrachtung zurückzuführen, die ein unverständiger horror vacui zu lange fern gehalten hat. Allerdings bietet die wandelnde Kommunion nicht gänzliche Stille, doch mag der kühne Anlauf, der hiermit unternommen ist, möglicher-

S. 130. 136. — [1]) S. oben S. 196, Anm. 2. — [2]) S. oben S. 216. — [3]) S. oben S. 10. Ähnlich im „Testament" von Ökolampad, s. o. S. 54. — [4]) S. die Nachweise bei Grünberg, S. 471 ff. — [5]) Z. W. I. S. 375.

weise zur Erreichung solcher gottesdienstlichen Momente führen, die nicht durch irgend ein Getön im voraus beschlagnahmt und — nur gar zu oft in einer die Andacht störenden Weise — ausgefüllt sind.

7. Der Gesang.

1. Wenn man die ungeheure Bedeutung des deutschen Liedes für die Reformation erwägt, wird man erstaunt sein, von dessen Klängen in unsern Gottesdienstordnungen verhältnismäßig so wenig zu ver= nehmen. Acht der bedeutsamsten Formulare dieser Epoche wissen über= haupt nichts von irgend welcher musikalischen Ausstattung. Es sind dies die ältesten Ordnungen von Nördlingen, Straßburg (A und B), Wertheim, Schwäbisch=Hall, Nürnberg und Basel, sowie die von Zürich. Allerdings bedeutet die Gesanglosigkeit nur im letzteren Falle mehr als ein vorübergehendes Stadium.[1]

Allein der Weg zum evangelischen Kirchenliede ist fast nirgend in der Richtung betreten worden, daß man an Stelle des hergebrachten, vorschriftsmäßigen Klerikalgesanges sofort die frischen Töne volkstüm= licher Glaubensäußerung gehört hätte. Diejenige Liturgie, welche in Nürnberg dem ersten kühnen Vorstoß gegen das überlieferte Kirchen= tum folgte, kehrte einfach zum Priester= und Chorgesang zurück. Daß die lateinisch=deutsche Nürnberger Form in einigen Kirchen bereits Volksgesang vor und nach der Predigt kennt[2]), ist nicht auffällig. Wohl aber, daß die „Form und Ordnung", obschon sie vier evangelische Lieder einführt, diese vom Chor anstimmen läßt, von dem nämlichen Chore, der sein Et cum spiritu tuo singt. Daß Pseudo=Bugenhagen nur Priestergesang kennt, nimmt uns nicht wunder; der Chor ist ver= schwunden. Bei ihm wie bei Müntzer und Brenz, in Nürnberg und in Preußen sind die alten Kirchentöne in Kraft.[3]) Völlig beim Alten bleibt Müntzer. Und wenn er auch in der „Ordnung" das Lied „Nun bitten wir den heiligen Geist" erwähnt[4]), so ist dies doch an Stelle des Offertoriums gesetzt und nicht dem Volke zugeteilt. Ein Gleiches gilt von den Erfurter Ämtern.[5])

Reiner Gemeindegesang tritt uns zuerst und nur in Straßburg[6]) entgegen. Hier hat der Priester oder Diener lediglich zu sprechen, das Volk aber singt eine Reihe von Psalmen und liturgischen Stücken. Letztere verschwinden nach und nach, so daß nur Psalm und Lied übrig bleiben. Von einem Chor ist keine Rede. Daß der Psalmen=

---

[1]) Das gemeinsame Sprechen, das in Zürich vorläufig den Gesang er= setzt, hat sich Brenz in seinem zweiten Entwurf zugeeignet. Auch dort spricht die Gemeinde das Glaubensbekenntnis. Vgl. oben S. 10. — [2]) S. oben S. 173. — [3]) Vgl. oben S. 9. 10. 73 ff. 107 ff. 113. 172. — [4]) Vgl. oben S. 107. — [5]) Vgl. oben S. 119. Verständlich wird davon manches durch die Haltung Luthers, der zwar (Richter, I. S. 6) beklagt, daß der Chor die Ge= meinde verdrängt hat, aber aus pädagogischen Gründen die Tradition fest= hält. — [6]) Seit C.

gesang in Straßburg etwas gänzlich anderes ist, als das „Psallieren“ der alten und der lutherischen Kirche, soll hier nur angedeutet werden. Er entspricht vielmehr den Psalmenliedern Luthers, deren poetische Höhe er allerdings nur selten erreicht.

Endlich bieten zwei unsrer Formulare Raum für Priester=, Chor= und Volksgesang. Der letztere tritt zwar in Preußen trotz ausdrücklich gebotener Schutzvorkehrungen[1]) recht in den Schatten. Auch die Gemeinde hat in herkömmlicher Form zu respondieren und scheint noch kein eigentliches Lied zu singen; genannt werden ein „Psalm“, das Kredo und zwei Abendmahlsgesänge aus vorreformatorischer Zeit. — Die zweite Gestalt der Brenzschen Liturgie macht einen ganz ähnlichen Eindruck. Das Volk soll erst noch deutsch singen lernen; bis dahin bleibt es in der Hauptsache beim Herkommen. Nur kommt hier deutlicher als in Preußen die Form des Wechselgesanges zwischen Chor und Volk ans Licht. Beide alternieren während der Austeilung des Abendmahls.

Hier stoßen wir demnach auf die uralte, für eine lebendige Gottesdienstfeier unerläßliche Übung gruppenweisen Singens, mit der man neuerdings wieder ernstlich vorzugehen beginnt, aus der sich Sinn und Aufgabe des Chorgesangs im evangelischen Gottesdienste am einfachsten herleiten lassen.

2. Gesungen wird in Müntzers Messe schlechterdings alles. Darf man einer Äußerung in seiner „Ordnung“ trauen[2]), so ist selbst die Lektion ständiges Gesangsstück. Damit ist nun wieder das eine der Extreme dargestellt, dem gegenüber die Schweizer und Altstraß= burg nebst den Geistesverwandten das Gegenbild abgeben. Die reichste Entfaltung evangelischen Gesanges zeigt unstreitig Straßburg. Die Fülle eigenartiger Dichtungen und zum Teil unsterblicher Melodieen, deren schon diese ersten Jahre Dutzende hervorbrachten, gestattete der Gemeinde, ihrem Gottesdienst einen reichen und lokalfarbenen Schmuck zu geben. Es sind übrigens vier Punkte, an denen hier das Lied seine Stelle findet. Es vertritt (als Psalm) das Staffelgebet; sodann die Sequenz, setzt also an dem Orte ein, wo das Singen eines Volks= liedes wenigstens an Festtagen hie und da schon länger üblich war; es ersetzt weiter das Kredo und fügt sich endlich während der Aus= teilung des Abendmahls ein. Merkwürdigerweise erhält sich das Volks= lied gerade an der Stelle nicht, wo es einst sich zuerst schüchtern vor= gewagt. Statt der Epistel zu folgen, wird es genötigt, schon dem Gebet sich anzuschließen, weil Epistel und Evangelium[3]) nach einander auf der Kanzel gelesen und ausgelegt werden. Immerhin wird auf diese Weise, was sich günstig ausnimmt, die Predigthandlung von Ge= sang umrahmt, sofern ihr das „Wir glauben all“ als Antwort des Volkes folgt.

---

[1]) Vgl. S. 9. — Auf die Erhaltung der Psalmodie legt die KO. großen Wert. Richter, I. S. 29. — [2]) S. oben S. 107. — [3]) So in der Ordnung F.

Wesentlich dieselbe Anordnung finden wir in der Preußischen Liturgie, nur daß hier die Predigt eine andere Stelle einnimmt. Weniger verständlich ist dagegen auf den ersten Blick die „Form und und Ordnung" von Nürnberg. Während diese nämlich das zweite, dritte und vierte Lied ebenfalls an den nämlichen Punkten wie Straßburg eintreten läßt, giebt es dem erstmaligen Gesange Raum nach der Absolution, als hielte sie an dem Gedanken fest, daß erst jetzt der Gottesdienst der Gemeinde beginne. Das Versehen erklärt sich, zumal der Gesang mit der voraufgehenden Entsündigung nichts zu thun hat, — es ist „Nun bitten wir den heiligen Geist", — aus dem Einfluß der Messe von Kanz. Diese stellt an diesem Ort das knieend ge= sprochene „Komm, heiliger Geist" ein, was wiederum in der ganz andersartigen Bedeutung des hier voraufgehenden Konfiteor nebst Absolution seine Ursache hat.[1]

3. In der Wahl der Liedertexte zeigt Straßburg früh die Vorliebe für Psalmen, welche später zu deren einseitiger und aus= schließlicher Verwendung führt. Schon die Ordnung D bietet unter vier Liedern drei Psalmen.[2] Doch ist die Straßburger Kirche mit der Einfügung des „Wir glauben all an einen Gott" Luthern selbst zuvorgekommen.[3] Von einer wohlüberlegten Verteilung der Texte ist natürlich in den ältesten Liturgieen, wegen der noch geringen Zahl der zu Gebote stehenden Lieder, nicht viel zu sehen. Am auffälligsten zeigt sich der Mangel in Nürnberg. Dort wechseln als Introitus „Nun bitten wir den heiligen Geist"[4] und „Aus tiefer Not"[5]; an Stelle des Halleluja werden (II) „Es ist das Heil", (III) „Dies sind die heiligen zehn Gebot"[6] und (IV) „Mitten wir im Leben sind" gebraucht; am Schluß der Messe (II. III) „Es wöll uns Gott" und (IV) „Nun bitten wir". Hier ist von eindringender Überlegung offen= bar keine Rede. Zugleich aber empfängt man den Eindruck, daß der erste Wurf der beste gewesen. Es ist überhaupt mehr um Belebung der Handlung und, was Straßburg betrifft, um Beteiligung des Volks an ihr zu thun. Daß der Gesang durchgängig der unmittel= baren Gebetsäußerung dient, wobei der Lobpreis Gottes dem Bittgebet gegenüber merklich zurücktritt, ist nicht zu verkennen.

Im Herzogtum Preußen dringt die Kirchenordnung auf An= schaffung von Gesangbüchern für das Volk.[7]

8. Die Stellung zum Kirchenjahr.

1. Ähnliche Gegensätze, wie sie uns bisher unter unsern Ord= nungen begegnet sind, werden auch in Hinsicht auf den ererbten Fest=

---

[1] Vgl. oben S. 80. — [2] Die Umänderung von Psalm 3: „Ach herr, wie seind meiner sünd (statt: seind) so vil" ist nicht Druckfehler. Die Lesart findet sich in jeder der Ausgaben an zwei Stellen. — [3] Formular E. — [4] Formular II. — [5] Formular III und IV. — [6] Vgl. Straßburg, oben S. 157. — [7] Richter, I. S. 29.

zyklus der Kirche offenbar. Wesentlich konservativ stellen sich: (ver=
mutlich) Kantz, die Erfurter Kirchenämter, Nürnberg und
Brenzens zweiter Entwurf. Der letztere steht der Tradition am
nächsten, sofern er mehr als zwei Dutzend Festtage beibehält. Etwas
maßvoller ist die Stellungnahme Nürnbergs. Von den übrigen eben
genannten Liturgieen läßt sich Bestimmtes nicht angeben.

Dieser Gruppe treten neben den späteren Straßburger Messen
Zürich und Basel gegenüber. Und von letzteren verhält sich Straß=
burg am schroffsten, sofern es schon 1526 nur noch den Sonntag gelten
läßt, während die deutsche Schweiz bei den drei, bzw. vier Zentral=
festen verbleibt. Litterarisch ist schon die Straßburger Schrift „Grund
und Ursach“[1]) 1524 mit radikaler Verwerfung der Feste vorgegangen.

Für Zwingli sind nur die drei großen Feste als Abendmahls=
tage wichtig. Aber noch 1526[2]) bestimmt die Züricher Obrigkeit eine
lange Reihe von Festtagen als verbindlich, darunter sich neben Aller=
heiligen, Zwölfboten, Lichtmeß und andern Marientagen auch Maria
Magdalena und der Gedenktag der Ortsheiligen Felix und Regula
finden. Ebenso versucht in Basel der Rat noch im Frühjahr 1527
die Wiederherstellung, bzw. Erhaltung einer bunten Festtabelle[3]), aber
die Kirchenordnung mit ihrer Beschränkung auf vier Feste scheint sieg=
reich geblieben zu sein.

In der Mitte halten sich außer Müntzer die ältesten Straß=
burger Liturgieen und die Preußische Kirchenordnung. Müntzers
fünf Ämter zeigen deutlich, daß ihm die alten katholischen Feiertage
nur noch Kalendertage sind[4]); dagegen die hohen kirchlichen Feste und
Festzeiten läßt er bestehen. Gerade so ist anfangs die Haltung Straß=
burgs, wie die Festpräfationen der alten Formulare zeigen.[5]) Etwas
näher beim Herkommen finden wir die Kirche in Preußen.[6])

2. Im einzelnen ist eigentümlich die verschiedenartige Beurteilung
der Marientage. Preußen behält deren zwei, Nürnberg, der
Züricher und der Baseler Rat ihrer drei, Schwäbisch=Hall vier
bei. An den drei letztgenannten Orten bleibt auch Mariä Himmelfahrt
in öffentlichem Ansehen. Johannis des Täufers Tag wird gern ge=
schont; desgleichen der Tag oder die Tage der Zwölfboten. Allerheiligen
begegnet uns bei Brenz und in Basel. Auch das Fronleichnamsfest,
„unsres Herren Gottes Tag“, befiehlt die Baseler Obrigkeit fort und
fort zu feiern; und in die Erfurter Kirchenämter ist eine besondere
Messe für diesen Tag eingestellt[7]); auch in Nürnberg muß es zu=

---

[1]) S. oben S. 147 ff. — [2]) Mörikofer, a. a. O. S. 54; Bullinger,
a. a. O., I. S. 328 f. — [3]) Vgl. Ochs, V. S. 570 ff. Es sind die nämlichen
Feste wie in Zürich, nur statt Maria Magdalena und den Schutzheiligen:
Fronleichnam und Dreikönige. — [4]) S. oben S. 98 und 114. — [5]) S. oben
S. 137 f. — [6]) Richter I. S. 82. — [7]) S. oben S. 121. Möglicherweise ist
der Gründonnerstag gemeint. Aber die Reihenfolge — „Dreifaltigkeit“, „Hoch=
würdiges Sakrament“ — spricht für Fronleichnam. Vgl. auch S. 118. Klie=

nächst fortbestanden haben.[1]) Merkwürdig ist, daß in Preußen neben den drei großen Festen, die wie fast überall zweitägig zu feiern sind, und neben drei andern Feiertagen — Mariä Reinigung und Ver= kündigung, Johannes der Täufer — Gründonnerstag und Karfreitag ausgezeichnet werden.[2])

An vielen, wohl den meisten für uns in Betracht kommenden Orten hat man sich den Fortbestand täglicher Gottesdienste zu denken. Diese boten durch ihre ständige Predigt einerseits für den Festkalender Ersatz, erhielten aber auch wieder die Erinnerung an dessen einzelne Abschnitte und Feiertage wach. Auf die Sitte der alten Kirche, die in den Lauf der Woche einfallenden Feste am vorangehenden Sonntag von der Kanzel zu verlesen[3]), stoßen wir auch in unsern Ordnungen. Während der Brauch in Nürnberg[4]) allmählich in Wegfall kommt, wird er in Preußen ausdrücklich in Schutz genommen. Hier[5]) sollen die Geistlichen jeden schriftgemäßen Festtag, auch die, welche nicht mehr gefeiert werden, der Gemeinde in alter Art ankündigen, auch im Gottesdienst der betreffenden Tage bei der Lektion das Leben und Vorbild der biblischen Gestalten darstellen, auch nicht verfehlen, den Un= gebildeten die wichtigen weltlichen Termine, als Michaelis, Martini 2c., in Erinnerung zu rufen.

Der erste Schritt zur Abschaffung der Feste scheint vielerorten die Beschränkung ihres herkömmlichen Schmuckes gewesen zu sein. So entschließt sich in Nürnberg der Rat zu allerlei Verboten in Sachen des Fronleichnamsfestes[6]), des Palmsonntags, der Karfreitags= und Osterbräuche. In Preußen werden Lichterweihe und ähnliche Zere= monieen von der Erhaltung ausdrücklich ausgeschlossen.[7]) Andererseits stellen so verschiedenartige Gemeinschaften wie die von Nürnberg und Alstedt übereinstimmend den Grundsatz auf, daß nur durch die Predigt des Evangeliums die abergläubischen Sitten überwunden und abgethan werden können und sollen.[8])

Das Motiv dagegen, dem die mehr oder weniger gründliche Ab= schaffung der überkommenen Festordnung entspringt, ist ganz vorherr= schend das sittlich=reformatorische Interesse, das Volk der so mannig= fachen Gefahr des Müßiggangs und des ungebundenen Festtreibens zu entziehen.[9]) An diesem Punkte begegneten sich die Absichten der bürgerlichen und der geistlichen Gewalten. Für die Reformatoren war aber, im Süden wie im Norden, zugleich ein rein religiöser Gedanke

---

foth, S. 314. — Unter dem unverfänglichen Namen nur fristet das Fest im Luthertum ziemlich lange sein Leben. — [1]) S. oben S. 174. — [2]) Die Kol= lekten der Preußischen Agende nehmen freilich auf mehr Festtage Rücksicht. Vgl. oben S. 188. — Über Luthers Stellung zu den Marientagen s. Kliefoth, S. 317 ff., wo hinsichtlich der KOO. einiges zu ergänzen bleibt. — [3]) Vgl. oben S. 178. 188. — [4]) S. oben S. 178 ff. — [5]) Richter, I. S. 32. — [6]) Die theophorische Prozession wird untersagt. S. oben S. 174. — [7]) Richter, I. S. 32. — Vgl. oben S. 143 und 174. — [8]) Vgl. oben S. 107. 170 f. und 184. — [9]) Vgl. S. 150. 175. 184 f.

maßgebend: die Sicherstellung der Ehre Gottes und Christi, und daneben die öffentliche Bezeugung des normativen Ansehens der heiligen Schrift. Die Rücksicht auf die „Schwachen"[1] ließ sie ja freilich, wieder um der Schrift willen — Röm. 14 —, schonend vorgehen. Doch findet dieser Gedanke, vor allem in Zürich, seine gesunde Ergänzung in dem andern, daß die „Schwachen" nicht dürfen die Starken sein wollen, daß man sie vielmehr zu erziehen und zu fördern bestrebt sein muß.

Wie kräftig man in dieser Hinsicht auch außerhalb der Schweiz, ja im Gegensatz zu ihr eine evangelische Pädagogik vertreten hat, beweist die zeitweilige Ablehnung der Krankenkommunion in Nürnberg.[2] Dort wollte man das Sakrament unter keinen Umständen über die Straße tragen, sondern lieber die Kranken mit dem Worte aufrichten, „daran es mer dann an den eußerlichen zeichen gelegen ist".

Die Erkenntnis, daß die Ordnung des Kirchenjahres mit ihren heilsamen und heiligenden Gewöhnungen ein für jeden einzelnen wie für die Gesamtheit der Gemeinde unersetzlich wertvolles Gut bedeutet, ist im Reformationszeitalter nirgends Gegenstand der Reflexion geworden. Wo Volkssitte und Volkssittlichkeit nicht schienen harmonieren zu können, ließ man die erstere, auch die christlich-kirchliche Sitte, um der letzteren willen unbedenklich fallen. Wo man aber anders verfuhr, da lag in diesem Stücke Mangel an Nachdenken und sittliche Fahrlässigkeit vor.[3]

9. Die Differenz in Sachen der Häufigkeit der Abendmahlsfeier.

„Daß zu einem vollständigen Gottesdienste auch Abendmahlsfeier gehöre, war bisher von der Apostel Zeiten herab die unbestrittene Annahme gewesen", — so behauptet Kliefoth.[4] Und die Eisenacher Konferenz hat in ihren diesjährigen Resolutionen über abendliche Kommunionen[5] dies Dogma in der Form erneuert, „daß der volle Begriff des Gottesdienstes im evangelischen Verständnis erst in der Verbindung von Wortverkündigung und Sakramentsfeier sich verwirkliche." Der Satz ist in mehr als einer Hinsicht anfechtbar. Der Begriff „vollständiger Gottesdienst" muß auf evangelischem Boden eine Gewaltsamkeit genannt werden, sofern die Vollständigkeit eines kultischen Vorganges oder Erlebnisses bei uns nicht abhängig gemacht werden kann von der Eigentümlichkeit, oder gar dem Maße und der Zahl der dabei aufgewendeten Mittel, sondern einzig von der Mächtigkeit der

---

[1] Vgl. S. 150 und 173, sowie (Zürich) 210. — [2] S. oben S. 174. — [3] Vgl. die parteiisch antireformierte Darstellung Kliefoths, a. a. O. S. 358 ff. — [4] a. a. O. S. 383. — [5] „Chronik d. christl. Welt" 1896. Nr. 26. Vgl. Mschr. f. Gd. u. k. K., 1896, Nr. 5. S. 153 f.

mit dem Vorgange verbundenen inneren Bewegung, bzw. von deren, durch Erfahrung feststehender Thatsächlichkeit. Wir Evangelische kennen, wie die ersten Christen, Gottesdienste verschiedener Art. Und diese sind uns nicht bloße Teilgottesdienste — ausgenommen, wenn es sich um Zweckveranstaltungen im Sinne der bloßen Bibelauslegung oder der, einem bestimmten Gegenstande gewidmeten Betstunde handelt —, sondern Vereinigungen, in denen das eine Evangelium für uns in mannigfaltiger Weise Gegenstand der Betrachtung und des Gebets wird. Ferner ist natürlich das bezüglich der Geschichte abgegebene Urteil Klie= foths nicht begründet. Daß man je und je keinen Gottesdienst im Vollsinne ohne Kommunion gekannt habe, ist zumal für die älteste Zeit eine hinfällige Behauptung. Man beachte aber vollends, wie der ge= nannte Lutheraner Mühe hat[1]), seine Anschauung trotz ihrer offenbaren praktischen Unausführbarkeit dennoch als die allein richtige zu vertreten.

Man braucht wahrlich nicht so weit zu gehen, wie die Stralsunder Kirchenordnung von 1525[2]), die den Dienst am Wort so unbedingt jeder andern kirchlichen Funktion überordnet, daß sie die Sakraments= verwaltung (ob durch AG 6, 2 irre geleitet?) den untern Kirchendienern zuweist. Aber die Meinung, nach welcher im Abendmahl nicht etwas anderes als in der Verkündigung des Evangeliums, sondern dies selbe Evangelium auf eine besondere Weise dargeboten wird, hat noch An= recht auf den Namen „evangelischen Verständnisses". Jener Gedanke der „geistlichen Kommunion" ist doch mehr gewesen als ein Notpro= dukt von vorübergehendem Wert. Er war, sobald er sich das Recht einer schriftmäßigen Abendmahlsfeier errungen hatte, die legitime evan= gelische Auffassung vom Gottesdienst überhaupt, als der freien Vereinigung mit Gott (durch Christum) und mit Gottes Kindern, vermittelt ent= weder durch das Wort allein oder durch die das Wort versinnlichenden Zeichen.[3]) Luther selbst, obwohl nicht konsequent, hat[4]) die geforderte regelmäßige Verbindung von Wort und Sakrament keineswegs für das einzig Wahre gehalten.[5])

Hiernach werden wir der Gruppe von Gottesdienstordnungen aus der Reformationszeit, welche aus guten Gründen Predigt= und Abend= mahlsfeier trennen, ihr Recht lassen müssen. Es sind die schweize= rischen einerseits, die deutschen Formulare von Nürnberg andererseits. Nur daß die letzteren nach dem Herkommen durch die Kommunion die Predigt, jene anderen durch die Predigt die Kommunion beschränken.

---

[1]) a. a. O. S. 391 ff. — [2]) Richter, I. S. 36. — [3]) Das Hoensche Bild vom Ringe, den der Bräutigam seiner Braut giebt, auf den weisend diese sagen kann, daß sie ihn habe, doch nicht, daß der Ring er selber sei, — scheint für Zwingli wie für Leo Judä großen Wert besessen zu haben. Wir finden es aber auch bei Melchior Hofmann. Vgl. zur Linden, a. a. O. S. 192. — [4]) Vgl. Grünberg, a. a. O. S. 467 f. 486 ff. — Gottschick, S. 15 ff. Hans, S. 25 ff. — [5]) Und das, wiewohl seine Anschauung vom Sakrament des Altars zeitlebens mit Resten grundkatholischer Vorstellungen vermischt war. Den Nach= weis führt Kawerau a. a. O. S. 367 ff.

Straßburg befindet sich in diesen Jahren erst in der Entwickelung nach Seite der Schweizer hin. Es kennt vorläufig, auch am Sonntag, reine Predigtgottesdienste und Kommunionfeiern, die eine Predigt in sich schließen. Man sieht aber voraus, daß die ersteren zur Regel werden wollen. Die Zurückführung der Abendmahlshandlung auf bestimmte Tage findet sich innerhalb unsres Zeitraumes nur in Basel und Zürich. Sie hat sich im Laufe der Jahrhunderte im großen und ganzen als die einzig mögliche Maßnahme erwiesen. Nun ist zuzugeben, daß die Praxis allein über den Wert oder Unwert eines Prinzips nicht entscheiden kann. Man wird dies um so stärker betonen müssen, je unbedingter man den Gottesdienst im evangelischen Verständnis auf der Grundlage idealer Voraussetzungen glaubt errichten zu müssen, und je weniger man sich durch den Hinweis auf empirische Verhältnisse in dieser Absicht irre machen läßt. Aber wenn eine solche Anschauung wie die letzterwähnte den Mut hat, es mit der Welt der „brutalen Thatsachen" im Glauben aufzunehmen, so kann sie das nur, weil sie sich in Einverständnis weiß mit dem innersten Kerne des Evangeliums als der, von vielen stets für hochgefährlich und mit dem Wesen des sündigen Menschen unvereinbar gehaltenen Gnadeneröffnung.[1] Allein jener liturgischen Theorie fehlt, soviel ich sehe, jede derartige Unterlage.

10. Luthers Deutsche Messe.

Die grundlegenden Gedanken über den Gottesdienst, welche die epochemachende Schrift Luthers ausspricht, lassen sich hier nicht erörtern. Ich finde, was über Freiheit und Einheitlichkeit in Sachen gottesdienstlicher Einrichtungen gesagt wird, schwer zu vereinigen. Man vermißt, was keinen Vorwurf bedeuten kann, die scharfe Abgrenzung des grundsätzlich Richtigen. Über die pädagogische Auffassung vom Kultus, welche Luther hier vertritt, ist kürzlich viel Zutreffendes gesagt worden.[2] Das Merkwürdigste an der ganzen Schrift sind jene Gedanken über eine dritte Art von Gottesdienst, bestimmt, den Erwählten zur Bethätigung ihres Christentums zu dienen. Alle sind einig, daß diese Vorstellung, von Luther durchaus der Verwirklichung fähig gehalten, praktisch nicht ausführbar gewesen ist. Und die meisten atmen erleichtert auf bei der Wahrnehmung, daß Luther auch nicht einmal den Versuch angestellt hat. Mir scheint, daß das Bestreben, eine andere Art von Gottesdienst als jene ältere und diese neue Gestalt ins Auge zu fassen, sich nur erklärt aus dem deutlichen Bewußtsein der Unzulänglichkeit, ja Unhaltbarkeit beider. Daß für Luther dabei das Anstößige viel weniger in den einzelnen Bestandteilen der lateinischen und der deutschen Messe gelegen war als in der Auffassung, die ihnen

---

[1] Matth. 5, 45. Röm. 5, 8 ff. — [2] Die irreführende Darstellung Kliefoths (S. 93 ff.) wird u. a. berichtigt von Hans (S. 24 ff.), Gottschick (S. 12 ff.), Köstlin (S. 153 ff.), Achelis (II. S. 225 ff.).

zu Grunde liegt, und der Bestimmung, die er selbst ihnen gab, ist mehr als wahrscheinlich. Seine nähere Begränzung dessen, was er für die Zukunft wünscht, läßt aber eine klare Vorstellung nicht zu. Und was Luther an andern Orten, wie in der „Vermahnung zum Sakrament“ (1530) und der Torgauer Einweihungspredigt (1544), abweichend von seiner pädagogischen Anschauung darlegt, läßt sich mit diesen Ausführungen, soviel ich sehe, nicht in Einklang bringen.

An diesem Ort wird nur noch die Frage aufzuwerfen sein, ob die Entwickelung der evangelischen Gottesdienstordnungen, die wir verfolgt haben, auf die Entstehung von Luthers Deutscher Messe Einfluß geübt hat. Von den Schweizern und Straßburgern ist von vornherein nicht anzunehmen, daß ihr Beispiel für Wittenberg irgend maßgebend geworden sei.

Als die neue Form am 29. Oktober 1525 in der Wittenberger Pfarrkirche zur Verwendung kam, waren fast alle die Liturgieen, von denen diese Blätter handeln, bereits gedruckt; die meisten konnte Luther kennen, wenn er Zeit und Neigung hatte, sich der Sache anzunehmen. Er erwähnt denn auch, daß viele deutsche Ordnungen bereits bestehen; und wiewohl er sie nicht alle zu verdrängen gedenkt, beklagt er doch das Ärgernis, das aus dem bunten Mancherlei für das Volk hervorgehe. Darin aber stellt er sich mit den Schöpfern aller unsrer Formulare auf dieselbe Linie, daß er wie sie kein Gesetz geben will.

Die lateinische Sprache ist für Luther noch immer höchst wertvoll — wegen der Jugend und der unersetzlich schönen lateinischen Musik. Davon haben ihn also die neuen deutschen Formulare nicht zurückgebracht. Die deutsche Predigt freilich, jetzt endgültig dem Glaubensbekenntnis folgend, ist ihm das allerteuerste, wenngleich er zu ihrer Pflege bei weitem weniger energisch ins Zeug geht als die Straßburger. Die Kollekten sind geblieben. Luther hält auf die stetige Wiederkehr ihres Wortlauts und giebt auch formulierte Gebete. Auch das Stillgebet findet bei ihm im Wochen-Jugendgottesdienst Verwendung. Meßgewand, Lichter, Altar, Elevation sollen vorläufig nicht fallen; wiewohl das Hin und Her der Wendungen am Altar nicht schicklich ist, läßt ers weiterhin geschehen.[1])

Aus alledem scheint hervorzugehen, daß mindestens von den Schöpfungen des deutschen Südens und Südwestens der Reformator unberührt geblieben ist. Das deutsche Lied war von ihm in Aussicht genommen und zum Teil von ihm gedichtet, ehe nur eins auswärts den Gottesdienst zu schmücken begann. Immerhin ist die Verwendung seines Kredo „Wir glauben all“ in Straßburg und Nürnberg ihm kein Anlaß gewesen, es von seiner Messe auszuschließen. Ferner kann die Einstellung einer Vermahnung nach der Predigt, obwohl schon in der alten Kirche vielfach üblich, ihm durch die Ordnungen der näheren

---

[1]) Die Erklärung von Jacoby, a. a. O., S. 281 — ist verfehlt.

und ferneren Glaubensgenossen nahe gelegt worden seien. Vielleicht gilt dies erst recht von der Wendung, die sich unmittelbar vor Ein=führung der Einsetzungsworte findet: „Darnach folget das ampt und dermunge“.[1] Die Paraphrase zum Vaterunser war kein originelles Stück[2], wohl aber scheint ihre Einführung in den Meßgottesdienst ein Novum gewesen zu sein. Im übrigen wird man kaum fehl gehen in der Annahme, daß die ungemeine Vereinfachung der Abendmahlsord=nung, zu der Luther innerhalb dieser drei Jahre gekommen ist, auf den Eindruck dieser und jener auswärtigen Formulare zurückzuführen sei. Sein Gottesdienst ist dadurch ernster geworden. Zugleich ist durch den Wegfall des kleinen und großen Gloria, der Präfation und des Benedikamus mit Halleluja dem pädagogischen Interesse, das ihn erfüllt, reichlich Genüge geschehen. Über die Folgen der durch Luther eingeführten Zweiteilung der Konsekration hat neuerdings Kawerau eine interessante Beobachtung angestellt[3] und mit ihr die Loslösung des Vaterunsers vom Kommunionakt sowie dessen paraphrasierte Ge=stalt am Schlusse der Predigt in Zusammenhang gebracht.

Daß die Deutsche Messe von einigen der in diesem Buche mit=geteilten Gottesdienstordnungen an Originalität und Bedeutung über=troffen wird, kann man nicht verkennen. Diesen Ruhm darf sowohl Kantz wie vor allem Zwingli in Anspruch nehmen. Man merkt hauptsächlich dem Wortteil in Luthers Ordnung gar zu deutlich seine Herkunft und künstliche Reduktion an. Die isolierte Stellung des Kyrie[4], die mechanische Abwechselung von Lesestück und Gesang — Epistel, deutsches Lied, Evangelium, Wir glauben all, Predigt —, die Zerreißung des Zusammenhangs von Evangelium und Predigt durch ein neugeschaffenes Kredo, das Zwitterding der Paraphrase, die mit einem wirklichen Gemeinde=Abendmahl nicht in einer Feier zu ver=einigende, von der Kommunion absehende und doch mitten innestehende Predigt, — das alles sind offenbare Mängel. Es fehlt die Neigung zu entschlossener Neuerung und die Kraft, eigene Wege zu gehen. Dabei ist der Vorderbau für den Fall späteren Ausscheidens der Sakra=mentsfeier immer noch zu stark entwickelt, so daß sich diese Form als Grundlage für einen Predigtgottesdienst, was sie ja auch nicht sein wollte, keineswegs empfahl.

Da war doch die Stellungnahme der Nichtlutheraner, ob sie auch hie und da auf die Dauer zu gar einfachen Gestaltungen gelangten, der Ausdruck entschlosseneren Denkens und Wollens. Mochte ihr Bibel=prinzip sie zu größter Anspruchslosigkeit führen, die haben kein Recht, darüber den Kopf zu schütteln, denen es ganz richtig dünkt, der hei=ligen Schrift heilsverbindliche Glaubenssätze, nicht aber Vorschriften über unseren Gottesdienst zu entnehmen. Das eine ist am Ende nicht

---

[1] Richter I. S. 39. — [2] S. oben S. 17. — [2] a. a. O. S. 356 ff. — [4] Ein merkwürdiges und kennzeichnendes Gegenstück zu Zwinglis Gloria!

unverständiger als das andere; beides ist zu seiner Zeit durchaus evan=
gelisch gewesen. Auf keinen Fall ist es berechtigt, wenn man in be=
kanntem Hochgefühl den Nichtlutheranern auf dem Gebiet der Gottes=
dienstordnungen Mangel an Produktionskraft und Prinziplosigkeit
vorwirft.

Luthers Messe ist erfolgreicher gewesen als irgend eines der von
uns aufgeführten Formulare. Nach Kliefoth[1] „schätzt Augusti die
Zahl der in der ersten Hälfte des 16. Jahrhunderts publizierten Agenden
und Kirchenordnungen auf 132, und diese alle folgen bis auf nicht
zahlreiche, unten namhaft zu machende Ausnahmen in liturgischer Be=
ziehung der Deutschen Messe Luthers". Die Zahl ist, wie es scheint,
bedeutend zu niedrig gegriffen; im übrigen wird das Urteil im ganzen
richtig sein, wiewohl auch die Formula missae für viele vorbildlich
geblieben ist.

Zum Schluß noch die Notiz, daß die Herstellung deutscher Messen
und das Bestreben, solche in Aufnahme zu bringen, in der katholischen
Kirche uns seit den Tagen der Reformation noch wiederholt begegnet.[2]
Der Plan konnte und kann nicht gelingen. Aber selbst wenn er ge=
länge, und wenn zugleich die gröbsten Verstöße gegen evangelisches
Denken und Empfinden mit verschwänden, so würde der Rest nicht
das Muster eines evangelischen Gottesdienstes sein. Der will auf
anderm Grunde errichtet werden, — eine Eucharistie, auch wo das Abend=
mahl nicht im Mittelpunkte steht, ein „widergedächtnus, danksagung
und frolocken dem allmächtigen Gott um die gutthät, die er uns durch
seinen sun bewisen hat".[3]

____

[1] a. a. O. S. 29. — [2] Einen Münchener Druck von 1526 giebt Weller
3929 an. Im übrigen vgl. den Artikel „Messe" von Steitz in Herzogs Real=
Encyklopädie IX². S. 640. — [3] S. oben S. 195. Vgl. Gottschick, a. a. O.
S. 78 ff. 81.

Inhalt.

Druck von Hesse & Becker in Leipzig.